인·적성검사

2025
고시넷
대기업

포스코
온라인 PAT
대비

新출제영역과
문제유형
완벽반영

포스코그룹
온라인 인적성검사
최신 기출유형 모의고사

고시넷 WWW.GOSINET.CO.KR

gosinet
(주)고시넷

스마트폰에서 검색  고시넷

www.gosinet.co.kr

최고 강사진의
동영상 강의

수강생 만족도 1위

류준상 선생님
- 서울대학교 졸업
- 응용수리, 자료해석 대표강사
- 정답이 보이는 문제풀이 스킬 최다 보유
- 수포자도 만족하는 친절하고 상세한 설명

고시넷 취업강의 수강 인원 1위

김지영 선생님
- 성균관대학교 졸업
- 의사소통능력, 언어 영역 대표강사
- 빠른 지문 분석 능력을 길러 주는 강의
- 초단기 언어 영역 완성

공부의 神

양광현 선생님
- 서울대학교 졸업
- NCS 모듈형 대표강사
- 시험에 나올 문제만 콕콕 짚어주는 강의
- 중국 칭화대학교 의사소통 대회 우승
- 前 공신닷컴 멘토

PREFACE

정오표 및 학습 질의 안내

정오표 확인 방법

고시넷은 오류 없는 책을 만들기 위해 최선을 다합니다. 그러나 편집 과정에서 미처 잡지 못한 실수가 뒤늦게 나오는 경우가 있습니다. 고시넷은 이런 잘못을 바로잡기 위해 정오표를 실시간으로 제공합니다. 감사하는 마음으로 끝까지 책임을 다하겠습니다.

고시넷 홈페이지 접속 ▶ 고시넷 출판-커뮤니티 ▶ 정오표

www.gosinet.co.kr

모바일폰에서 QR코드로 실시간 정오표를 확인할 수 있습니다.

학습 질의 안내

학습과 교재선택 관련 문의를 받습니다. 적절한 교재선택에 관한 조언이나 고시넷 교재 학습 중 의문 사항은 아래 주소로 메일을 주시면 성실히 답변드리겠습니다.

이메일주소 qna@gosinet.co.kr

contents 차례

포스코그룹(PAT) 대졸직 인적성검사 정복
- 구성과 활용
- 포스코그룹 알아두기
- 포스코그룹사의 모든 것
- 포스코그룹(PAT) 대졸직 개요

권두부록 포스코그룹(PAT) 대졸직 최신기출유형

- **기출유형** ──────────────── 22

  언어이해 | 자료해석 | 문제해결 | 추리

파트 1 영역별 빈출이론

01 언어이해 ──────────────── 52

  독해의 원리와 유형
  글의 전개방식
  글의 유형
  다양한 분야의 글

02 자료해석 ──────────────── 66

  응용수리
  자료해석

03 문제해결·추리 ──────────────── 90

  언어추리
  추론의 오류
  수적추리
  도형추리

파트 2 포스코그룹(PAT) 대졸직 기출유형모의고사

1회 기출유형문제 — 106
2회 기출유형문제 — 150
3회 기출유형문제 — 192
4회 기출유형문제 — 232
5회 기출유형문제 — 276

파트 3 인성검사

01 인성검사의 이해 — 318
02 인성검사 연습 — 325

파트 4 면접가이드

01 면접의 이해 — 342
02 구조화 면접 기법 — 344
03 면접 최신 기출 주제 — 351

책 속의 책 정답과 해설

권두부록 포스코그룹(PAT) 대졸직 최신기출유형
- 기출유형 — 2
  언어이해 | 자료해석 | 문제해결 | 추리

파트 2 포스코그룹(PAT) 대졸직 기출유형모의고사
1회 기출유형문제 정답과 해설 — 11
2회 기출유형문제 정답과 해설 — 23
3회 기출유형문제 정답과 해설 — 35
4회 기출유형문제 정답과 해설 — 47
5회 기출유형문제 정답과 해설 — 60

구성과 활용

EXAMINATION GUIDE

1
포스코그룹 소개 & PAT 개요

포스코그룹에서 추구하는 비전, 전략방향, 핵심 가치, 인재상 등을 수록하였으며 포스코 주요 그룹사들과 채용절차 및 시험영역 등을 한눈에 파악할 수 있도록 구성하였습니다.

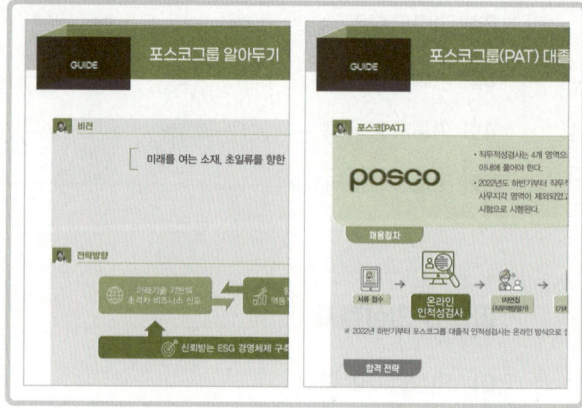

2
PAT 대졸직 최신기출유형 수록

포스코그룹(PAT) 대졸직에서 출제된 최신기출 유형 반영 문제를 각 영역별 10문항씩 권두부록으로 수록하였습니다. 이를 통해 최신 출제의 경향성을 문제풀이 경험을 통해 자연스레 익힐 수 있도록 구성하였습니다.

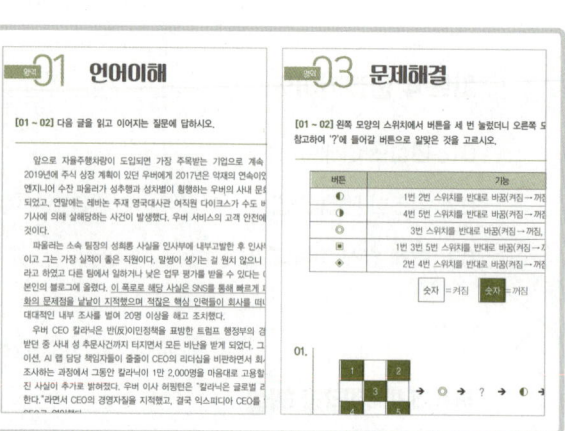

3
영역별 빈출이론

포스코그룹(PAT) 대졸직의 출제영역인 언어이해, 자료해석, 문제해결, 추리에서 자주 출제되는 이론을 정리하여 주요 이론과 개념을 빠르게 학습할 수 있도록 하였습니다.

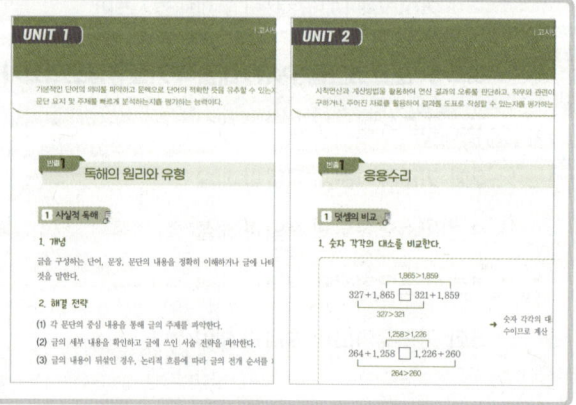

4

기출유형모의고사

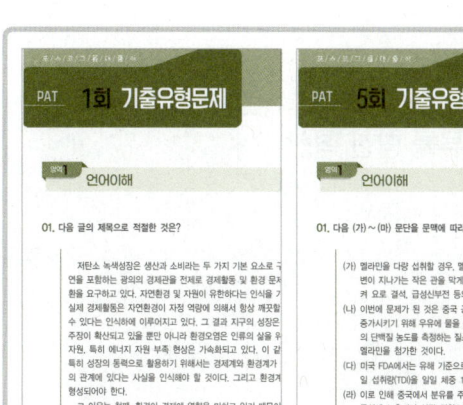

최신 기출문제 유형에 맞게 구성한 총 5회분의 기출유형문제로 자신의 실력을 점검하고 완벽한 실전 준비가 가능하도록 구성하였습니다.

5

인성검사 & 면접가이드

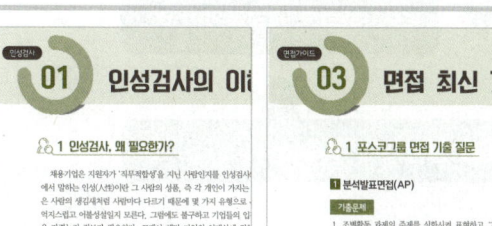

채용 시험에서 최근 점점 중시되고 있는 인성검사와 면접 질문들을 수록하여 마무리까지 완벽하게 대비할 수 있도록 하였습니다.

6

상세한 해설과 오답풀이가 수록된 정답과 해설

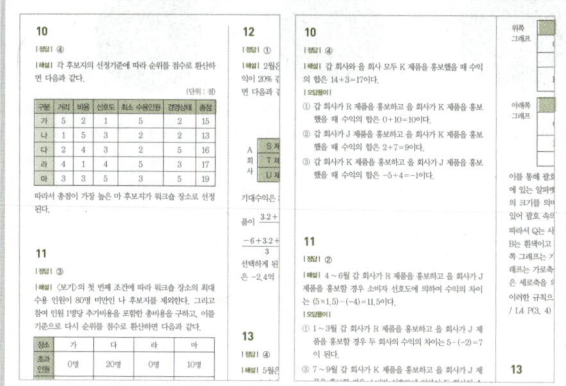

권두부록 및 기출유형모의고사의 문제에 상세한 해설을 수록하였고 오답풀이 및 보충 사항들을 수록하여 문제풀이 과정에서의 학습의 효과가 극대화될 수 있도록 구성하였습니다.

GUIDE: 포스코그룹 알아두기

비전
[미래를 여는 소재, 초일류를 향한 혁신]

전략방향

- 미래기술 기반의 초격차 비즈니스 선도
- 함께 성장하는 역동적 기업문화 구현
- 신뢰받는 ESG 경영체제 구축

핵심가치

- **안전** — 행복한 일터의 기본
- **윤리** — 건강한 공존의 원칙
- **신뢰** — 소통과 화합의 토대
- **창의** — 더 나은 성과의 원천
- **도전** — 성장과 성취의 열정

CI

POSCO

'POSCO'의 다섯 개 알파벳을 'S'를 중심으로 균형적으로 배치해, 내·외부 조화와 화합을 지향하는 기업철학을 상징적으로 표현

 브랜드 슬로건

> 세상에 가치를 더합니다
> POSCO

변하지 않는 POSCO의 사명(使命)과 인류의 지속가능한 미래를 만들어 나가는 약속을 담고 있다. 철광석에 기술을 더해 모든 산업의 근간이 되는 철강제품을 만들어 왔듯이 염호에 기술을 더해 그린 모빌리티의 핵심이 되는 리튬을 만든다. POSCO는 친환경 미래소재로 세상에 가치를 더해 지속가능한 미래를 실현해 나간다.

 인재상

> "**실천**의식과 **배려**의 마인드를 갖춘 **창의적 인재**"
>
> '실천' 의식을 바탕으로 솔선하고, 겸손과 존중의 마인드로 '배려'할 줄 알며, 본연의 업무에 몰입하여 새로운 아이디어를 적용하는 '창의'적 인재를 지향한다.

GUIDE
포스코그룹사의 모든 것

포스코

기업소개
- 조강 생산 4,500만 톤 체제를 갖춘 WSD 선정 14년 연속 '세계에서 가장 경쟁력 있는 철강회사'이다. 1968년 4월 포항종합제철주식회사로 창립 후 2000년에 민영화되어 2002년 3월 주식회사 포스코로 사명을 변경하였다. 그리고 2022년 지주사 체제로의 전환 안건이 가결된 이후 3월에 지주회사인 포스코홀딩스가 출범하였고, ㈜포스코는 철강 사업회사로 출범하였다.

비전
- Better World with Green Steel

리얼밸류
- 환경적 가치 : 핵심기술로 탄소중립 사회를 선도
- 경제적 가치 : 철의 새로운 가치 창조를 통해 지속 성장
- 사회적 가치 : 인류의 더 나은 미래를 건설

포스코인터내셔널

기업소개
- 모두를 위한 새로운 미래를 꿈꾸고 고민하며, 그 답으로 글로벌 친환경 종합사업회사라는 아이덴티티에서 찾는다. 80여 개의 글로벌 네트워크와 마케팅 전문역량을 기반으로 에너지, 철강, 식량, 부품소재 등 다양한 분야에서 지속적으로 사업을 확장해 왔으며, 포스코에너지와의 합병을 통해 LNG 전 밸류체인을 완성하며 글로벌 친환경에너지 전문기업으로의 포지셔닝을 마쳤다.

미션
- We Create, Connect and Complete business to enrich the future
  우리는 사업을 창조하고 연결하며 완성하여 미래를 풍요롭게 합니다.

비전
- Green Energy & Global Business Pioneer
  환경 친화적 기술과 글로벌 선도 역할을 통해 지속가능한 성장을 추구한다.

PNR

기업소개
제철 부산물인 슬러지와 더스트의 자원화를 통해 직접환원철(DRI) 및 성형철(HBI)을 생산하여 POSCO 포항/광양 제철소에 공급함으로써 저탄소 녹색 성장과 그룹ESG 경영의 중추적인 역할을 수행하는 기업이다. 탄소중립 친환경 시대로의 대전환, 기술혁신 가속화 등 급변하는 대내외 경영 환경 속에서 제철부산물 내 Zn제거 효율 향상과 RHF 운영 독자기술 개발 및 Know-How의 내재화를 통해 World Best 부산물 자원화 전문기업으로 지속성장하고자 한다.

비전
World Best 부산물 자원화로 친환경 미래 구축

포스코이앤씨

기업소개
포스코이앤씨(POSCO E&C)는 친환경 미래 사회를 건설하고 業의 한계에 끊임없이 도전한다. 새로운 사명인 이앤씨(E&C)는 에코 앤 챌린지(Eco & Challenge)로, 자연처럼 깨끗한 친환경 미래사회 건설을 의미하는 Eco와 더 높은 삶의 가치 실현을 위한 도전을 상징하는 Challenge의 의미를 담고 있다. 포스코이앤씨는 수소환원제철과 이차전지 소재 생산 플랜트 EPC(Engineering, Procurement, Construction) 경쟁력을 강화할 뿐만 아니라, 신재생에너지 시장을 빠르게 선점하고, 그린 라이프(Green Life) 주거 모델을 상품화하는 등 친환경·미래 성장 사업의 선두 주자로 나아가려 한다.

비전
친환경 미래 사회 건설을 위해 業의 한계에 도전하는 혁신 기업

피앤오케미칼

기업소개
화학과 에너지소재 글로벌 리딩 컴퍼니 포스코퓨처엠과 기초화학 제품 및 태양광, 바이오 사업 등 다양한 화학제품과 솔루션을 제공하는 OCI가 합작하여 2020년 7월 설립되었다. 반도체 제조공정의 핵심 소재인 "고순도 과산화수소" 제품을 시작으로 이차전지의 음극재용 필수 소재인 고연화점 피치 생산까지 첨단 정밀화학 분야에서 글로벌 소재사업을 위한 새로운 도전을 시작하고 있다.

비전
최첨단 정밀화학 소재산업의 글로벌 리더

GUIDE
포스코그룹사의 모든 것

포스코엠텍

기업소개
철강포장 전문업체로 출발하여 오랜 기간 쌓아온 전문역량을 바탕으로 철강제품 포장과 포장설비 엔지니어링, 철강부원료 생산 분야에서 높은 경쟁력을 발휘해 나가고 있다. 새로운 50년의 성장 기반 마련을 위해 포장설비 R&D 및 판매 기반을 더욱 강화하고, 알루미늄 탈산제 최대 생산과 판매체제 유지, 소결망간광 기술개발과 용융망간 공급 증대 등을 통해 우리의 業에서 최고 경쟁력을 갖춰 나갈 수 있도록 본원 경쟁력 강화 및 사업구조 고도화를 적극 추진해 나갈 것이다.

비전
스마트 Packing · 철강부원료 Global Leading Company

포스코와이드

기업소개
1994년 창립 이래 빌딩·시설 운영관리를 시작으로 골프&레저, 실내건축&입주서비스, 환경인프라 등 다양한 형태의 부동산 종합관리 전문서비스를 제공하며 고객과 함께 성장해왔다. 앞으로도 "고객과 함께 성장하는 종합부동산 솔루션 파트너"로서 품격 있는 양질의 서비스로 고객 가치를 제고하고 지속 가능한 미래를 구축하는 데 기여하고자 한다.

비전
고객과 함께 성장하는 종합부동산 솔루션 파트너

SNNC

기업소개
지난 2006년 포스코홀딩스와 뉴칼레도니아의 최대 니켈 광석 수출회사인 SMSP사가 합작 설립한 회사로, 자매회사인 NMC로부터 니켈 광석을 수입하여 스테인리스강의 주원료인 페로니켈(니켈 20%, 철 80%)과 기타 부산물을 생산, 판매하는 국내 최초의 페로니켈 제조 전문기업이다. 니켈 광산-니켈제련-스테인리스 제조로 이어지는 세계 최초의 수직적 결합을 통한 성공 모델을 구축, 니켈 제련 사업의 불모지에서 국내 최초로 페로니켈을 생산, 포스코에 공급해 안정적인 원료 확보는 물론 국가 6대 전략광물 확보에도 기여하는 등 페로니켈 제조의 새로운 역사를 만들어가고 있다.

비전
친환경 니켈 소재사업의 Global Leader

포스코플로우

기업소개
포스코에서 CTS(Central Terminal System, 대량화물 유통체제) 사업 개시를 시작으로 2003년 1월 포스코와 일본 미쓰이 물산의 합작으로 설립되었다. 국내외 발전사와 시멘트사 등이 사용하는 석탄 및 원료를 국외 원산지로부터 고객들의 공장까지 운송, 하역, 보관, 가공하는 복합 물류서비스업을 수행하고 있다. 또한 2022년 포스코 물류업무의 영업양수를 통해 기존의 CTS사업에 더해 철강 원료와 제품, 부품과 곡물, 천연가스, 각종 건설기자재에 이르기까지 다양한 사업영역을 전문적으로 수행하는 종합물류회사로 거듭났다. 이제 고객에게 적기 운송, 물류비 절감, 안정적인 조업 지원 등의 물류서비스를 제공하여 보다 큰 가치를 드리고자 노력하고 있다. 수익성, 사회적 책임 및 환경을 균형 있게 고려하며, 첨단기술력 및 친환경솔루션을 바탕으로 서비스 지역을 전 세계로 확대해 나가고 있다.

미션
Value Connector for All

비전
친환경, 스마트 물류솔루션으로 물류의 새로운 흐름을 선도하는 글로벌 파트너

포스코A&C

기업소개
포스코그룹의 출자사로 건설사업에 필요한 전문기술을 지원하기 위해 설립된 종합 건설 서비스 회사이다. 건축 디자인 서비스, 건설 사업관리 및 유지관리 서비스 등 건설 전반에 걸친 일련의 과정에 대해 종합수행이 가능하며 차별화된 솔루션과 서비스로 최고 품질의 건설을 추구한다. 더 나아가 스마트건설 프로세스와 기술에 대한 끊임 없는 연구와 도전으로 친환경 건설과 건축물 구현에 앞장서고 있다. 이는 건설산업과 그 과정에서 생성되는 탄소발자국을 대폭 줄이고 효율적인 건설을 통해 고객 가치 실현과 환경에 기여하기 위한 포스코A&C의 노력이다.

비전
SMART A&C, 강하고 지속 가능한 건축 Platform

GUIDE

포스코그룹사의 모든 것

포스코스틸리온

기업소개

인피넬리(INFINEeLI) 등 컬러강판을 생산하는 글로벌 표면처리강판 전문기업이다. 1988년 포항철강공단 1단지에 연산 30만 톤의 능력을 갖춘 아연도금강판 및 알루미늄도금강판 생산업체로 설립된 포항도금강판을 모체로 출발하였다. 이후 1999년 3월 1일 컬러강판 제조업체인 포항강재를 흡수합병하고, 1999년 5월 1일 포스틸(現 포스코P&S)의 냉연강판 가공공장을 인수하였으며, 2004년 11월 15일에 #2CGL을 준공하면서 연산 100만 톤 체제의 면모를 갖추게 되었다. 자동차, 가전제품, 건축재 등에 사용하는 도금강판과 컬러강판을 주력으로 'Steel design & solution global top company' 기업을 추구하고 있다.

기업시민 슬로건

COLOR THE RIGHT, 함께 ALL바른 기업 시민

포스코IH

기업소개

지식자산 조사·분석·컨설팅 서비스 전문기관으로서 고객의 지식자산 가치 극대화에 기여한다. 포스코그룹의 기술과 노하우를 권리화하여 보호하고 사업 성공과 지속 가능한 성장을 지원하는 미션을 부여 받고 2017년 6월 탄생하였다. 그룹사 특허서비스를 지원하고 정보리서치 업무를 수행하여 고객의 기술 경쟁력을 강화하는 지식재산 서비스를 제공하고 있다.

비전

지식 Life Cycle 전 영역에서 고객가치를 제공하는 '지식자산 Total Solution' 기업

포스코HY클린메탈

기업소개

경제적 효용가치를 다한 전기자동차용 배터리와 배터리 제조공정에서 발생된 스크랩을 리사이클링 기술을 통해 리튬, 니켈 등 유가금속을 이차전지 소재로 재활용하여 친환경 사업을 영위하는 기업이다. 포스코그룹은 이차전지소재의 원료 채굴, 가공 및 생산에서부터 리사이클링 사업까지 영역을 확대한 Full Value Chain을 구성하여 경쟁력을 극대화하고 있다.

비전

글로벌 LiB리사이클링 업계에서 가장 영향력 있는 기술 선도 기업

포스코퓨처엠

■ 기업소개
- 포스코그룹 내 가장 오래된 기업으로 1963년 1월 염기성 내화물 생산기업인 삼화화성(주)에서 출발했으며, 1971년 설립된 산업로(爐) 보수 및 축로(築爐) 담당 포스코 자회사인 포항축로와 1994년 합병하면서 내화물 제조에서 시공까지 일관체제를 갖춘 로재 전문회사로 자리매김했다. 포항 및 광양제철소 가동이후에는 제철 제강용 부원료인 생석회 사업에 진출해 국내 최대 생석회 생산능력을 보유하고 있으며, 제철공정중 발생하는 가스(Coke Oven Gas)를 이용한 화성사업, 수소차와 전기로에 사용되는 침상코크스, 피치코크스 사업도 진행 중이다.

■ 비전
- 친환경 미래소재로 세상에 가치를 더합니다.

포스코MC머티리얼즈

■ 기업소개
- 2012년 11월 5일, 제철 산업에서 생산되는 콜타르의 고부가가치화를 위하여 포스코퓨처엠의 인프라, 미쓰비시 케미칼의 기술력, 미쓰비시 상사의 마케팅 네트워크 바탕의 '국내 최초 프리미엄 침상코크스 제조 기업'으로 출발하였다. 탄소중립 기조에 따른 철강 및 모빌리티 산업 패러다임 전환에 기여하고 친환경 미래를 만들어가는 전기로의 전극봉, 이차전지의 음극재 등의 핵심원료인 탄소소재 제품을 생산하여 포스코그룹의 친환경 미래 소재 사업 경쟁력 강화에 이바지하고 있다.

■ 미션
- 탄소중립에 기여하는 첨단 혁신소재로, 지속가능한 미래사회 창조

■ 성장비전
- Global carbon material maker for eco-friendly future
  친환경 미래를 만들어가는 글로벌 탄소소재 전문기업

GUIDE
포스코그룹사의 모든 것

엔투비

기업소개
- 일반자재, 원부자재 및 공사설비 등에 대한 전문성을 바탕으로 고객의 구매 경쟁력과 공급 품질 향상을 제공하는 구매·공급 전문회사이다. 2000년 국내 대표 4개 그룹의 공동 출자로 창립하였으며, 현재는 포스코그룹사로서 우리나라 기업의 경쟁력 향상을 주도하는 선도 기업으로 자리매김하고 있다.

비전 슬로건
- 지속가능한 공급망으로 세상에 가치를 더합니다.

포스코휴먼스

기업소개
- 국내 1호 자회사형 장애인표준사업장이다. 지체, 지적, 시각, 청각 등 여러 유형의 장애인을 고용하고 있으며, 고용한 장애직원이 불편함 없이 회사 생활을 잘 할 수 있도록 다양한 지원을 하고 있다.

미션
- 사람을 먼저 생각하며 이웃과 함께하는 기업

비전
- 장애인 표준사업장 롤모델

포스코필바라리튬솔루션

기업소개
- 2021년 4월 23일에 설립된 포스코홀딩스와 리튬광석 공급업체인 호주 Pilbara사의 합작법인으로 국내유일의 리튬광석원료부터 고성능 이차전지 배터리의 핵심소재인 수산화리튬을 생산·판매하는 회사이다. 광양 율촌산업단지 내 6만 평 부지에 2개의 공장으로 구성되어 있으며, 현재 생산 중인 1공장과 더불어 건설 중인 2공장이 완공되면 연간 총 4만 3천 톤의 전기차 배터리용 수산화리튬을 생산하게 된다.

비전
- Apex of Lithium Supplier for Future Battery

포스코모빌리티솔루션

기업소개
친환경차, UAM, 드론 등에 사용되는 소재·부품 생산 전문회사로서 모빌리티용 초극박 스테인리스 정밀재, 친환경 구동모터코아, 수소 연료전지 금속분리판과 더불어, 배터리 파우치 소재, 스마트폰 부품 등 친환경 산업을 위한 다양한 제품을 생산하고 있다. 글로벌 NO.1을 향한 열정적 도전으로 고객 가치 창출을 위해 노력하고 있다.

미션
친환경산업 리얼밸류 창출을 통한 지속 가능한 사회 구현에 기여

비전
Global No.1 Mobility & Steel Solution Provider

포스코DX

기업소개
IT, OT 등 기반 기술에 AI, Big Data, Digital Twin, Metaverse, Robot 등 디지털 기술을 융합해 산업 전반의 디지털 전환(Digital Transformation)을 리딩해 나간다. 산업현장에 설치된 센서를 통해 모든 설비와 기계들의 운영 상황을 한 눈에 모니터링하고, 수집된 데이터를 빅데이터로 분석 및 예측함은 물론 AI를 통해 최적의 제어가 이루어지는 스마트팩토리를 구현한다. IT분야에서 확보한 노하우와 기술력을 바탕으로 컨설팅에서 시스템 구축 및 IT아웃소싱에 이르기까지 고객 환경에 최적화된 글로벌 수준의 서비스를 제공한다. EIC 엔지니어링은 Factory Automation 중심의 스마트 제어를 선도하며 전기, 계장, 제어 등을 유기적으로 결합하여 프로세스 자동화를 위한 최적의 솔루션을 제공한다.

인재상
끈기와 성장의 기술인, 열정과 창의의 도전인, 배려와 협업의 화합인

GUIDE

포스코그룹(PAT) 대졸직 개요

포스코[PAT]

- 직무적성검사는 4개 영역으로 총 60문항이 출제되며 60분 이내에 풀어야 한다.
- 2022년도 하반기부터 직무적성검사는 상황판단, 공간지각, 사무지각 영역이 제외되었고 추리영역이 추가되어 온라인 시험으로 시행된다.

채용절차

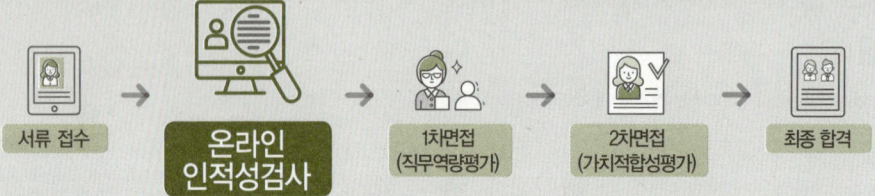

서류 접수 → 온라인 인적성검사 → 1차면접 (직무역량평가) → 2차면접 (가치적합성평가) → 최종 합격

※ 2022년 하반기부터 포스코그룹 대졸직 인적성검사는 온라인 방식으로 실시되었다.

합격 전략

- 언어이해의 경우 주제 찾기, 문단 배열하기, 내용 추론하기 등의 문제를 온라인 화면으로 스크롤을 이용하여 풀어야 하므로 사전에 눈으로 문제를 푸는 연습을 한다.
- 자료해석, 문제해결, 추리의 경우 대부분 온라인 시험 전환 이전에도 출제되었던 유형이므로 메모장, 암산을 이용하여 제한된 시간에 문제를 푸는 방법을 미리 연습을 한다.

구성 및 유형

구성	영역	문항 수	시간	출제유형
적성검사	언어이해	15문항	60분	주제, 맥락이해, 언어추리, 문서작성, 언어구상 등
	자료해석	15문항		도표/수리자료 이해 및 분석, 수리적 자료 작성 등
	문제해결	15문항		대안탐색 및 선택 의사결정, 자원관리 등
	추리	15문항		유추/추론능력, 수열추리 등

온라인 인적성검사 특징

∷ 시험 응시 시 화면

```
객관식/주관식                           공지사항 | 도움말 | 옵션
  ○ 객관식 1        ○ 객관식 1    다시 풀 문제 깃발 아이콘
  ○ 객관식 2        남자 5명과 여자 3명 중에서 4명을 선발하여 팀을 구성
                    하려고 한다. 여자와 남자로 이루어진 팀을 구성하려고
                    할 때, 가능한 경우의 수는?

                    ○ 65가지
                    ○ 70가지
                    ○ 75가지
                    ○ 80가지
                                                        시간 표시
```

∷ 시험 장소
응시자 본인 외 다른 사람이 없는 독립된 공간으로, 타인이 노출되는 공공장소, 카페, 도서관, PC방 등의 장소는 불가능하다.

∷ 준비물
신분증, 웹캠 1대, 핸드폰 1대를 필수 지참해야 한다.

∷ 사전 테스트
시험 전 [사전 테스트 체험]을 진행하여 테스트 환경과 이용 방법을 충분히 체험한 후 본 테스트에 응시해야 한다.

온라인 인적성검사 주의사항

- ☑ 검사 시작 10분 전부터 화장실 이용이 제한되며, 웹캠과 핸드폰 화면이 제대로 송출되고 있는지 확인한다.
- ☑ 프로그램에서 제공한 기능을 제외한 별도의 종이, 계산기, 필기도구는 사용할 수 없다.
- ☑ 영역별 시험 시간 구분이 없으므로 총 제한시간 내에 자유롭게 문제를 풀 수 있다.
- ☑ 아이콘 색으로 나중에 다시 풀 문제를 표시할 수 있다.

고시넷 포스코그룹(PAT) 대졸직 인적성검사 최신기출유형모의고사

영역별 기출 키워드

▶ 언어이해 : 일치·불일치, 사자성어, 주제
▶ 자료해석 : 그래프 연도별 증감 추이, 인원수, 비율, 증가율
▶ 문제해결 : 최단 경로, 좌표·명령어, 도형 변환
▶ 추리 : 명제, 참·거짓(진위), 조건 추론, 수열

포스코그룹(PAT) 대졸직 인적성검사

권두부록 최신기출유형

- **01** 언어이해
- **02** 자료해석
- **03** 문제해결
- **04** 추리

영역 01 언어이해

[01 ~ 02] 다음 글을 읽고 이어지는 질문에 답하시오.

앞으로 자율주행차량이 도입되면 가장 주목받는 기업으로 계속 발전할 것이라고 전망되어 2019년에 주식 상장 계획이 있던 우버에게 2017년은 악재의 연속이었다. 연초에 전직 소프트웨어 엔지니어 수잔 파울러가 성추행과 성차별이 횡행하는 우버의 사내 문화를 폭로하면서 악재가 시작되었고, 연말에는 레바논 주재 영국대사관 여직원 다이크스가 수도 베이루트에서 우버 택시 운전기사에 의해 살해당하는 사건이 발생했다. 우버 서비스의 고객 안전에 대한 우려가 현실로 나타난 것이다.

파울러는 소속 팀장의 성희롱 사실을 인사부에 내부고발한 후 인사부가 "이런 보고 내용은 처음이고 그는 가장 실적이 좋은 직원이다. 말썽이 생기는 걸 원치 않으니 한번 참고 넘어가면 좋겠다."라고 하였고 다른 팀에서 일하거나 낮은 업무 평가를 받을 수 있다는 얘기도 들었다는 내용의 글을 본인의 블로그에 올렸다. 이 폭로로 해당 사실은 SNS를 통해 빠르게 퍼졌고 언론들은 우버 기업문화의 문제점을 낱낱이 지적했으며 적잖은 핵심 인력들이 회사를 떠나기 시작했다. 결국, 우버는 대대적인 내부 조사를 벌여 20명 이상을 해고 조치했다.

우버 CEO 칼라닉은 반(反)이민정책을 표방한 트럼프 행정부의 경제 자문위원을 맡아 비판을 받던 중 사내 성 추문사건까지 터지면서 모든 비난을 받게 되었다. 그리고 마케팅, 재무, 커뮤니케이션, AI 랩 담당 책임자들이 줄줄이 CEO의 리더십을 비판하면서 회사를 떠났다. 또한 성 추문을 조사하는 과정에서 그동안 칼라닉이 1만 2,000명을 마음대로 고용할 정도로 과도한 인사권을 가진 사실이 추가로 밝혀졌다. 우버 이사 허핑턴은 "칼라닉은 글로벌 리더에 걸맞은 품격을 가져야 한다."라면서 CEO의 경영자질을 지적했고, 결국 익스피디아 CEO를 역임한 코스로샤히를 새로운 CEO로 영입했다.

01. 다음 중 제시된 글에서 드러난 우버의 경영상의 문제점이라고 보기 어려운 것은?

① 고객 안전에 대한 서비스의 문제
② 성희롱이 횡행한 그릇된 조직 문화
③ 반이민정책에 동조하는 CEO의 정치성향
④ 문제를 덮으려고 직원을 협박·회유하는 안일한 사태 인식

02. 다음 중 제시된 글의 밑줄 친 부분과 관련 있는 사자성어가 아닌 것은?

① 雪上加霜(설상가상)
② 烏飛梨落(오비이락)
③ 前虎後狼(전호후랑)
④ 四面楚歌(사면초가)

[03 ~ 04] 다음 글을 읽고 이어지는 질문에 답하시오.

복지경영이라는 말은 왠지 모르게 낯설다. 경영이라 하면 대개 기업경영을 연상하게 되는데 반해, 평등을 최우선 가치로 하는 '복지'와 이윤 추구가 최우선 목표인 '경영'의 합성어는 상대적으로 낯설게 느껴지는 것이 당연할지도 모른다. (㉠) 이전부터 사회복지 분야에서는 복지경영이라는 개념을 도입하여 활발하게 적용해 왔다.

경영은 기업의 효율적인 운영을 목표로 한다. 여기서 효율적인 운영이란 조직 운영에 투입되는 자원이나 자본 대비 최대로 생산하는 것을 의미한다. 그렇다면 복지경영은 무엇인가? 복지경영은 사회문제의 예방과 해결을 담당하는 사회적 제도를 시행하는 조직의 효율적 운영이라고 볼 수 있다. 즉, 사회복지조직이 자본 투입 대비 최대의 사회문제 예방과 해결을 하는 것이 복지경영의 목적이 되는 것이다.

청소년 상담 기관을 예로 들어보자. 상담 기관 또한 하나의 조직이므로 이를 효율적으로 운영하기 위해서는 복지경영의 개념을 도입할 필요가 있다. (㉡) 청소년 상담 기관은 설립 목적이 공공성을 띠고 있기 때문에 투입된 자원을 활용하여 그 목적을 얼마나 달성했는지 국가기관이나 사회에 입증할 책임을 가지고 있다. 따라서 상담기관과 같은 사회복지센터도 조직을 효율적으로 운영하기 위해서는 경영적 요소들을 행정에 도입해야 한다.

03. 윗글을 읽고 내릴 수 있는 결론으로 가장 적절한 것은?

① 복지와 경영은 서로 상충되는 가치를 추구한다.
② 경영은 조직의 효율적 운영과 밀접한 관계가 있다.
③ 상담기관 행정운영에 경영 개념의 도입이 필요하다.
④ 효율적인 조직운영을 위한 노력은 모든 분야에서 중요하다.

04. 다음 중 빈칸 ㉠, ㉡에 들어갈 접속어를 바르게 나열한 것은?

	㉠	㉡		㉠	㉡
①	그리고	특히	②	그러나	특히
③	한편	이에 반해	④	그렇지만	반면

05. 다음은 제시된 기사를 읽고 H사의 직원들이 나눈 대화이다. 대화의 흐름상 빈칸 ㉠에 들어갈 말로 가장 적절한 것은?

> H사는 지난 19일 지역의 10개 아동센터 학생들을 H 예술관으로 초대해 공연을 관람하는 '문화 소외계층 나눔행사'를 열었다. 이번 행사에 참가한 학생들은 저소득층 가정, 조손(祖孫) 가정, 편부모 가정 등 가정형편이 어려워 평소 공연을 접하기 힘든 아이들 100여 명이었다. 이들은 이날 국내 유명 힙합 뮤지션들의 합동콘서트를 관람하며 즐거운 한때를 보냈다. 앞서 상반기에도 베트남, 필리핀, 몽골 등 10개국에서 온 다문화 가족 160명을 초청해 국내 창작 뮤지컬 공연을 관람시켜 주기도 했다. 오는 29일에는 '퓨전국악밴드 ○○○의 수궁가' 공연에 지역 사회복지시설 종사자 200여 명을 초대할 예정이라고 밝혔다. H사는 지난 1998년 문화·예술시설인 H 예술관을 설립한 이후, 문화생활에서 소외된 이웃들을 위해 지속적으로 공연 관람의 기회를 제공하고 있다. 이 밖에도 '찾아가는 음악회', '△△챔버오케스트라' 지원 등 활발한 문화·예술 후원활동을 진행하며, 2004년부터 총 7차례나 문화체육관광부에서 선정하는 메세나 문화예술지원 기업 1위에 선정된 바 있다.
>
> A : 우리 회사가 그동안 문화·예술활동에 많은 투자와 지원을 해왔는지 몰랐어.
> B : 요즘 많은 기업들이 문화·예술활동 지원을 통해 친밀하고 긍정적인 기업 이미지를 전달하려 노력한다고 들었는데, 우리 회사도 진행하고 있던 활동이구나.
> C : (　　　　　㉠　　　　　)
> D : 내 생각에도 단순히 이미지를 위해 활동을 진행한 것은 아닌 것 같아. 우리 회사는 문화지원활동 중에서도 특히나 소외된 계층을 위한 지원을 아끼지 않았어. 공식적으로도 7차례나 문화예술지원 1위 기업에 선정된 적이 있으니까 이미지만 고려한 활동은 아니라고 봐.

① 맞아. 활발한 문화예술 후원활동을 하는 게 기업이 대중에게 친숙하게 다가갈 수 있는 방법 중 하나이긴 해.
② 단순히 재정적 지원만 하는 데에서 머물지 않고 고객과 소통하는 기업이 되기 위해서 노력을 하고 있다고 볼 수 있어.
③ 물론 기업 이미지 구축에 좋은 영향을 주겠지만 그보다 기업의 사회적 책임을 다하기 위한 활동으로 보는 것이 더 적절하지 않을까?
④ 대기업으로서 소외계층을 돕는 활동에 적극적으로 참여하는 모습을 통해 사람들에게 좋은 기업 이미지를 심어줄 수 있겠지.

06. 다음 글에 사용된 설명 방법을 적절하게 이해한 것은?

> 중고차 시장에서 판매되는 중고차의 흠이나 내력은 구매자보다 판매자가 더 많이 알고 있을 것이다. 판매자는 팔려는 자동차가 언제 물에 잠겼고 언제 사고를 당해서 고쳤는지, 내재되어 있는 치명적인 결함은 무엇인지를 잘 알고 있다. 반면에 구매자는 판매자가 이러한 자동차의 결함을 감추기 때문에 그 자동차의 결함을 충분히 알 수 없으므로 자동차의 겉모양만 보고 판단할 수밖에 없다. 이와 같이 거래의 양 당사자가 그 상품에 대한 정보를 균등하지 않게 보유하고 있는 경우를 '정보의 비대칭성(Asymmetric Information)'이라 한다.
> 이러한 정보의 비대칭성은 생명보험의 판매에서도 찾을 수 있다. 생명보험회사는 건강한 사람들을 가능하면 많이 가입시키는 것이 유리하다. 반면에 보험가입자의 경우에는 건강상태가 나쁠수록 보험가입에 적극적이다. 보험가입자들의 다수가 병에 걸려 있다면 생명보험회사는 막대한 손실을 보거나 파산할 수도 있다. 따라서 생명보험회사는 병에 걸린 사람들이 보험에 가입하는 것을 방지하고자 최대한의 노력을 기울일 것이나, 보험가입자는 자신의 건강상태에 대해서 생명보험을 판매하는 생명보험회사보다 훨씬 더 잘 알고 있다. 이와 같은 경우도 정보의 비대칭성에 해당한다.

① 구체적인 예시를 들어 대상을 쉽게 설명하고 있다.
② 사례 간의 비교를 통해 대상의 특징을 설명하고 있다.
③ 여러 대상을 일정한 기준에 따라 나누어 설명하고 있다.
④ 대상의 부분을 체계적으로 조직하여 내적인 연관관계를 설명하고 있다.

07. 다음 중 글의 내용과 가장 일치하지 않는 것은?

> 중세 이탈리아 상인들은 어떤 물건들을 취급해서 막대한 부를 축적했을까? 피렌체 출신의 상인 페골로티의 '상업 실무'와 발루타(Valuta)라 불리는 일종의 상품 시세표는 그에 대한 답을 말해 준다. 두 기록에 따르면 중세 말 이탈리아 상인들이 일상적으로 취급했던 품목은 대략 2백 개 정도였다고 한다. 상업 실무에 언급된 상품은 총 288가지였지만 같은 종류의 상품들이 생산지, 가공 상태, 품질 등에 따라 중복된 것을 제외하면 대략 193종의 품목이 이탈리아 상인들을 통해 유통되고 있었다.
>
> 페골로티의 목록에서 눈에 띄는 점은 이 상품들이 향신료로 불렸다는 것이다. 오늘날 엄격한 의미의 향신료로 간주하지 않는 꿀, 설탕, 쌀, 오렌지, 다트 등의 식품들과 명반, 백연 등의 염색 재료들 그리고 원면, 밀랍, 종이와 같은 산업 원료들까지도 중세 향신료로 분류되었다. 193개의 중세 향신료 중에서 오늘날에도 여전히 향신료로 간주하는 것들은 극소수이다. 이 중 인도와 중국을 포함한 동방으로부터 온 상품들은 31개 정도이며, 그중에서도 진정한 의미의 향신료는 후추, 생강, 육계, 계피, 정향, 소두구, 갈링가, 육두구 정도였다.
>
> 고대부터 시작된 아시아산 향신료에 대한 유럽인들의 열광적인 소비는 시간이 갈수록 늘어났다. 유럽인들은 아시아 향신료에 매료되었고, 이탈리아 상인들은 늘어나는 향신료 수요를 충족시키면서 막대한 이익을 얻었다. 향신료에 대한 수요가 많았던 이유 중 하나는 다양한 용도 덕분이었다. 음식에 향미를 더해 주기도 하고 육식을 금하는 사순절 동안 생선만 먹는 지루함을 달래주었으며 신을 부르거나 악마를 쫓아내고 병과 전염병을 치료하는 용도 등으로 활용되기도 하였다. 중세 고급 요리에서 향신료는 없어서는 안 되는 필수 품목이었다.

① 중세 이탈리아 상인들은 약 200여 개의 물품을 취급하였다.
② 중세 이탈리아 상인들이 취급한 물품은 일정 기준에 의해 분류되어 있었다.
③ 중세 이탈리아 상인들은 양념류와 식품 등을 향신료로 분류하였다.
④ 중세 유럽인이 향신료를 좋아했던 이유 중 하나는 향신료가 음식을 대신할 수 있었기 때문이다.

[08 ~ 10] 다음 글을 읽고 이어지는 질문에 답하시오.

　　한양도성은 조선왕조 도읍지인 한양의 경계를 표시하면서 그 권위를 드러내고 외부의 침입으로부터 수도를 방어하기 위해 축조된 성이다. 한양도성은 태조 5년(1396)에 북악산, 낙산, 남산, 인왕산 능선을 따라 축조했고 평균 높이는 약 5～8m, 전체 길이는 약 18.6km에 이른다. 그리고 이 도성은 전 세계에 현존하는 도성 중 가장 오랜 기간인 514년(1396～1910) 동안 도성으로써 그 기능을 수행하였다.
　　한양도성에는 4대문과 4소문이 있는데 4대문은 흥인지문, 돈의문, 숭례문, 숙정문이며 4소문은 혜화문, 소의문, 광희문, 창의문이다. 그리고 도성 밖으로 물길을 잇기 위해 흥인지문 주변에 오간수문과 이간수문을 두었는데 현재 돈의문과 소의문은 멸실된 상태이다.
　　이러한 한양도성은 고구려부터 사용된 산성과 평지성을 함께 쌓는 축성 체계와 기법을 계승하고 발전시킨 성으로, 처음 축조된 뒤에도 여러 차례 보수하고 개축되었다. 이러한 개보수의 역사를 성벽을 통해 고스란히 느낄 수 있다.
　　태조(1396) 때는 1월과 8월, 두 차례의 공사를 통해 축성을 마무리하였는데 산지는 석성으로, 평지는 토성으로 쌓고 성돌은 자연에서 구할 수 있는 돌을 거칠게 다듬어 사용하였다. 그러다 세종(1422) 때 다시 재정비에 들어갔다. 이때는 성돌을 옥수수알 모양으로 다듬어 평지의 토성을 석성으로 고쳐 쌓았다. 숙종(1704) 때는 무너진 구간을 여러 차례에 걸쳐 다시 쌓는 과정을 거쳤는데, 성돌 크기를 가로·세로 40～45cm 내외의 방형으로 규격화하여 개축하였고 이전보다 더 견고한 성벽을 쌓을 수 있었다. 순조(1800) 때는 가로·세로 60cm가량의 정방형 돌을 정교하게 다듬어 성을 보수하였다.
　　수백 년간 우리와 함께한 한양도성은 자연과 하나가 된 특별한 인공 구조물이다. 자연 원래의 모습을 훼손하지 않고 능선과 지형을 따라가며 성을 쌓았다. 이와 같이 자연을 존중하는 건축 방식은 옛날부터 이어져 온 우리 민족의 전통이다. 이렇게 쌓은 성은 세월이 흐르면서 자연의 일부로 자리 잡게 되었으며 문학과 예술의 대상이 되었다.

08. 윗글의 중심 내용으로 가장 적절한 것은?

① 문화유산으로서 한양도성의 가치
② 한양도성의 축성과 시대별 개축 과정
③ 조선왕조 한양도성의 역할
④ 멸실된 4소문의 재건계획

09. 다음 중 제시된 글에 대한 반응으로 적절하지 않은 것은?

① 수빈 : 조선왕조 때는 도성이 도읍의 경계가 되었구나.
② 현지 : 성벽을 보면 시간의 흐름에 따른 도성 축조 기술을 알 수 있어.
③ 도영 : 오랫동안 도성의 기능을 수행하였기 때문에 문화적 가치가 높다고 할 수 있어.
④ 민아 : 한양을 둘러싸고 있는 4개의 산 능선을 따라 한양도성이 지어졌구나.

10. 다음 중 도성 축성 시기와 성벽의 모습이 바르게 짝지어진 것은?

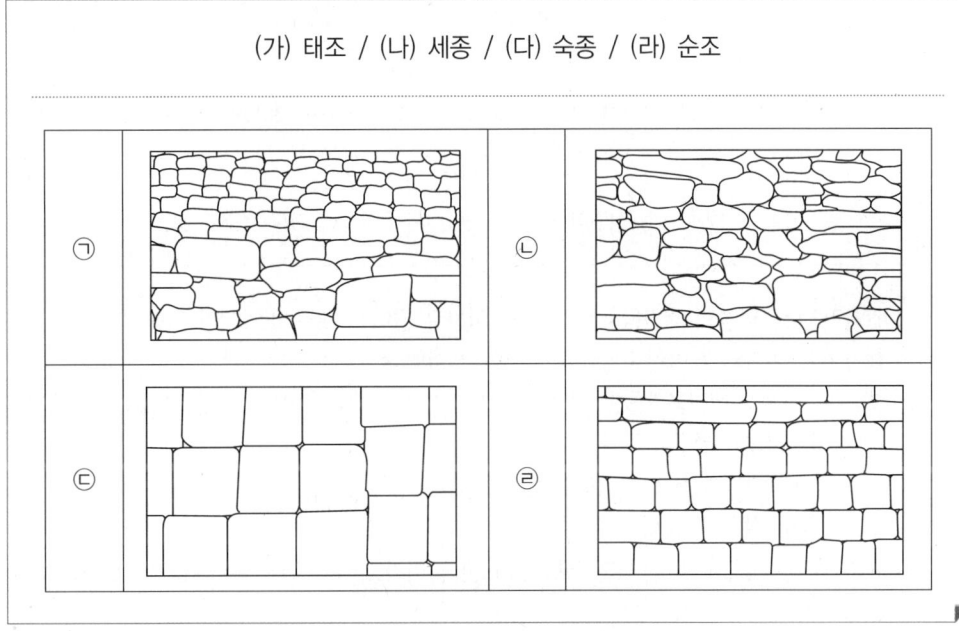

① (가) - ㉡
② (나) - ㉣
③ (다) - ㉢
④ (라) - ㉠

영역 02 자료해석

정답과 해설 4쪽

01. 다음 월간음주율 그래프에 대한 설명으로 적절한 것은?

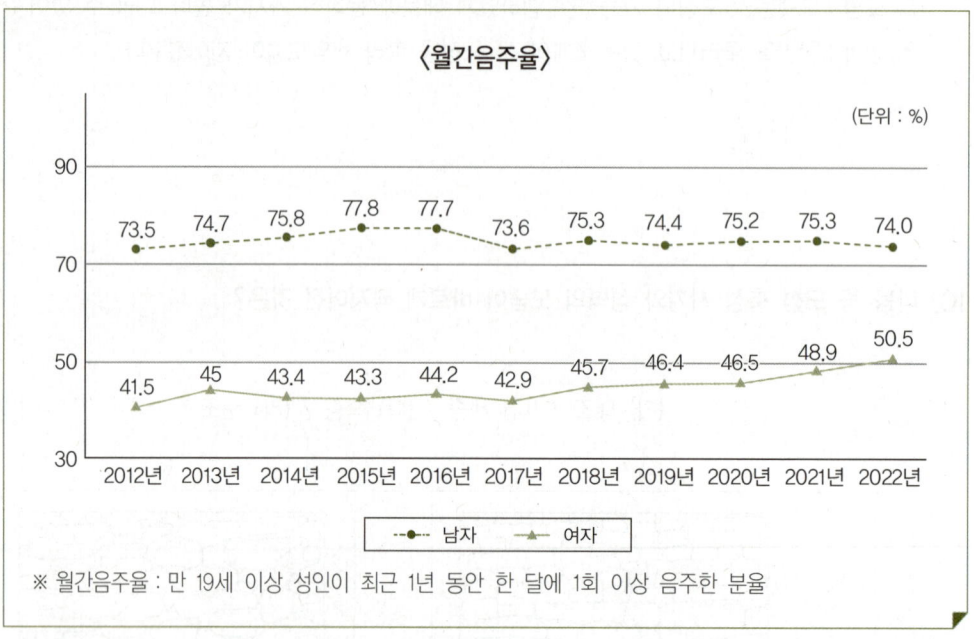

※ 월간음주율 : 만 19세 이상 성인이 최근 1년 동안 한 달에 1회 이상 음주한 분율

① 조사기간 중 남성의 월간음주율이 70% 이하로 떨어진 해는 없었지만 여성의 월간음주율에 비해 1.4배 이하로 떨어진 해는 2022년이 처음이다.

② 2022년 여성의 월간음주율은 지난해에 비해 1.6%p 증가하였으나 남성의 월간음주율은 지난해에 비해 1.2%p 줄었다.

③ 2013년 만 19세 이상 여성인구를 1,160만 명으로 보면 2013년 매달 1번 이상 음주한 여성의 수는 500만 명보다 많다.

④ 2015년 만 19세 이상 남성인구를 1,390만 명이라고 보면 2015년 매달 1번도 음주하지 않은 남성의 수는 약 309만 명이다.

02. 다음은 국내 은퇴연령 신용불량자에 관한 자료이다. 이를 이해한 내용으로 적절한 것을 〈보기〉에서 모두 고르면?

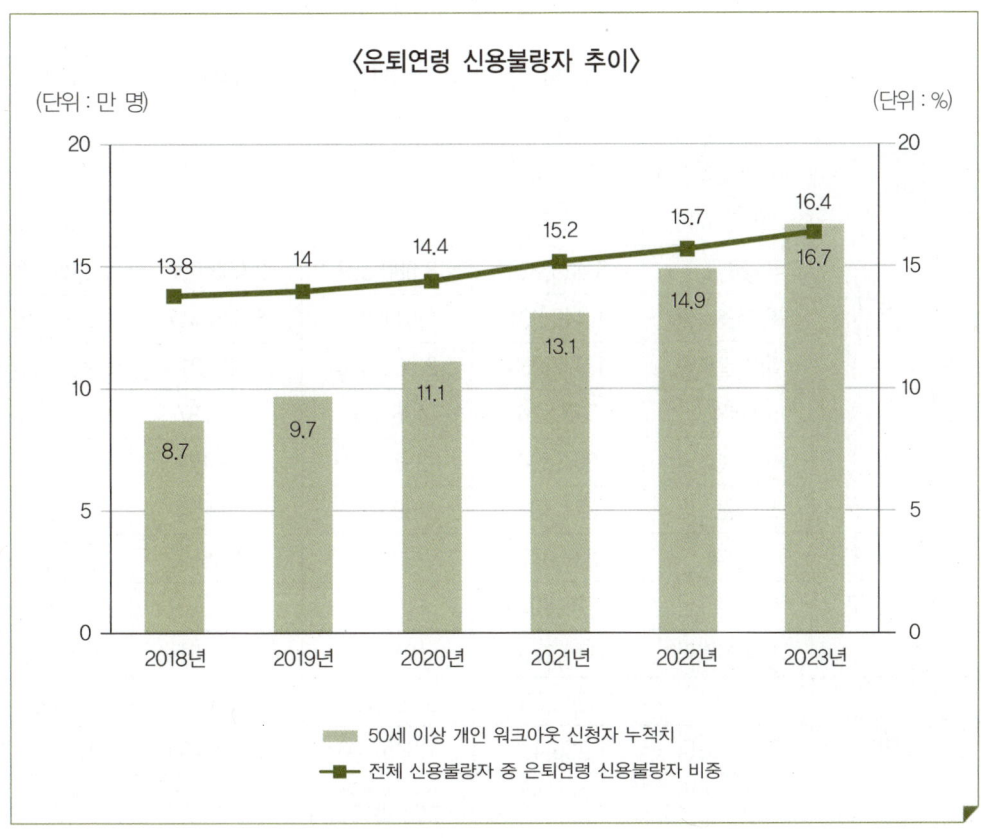

| 보기 |

ㄱ. 2023년에 50세 이상 개인 워크아웃 신청자는 2018년 대비 약 8만 명이 늘어났다.
ㄴ. 전체 신용불량자 중 은퇴연령 신용불량자 비중과 50세 이상 개인 워크아웃 신청자의 증감폭이 가장 큰 시기는 2021년과 2022년 사이이다.
ㄷ. 50세 이상 개인 워크아웃 신청자 누적치의 전년 대비 증가율은 2019 ~ 2023년 동안 지속적으로 늘어나고 있다.
ㄹ. 2023년의 전체 신용불량자 중 은퇴연령 신용불량자 비중은 2018년 대비 2.6%p가 증가하였다.

① ㄱ, ㄹ
② ㄴ, ㄷ
③ ㄴ, ㄷ, ㄹ
④ ㄱ, ㄷ, ㄹ

[03 ~ 04] 다음은 20X1년 각 온라인 매체별 상품 판매액을 나타낸 자료이다. 이어지는 질문에 답하시오.

〈20X1년 온라인 매체별 매출액〉

(단위 : 백만 원)

상품군별	판매매체별	1/4분기	2/4분기	3/4분기	4/4분기
컴퓨터 및 주변기기	총액	1,628,388	1,290,522	1,317,969	1,517,339
	인터넷쇼핑	941,706	777,618	793,644	911,246
	모바일쇼핑	686,682	512,905	524,326	606,095
가전·전자·통신기기	총액	3,423,236	3,680,589	3,608,662	3,857,493
	인터넷쇼핑	1,446,201	1,611,034	1,525,447	1,630,224
	모바일쇼핑	1,977,033	2,069,556	2,083,215	2,227,270
서적	총액	529,326	406,104	460,787	462,495
	인터넷쇼핑	307,894	237,084	262,494	260,845
	모바일쇼핑	221,432	169,021	198,292	201,651
사무·문구	총액	237,077	220,451	211,651	271,779
	인터넷쇼핑	126,801	118,702	110,519	134,514
	모바일쇼핑	110,276	101,747	101,131	137,264
의류	총액	3,262,335	3,558,165	3,180,602	4,495,378
	인터넷쇼핑	1,256,403	1,345,136	1,184,433	1,541,271
	모바일쇼핑	2,005,932	2,213,029	1,996,170	2,954,108

03. 다음 중 위 자료에 대한 이해로 적절하지 않은 것은?

① 1/4분기 보다 4/4분기의 매출 총액이 더 작은 상품군은 2개이다.
② 2/4분기 동안 인터넷쇼핑과 모바일쇼핑의 매출액 차이가 가장 큰 상품군은 의류이다.
③ 의류의 20X2년 1/4분기 인터넷쇼핑 매출액의 전 분기 대비 감소액이 20X1년 4/4분기의 전 분기 대비 증가액의 절반일 때, 그 매출액은 1,362,852백만 원이다.
④ 의류, 서적을 제외하고 매 분기마다 모든 상품군은 인터넷쇼핑 매출액이 모바일쇼핑 매출액보다 크다.

04. 제시된 자료에서 인터넷쇼핑과 모바일쇼핑의 매출액 증감 추이가 동일하지 않은 상품군은 모두 몇 개인가?

① 1개
② 2개
③ 3개
④ 4개

05. 다음은 우리나라의 소비자 물가 지수 자료이다. 이에 대한 설명으로 옳지 않은 것은?

〈품목별 소비자 물가 지수〉

(단위 : 20X1=100)

구분	20X3년 1분기	20X3년 2분기	20X3년 3분기	20X3년 4분기
총지수	105.35	107.54	108.76	109.20
신선식품	110.86	107.81	118.87	109.86
신선채소	107.15	99.28	126.41	107.99
신선과실	120.55	119.82	121.26	112.59
신선어패	103.18	104.58	103.61	109.00
신선식품제외	105.11	107.53	108.32	109.17
생활물가지수	106.42	109.48	110.76	110.89

① 20X3년 중 20X1년보다 신선채소의 물가수준이 낮았던 분기는 한 번 있었다.
② 분기별 총지수와 증감 추이가 동일한 항목은 2개다.
③ 총지수를 제외하고 20X3년 3분기 대비 4분기 지수의 증감폭이 가장 작은 항목은 신선식품제외 항목이다.
④ 20X3년도 1분기 신선과실의 물가수준은 기준시점보다 20% 이상 높다.

06. 다음은 A 대학교 학생들을 장학금을 받는 학생과 장학금을 받지 못하는 학생으로 나누고 이들이 해당 학년 동안 참가한 1인당 평균 교내 특별활동 수를 조사한 자료이다. 이에 대한 설명 중 적절하지 않은 것을 〈보기〉에서 모두 고르면?

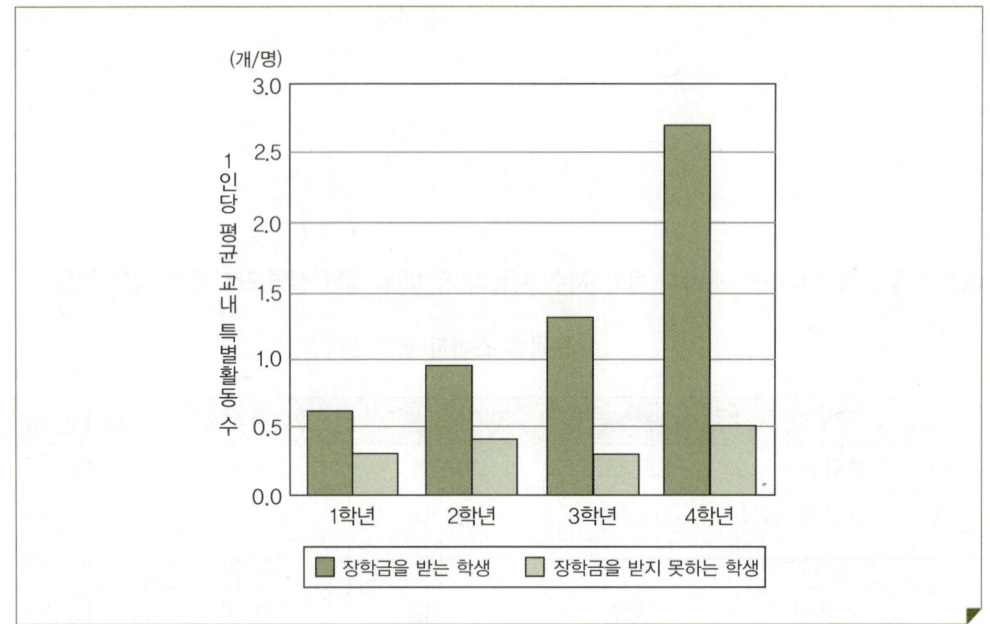

| 보기 |

㉠ 학년이 높아질수록 장학금을 받는 학생 수는 늘어났다.
㉡ 장학금을 받는 4학년생이 참가한 1인당 평균 교내 특별활동 수는 장학금을 받지 못하는 4학년생이 참가한 1인당 평균 교내 특별활동 수의 5배 이하이다.
㉢ 장학금을 받는 학생과 받지 못하는 학생 간의 1인당 평균 교내 특별활동 수의 차이는 4학년이 가장 크다.
㉣ 전체 2학년생이 참가한 1인당 평균 교내 특별활동 수보다 전체 3학년생이 참가한 1인당 평균 교내 특별활동 수가 많다.

① ㉠, ㉣
② ㉡, ㉢
③ ㉠, ㉡, ㉣
④ ㉠, ㉢, ㉣

07. 다음 자료를 파악한 내용으로 적절하지 않은 것은?

〈해외 주요국 전력 소비량〉

(단위 : TWh)

구분	1990년	2000년	2010년	2020년
중국	478	1,073	3,493	5,582
미국	2,634	3,500	3,788	3,738
인도	212	369	720	1,154
일본	771	969	1,022	964
독일	455	484	532	519
한국	94	240	434	508
브라질	211	321	438	499
프랑스	302	385	444	437
영국	274	329	329	301
이탈리아	215	273	299	292
⋮	⋮	⋮	⋮	⋮
전 세계 합계	9,702	12,698	17,887	

① 제시된 국가들 중 2020년에 전력 소비량이 가장 많은 국가와 가장 적은 국가의 전력 소비량 차이는 5,290TWh이다.
② 제시된 국가들 중 1990년 대비 2000년 전력 소비량 증가값이 가장 큰 국가는 중국이다.
③ 제시된 국가들 중 2000년 대비 2010년 전력 소비량은 영국을 제외한 모든 국가에서 증가했다.
④ 제시된 국가들 중 2010년 대비 2020년 전력 소비량이 감소한 국가 수는 증가한 국가 수보다 많다.

[08 ~ 09] 다음은 타 행정구역으로의 서울특별시 전출 인구 현황에 대한 자료이다. 이어지는 질문에 답하시오.

〈전입지별 서울특별시 전출 인구 현황〉

(단위 : 명)

구분	2021년		2022년		2023년	
	전출 인구	순이동자 수	전출 인구	순이동자 수	전출 인구	순이동자 수
인천광역시	46,082	10,412	51,641	18,633	49,640	17,424
부산광역시	17,418	-5,698	18,816	-4,200	16,135	-5,728
대전광역시	13,819	-1,974	13,900	-990	14,080	-490
광주광역시	11,095	-1,547	10,587	-1,330	10,154	-1,657
대구광역시	10,277	-3,638	10,397	-2,913	10,135	-3,703
울산광역시	4,742	-1,742	5,188	-1,090	5,691	-1,108

※ 순이동자 수=전출 인구-전입 인구

08. 다음 그림은 2023년에 6개 광역시에서 서울로 전입한 인구를 나타낸 것이다. 화살표가 굵을수록 이동한 인구가 많은 것이라고 할 때, ⓐ와 ⓑ에 해당하는 도시를 바르게 연결한 것은?

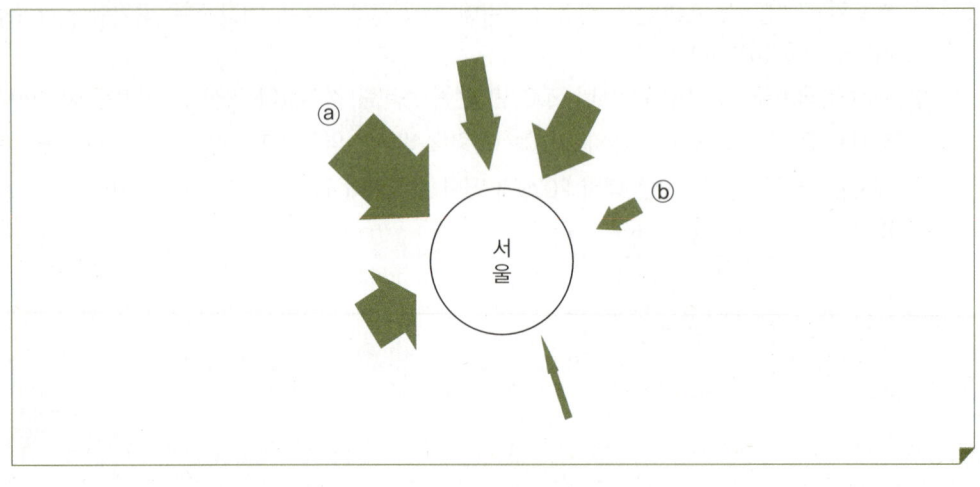

	ⓐ	ⓑ		ⓐ	ⓑ
①	인천광역시	광주광역시	②	인천광역시	울산광역시
③	부산광역시	울산광역시	④	부산광역시	대구광역시

09. 다음은 제시된 자료를 바탕으로 서울에서 한 광역시로의 순이동자 수 변화를 나타낸 그래프이다. 이에 해당하는 도시로 가장 적절한 곳은?

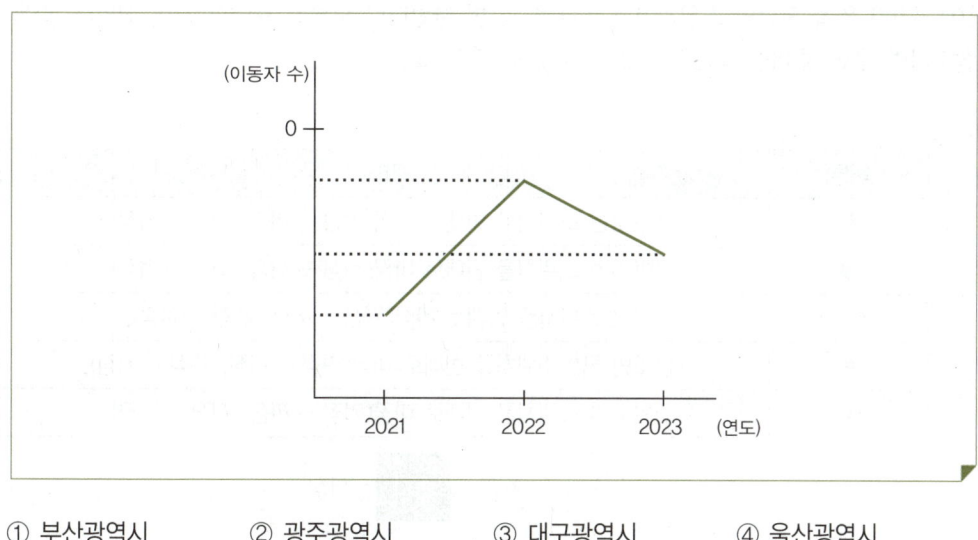

① 부산광역시 ② 광주광역시 ③ 대구광역시 ④ 울산광역시

10. 다음은 초·중·고등학교의 사교육비 총액을 정리한 자료이다. 이에 대한 설명으로 옳은 것은?

〈학생 사교육비 총액 규모〉

(단위 : 억 원, %)

구분	20X5년 비용	20X6년 비용	20X6년 전년 대비 증감률	20X7년 비용	20X7년 전년 대비 증감률	20X8년 비용	20X8년 전년 대비 증감률	20X9년 비용	20X9년 전년 대비 증감률
전체	190,395	185,960	-2.3	182,297	-2.0	178,346	-2.2	180,605	1.3
초등학교	77,554	77,375	-0.2	75,948	-1.8	75,287	-0.9	77,438	2.9
중학교	61,162	57,831	-5.4	55,678	-3.7	52,384	-5.9	48,102	-8.2
고등학교	51,679	50,754	-1.8	50,671	-0.2	50,675	0.0	55,065	8.7

※ 20X8년 대비 20X9년 학생 수 감소 : 초등학교 2,715 → 2,673천 명, 중학교 1,586 → 1,457천 명, 고등학교 1,788 → 1,752천 명

① 20X6 ~ 20X9년 동안 전년 대비 증감률은 매년 고등학교가 가장 크다.
② 사교육비 총액은 20X9년에 전년 대비 최고 증가폭을 보였다.
③ 20X8년 대비 20X9년의 중학교 사교육비 감소는 비용의 순수 경감 효과이다.
④ 전체적으로 사교육에 쏟아 붓는 비용이 시간의 흐름에 따라 감소하였다.

영역 03 문제해결

정답과 해설 6쪽

[01 ~ 02] 왼쪽 모양의 스위치에서 버튼을 세 번 눌렀더니 오른쪽 모양과 같이 되었다. 다음 표를 참고하여 '?'에 들어갈 버튼으로 알맞은 것을 고르시오.

버튼	기능
◐	1번 2번 스위치를 반대로 바꿈(켜짐→꺼짐, 꺼짐→켜짐).
◑	4번 5번 스위치를 반대로 바꿈(켜짐→꺼짐, 꺼짐→켜짐).
◎	3번 스위치를 반대로 바꿈(켜짐→꺼짐, 꺼짐→켜짐).
■	1번 3번 5번 스위치를 반대로 바꿈(켜짐→꺼짐, 꺼짐→켜짐).
◆	2번 4번 스위치를 반대로 바꿈(켜짐→꺼짐, 꺼짐→켜짐).

숫자(흰색)=켜짐   숫자(녹색)=꺼짐

01.

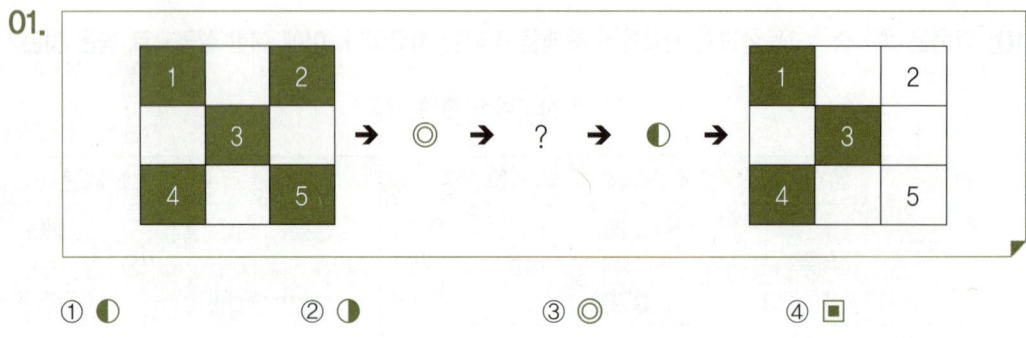

① ◐   ② ◑   ③ ◎   ④ ■

02.

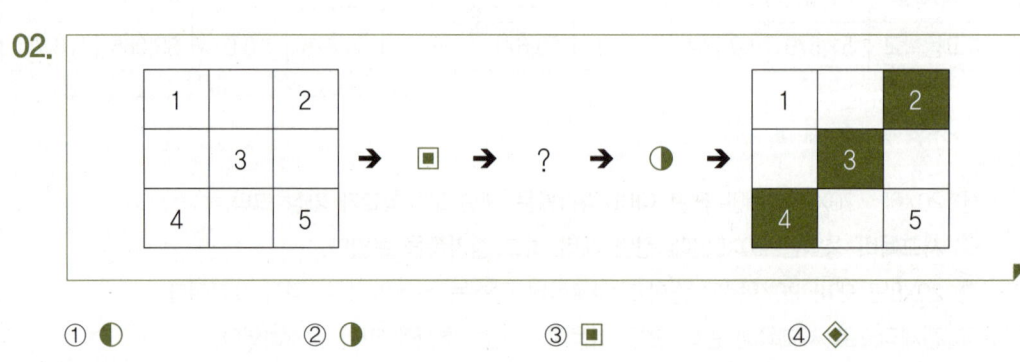

① ◐   ② ◑   ③ ■   ④ ◆

03. 왼쪽 모양의 행렬에서 버튼을 두 번 눌렀더니 오른쪽 모양과 같이 되었다. 다음 중 '?'에 들어갈 버튼으로 알맞은 것은?

버튼	기능
♤	A 행과 F 열의 모든 0을 1로, 1을 0으로 바꾼다(행과 열이 겹치는 부분은 동시에 한 번만 바꾼다).
♠	B 행과 E 열의 모든 0을 1로, 1을 0으로 바꾼다(행과 열이 겹치는 부분은 동시에 한 번만 바꾼다).
♧	C 행과 D 열의 모든 0을 지운다(빈칸으로 만든다).
♣	C 행과 D 열의 모든 1을 지운다(빈칸으로 만든다).
◇	모든 빈칸에 0을 적는다.
◆	모든 빈칸에 1을 적는다.

	D 열	E 열	F 열
A 행			
B 행	1	1	1
C 행			

→ ? → ◇ →

	D 열	E 열	F 열
A 행	0	0	0
B 행	1	1	0
C 행	0	0	0

① ♤   ② ♠   ③ ♧   ④ ♣

04. 운송회사는 공장에서 물류창고 E, G, I까지 각각 1대씩의 화물차량을 배정하려고 한다. 최단거리로 운송할 경우에 합산한 총 운송거리는? (단, 단위는 km이다)

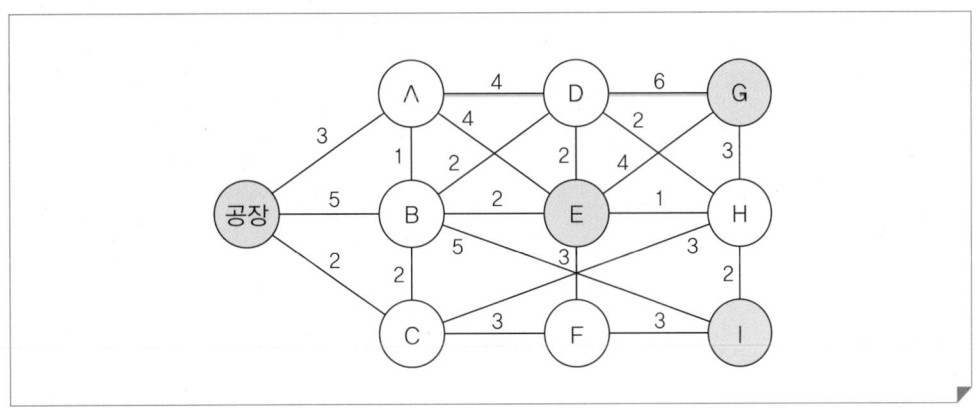

① 19km   ② 20km
③ 21km   ④ 22km

05. 박 사원은 금융 업무를 위해 회사에서 출발하여 은행에 방문하려고 한다. 회사에서 은행까지는 버스나 택시, 도보로 이동할 수 있다. 박 사원이 은행 업무를 마치고 회사로 돌아오는 길에는 무조건 도보를 이용해야 할 때, 왕복 시간이 가장 적게 소요되는 은행은?

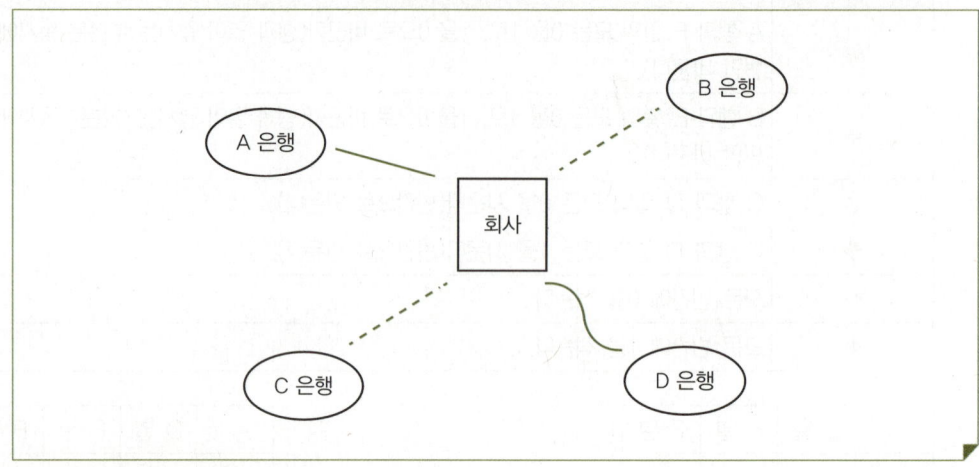

은행	A	B	C	D
회사와의 거리(km)	2	3.5	3	1

이동수단	기호	속력
버스	———	30km/h
택시	-------	40km/h
도보	～～～	6km/h

① A 은행 ② B 은행
③ C 은행 ④ D 은행

06. A가 학교에서 출발해 병원에서 진료를 받은 뒤 다시 학교로 돌아오려고 할 때, 자전거로 이동을 한다면 택시로 이동할 때보다 얼마나 더 많은 시간이 소요되는가?

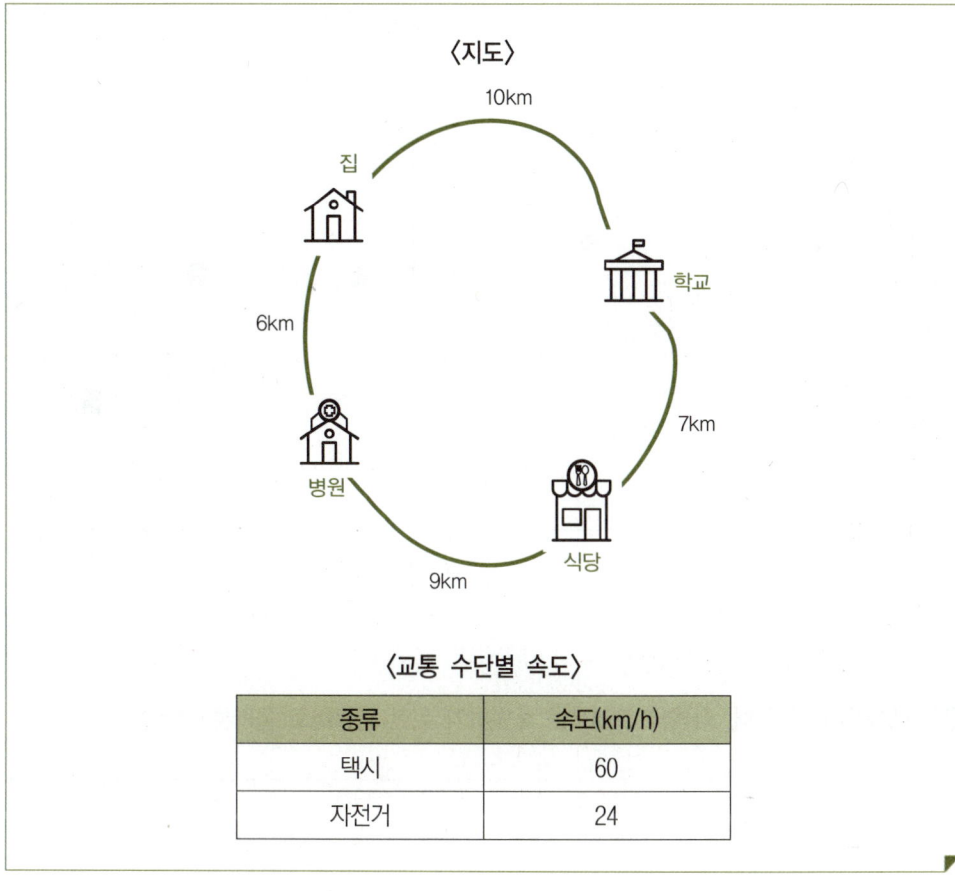

① 42분 ② 48분
③ 52분 ④ 56분

[07 ~ 10] 〈보기〉는 명령어와 그에 따른 그래프의 출력 결과이다. 이어지는 질문에 답하시오.

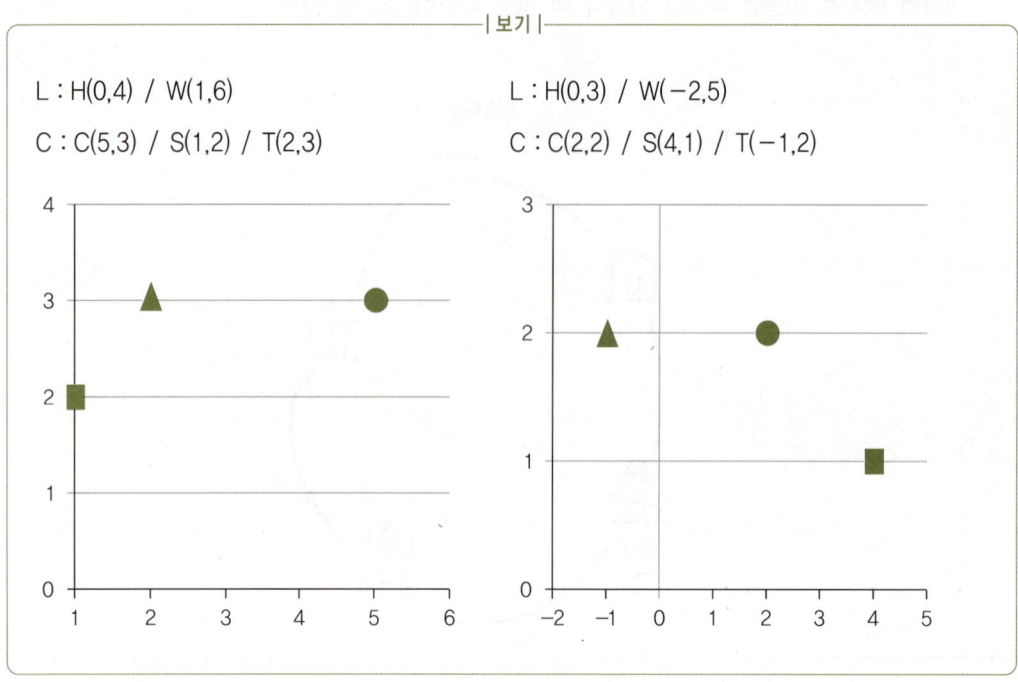

| 보기 |

L : H(0,4) / W(1,6)   L : H(0,3) / W(-2,5)
C : C(5,3) / S(1,2) / T(2,3)   C : C(2,2) / S(4,1) / T(-1,2)

07. 〈보기〉에 따를 때, 다음의 그래프를 출력하기 위한 명령어로 올바른 것은?

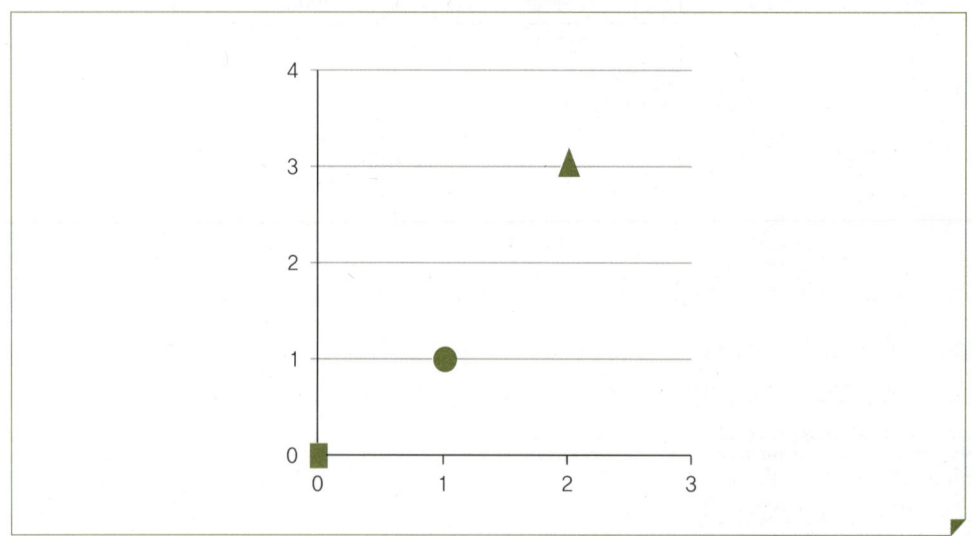

① L : H(0, 4) / W(0, 3)
   C : C(0, 0) / S(1, 1) / T(2, 3)
② L : H(0, 4) / W(0, 3)
   C : C(1, 1) / S(0, 0) / T(2, 3)
③ L : H(0, 3) / W(0, 4)
   C : C(1, 1) / S(2, 3) / T(0, 0)
④ L : H(0, 3) / W(0, 4)
   C : C(1, 2) / S(0, 0) / T(2, 3)

08. 〈보기〉에 따를 때, 다음의 그래프를 출력하기 위한 명령어로 올바른 것은?

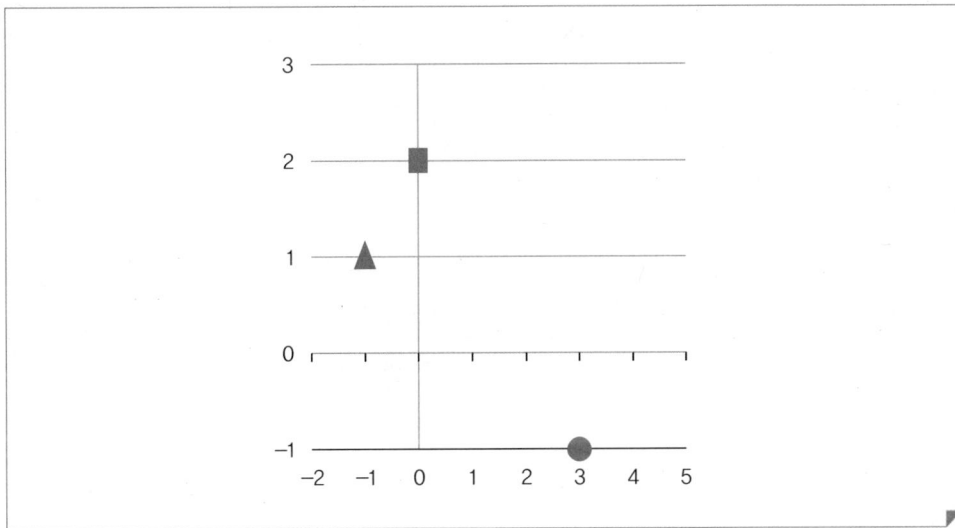

① L : H(−1, 3) / W(−2, 4)
   C : C(0, 2) / S(3, −1) / T(−1, 1)
② L : H(−1, 3) / W(−2, 5)
   C : C(3, −1) / S(0, 2) / T(−1, 1)
③ L : H(−1, 3) / W(−2, 5)
   C : C(3, −1) / S(0, 2) / T(−1, −1)
④ L : H(−2, 4) / W(−2, 5)
   C : C(0, 2) / S(3, −1) / T(−1, 1)

09. 다음의 출력된 그래프를 토대로 명령어를 재구성하였다. 〈보기〉에 따를 때, 〈명령어〉에서 잘못 구성된 부분은?

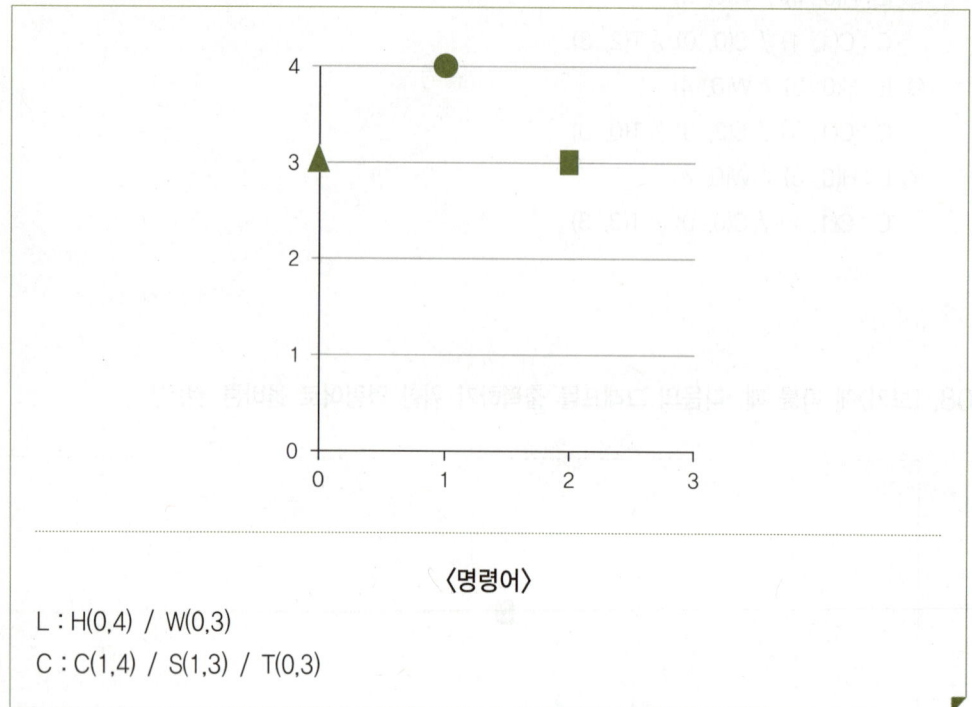

〈명령어〉

L : H(0,4) / W(0,3)
C : C(1,4) / S(1,3) / T(0,3)

① H(0, 4)　　　　　　　　② W(0, 3)
③ C(1, 4)　　　　　　　　④ S(1, 3)

10. 다음의 출력된 그래프를 토대로 명령어를 재구성하였다. 〈보기〉에 따를 때, 〈명령어〉에서 잘못 구성된 부분은?

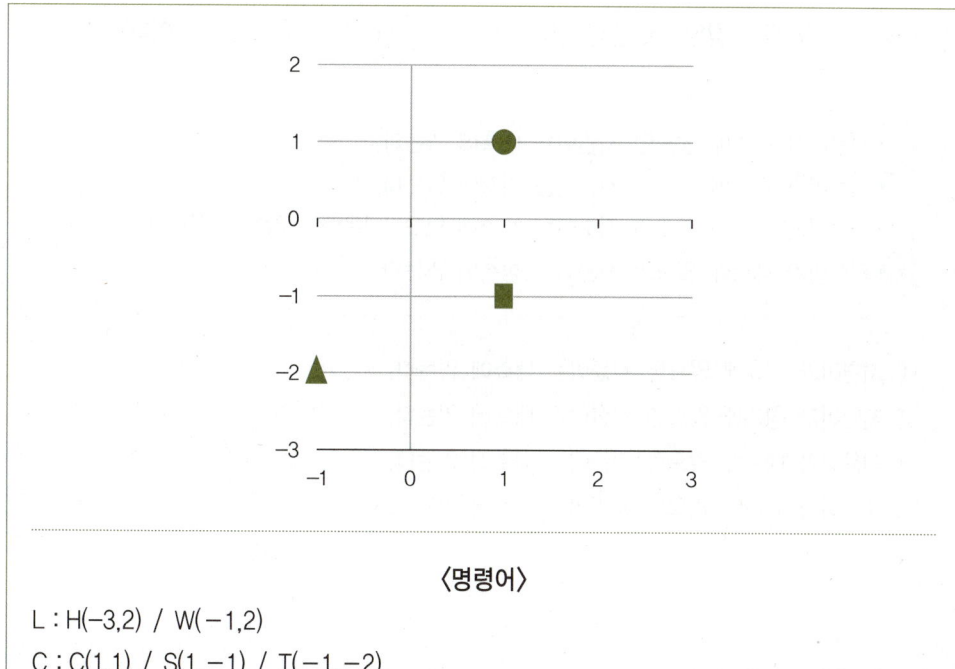

〈명령어〉

L : H(-3,2) / W(-1,2)
C : C(1,1) / S(1,-1) / T(-1,-2)

① H(-3, 2)
② W(-1, 2)
③ S(1, -1)
④ T(-1, -2)

영역 04 추리

01. 다음 명제가 모두 참일 때, 항상 참인 것은? (단, 좌석은 창측과 내측뿐이다)

> - 지윤이가 창측에 앉으면 지인이는 내측에 앉는다.
> - 지현이가 내측에 앉으면 지인이는 창측에 앉는다.
> - 지은이가 창측에 앉으면 지숙이는 내측에 앉고, 지윤이는 창측에 앉는다.
> - 지한이가 내측에 앉으면 지은이는 창측에 앉는다.

① 지현이가 내측에 앉으면 지윤이는 내측에 앉는다.
② 지인이가 창측에 앉으면 지한이가 내측에 앉는다.
③ 지윤이가 내측에 앉으면 지은이는 창측에 앉는다.
④ 지한이가 내측에 앉으면 지인이는 창측에 앉는다.

02. 다음 명제가 모두 참일 때, 반드시 참이 되는 진술이 아닌 것은?

> - 책 읽기를 좋아하는 사람은 영화 감상을 좋아한다.
> - 여행 가기를 좋아하지 않는 사람은 책 읽기를 좋아하지 않는다.
> - 산책을 좋아하는 사람은 게임하기를 좋아하지 않는다.
> - 영화 감상을 좋아하는 사람은 산책을 좋아한다.

① 책 읽기를 좋아하는 사람은 산책을 좋아한다.
② 책 읽기를 좋아하는 사람은 게임하기를 좋아하지 않는다.
③ 게임하기를 좋아하는 사람은 영화 감상을 좋아하지 않는다.
④ 여행 가기를 좋아하는 사람은 책 읽기를 좋아한다.

03. △△매장에 고객 A, B, C, D, E, F 여섯 명이 다음 〈조건〉에 따라 줄을 선다고 할 때 가능하지 않은 것은?

| 조건 |
- D는 B보다 먼저 선다.
- F는 E보다 나중에 선다.
- A는 줄의 제일 처음에 선다.
- C가 F보다 나중에 선다면, B는 맨 마지막에 선다.

① C가 제일 마지막에 선다.
② A의 바로 뒤에 D가 선다.
③ C 뒤에는 두 명만 서고, A와 F 사이에는 한 명만 선다.
④ A와 D 사이에 두 명이 선다면, 마지막 세 사람은 D-C-B 순서이다.

04. 갑, 을, 병, 정, 무 다섯 사람 중에서 2명만 배낭여행을 보내 준다고 한다. 〈조건〉에 따라 배낭여행을 갈 사람을 정할 때, 다음 중 배낭여행을 갈 수 있는 2명을 바르게 짝지은 것은?

| 조건 |
- 갑이 배낭여행을 가지 않는다면 정도 배낭여행을 갈 수 없다.
- 무가 배낭여행을 가지 않는다면 병과 정도 배낭여행을 갈 수 없다.
- 을은 갑 혹은 무과 함께 배낭여행을 갈 수 없다.
- 병이 배낭여행을 간다면 을도 배낭여행을 간다.

① 갑, 병
② 갑, 무
③ 을, 병
④ 병, 무

05. 다음의 명제를 토대로 얻을 수 있는 결론이 아닌 것은?

> - 갑 마을의 농민들은 모두 사과 또는 복숭아를 재배한다.
> - 트랙터를 가진 갑 마을 농민들은 2인 가구를 이루고 있다.
> - 사과를 재배하는 갑 마을 농민들은 2인 가구를 이루고 있지 않다.
> - 복숭아를 재배하는 갑 마을 농민들은 노인과 함께 산다.
> - 노인과 함께 살지 않는 갑 마을 농민들은 트랙터를 갖고 있지 않다.

① 노인과 함께 살지 않는 갑 마을 농민들은 사과를 재배한다.
② 트랙터를 가진 갑 마을 농민들은 노인과 함께 산다.
③ 2인 가구를 이루고 사는 갑 마을 농민들은 노인과 함께 산다.
④ 복숭아를 재배하는 갑 마을 농민들은 트랙터를 가지고 있다.

06. 〈보기〉의 내용 중 하나만 진실이고, 나머지는 모두 거짓이다. 갑, 을, 병 세 사람이 강아지, 고양이, 토끼 중 각각 서로 다른 동물을 키운다고 할 때, 다음 중 옳은 것을 고르면?

| 보기 |

> ㉠ 갑은 강아지를 키우지 않는다.
> ㉡ 갑은 고양이를 키우지 않는다.
> ㉢ 병은 고양이를 키우지 않는다.
> ㉣ 병은 토끼를 키운다.

① 을은 토끼를 키우지 않는다.   ② 병은 고양이를 키우지 않는다.
③ 갑은 강아지를 키우지 않는다.   ④ 을은 고양이를 키우지 않는다.

[07 ~ 09] 다음 숫자들의 배열 규칙을 찾아 '?'에 들어갈 알맞은 수를 고르시오.

07.

(?)	9.5	19.5	39.5	79.5

① 2.5   ② 4.5   ③ 5.5   ④ 6.5

08.

```
    [36]           [44]           [32]
  [3][6]         [7][4]         [5][(?)]
```

① 3   ② 5   ③ 6   ④ 7

09.

13	16		36	45
17	100		(?)	297

① 48   ② 51   ③ 55   ④ 60

10. 다음 숫자들의 배열 규칙을 고려할 때, 맨 아래 '?'에 들어갈 숫자 배열로 가장 적절한 것은?

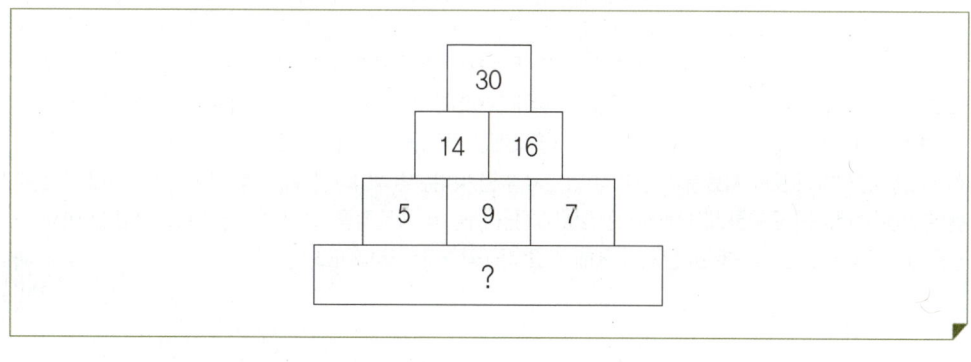

① | 0 | 5 | 4 | 8 | ② | 1 | 4 | 5 | 2 |

③ | 2 | 3 | 7 | 0 | ④ | 6 | 2 | 3 | 1 |

고시넷 포스코그룹(PAT) 대졸직 인적성검사 **최신기출유형모의고사**

영역별 출제비중

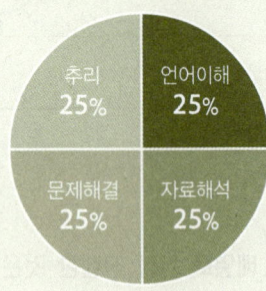

▶ 언어이해 : 주제/맥락 이해, 세부 내용 이해, 문단 또는 문장 배열, 빈칸 채우기
▶ 자료해석 : 도표 자료 분석 및 수치 계산, 수리적 자료 작성
▶ 문제해결 : 자료 이해, 자원관리, 대안 탐색 및 선택
▶ 추리 : 명제추론, 수적추리

포스코그룹(PAT) 대졸직은 크게 1.언어이해 2. 자료해석 3. 문제해결 4. 추리 네 가지 영역으로 출제되고 있다. 언어이해는 글의 요지 및 주제를 빠르게 분석하여 내용의 일치 여부를 판단하거나 글의 논리적 전개 순서를 파악할 수 있는지를 평가하는 영역이다. 자료해석은 제시된 표 또는 그래프와 같은 수리적 자료를 분석하고 도표 자료를 작성할 수 있는지를 평가하는 영역이다. 문제해결은 다양한 유형의 자료를 분석하여 결론을 도출하거나 합리적인 의사결정을 내릴 수 있는지를 파악하는 영역이다. 추리는 명제추론과 수적추리와 같은 유형의 문제를 통해 사고력을 평가하는 영역이다.

포스코그룹(PAT) 대졸직 인적성검사

파트1 영역별 빈출이론

- **01** 언어이해
- **02** 자료해석
- **03** 문제해결·추리

UNIT 1

| 고시넷 포스코그룹(PAT) 대졸직 인적성검사 |

언어이해

기본적인 단어의 의미를 파악하고 문맥으로 단어의 적확한 뜻을 유추할 수 있는지, 주어진 글의 논리적 전개 순서를 파악하고 문단 요지 및 주제를 빠르게 분석하는지를 평가하는 능력이다.

빈출 1 독해의 원리와 유형

1 사실적 독해

1. 개념
글을 구성하는 단어, 문장, 문단의 내용을 정확히 이해하거나 글에 나타난 개념이나 문자 그대로를 이해하는 것을 말한다.

2. 해결 전략
(1) 각 문단의 중심 내용을 통해 글의 주제를 파악한다.
(2) 글의 세부 내용을 확인하고 글에 쓰인 서술 전략을 파악한다.
(3) 글의 내용이 뒤섞인 경우, 논리적 흐름에 따라 글의 전개 순서를 파악한다.

3. 사실적 독해 유형
(1) 주제 찾기
- 필자가 전달하고자 하는 글의 주제, 중심 내용, 의도를 찾는 유형이다.

> **Step 1** 제시문의 문단별 중심 문장, 핵심 소재를 파악한다.
>
> - 중심 문장은 각 문단의 처음이나 끝에 나오는 경우가 많다.
> - 각 문단의 중심 문장은 나머지 내용들을 포괄하는 문장이다.
> - '따라서', '즉', '그러므로', '결국', '요컨대', '그러나', '하지만' 등 접속사 뒤의 문장이 중심 문장이 된다.
> - 예가 뒷받침하는 내용이 중심 문장이 된다.
> - 글쓴이의 생각, 가치 판단이 들어 있는 문장에 집중한다.
> - 분류가 쓰였을 경우, 분류의 기준이 중심 문장이 된다.
> - 대립적인 견해를 중심으로 설명하는 경우, 결론 부분에 유의한다.
>
> **Step 2** 선택지에서 제시문의 내용에서 확인할 수 있는 선택지를 찾는다.
>
> **Step 3** 중심 문장의 내용과 핵심 소재를 가장 잘 반영하는 것이나 중심 문장을 유도할 수 있는 질문을 찾는다.

(2) 내용일치

- 제시된 글의 정보, 내용을 정확하게 파악하여 선택지의 내용이 본문과 일치하는 것을 찾는다.

Step 1 : 글의 진술과 선택지의 진술 내용이 일치하는지를 찾기 위해서 먼저 선택지의 핵심어를 점검한다.

↓

Step 2 : 선택지의 핵심어가 진술된 해당 문단을 찾는다.

↓

Step 3 : 문단별 세부 내용을 비교하며 일치 여부를 파악한다.

(3) 전개방식 이해[서술 전략]

- 글에 쓰인 서술 방식이나 내용 연결 구조가 단답형이거나 글 전체의 서술 전략을 문장형으로 찾는다.

Step 1 : 선택지에 제시된 서술 전략을 파악하고 문장형으로 제시된 경우, 선택지의 핵심어를 정리한다.

↓

Step 2 : 선택지의 서술 전략이 나온 해당 문단을 제시문에서 찾는다.

↓

Step 3 : 해당 문단에서 서술 전략이 확인되는지 파악한다.

(4) 문장, 문단 배열하기

- 글의 내용이 어떤 순서로 전개되는 것이 적절한지 묻는 유형으로 문단, 문장의 논리적 배열순서, 특정 문단이나 문장이 전체 글의 어떤 부분에 들어가는 것이 적합한지를 묻는 유형이다.

Step 1 : 맨 처음, 중간, 끝에 배열될 문단이나 문장을 확인한다.

↓

- 다른 문단에서 언급한 소재를 포괄적으로 언급하는 문단은 맨 처음이나 끝에 온다.
- 전체를 포괄하는 문단이 맨 처음에 올 때에는 문단의 첫 머리에 접속부사나 지시어가 오지 않고 전체에서 말한 소재 순으로 뒤의 내용이 전개된다.
- 전체를 포괄하는 문단이 맨 끝에 나올 때는 결론을 유도하는 접속부사가 쓰이고 전체에서 언급한 소재 순으로 앞의 내용이 전개된다.
- 접속부사나 지시어로 시작하는 문단이나 문장은 맨 앞에 올 수 없다.

Step 2 : 지시어와 접속부사에 따라 글 내용 연결이 자연스러운지 확인한다.

↓

Step 3 : 내용의 논리 관계가 성립하는지 확인한다.

- 서사, 과정, 인과, 주지-예시 등의 논리 관계가 성립하는지 확인한다.

2 추론적 독해

1. 개념

글에서 생략된 내용을 추론하거나 숨겨진 필자의 의도, 목적 등을 추론하는 것으로 독자는 자신의 지식과 경험, 문맥, 글에 나타난 표지 등을 이용하여 생략된 내용을 추론하여 의미를 구성하는 것이다.

2. 해결 전략

(1) 글을 읽으면서 뒤에 이어질 내용이나 접속어, 결론 등을 추론해 보고 다른 상황에 적용할 수 있는지를 유추해 본다.

(2) 생략된 내용을 추론할 때는 빈칸 앞과 뒤의 문장에 주목한다.

(3) 글쓴이의 의도를 파악할 때는 문맥에 유의하여 글 전체의 분위기와 논조를 파악한다.

3. 글의 추론 유형

(1) 논리 추론

- 글에 언급된 내용을 이해한 뒤 글쓴이의 의도, 관점, 전제, 드러나지 않은 정보나 생략된 내용을 어떻게 추론할 수 있는지를 검토한다.

Step 1	제시문에 언급된 글쓴이의 전제, 의도, 관점, 태도 내용 등을 파악한다.
Step 2	선택지의 내용을 기반으로 제시문에 추론의 근거가 있는지 파악한다.
Step 3	추론에 예외가 없는지, 추론 방식에 모순은 없는지 확인한다.

(2) 문맥적 의미 추론

- 글 전체의 맥락에 따라 주제를 파악한 뒤 소재, 단어, 문장의 문맥적 의미를 파악한다.

Step 1	제시문 전체의 주제나 대립적인 관점을 찾는다.
Step 2	밑줄 친 부분이 앞뒤 맥락에 따라 주제와 관련된 관점이나 대립적인 관점 중 어디에 속하는지 파악한다.
Step 3	소재나 단어의 의미가 주제나 관점과 일치하는지, 밑줄 친 부분의 의미가 주제나 관점에서 벗어나지 않는지 점검한다.

(3) 빈칸 추론

- 글을 읽으면서 뒤에 이어질 내용이나 접속어, 결론 등을 추리해 보고 다른 상황에 적용할 수 있는지를 유추하며, 글쓴이의 입장 등을 생각하며 읽는다.

Step 1 제시문 전체의 주제나 관점을 파악한다.

⬇

Step 2 빈칸 앞뒤에 단서가 될 내용이나 단어를 파악한다.

⬇

Step 3 선택지의 단어나 문장이 주제나 관점과 일치하는지 점검한다.

3 글의 비판적 이해

1. 개념

글의 사실적인 이해와 추론적인 이해를 넘어서 글의 내용에 대해 판단하여 읽는 것으로 글에 나타난 주제, 글의 구성, 자료의 정확성과 적절성 등을 비판적으로 읽는다.

2. 해결 전략

(1) 글의 논리상 오류가 무엇인지 파악한다.
(2) 글의 주제와 관련되지 않은 내용이 글에 제시되지 않았는지 판단, 평가한다.

3. 유형

(1) 비판하기

- 글에 나타난 글쓴이의 주장에 대해 반론, 자료의 정확성과 적절성 등을 판단할 수 있어야 하고 논증의 사례, 논리적 오류 등을 파악할 수 있어야 한다.

Step 1 글의 주장과 근거를 찾고, 논리적 오류가 없는지 파악한다.

- 제시문에 드러난 사고 과정의 오류를 점검해야 한다.

⬇

Step 2 선택지에서 주장의 근거를 반박할 수 있는 내용을 찾는다.

- 주장에 대해 단순한 반대를 위한 비판은 타당하지 않다.

⬇

Step 3 근거의 타당성과 적절성을 판단한다.

[대졸직] 인적성검사

> 01 언어이해

빈출 2 글의 전개방식

1 비교

둘 이상의 사물이나 현상 등을 견주어 공통점이나 유사점을 설명하는 방법
예 영화는 스크린이라는 공간 위에 시간적으로 흐르는 예술이며, 연극은 무대라는 공간 위에 시간적으로 흐르는 예술이다.

2 대조

둘 이상의 사물이나 현상 등을 견주어 상대되는 성질이나 차이점을 설명하는 방법
예 고려는 숭불정책을 지향한 데 비해 조선은 억불정책을 취하였다.

3 분류

작은 것(부분, 종개념)들을 일정한 기준에 따라 큰 것(전체, 유개념)으로 묶는 방법
예 서정시, 서사시, 극시는 시의 내용을 기준으로 나눈 것이다.

4 분석

하나의 대상이나 관념을 그 구성 요소나 부분들로 나누어 설명하는 방법
예 물고기는 머리, 몸통, 꼬리, 지느러미 등으로 되어 있다.

5 정의

시간의 흐름과 관련이 없는 정태적 전개방식으로 어떤 대상의 본질이나 속성을 설명할 때 쓰이는 전개방식. '종차+유개념'의 구조를 지니는 논리적 정의와 추상적이거나 매우 복잡한 개념을 정의할 때 쓰이는 확장적 정의가 있음.

6 유추

생소한 개념이나 복잡한 주제를 보다 친숙하고 단순한 것과 비교하여 설명하는 방법. 서로 다른 범주에 속하는 사물 간의 유사성을 드러내어 간접적으로 설명하는 방법이기 때문에 유추에 의해 진술된 내용은 사실성이 떨어질 가능성이 있음.

7 논증

논리적인 근거를 내세워 어느 하나의 결론이 참이라는 것을 증명하는 방법

1. 명제 : 사고 내용 및 판단을 단적으로 진술한 주제문, 완결된 평서형 문장 형식

(1) **사실 명제** : 진실성과 신빙성에 근거하여 존재의 진위를 판별할 수 있는 명제
   - 예) '홍길동전'은 김만중이 지은 한문 소설이다.

(2) **정책 명제** : 타당성에 근거하여 어떤 대상에 대한 의견을 내세운 명제
   - 예) 농촌 경제를 위하여 농축산물의 수입은 억제되어야 한다.

(3) **가치 명제** : 공정성에 근거하여 주관적 가치 판단을 내린 명제
   - 예) 인간의 본성은 선하다.

(4) **논거** : 명제를 뒷받침하는 논리적 근거, 즉 주장의 타당함을 밝히기 위해 선택된 자료
   ① 사실 논거 : 객관적 사실로써 증명될 수 있는 논거로 객관적 지식이나 역사적 사실, 통계적 정보 등이 해당된다.
   ② 소견 논거 : 권위자의 말을 인용하거나 일반적인 여론을 근거로 삼는 논거

8 묘사

대상을 그림 그리듯이 글로써 생생하게 표현해 내는 진술방식

(1) **객관적(과학적, 설명적) 묘사** : 대상의 세부적 사실을 객관적으로 표현하는 진술방식으로, 정확하고 사실적인 정보 전달이 목적

(2) **주관적(인상적, 문학적) 묘사** : 글쓴이의 대상에 대한 주관적인 인상이나 느낌을 그려내는 것으로, 상징적인 언어를 사용하며 주로 문학 작품에 많이 쓰임.

9 서사

행동이나 상태가 진행되는 움직임을 시간의 경과에 따라 표현하는 진술방식으로 '무엇이 발생하였는가?'에 관한 질문에 답하는 것

10 과정

어떤 특정한 목표나 결말을 가져오게 하는 일련의 행동, 변화, 기능, 단계, 작용 등에 초점을 두고 글을 전개하는 방법

11 인과

어떤 결과를 가져오게 한 원인 또는 그 원인에 의해 결과적으로 초래된 현상에 초점을 두고 글을 전개하는 방법

빈출 3 글의 유형

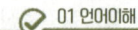

1 논설문

1. **정의** : 문제에 대한 자신의 주장이나 의견을 논리정연하게 펼쳐서 정당성을 증명하거나 자기가 원하는 방향으로 독자의 생각이나 태도를 변화시키기 위해 쓰는 글이다.

2. **요건** : 명제의 명료성과 공정성, 논거의 확실성, 추론의 논리성, 용어의 정확성

3. **논설문의 유형**

구분 \ 유형	설득적 논설문	논증적 논설문
목적	상대편을 글쓴이의 의견에 공감하도록 유도	글쓴이의 사고, 의견을 정확한 근거로 증명
방법	지적인 면과 감정적인 부분에 호소	지적인 면과 논리적인 부분에 호소
언어 사용	지시적인 언어를 주로 사용하지만 때로는 함축적 언어도 사용	지시적인 언어만 사용
주제	정책 명제	가치 명제, 사실 명제
용례	신문의 사설, 칼럼	학술 논문

4. **독해 요령**

(1) 사용된 어휘가 지시적 의미임을 파악하며 주관적인 해석이 생기지 않도록 한다.
(2) 주장 부분과 증명 부분을 구분하여 필자가 주장하는 바를 올바로 파악해야 한다.
(3) 필자의 견해에 오류가 없는지를 살피는 비판적인 자세가 필요하다.
(4) 지시어, 접속어 사용에 유의하여 필자의 논리 전개의 흐름을 올바로 파악한다.
(5) 필자의 주장, 반대 의견을 구분하여 이해하도록 한다.
(6) 논리적 사고를 통해 읽음으로써 필자의 주장한 바를 이해하고 나아가 비판적 자세를 통해 자기의 의견을 세울 수 있어야 한다.

2 설명문

1. 정의
어떤 사물이나 사실을 쉽게 일러주는 진술방식으로 독자의 이해를 돕는 글이다.

2. 요건
(1) **논리성** : 내용이 정확하고 명료해야 한다.
(2) **객관성** : 주관적인 의견이나 주장이 배제된 보편적인 내용이어야 한다.
(3) **평이성** : 문장이나 용어가 쉬워야 한다.
(4) **정확성** : 함축적 의미의 언어를 배제하고 지시적 의미의 언어로 기술해야 한다.

3. 독해 요령
추상적 진술과 구체적 진술을 구분해 가면서 주요 단락과 보조 단락을 나누고 배경지식을 적극적으로 활용하며 단락의 통일성과 일관성을 확인한다. 또한 글의 설명 방법과 전개 순서를 파악하며 읽는다.

3 기사문

1. 정의
생활 주변에서 일어나는 사건을 발생 순서에 따라 객관적으로 쓰는 글로 육하원칙에 입각하여 작성한다.

2. 특징
객관성, 신속성, 간결성, 보도성, 정확성

3. 형식
(1) **표제** : 내용을 요약하여 몇 글자로 표현한 것이다.
(2) **전문** : 표제 다음에 나오는 한 문단 정도로 쓰인 부분으로 본문의 내용을 육하원칙에 의해 간략하게 요약한 것이다.
(3) **본문** : 기사 내용을 구체적으로 서술한 부분이다.
(4) **해설** : 보충사항 등을 본문 뒤에 덧붙이는 것으로 생략 가능하다.

4. 독해 요령
사실의 객관적 전달에 주관적 해설이 첨부되므로 사실과 의견을 구분하여 읽어야 하며 비판적이고 주체적인 태도로 정보를 선별하는 것이 필요하다. 평소에 신문 기사를 읽고 그 정보를 실생활에서 재조직하여 활용하는 자세가 필요하다.

4 보고문

1. 정의

조사·연구 등의 과정이나 결과를 보고하기 위하여 쓰는 글이다.

2. 특징

객관성, 체계성, 정확성, 논리성

3. 작성 요령

독자를 정확히 파악, 본래 목적과 범위에서 벗어나지 않도록 하며 조사한 시간과 장소를 정확히 밝히고 조사자와 보고 연·월·일을 분명히 밝힌다.

5 공문서

1. 정의

행정기관에서 공무원이 작성한 문서로 행정상의 일반적인 문서이다.

2. 작성 요령

간단명료하게 작성하되 연·월·일을 꼭 밝혀야 하며 중복되는 내용이나 복잡한 부분이 없어야 한다.

3. 기능

(1) **의사 전달의 기능** : 조직체의 의사를 내부나 외부로 전달해 준다.
(2) **의사 보존의 기능** : 업무 처리 결과의 증거 자료로써 문서가 필요할 때나 업무 처리의 결과를 일정 기간 보존할 필요가 있을 때 활용한다.
(3) **자료 제공의 기능** : 문서 처리가 완료되어 보존된 문서는 필요할 때 언제든지 다시 활용되어 행정 활동을 촉진한다.

6 기획서

아이디어를 내고 기획한 하나의 프로젝트를 문서 형태로 만들어 상대방에게 전달하고 시행하도록 설득하는 문서이다.

7 기안서

회사의 업무에 대한 협조를 구하거나 의견을 전달할 때 작성하며, 흔히 사내 공문서로 불린다.

8 보도자료

정부기관이나 기업체, 각종 단체 등이 언론을 대상으로 자신의 정보가 기사로 보도되도록 하기 위해 보내는 자료이다.

9 자기소개서

개인의 가정환경과 성장과정, 입사동기와 근무 자세 등을 구체적으로 기술하여 자신을 소개하는 문서이다.

10 비즈니스 레터(E - mail)

사업상 고객이나 단체를 대상으로 쓰는 편지로 업무나 개인 간의 연락 또는 직접 방문하기 어려운 고객 관리 등을 위해 사용되는 비공식적인 문서이나, 제안서나 보고서 등 공식문서 전달 시에도 사용된다.

11 비즈니스 메모

업무상 중요한 일이나 체크해야 할 일이 있을 때 필요한 내용을 메모 형식으로 작성하여 전달하는 글이다.

종류	내용
전화 메모	업무적인 내용부터 개인적인 전화의 전달사항 등을 간단히 작성하여 당사자에게 전달하는 메모
회의 메모	회의에 참석하지 못한 상사나 동료에게 회의 내용을 간략하게 적어 전달하거나, 회의 내용 자체를 기록하여 참고자료로 남기기 위해 작성한 메모로써 월말이나 연말에 업무 상황을 파악하거나 업무 추진에 대한 궁금증이 있을 때 핵심적인 자료 역할을 함.
업무 메모	개인이 추진하는 업무나 상대의 업무 추진 상황을 적은 메모

[대졸직] 인적성검사

빈출 4 다양한 분야의 글

○ 01 언어이해

1 인문

1. 정의

인간의 조건에 관해 탐구하는 학문으로 경험적인 접근보다는 분석적이고 비판적이며 사변적인 방법을 폭넓게 사용한다. 인문학의 분야로는 철학과 문학, 역사학, 고고학, 언어학, 종교학, 여성학, 미학, 예술, 음악, 신학 등이 있다.

2. 출제 분야

역사	시대에 따른 사회의 변화양상을 밝히거나 특정한 분야의 변화양상을 중심으로 기술되는 경우가 있음. 또한 역사를 보는 관점이나 가치관, 역사 기술의 방법 등을 내용으로 하는 경우도 있음.
철학	인생관이나 세계관을 묻는 문제가 많음. 인간의 기본이 되는 건전한 도덕성과 올바른 가치관의 함양을 통한 인간됨을 목표로 함.
종교 및 기타	종교, 전통, 사상 등 다양한 종류의 지문이 출제됨. 생소한 내용의 지문이 출제되더라도 연구의 대상이 무엇인지 명확히 파악하면 쉽게 접근할 수 있음. 추상적 개념이나 어려운 용어의 객관적인 뜻에 얽매이지 말고 문맥을 통해 이해해야 함.

3. 출제 경향

(1) 인문 제재의 글은 가치관의 문제를 다룬 글이 많으므로 추상적인 개념을 이해하는 능력이 필요하다.

(2) 어려운 용어가 많이 등장하므로 단어의 객관적인 뜻에 얽매이지 말고 문맥을 통해 이해하도록 한다.

(3) 지문을 읽을 때에는 연구의 대상이 무엇인지를 명확히 해야 한다. 자주 반복되는 어휘에 주목하고 단락별 핵심어를 찾아 연결하며 읽는 것이 효과적인 방법이다. 이러한 방법은 전체적인 흐름을 이해하고 주제를 찾는 데 도움이 된다.

(4) 인문 분야의 지문에서는 단어의 문맥적 의미를 묻는 문제가 자주 나옴에 유의하는 것이 좋다.

2 사회

1. 정의

일정한 경계가 설정된 영토에서 종교·가치관·규범·언어·문화 등을 상호 공유하고 특정한 제도와 조직을 형성하여 질서를 유지하는 인간집단에 관한 글이다.

2. 출제 분야

정치	정치학의 지식을 이용함으로써 정치 체계를 이해함. 다양한 정치 이론과 사상, 정치 제도, 정당 집단 및 여론의 역할, 국제 정치의 움직임 등에 관심을 갖고 이에 대한 비판적인 인식을 길러야 함.
경제	경제란 재화와 용역을 생산, 분배, 소비하는 활동 및 그와 직접 관련되는 질서와 행위의 총체로서 우리 생활에 매우 큰 영향을 미치는 사회 활동임. 경제 교육의 중요성이 대두되고 있는 시점에서 출제 빈도도 높으므로 이론적인 것만이 아닌 실생활과 결부된 경제 지식이 요구됨.
문화	문화 일반에 관한 설명과 더불어 영화, 연극, 음악, 미술 등 문화의 구체적인 분야에 대한 이해, 전통문화와 외래문화, 혹은 대중문화와의 관계에 대한 논의 등이 폭넓게 다루어지고 있음.
국제/여성	국제적인 사건이나 변동의 추세를 평소에 잘 파악해두고 거시적인 안목으로 접근해야 함. 사회에서 여성의 지위나 역할 등에 대한 이해와 글쓴이의 견해 파악이 중요함.

3. 출제 경향

(1) 시사성이 강하고 논리적이면서 많은 사람들이 관심을 갖고 쉽게 이해할 수 있는 사회 현상들이 다루어진다.

(2) 지문들은 대체로 시사적인 문제에 대해 필자의 견해를 내세우고 이를 입증해 가는 논리적인 성격을 지니고 있다. 따라서 필자의 견해를 이해하는 사고 능력, 필자의 의도를 추리하는 능력, 필자의 견해를 내·외적 준거에 따라 비판하는 능력 등이 주된 평가 요소이다.

(3) 어휘력과 논리적 사고력을 측정하는 문제도 출제되며, 필자의 견해에 근거 또는 새로운 정보를 구성할 수 있는 능력과 견해에 대해 비판적으로 반론을 펼 수 있는 능력을 묻는 문제가 출제된다.

3 과학·기술

1. 정의

과학이란 자연에서 보편적 진리나 법칙의 발견을 목적으로 하는 체계적 지식을 의미한다. 생물학이나 수학과 관련된 지문, 과학사의 중요한 이론이나 가설 등에 대한 설명이 출제되며, 경우에 따라 현재 사회적 문제가 되고 있는 과학적 현상에 대한 지문도 출제될 수 있다.

2. 출제 분야

분야	내용
천체·물리	우주 및 일반 물리 현상에 관한 설명이나 천문 연구의 역사 등을 내용으로 함. 우리나라 역사에 나타난 천문 연구에 대한 글들도 많이 제시되고 있음. 천체/물리 제재는 기초 이론에 대한 설명 위주의 글이 주로 제시되며, 낯선 개념을 접하게 되므로 지문의 내용을 파악하는 문제가 주로 출제됨.
생물·화학	생물은 생물의 구조와 기능을, 화학은 물질의 화학 현상과 그 법칙성을 실험 관찰에 의하여 밝혀내는 학문. 최근 유전자 연구가 활발히 진행됨에 따라 윤리의식과 그에 관한 시사적 내용이 다루어질 가능성이 크며, 실생활과 관련하여 기초 과학의 이론도 충분히 검토해야 함.
컴퓨터	계산, 데이터 처리, 언어나 영상 정보 처리 등에 광범위하게 이용되고 있으므로 컴퓨터를 활용한 다른 분야와의 관계를 다룬 통합형 지문이 출제될 수 있음에 주의를 기울여야 함.
환경	일상생활에 직접 영향을 미치는 환경오염문제를 비롯해 생태계 파괴나 지구환경문제 등을 내용으로 함. 환경 관련 지문은 주로 문제 현상에 대한 설명을 통해 경각심을 불러일으키고자 하는 의도나 환경문제의 회복을 위한 여러 대책에 관한 설명이 위주가 되므로 제시된 글의 정보를 정확하게 파악하는 것이 중요함.

4 예술

1. 정의

예술 제재는 일반적 예술론을 다루는 원론적 성격이 강한 글과 구체적인 예술 갈래나 작품 또는 인물에 대한 비평이나 해석을 다룬 각론적이고 실제적인 성격의 글이 번갈아 출제된다.

2. 출제 분야

분야	설명
음악	현대 생활과 연관된 음악의 역할은 물론 동·서양의 음악, 한국 전통 음악에 대한 관심도 필요함.
미술·건축	건축, 조각, 회화 및 여러 시각적 요소들을 포함한 다양한 장르와 기법이 있음을 염두에 두고 관심을 둘 필요가 있음. 미술은 시대정신의 표현이며, 인간의 개인적·집단적 행위를 반영하고 있음을 상기해야 함.
연극·영화	사회의 변화를 민감하게 반영하며, 대중과의 공감을 유도한다는 측면에 관심을 갖고 매체의 특징을 살펴보는 작업이 중요함.
스포츠·무용	스포츠나 무용 모두 원시시대에는 종교의식이나 무속 행사의 형태로 존재하다가 점차 전문적이고 세부적인 분야로 나뉘게 됨. 따라서 다양한 예술 분야의 원시적 형태와 그에 포함된 의식은 물론 보다 세련된 형태로 발전된 예술 분야의 전문성 및 현대적 의미와 가치에 대해 고찰해볼 필요가 있음.
미학	근래에는 미적 현상의 해명에 사회학적 방법을 적용시키거나 언어분석 방법을 미학에 적용하는 등 다채로운 연구 분야가 개척되고 있으므로 고정된 시각이 아니라 현대의 다양한 관점에서 미를 해석하고 적용할 수 있어야 함.

UNIT 2 자료해석

| 고시넷 포스코그룹(PAT) 대졸직 인적성검사 |

사칙연산과 계산방법을 활용하여 연산 결과의 오류를 판단하고, 직무와 관련이 있는 각종 자료를 분석하여 요구하는 값을 구하거나, 주어진 자료를 활용하여 결과를 도표로 작성할 수 있는지를 평가하는 능력이다.

빈출 1 응용수리

1 덧셈의 비교

1. 숫자 각각의 대소를 비교한다.

→ 숫자 각각의 대소를 비교했을 때 좌변이 더 큰 수이므로 계산 결과도 좌변이 더 크다.

2. 숫자 각각의 증감을 비교한다.

$$327 + 1{,}865 \;\square\; 309 + 1{,}881$$

(−16, +18)

→ 숫자 각각의 증감을 비교했을 때 18−16=2이므로 계산 결과는 좌변이 더 크다.

2 뺄셈의 비교

1. 빼어지는 수와 빼는 수의 증감을 파악한다.

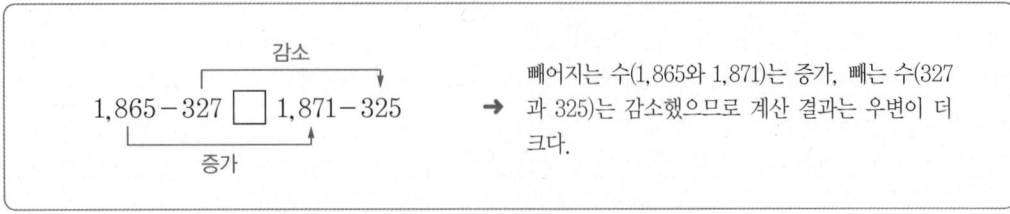

→ 빼어지는 수(1,865와 1,871)는 증가, 빼는 수(327과 325)는 감소했으므로 계산 결과는 우변이 더 크다.

2. 숫자 각각의 증감을 비교한다.

$$1,865-327 \;\square\; 1,927-375$$
(위: +48, 아래: +62)

→ 숫자 각각의 증감을 비교했을 때 62-48=14이므로 계산 결과는 우변이 더 크다.

$$1,865-327 \;\square\; 1,627-82$$
(위: -245, 아래: -238)

→ 숫자 각각의 증감을 비교했을 때 -238-(-245)=7이므로 계산 결과는 우변이 더 크다.

3 곱셈의 비교

1. 숫자 각각의 대소를 비교한다.

$$32.7 \times 86.5 \;\square\; 85.4 \times 31.9$$
(위: 86.5>85.4, 아래: 32.7>31.9)

→ 숫자 각각의 대소를 비교했을 때 좌변이 더 큰 수이므로 계산 결과도 좌변이 더 크다.

2. 비교하기 쉽게 숫자를 조정한다.

$$300 \times 0.1 \;\square\; 1,400 \times 0.02$$
$$5 \times 300 \times 0.1 \;\square\; 1,400 \times 0.02 \times 5$$
$$1,500 \times 0.1 \;\square\; 1,400 \times 0.1$$
(1,500>1,400)

→ 숫자를 조정한 후, 숫자 각각의 대소를 비교했을 때 좌변이 더 큰 수이므로 계산 결과도 좌변이 더 크다.

3. 숫자 각각의 증가율을 비교한다.

300×103 ☐ 315×100
5% 증가
3% 증가

→ 숫자 각각의 증가율을 비교했을 때 5%>3%이므로 계산 결과는 우변이 더 크다.

4 분수의 비교

1. 곱셈을 사용

$\dfrac{b}{a}$와 $\dfrac{d}{c}$의 비교(단, $a, b, c, d > 0$) $bc > ad$이면 $\dfrac{b}{a} > \dfrac{d}{c}$

2. 어림셈과 곱셈을 사용

$\dfrac{47}{140}$과 $\dfrac{88}{265}$의 비교 → $\dfrac{47}{140}$은 $\dfrac{1}{3}$보다 크고 $\dfrac{88}{265}$은 $\dfrac{1}{3}$보다 작으므로 $\dfrac{47}{140} > \dfrac{88}{265}$

3. 분모와 분자의 배율을 비교

$\dfrac{351}{127}$과 $\dfrac{3,429}{1,301}$의 비교

3,429는 351의 10배보다 작고 1,301은 127의 10배보다 크므로 $\dfrac{351}{127} > \dfrac{3,429}{1,301}$

4. 분모와 분자의 차이를 파악

$\dfrac{b}{a}$와 $\dfrac{b+d}{a+c}$의 비교(단, $a, b, c, d > 0$)

$\dfrac{b}{a} > \dfrac{d}{c}$이면 $\dfrac{b}{a} > \dfrac{b+d}{a+c}$ $\dfrac{b}{a} < \dfrac{d}{c}$이면 $\dfrac{b}{a} < \dfrac{b+d}{a+c}$

5 단위환산

단위	단위환산		
길이	•1cm=10mm •1in=2.54cm	•1m=100cm •1mile=1,609.344m	•1km=1,000m
넓이	•1cm^2=100mm^2	•1m^2=10,000cm^2	•1km^2=1,000,000m^2
부피	•1cm^3=1,000mm^3	•1m^3=1,000,000cm^3	•1km^3=1,000,000,000m^3
들이	•1mℓ=1cm^3	•1dℓ=100cm^3=100mℓ	•1ℓ=1,000cm^3=10dℓ
무게	•1kg=1,000g	•1t=1,000kg=1,000,000g	•1근=600g
시간	•1분=60초	•1시간=60분=3,600초	
할푼리	•1푼=0.1할	•1리=0.01할	•1모=0.001할
데이터 양	•1KB=1,024B •1TB=1,024GB	•1MB=1,024KB •1PB=1,024TB	•1GB=1,024MB •1EB=1,024PB

6 거리·속력·시간

1. 공식

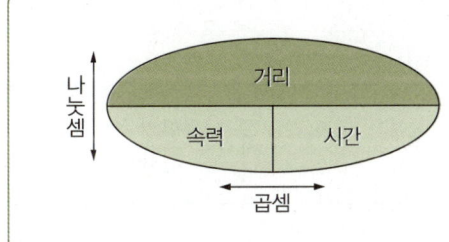

- 거리=속력×시간
- 속력=$\dfrac{거리}{시간}$
- 시간=$\dfrac{거리}{속력}$

2. 풀이 방법

거리, 속력, 시간 중 무엇을 구하는 것인지를 파악하여 공식을 적용하고 방정식을 세운다.

- 단위 변환에 주의한다.
- 1km=1,000m
- 1m=$\dfrac{1}{1,000}$km
- 1시간=60분
- 1분=$\dfrac{1}{60}$시간

[대졸직] 인적성검사

7 농도

1. 공식

$$농도(\%) = \frac{용질(소금)의\ 질량}{용액(소금물)의\ 질량} \times 100 = \frac{용질의\ 질량}{용매의\ 질량 + 용질의\ 질량} \times 100$$

2. 풀이 방법

두 소금물 A, B를 하나로 섞었을 때 →
(1) (A+B) 소금의 양 = A 소금의 양 + B 소금의 양
(2) (A+B) 소금물의 양 = A 소금물의 양 + B 소금물의 양
(3) $(A+B)\ 농도 = \frac{(A+B)\ 소금의\ 양}{(A+B)\ 소금물의\ 양} \times 100$

8 일의 양

1. 공식

- $일률 = \frac{일량}{시간}$
- $일량 = 시간 \times 일률$
- $시간 = \frac{일량}{일률}$

2. 풀이 방법

(1) 전체 일을 1로 둔다.
(2) 단위시간당 일의 양을 분수로 나타낸다.

9 약·배수

1. **공약수** : 두 정수의 공통 약수가 되는 정수, 즉 두 정수가 모두 나누어떨어지는 정수를 말한다.

2. **최대공약수** : 공약수 중에서 가장 큰 수로, 공약수는 그 최대공약수의 약수이다.

3. **서로소** : 공약수가 1뿐인 두 자연수이다.

4. **공배수** : 두 정수의 공통 배수가 되는 정수를 말한다.

5. **최소공배수** : 공배수 중에서 가장 작은 수로, 공배수는 그 최소공배수의 배수이다.

6. **최대공약수와 최소공배수의 관계**

$$G) \underline{\quad A \quad B \quad} \\ \quad\quad a \quad b$$

두 자연수 A, B의 최대공약수가 G이고 최소공배수가 L일 때 → $A = a \times G$, $B = b \times G$ (a, b는 서로소) 라 하면 $L = a \times b \times G$가 성립한다.

7. **약수의 개수**

자연수 n이 $p_1^{e_1} p_2^{e_2} \cdots p_k^{e_k}$로 소인수분해될 때, n의 약수의 개수는 $(e_1+1)(e_2+1)\cdots(e_k+1)$개이다.

10 손익계산

1. 공식

- 정가 = 원가 $\times \left(1 + \dfrac{\text{이익률}}{100}\right)$
- 할인율(%) = $\dfrac{\text{정가} - \text{할인가(판매가)}}{\text{정가}} \times 100$
- 할인가 = 정가 $\times \left(1 - \dfrac{\text{할인율}}{100}\right)$ = 정가 − 할인액
- 정가 = 원가 + 이익
- 이익 = 원가 $\times \dfrac{\text{이익률}}{100}$

2. 풀이 방법

(1) 정가가 원가보다 a원 비싸다. → 정가 = 원가 + a

(2) 정가가 원가보다 b% 비싸다. → 정가 = 원가 $\times \left(1 + \dfrac{b}{100}\right)$

(3) 판매가가 정가보다 c원 싸다. → 판매가 = 정가 − c

(4) 판매가가 정가보다 d% 싸다. → 판매가 = 정가 $\times \left(1 - \dfrac{d}{100}\right)$

11 원리합계

1. 정기예금

(1) 단리 : 원금에 대해서만 이자를 붙이는 방식이다.

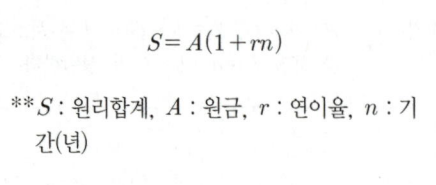

$$S = A(1+rn)$$

**※ S : 원리합계, A : 원금, r : 연이율, n : 기간(년)

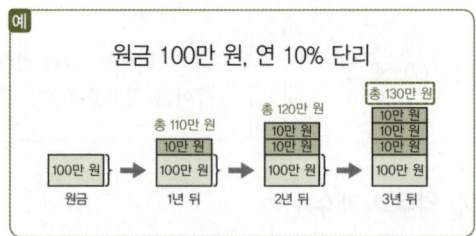

(2) 복리 : 원금뿐만 아니라 원금에서 생기는 이자에도 이자를 붙이는 방식이다.

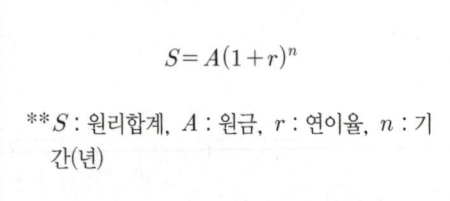

$$S = A(1+r)^n$$

**※ S : 원리합계, A : 원금, r : 연이율, n : 기간(년)

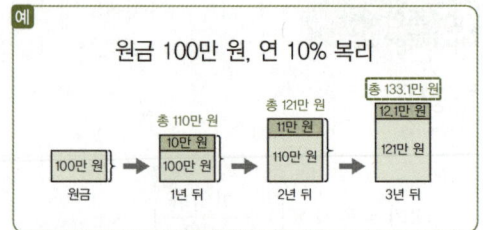

2. 정기적금

(1) 기수불 : 각 단위기간의 첫날에 적립하는 방식으로 마지막에 적립한 예금도 단위기간 동안의 이자가 발생한다.

- 단리 : $S = An + A \times r \times \dfrac{n(n+1)}{2}$
- 복리 : $S = \dfrac{A(1+r)\{(1+r)^n - 1\}}{r}$

**※ S : 원리합계, A : 원금, r : 연이율, n : 기간(년)

(2) 기말불 : 각 단위기간의 마지막 날에 적립하는 방식으로 마지막에 적립한 예금은 이자가 발생하지 않는다.

- 단리 : $S = An + A \times r \times \dfrac{n(n-1)}{2}$
- 복리 : $S = \dfrac{A\{(1+r)^n - 1\}}{r}$

**※ S : 원리합계, A : 원금, r : 연이율, n : 기간(년)

3. 72의 법칙

이자율을 복리로 적용할 때 투자한 돈이 2배가 되는 시간을 계산하는 방법이다.

$$\text{원금이 2배가 되기까지 걸리는 시간(년)} = \frac{72}{\text{이자율(\%)}}$$

12 간격

1. 직선상에 심는 경우

구분	양쪽 끝에도 심는 경우	양쪽 끝에는 심지 않는 경우	한쪽 끝에만 심는 경우
필요한 나무 수	$\frac{\text{직선 길이}}{\text{간격 길이}}+1=$간격의 수$+1$	$\frac{\text{직선 길이}}{\text{간격 길이}}-1=$간격의 수$-1$	$\frac{\text{직선 길이}}{\text{간격 길이}}=$간격의 수
직선 길이	간격 길이×(나무 수−1)	간격 길이×(나무 수+1)	간격 길이×나무 수

2. 원 둘레상에 심는 경우

(1) 공식

- 필요한 나무 수 : $\frac{\text{둘레 길이}}{\text{간격 길이}}=$간격의 수
- 둘레 길이 : 간격 길이×나무 수

(2) 원형에 나무를 심을 때 특징

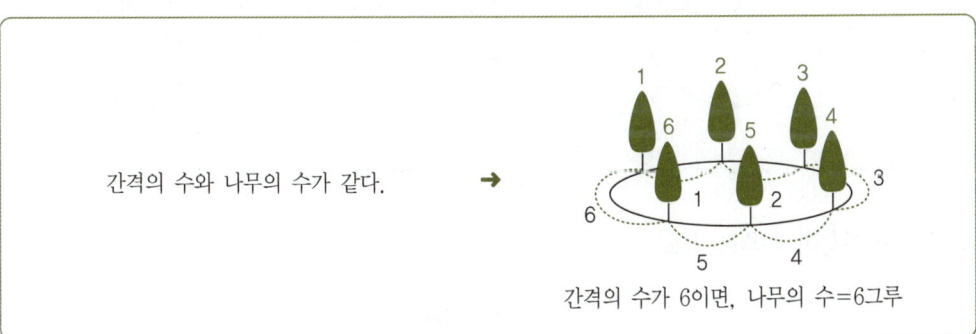

간격의 수와 나무의 수가 같다. → 간격의 수가 6이면, 나무의 수=6그루

(3) 풀이 순서

① 일직선상에 심는 경우인지 원형상에 심는 경우인지 구분한다.
② 공식을 적용하여 풀이한다.

13 나이·시계각도

1. 나이

(1) x년이 흐른 뒤에는 모든 사람이 x살씩 나이를 먹는다.

(2) 시간이 흘러도 객체 간의 나이 차이는 동일하다.

2. 시침의 각도

- 12시간 동안 회전한 각도 : $360°$
- 1시간 동안 회전한 각도 : $360° \div 12 = 30°$
- 1분 동안 회전한 각도 : $30° \div 60 = 0.5°$
  ↳ X시 Y분일 때 시침의 각도 : $30°X + 0.5°Y$

3. 분침의 각도

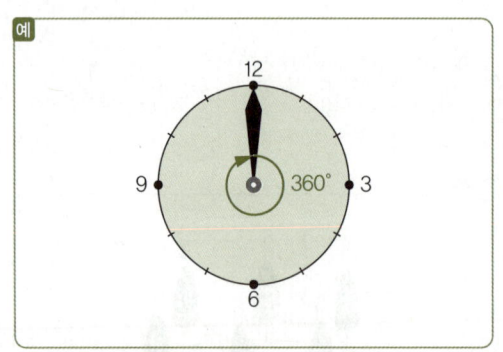

- 1시간 동안 회전한 각도 : $360°$
- 1분 동안 회전한 각도 : $360° \div 60 = 6°$
  ↳ X시 Y분일 때 분침의 각도 : $6°Y$

4. 시침과 분침이 이루는 각도

예) X시 Y분일 때 시침과 분침이 이루는 각도

→ 예) $|(30°X + 0.5°Y) - 6°Y| = |30°X - 5.5°Y|$
(단, 각도 A가 $180°$보다 클 경우 $360° - A$를 한다)

14 곱셈공식

- $(a \pm b)^2 = a^2 \pm 2ab + b^2$
- $(a \pm b)^3 = a^3 \pm 3a^2b + 3ab^2 \pm b^3$
- $(ax+b)(cx+d) = acx^2 + (ad+bc)x + bd$
- $(a+b+c)^2 = a^2 + b^2 + c^2 + 2ab + 2bc + 2ca$
- $a^2 + b^2 = (a \pm b)^2 \mp 2ab$
- $(a+b)(a-b) = a^2 - b^2$
- $(x+a)(x+b) = x^2 + (a+b)x + ab$
- $(a \pm b)^2 = (a \mp b)^2 \pm 4ab$
- $(a \pm b)(a^2 \mp ab + b^2) = a^3 \pm b^3$
- $a^2 + \dfrac{1}{a^2} = \left(a \pm \dfrac{1}{a}\right)^2 \mp 2$ (단, $a \neq 0$)

15 집합

1. **집합** : 주어진 조건에 의하여 그 대상을 명확하게 구분할 수 있는 모임이다.

2. **부분집합** : 두 집합 A, B에 대하여 집합 A의 모든 원소가 집합 B에 속할 때, 집합 A는 집합 B의 부분집합(A⊂B)이라 한다.

3. **집합의 포함 관계에 대한 성질**

   임의의 집합 A, B, C에 대하여
   - ∅⊂A, A⊂A
   - A⊂B이고 B⊂A이면 A=B
   - A⊂B이고 B⊂C이면 A⊂C

4. **합집합, 교집합, 여집합, 차집합**

합집합	교집합
A∪B={x | $x \in$ A 또는 $x \in$ B}	A∩B={x | $x \in$ A 이고 $x \in$ B}
여집합	차집합
A^c={x | $x \in$ U 이고 $x \notin$ A}	A−B={x | $x \in$ A 이고 $x \notin$ B}

5. 집합의 연산법칙

• 교환법칙	A∪B=B∪A, A∩B=B∩A
• 결합법칙	(A∪B)∪C=A∪(B∪C), (A∩B)∩C=A∩(B∩C)
• 분배법칙	A∪(B∩C)=(A∪B)∩(A∪C), A∩(B∪C)=(A∩B)∪(A∩C)
• 드모르간의 법칙	(A∪B)^c=A^c∩B^c, (A∩B)^c=A^c∪B^c
• 차집합의 성질	A−B=A∩B^c
• 여집합의 성질	A∪A^c=U, A∩A^c=∅

16 지수와 로그법칙

1. 지수법칙

$a > 0,\ b > 0$이고 $m,\ n$이 임의의 실수일 때

- $a^m \times a^n = a^{m+n}$
- $a^m \div a^n = a^{m-n}$
- $(a^m)^n = a^{mn}$
- $(ab)^m = a^m b^m$
- $\left(\dfrac{a}{b}\right)^m = \dfrac{a^m}{b^m}$ (단, $b \neq 0$)
- $a^0 = 1$
- $a^{-n} = \dfrac{1}{a^n}$ (단, $a \neq 0$)

2. 로그법칙

- 로그의 정의 : $b = a^x \Leftrightarrow \log_a b = x$ (단, $a > 0,\ a \neq 1,\ b > 0$)

$a > 0,\ a \neq 1,\ x > 0,\ y > 0$일 때

- $\log_a xy = \log_a x + \log_a y$
- $\log_a \dfrac{x}{y} = \log_a x - \log_a y$
- $\log_a x^p = p \log_a x$
- $\log_a \sqrt[p]{x} = \dfrac{\log_a x}{p}$
- $\log_a x = \dfrac{\log_b x}{\log_b a}$ (단, $b > 0,\ b \neq 1$)

17 제곱근

1. 제곱근

어떤 수 x를 제곱하여 a가 되었을 때, x를 a의 제곱근이라 한다.

→ **예** $x^2 = a \Leftrightarrow x = \pm\sqrt{a}$ (단, $a \geq 0$)

2. 제곱근의 연산

$a>0$, $b>0$일 때

- $m\sqrt{a} + n\sqrt{a} = (m+n)\sqrt{a}$
- $m\sqrt{a} - n\sqrt{a} = (m-n)\sqrt{a}$
- $\sqrt{a}\sqrt{b} = \sqrt{ab}$
- $\sqrt{a^2 b} = a\sqrt{b}$
- $\dfrac{\sqrt{a}}{\sqrt{b}} = \sqrt{\dfrac{a}{b}}$

3. 분모의 유리화 : 분수의 분모가 근호를 포함한 무리수일 때 분모, 분자에 0이 아닌 같은 수를 곱하여 분모를 유리수로 고치는 것이다.

$a>0$, $b>0$일 때

- $\dfrac{a}{\sqrt{b}} = \dfrac{a\sqrt{b}}{\sqrt{b}\sqrt{b}} = \dfrac{a\sqrt{b}}{b}$
- $\dfrac{\sqrt{a}}{\sqrt{b}} = \dfrac{\sqrt{a}\sqrt{b}}{\sqrt{b}\sqrt{b}} = \dfrac{\sqrt{ab}}{b}$
- $\dfrac{1}{\sqrt{a}+\sqrt{b}} = \dfrac{\sqrt{a}-\sqrt{b}}{(\sqrt{a}+\sqrt{b})(\sqrt{a}-\sqrt{b})} = \dfrac{\sqrt{a}-\sqrt{b}}{a-b}$ (단, $a \neq b$)
- $\dfrac{1}{\sqrt{a}-\sqrt{b}} = \dfrac{\sqrt{a}+\sqrt{b}}{(\sqrt{a}-\sqrt{b})(\sqrt{a}+\sqrt{b})} = \dfrac{\sqrt{a}+\sqrt{b}}{a-b}$ (단, $a \neq b$)

18 방정식

1. 이차방정식의 근의 공식

$$ax^2+bx+c=0 \text{일 때}(\text{단, } a \neq 0) \quad x=\frac{-b \pm \sqrt{b^2-4ac}}{2a}$$

2. 이차방정식의 근과 계수와의 관계 공식

- $ax^2+bx+c=0$(단, $a \neq 0$)의 두 근이 α, β일 때 ➔ $\alpha+\beta=-\dfrac{b}{a}$ \quad $\alpha\beta=\dfrac{c}{a}$
- $x=\alpha$, $x=\beta$를 두 근으로 하는 이차방정식 ➔ $a(x-\alpha)(x-\beta)=0$

3. 연립일차방정식의 풀이 방법

(1) **계수가 소수인 경우** : 양변에 10, 100, …을 곱하여 계수가 모두 정수가 되도록 한다.

(2) **계수가 분수인 경우** : 양변에 분모의 최소공배수를 곱하여 계수가 모두 정수가 되도록 한다.

(3) **괄호가 있는 경우** : 괄호를 풀고 동류항을 간단히 한다.

(4) **$A=B=C$의 꼴인 경우** : $(A=B, A=C)$, $(B=A, B=C)$, $(C=A, C=B)$의 3가지 중 어느 하나를 택하여 푼다.

4. 이차방정식의 풀이 방법

(1) $AB=0$의 성질을 이용한 풀이

$$AB=0 \text{이면 } A=0 \text{ 또는 } B=0 \quad \rightarrow \quad (x-a)(x-b)=0 \text{이면 } x=a \text{ 또는 } x=b$$

(2) 인수분해를 이용한 풀이

주어진 방정식을 (일차식)×(일차식)=0의 꼴로 인수분해하여 푼다.

$$ax^2+bx+c=0 \xrightarrow{\text{인수분해}} a(x-p)(x-q)=0 \longrightarrow x=p \text{ 또는 } x=q$$

(3) 제곱근을 이용한 풀이

- $x^2 = a$(단, $a \geq 0$)이면 $x = \pm\sqrt{a}$
- $ax^2 = b\left(\text{단, } \dfrac{b}{a} \geq 0\right)$이면 $x = \pm\sqrt{\dfrac{b}{a}}$
- $(x-a)^2 = b$(단, $b \geq 0$)이면 $x - a = \pm\sqrt{b}$에서 $x = a \pm \sqrt{b}$

(4) 완전제곱식을 이용한 풀이

이차방정식 $ax^2 + bx + c = 0$(단, $a \neq 0$)의 해는 다음과 같이 고쳐서 구할 수 있다.

- $a = 1$일 때, $x^2 + bx + c = 0$ ➡ $(x+p)^2 = q$의 꼴로 변형
- $a \neq 1$일 때, $ax^2 + bx + c = 0$ ➡ $x^2 + \dfrac{b}{a}x + \dfrac{c}{a} = 0$
  $(x+p)^2 = q$의 꼴로 변형

19 부등식

1. 성질

- $a < b$일 때, $a + c < b + c$, $a - c < b - c$
- $a < b$, $c > 0$일 때, $ac < bc$, $\dfrac{a}{c} < \dfrac{b}{c}$
- $a < b$, $c < 0$일 때, $ac > bc$, $\dfrac{a}{c} > \dfrac{b}{c}$

2. 일차부등식의 풀이 순서

(1) 미지수 x를 포함한 항은 좌변으로, 상수항은 우변으로 이항한다.

(2) $ax > b$, $ax < b$, $ax \geq b$, $ax \leq b$의 꼴로 정리한다(단, $a \neq 0$).

(3) 양변을 x의 계수 a로 나눈다.

20 비와 비율

1. 비 : 두 수의 양을 기호 ' : '을 사용하여 나타내는 것

| 비례식에서 외항의 곱과 내항의 곱은 항상 같다. | → | $A:B=C:D$일 때, $A\times D=B\times C$ |

2. 비율 : 비교하는 양이 원래의 양(기준량)의 얼마만큼에 해당하는지를 나타낸 것

- 비율 = $\dfrac{\text{비교하는 양}}{\text{기준량}}$
- 비교하는 양 = 비율 × 기준량
- 기준량 = 비교하는 양 ÷ 비율

소수	분수	백분율	할푼리
0.1	$\dfrac{1}{10}$	10%	1할
0.01	$\dfrac{1}{100}$	1%	1푼
0.25	$\dfrac{25}{100}=\dfrac{1}{4}$	25%	2할 5푼
0.375	$\dfrac{375}{1,000}=\dfrac{3}{8}$	37.5%	3할 7푼 5리

※ 백분율(%) : 기준량이 100일 때의 비율
※ 할푼리 : 비율을 소수로 나타내었을 때 소수 첫째 자리, 소수 둘째 자리, 소수 셋째 자리를 이르는 말

21 도형

1. 둘레

원의 둘레(원주)	부채꼴의 둘레
$l=2\pi r$	$l=2\pi r \times \dfrac{x}{360}+2r$

2. 사각형의 넓이

정사각형의 넓이	직사각형의 넓이	마름모의 넓이
$S = a^2$	$S = ab$	$S = \dfrac{1}{2}ab$

사다리꼴의 넓이	평행사변형의 넓이	
$S = \dfrac{1}{2}(a+b)h$	$S = ah$	

3. 삼각형의 넓이

삼각형의 넓이	정삼각형의 넓이
$S = \dfrac{1}{2}bh$	$S = \dfrac{\sqrt{3}}{4}a^2$

직각삼각형의 넓이	이등변삼각형의 넓이
$S = \dfrac{1}{2}ab$	$S = \dfrac{a}{4}\sqrt{4b^2 - a^2}$

4. 원과 부채꼴의 넓이

원의 넓이	부채꼴의 넓이
$S = \pi r^2$	$S = \dfrac{1}{2}r^2\theta = \dfrac{1}{2}rl$ (θ는 중심각(라디안))

5. 피타고라스의 정리

직각삼각형에서 직각을 끼고 있는 두 변의 길이의 제곱을 합하면 빗변의 길이의 제곱과 같다.

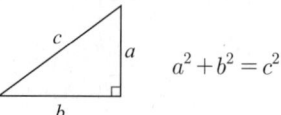

$$a^2 + b^2 = c^2$$

6. 입체도형의 겉넓이와 부피

구	원기둥	원뿔
$S = 4\pi r^2$ $V = \dfrac{4}{3}\pi r^3$	$S = 2\pi rh + 2\pi r^2$ $V = \pi r^2 h$	$S = \pi r\sqrt{r^2 + h^2} + \pi r^2$ $V = \dfrac{1}{3}\pi r^2 h$
정육면체	직육면체	정사면체
$S = 6a^2$ $V = a^3$	$S = 2(ab + bc + ca)$ $V = abc$	$S = \sqrt{3}\,a^2$ $V = \dfrac{\sqrt{2}}{12}a^3$

빈출 2 자료해석

1 기초 통계

종류	내용
백분율	• 전체의 수량을 100으로 하여, 나타내려는 수량이 그중 몇이 되는가를 가리키는 수 • 기호는 %(퍼센트)이며, $\frac{1}{100}$이 1%에 해당된다. • 오래전부터 실용계산의 기준으로 널리 사용되고 있으며, 원 그래프 등을 이용하면 이해하기 쉽다.
범위	• 관찰값의 흩어진 정도를 나타내는 도구로서 최곳값과 최젓값을 가지고 파악하며, 최곳값에서 최젓값을 뺀 값에 1을 더한 값을 의미한다. • 계산이 용이한 장점이 있으나 극단적인 끝 값에 의해 좌우되는 단점이 있다.

평균	• 관찰값 전부에 대한 정보를 담고 있어 대상집단의 성격을 함축적으로 나타낼 수 있는 값이다.
	• 자료에 대해 일종의 무게중심으로 볼 수 있다.
	• 모든 자료의 자룟값을 합한 후 자룟값의 개수로 나눈 값
	$$평균 = \frac{자료의\ 총합}{자료의\ 총\ 개수}$$
	• 평균의 종류
	  - 산술평균 : 전체 관찰값을 모두 더한 후 관찰값의 개수로 나눈 값
	  - 가중평균 : 각 관찰값에 자료의 상대적 중요도(가중치)를 곱하여 모두 더한 값을 가중치의 합계로 나눈 값

분산	• 자료의 퍼져있는 정도를 구체적인 수치로 알려주는 도구 • 각 관찰값과 평균값의 차이의 제곱을 모두 합한 값을 개체의 수로 나눈 값을 의미한다. $$분산 = \frac{(편차)^2의\ 총합}{변량의\ 개수}$$
표준편차	• 분산값의 제곱근 값을 의미한다(표준편차 = $\sqrt{분산}$). • 평균으로부터 얼마나 떨어져 있는가를 나타내는 개념으로, 평균편차의 개념과 개념적으로는 동일하다. • 표준편차가 크면 자료들이 넓게 퍼져있고 이질성이 큰 것을 의미하고, 작으면 자료들이 집중하여 있고 동질성이 커지게 된다.

[대졸직] 인적성검사

2 다섯숫자요약

평균과 표준편차만으로는 원 자료의 전체적인 형태를 파악하기 어렵기 때문에 최솟값, 하위 25%값(Q_1, 제1사분위수), 중앙값(Q_2), 상위 25%값(Q_3, 제3사분위수), 최댓값 등을 활용하며, 이를 다섯숫자요약이라고 부른다.

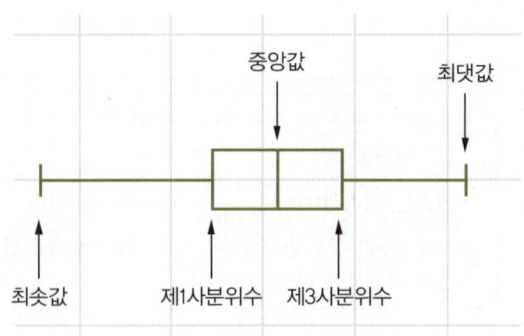

1. **최솟값** : 원 자료 중 값의 크기가 가장 작은 값이다.

2. **최댓값** : 원 자료 중 값의 크기가 가장 큰 값이다.

3. **중앙값** : 관찰값을 최솟값부터 최댓값까지 크기 순으로 배열하였을 때 순서상 중앙에 위치하는 값으로 평균값과는 다르다. 관찰값 중 어느 하나가 너무 크거나 작을 때 자료의 특성을 잘 나타낸다.

| 자료의 개수(n)가 홀수인 경우 | → | 예 · 중앙에 있는 값
· 중앙값 = $\frac{n+1}{2}$ 번째의 변량 |

| 자료의 개수(n)가 짝수인 경우 | → | 예 · 중앙에 있는 두 값의 평균
· 중앙값 = $\frac{n}{2}$ 번째와 $\frac{n}{2}+1$ 번째 변량의 산술평균 |

4. **하위 25%값과 상위 25%값** : 원 자료를 크기순으로 배열하여 4등분한 값을 의미한다. 백분위수의 관점에서 제25백분위수, 제75백분위수로 표기할 수도 있다.

3 도수분포표

1. 도수분포표 : 자료를 몇 개의 계급으로 나누고, 각 계급에 속하는 도수를 조사하여 나타낸 표이다.

몸무게(kg)	계급값	도수
30^{이상} ~ 35^{미만}	32.5	3
35 ~ 40	37.5	5
40 ~ 45	42.5	9
45 ~ 50	47.5	13
50 ~ 55	52.5	7
55 ~ 60	57.5	3

- 변량 : 자료를 수량으로 나타낸 것
- 계급 : 변량을 일정한 간격으로 나눈 구간
- 계급의 크기 : 구간의 너비
- 계급값 : 계급을 대표하는 값으로 계급의 중앙값
- 도수 : 각 계급에 속하는 자료의 개수

2. 도수분포표에서의 평균, 분산, 표준편차

- 평균 = $\dfrac{\{(계급값) \times (도수)\}의\ 총합}{(도수)의\ 총합}$
- 분산 = $\dfrac{\{(편차)^2 \times (도수)\}의\ 총합}{(도수)의\ 총합}$
- 표준편차 = $\sqrt{분산} = \sqrt{\dfrac{\{(편차)^2 \times (도수)\}의\ 총합}{(도수)의\ 총합}}$

3. 상대도수

(1) 도수분포표에서 도수의 총합에 대한 각 계급의 도수의 비율이다.
(2) 상대도수의 총합은 반드시 1이다.

→ 계급의 상대도수 = $\dfrac{각\ 계급의\ 도수}{도수의\ 총합}$

4. 누적도수

(1) 도수분포표에서 처음 계급의 도수부터 어느 계급의 도수까지 차례로 더한 도수의 합이다.
- 각 계급의 누적도수=앞 계급까지의 누적도수+그 계급의 도수
(2) 처음 계급의 누적도수는 그 계급의 도수와 같다.
(3) 마지막 계급의 누적도수는 도수의 총합과 같다.

4 경우의 수

1. **합의 법칙** : 두 사건 A, B가 동시에 일어나지 않을 때, 사건 A, B가 일어날 경우의 수를 각각 m, n이라고 하면, 사건 A 또는 B가 일어날 경우의 수는 $(m+n)$가지이다.

2. **곱의 법칙** : 사건 A, B가 일어날 경우의 수를 각각 m, n이라고 하면, 사건 A, B가 동시에 일어날 경우의 수는 $(m \times n)$가지이다.

3. **순열**

| 서로 다른 n개에서 중복을 허용하지 않고 r개를 골라 순서를 고려해 나열하는 경우의 수 | → | 예: $_n\mathrm{P}_r = n(n-1)(n-2) \cdots (n-r+1)$ $= \dfrac{n!}{(n-r)!}$ (단, $r \leq n$) |

4. **조합**

| 서로 다른 n개에서 순서를 고려하지 않고 r개를 택하는 경우의 수 | → | 예: $_n\mathrm{C}_r = \dfrac{n(n-1)(n-2) \cdots (n-r+1)}{r!}$ $= \dfrac{n!}{r!(n-r)!}$ (단, $r \leq n$) |

5. **중복순열**

| 서로 다른 n개에서 중복을 허용하여 r개를 골라 순서를 고려해 나열하는 경우의 수 | → | 예: $_n\Pi_r = n^r$ |

6. **중복조합**

| 서로 다른 n개에서 순서를 고려하지 않고 중복을 허용하여 r개를 택하는 경우의 수 | → | 예: $_n\mathrm{H}_r = {_{n+r-1}\mathrm{C}_r}$ |

7. **같은 것이 있는 순열**

| n개 중에 같은 것이 각각 p개, q개, r개일 때 n개의 원소를 모두 택하여 만든 순열의 수 | → | 예: $\dfrac{n!}{p!q!r!}$ (단, $p+q+r=n$) |

8. 원순열

| 서로 다른 n개를 원형으로 배열하는 경우 | → | 예 $\dfrac{{}_n\mathrm{P}_n}{n} = (n-1)!$ |

5 확률

1. 일어날 수 있는 모든 경우의 수를 n가지, 사건 A가 일어날 경우의 수를 a가지라고 하면 사건 A가 일어날 확률 $\mathrm{P} = \dfrac{a}{n}$, 사건 A가 일어나지 않을 확률 $\mathrm{P}' = 1 - \mathrm{P}$이다.

2. 두 사건 A, B가 배반사건(동시에 일어나지 않을 때)일 경우 $\mathrm{P}(A \cup B) = \mathrm{P}(A) + \mathrm{P}(B)$

3. 두 사건 A, B가 독립(두 사건이 서로 영향을 주지 않을 때)일 경우 $\mathrm{P}(A \cap B) = \mathrm{P}(A)\mathrm{P}(B)$

4. **조건부확률** : 확률이 0이 아닌 두 사건 A, B에 대하여 사건 A가 일어났다고 가정할 때, 사건 B가 일어날 확률 $\mathrm{P}(B|A) = \dfrac{\mathrm{P}(A \cap B)}{\mathrm{P}(A)}$ (단, $\mathrm{P}(A) > 0$)

6 변동률(증감률)

1. 공식

- 변동률 또는 증감률(%) = $\dfrac{\text{비교시점 수치} - \text{기준시점 수치}}{\text{기준시점 수치}} \times 100$
- 기준시점 수치를 X, 비교시점 수치를 Y, 변동률(증감률)을 g%라 하면

  $g = \dfrac{Y - X}{X} \times 100$ 　　　 $Y - X = \dfrac{g}{100} \times X$ 　　　 $Y = \left(1 + \dfrac{g}{100}\right)X$

2. 계산 방법

값이 a에서 b로 변화하였을 때 $\dfrac{b-a}{a} \times 100$ 또는 $\left(\dfrac{b}{a} - 1\right) \times 100$으로 계산한다.

예

값이 256에서 312로 변화하였을 때 증감률은 $\dfrac{312 - 256}{256} \times 100 \fallingdotseq 22(\%)$이다. 이와 같이 계산을 해도 되지만 번거로운 계산을 해야 한다. 312는 256의 약 1.22배인데 이는 256을 1로 하면 312는 약 1.22라는 의미이다. 따라서 0.22만 늘어났으므로 증감률은 22%임을 알 수 있다.

3. 변동률과 변동량의 관계

변동률이 크다고 해서 변동량(증가량, 변화량, 증감량)이 많은 것은 아니다.

> **예**
> A의 연봉은 1억 원에서 2억 원으로, B의 연봉은 2,000만 원에서 8,000만 원으로 인상되었다. A의 연봉증가액은 1억 원이고 B의 연봉증가액은 6,000만 원이며, A의 연봉증가율은 $\frac{2-1}{1} \times 100 = 100(\%)$이고, B의 연봉증가율은 $\frac{8,000-2,000}{2,000} \times 100 = 300(\%)$이다. 따라서 연봉증가액은 A가 B보다 많지만, 연봉증가율은 A가 B보다 작다.

7 증가율과 구성비의 관계

전체량을 A, 부분량을 B라고 하면 부분량의 구성비는 $\frac{B}{A}$이다. 만약 어느 기간에 전체량이 a, 부분량이 b 증가했다고 하면 증가 후의 구성비는 $\frac{B(1+b)}{A(1+a)}$이다(단, a, b는 증가율이다). 여기서 $a > b$이면 $\frac{B}{A} > \frac{B(1+b)}{A(1+a)}$, $a < b$이면 $\frac{B}{A} < \frac{B(1+b)}{A(1+a)}$가 된다.

> - 전체량의 증가율 > 부분량의 증가율 ⇨ 구성비 감소
> - 전체량의 증가율 < 부분량의 증가율 ⇨ 구성비 증가

8 지수

- 지수란 구체적인 숫자 자체의 크기보다는 시간의 흐름에 따라 수량이나 가격 등 해당 수치가 어떻게 변화되었는지를 쉽게 파악할 수 있도록 만든 것으로 통상 비교의 기준이 되는 시점(기준시점)을 100으로 하여 산출한다.

- 기준 데이터를 X, 비교 데이터를 Y라 하면, $\quad$ 지수 $= \frac{Y}{X} \times 100$

- 데이터 1의 실수를 X, 데이터 2의 실수를 Y, 데이터 1의 지수를 k, 데이터 2의 지수를 g라 하면 다음과 같은 비례식이 성립한다. $\quad X : Y = k : g$

- 비례식에서 외항의 곱과 내항의 곱은 같으므로 $Xg = Yk$이다. 따라서 $\quad Y = \frac{g}{k} \times X, \ X = \frac{k}{g} \times Y$

9 퍼센트(%)와 퍼센트 포인트(%p)

퍼센트는 백분비라고도 하는데 전체의 수량을 100으로 하여 해당 수량이 그중 몇이 되는가를 가리키는 수로 나타낸다. 퍼센트포인트는 이러한 퍼센트 간의 차이를 표현한 것으로 실업률이나 이자율 등의 변화가 여기에 해당된다.

> **예**
> 실업률이 작년 3%에서 올해 6%로 상승하였다.
> → 실업률이 작년에 비해 100% 상승 또는 3%p 상승했다.
> 여기서 퍼센트는 $\dfrac{\text{현재 실업률}-\text{기존 실업률}}{\text{기존 실업률}} \times 100$을 하여 '100'으로 산출됐고,
> 퍼센트포인트는 퍼센트의 차이이므로 6-3=3이란 수치가 나온 것이다.

10 가중평균

- 중요도나 영향도에 해당하는 각각의 가중치를 곱하여 구한 평균값을 가중평균이라 한다.
- 주어진 값 $x_1, x_2, \cdots, x_n$에 대한 가중치가 각각 $w_1, w_2, \cdots, w_n$이라 하면

$$\text{가중평균} = \frac{x_1 w_1 + x_2 w_2 + \cdots + x_n w_n}{w_1 + w_2 + \cdots + w_n}$$

11 단위당 양

1. 자동차 천 대당 교통사고 발생건수, 단위면적당 인구수 등과 같이 정해진 단위량에 대한 상대치이다. 따라서 기준이 되는 단위량에 대응하는 실수(위의 예에서는 자동차 대수, 면적)가 주어져 있지 않으면 단위당 양에만 기초해서 실수 그 자체(위의 예에서는 교통사고 발생건수, 인구수)를 비교하는 것은 불가능하다.

2. 계산 방법

- X, Y를 바탕으로 X당 Y를 구하는 경우 → $(X\text{당 }Y) = \dfrac{Y}{X}$
- X당 Y, X를 바탕으로 Y를 구하는 경우 → $Y = X \times (X\text{당 }Y)$
- X당 Y, Y를 바탕으로 X를 구하는 경우 → $X = Y \div (X\text{당 }Y)$

UNIT 3

| 고시넷 포스코그룹(PAT) 대졸직 인적성검사 |

문제해결 · 추리

주어진 명제나 조건들을 통한 결과 도출, 참과 거짓 추론, 나열된 수와 문자의 규칙을 파악하는 능력, 도식과 도형에 나타난 일정한 규칙성을 파악할 수 있는지를 평가하는 능력이다.

빈출 1 언어추리

1 명제

1. **명제** : 'P이면 Q이다(P → Q)'라고 나타내는 문장을 명제라 부르며 P는 가정, Q는 결론이다.

> **예**
>
> 삼각형 세 변의 길이가 같다면 세 개의 각은 모두 60°이다.
> P(가정) : 삼각형 세 변의 길이가 같다.
> ⇩
> Q(결론) : 세 개의 각은 모두 60°이다.

(1) **명제의 역** : 원 명제의 가정과 결론을 바꾼 명제 'Q이면 P이다'를 말한다(Q → P).
   예 세 개의 각이 모두 60°이면 삼각형 세 변의 길이는 같다.

(2) **명제의 이** : 원 명제의 가정과 결론을 둘 다 부정한 명제 'P가 아니면 Q가 아니다'를 말한다(~P → ~Q).
   예 삼각형 세 변의 길이가 같지 않다면 세 개의 각은 모두 60°가 아니다.

(3) **명제의 대우** : 원 명제의 역의 이, 즉 'Q가 아니면 P가 아니다'를 말한다(~Q → ~P).
   예 세 개의 각이 모두 60°가 아니면 삼각형 세 변의 길이는 같지 않다.

(4) **역 · 이 · 대우의 관계** : 원 명제가 옳을(참) 때 그 역과 이도 반드시 옳다고 할 수 없으나 그 대우는 반드시 참이다. 즉 원 명제와 대우의 진위는 반드시 일치한다.

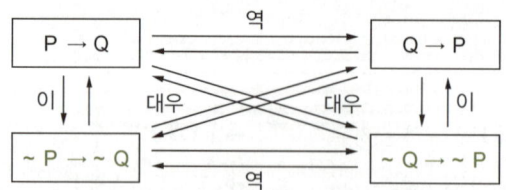

2. 삼단논법

(1) 두 개의 명제를 전제로 하여 하나의 새로운 명제를 도출해 내는 것을 말한다.

> 예
> [명제 1] P이면 Q이다(P → Q).
> [명제 2] Q이면 R이다(Q → R).
> ⇩
> P이면 R이다(P → R).

(2) 여기서 'P → Q'가 참이고 'Q → R'이 참일 경우, 'P → R' 또한 참이다.

> 예
> 테니스를 좋아하는 사람은 축구를 좋아한다.
> 축구를 좋아하는 사람은 야구를 싫어한다.
> ⇩
> 테니스를 좋아하는 사람은 야구를 싫어한다.

2 논증

1. 연역추론

| 전제에서 시작하여 논리적인 주장을 통해 특정 결론에 도달한다. | → | 예
사람은 음식을 먹어야 살 수 있다.
나는 사람이다.
나는 음식을 먹어야 살 수 있다. |

2. 귀납추론

| 관찰이나 경험에서 시작하여 일반적인 결론에 도달한다. | → | 예
소크라테스는 죽었다. 플라톤도 죽었다.
아리스토텔레스도 죽었다.
이들은 모두 사람이다.
그러므로 모든 사람은 죽는다. |

3 참·거짓[진위]

1. 의미 : 여러 인물의 발언 중에서 거짓을 말하는 사람과 진실을 말하는 사람이 있는 문제이다. 이런 문제를 해결하는 기본 원리는 참인 진술과 거짓인 진술 사이에 모순이 발생한다는 점이다.

2. 직접 추론 : 제시된 조건에 따른 경우의 수를 하나씩 고려하면서 다른 진술과의 모순 여부를 확인하여 참·거짓을 판단한다.

(1) 가정을 통해 모순을 고려하는 방법
① 한 명이 거짓을 말하거나 진실을 말하고 있다고 가정한다.
② 가정에 따라 조건을 적용하고 정리한다.
③ 모순이 없는지 확인한다.

> **예**
> 네 사람 중에서 진실을 말하는 사람이 3명, 거짓을 말하는 사람이 1명 있다고 할 때, 네 명 중 한 사람이 거짓말을 하고 있다고 가정한다. 그리고 네 가지 경우를 하나씩 검토하면서 다른 진술과 제시된 조건과의 모순 여부를 확인하여 거짓을 말한 사람을 찾는다. 거짓을 말한 사람이 확정되면 나머지는 진실을 말한 것이므로 다시 모순이 없는지 확인한 후 이를 근거로 하여 문제에서 요구하는 사항을 추론할 수 있다.

(2) 그룹으로 나누어 고려하는 방법
① 진술에 따라 그룹으로 나누어 가정한다.
② 나눈 가정에 따라 조건을 반영하여 정리한다.
③ 모순이 없는지 확인한다.

A의 발언 중에 'B는 거짓말을 하고 있다'라는 것이 있다.	A와 B는 다른 그룹
A의 발언과 B의 발언 내용이 대립한다.	
A의 발언 중에 'B는 옳다'라는 것이 있다.	A와 B는 같은 그룹
A의 발언과 B의 발언 내용이 일치한다.	

※ 모든 조건의 경우를 고려하는 것도 방법이지만 그룹을 나누어 분석하는 것이 더 효율적일 때 사용하는 방법이다.
 - 거짓을 말하는 한 명을 찾는 문제에서 진술하는 사람 A ~ E 중 A, B, C가 A에 대해 말하고 있고 D에 대해 D, E가 말하고 있다면 적어도 A, B, C 중 두 사람은 정직한 사람이므로 A와 B, B와 C, C와 A를 각각 정직한 사람이라고 가정하고 분석하여 다른 진술의 모순을 살핀다.

4 자리 추론과 순위 변동

1. 자리 추론

(1) 기준이 되는 사람을 찾아 고정한 후 위치관계를 파악한다.
(2) 다른 사람과의 위치관계 정보가 가장 많은 사람에 주목한다.
(3) 정면에 앉은 사람들의 자리를 고정한다.
(4) 떨어져 있는 것들의 위치관계를 먼저 정한다.
(5) 좌우의 위치에 주의한다.

자리추론
- A의 정면에는 D가 있다.
- A의 오른편에 B가 앉아있고, 왼편에 C가 앉아있다.

2. 순위 변동

마라톤과 같은 경기에서 경기 도중의 순서와 최종 순위로 답을 추론하는 문제이다.

(1) 가장 많은 조건이 주어진 것을 고정한 후 분석한다.
(2) '어느 지점을 먼저 통과했다' 등으로 순위를 확실하게 알 수 있는 경우에는 부등호를 사용한다.
   예 A는 B보다 먼저 신호를 통과했다. A > B
(3) 순위를 알 수 없는 부분은 □, ○ 등을 사용하여 사이 수를 표시한다.
   예 B와 D 사이에는 2대가 통과하고 있다. B○○D, D○○B
(4) 생각할 수 있는 경우의 수를 전부 정리한다.
   예 A의 양옆에는 B와 D가 있다.   BAD, DAB
(5) 'B와 C 사이에 2명이 있다', 'B와 C는 붙어 있지 않다' 등 떨어져 있는 조건에 주목하여 추론한다. 선택지에 있는 값을 넣어 보면 더 쉽게 찾을 수 있다.

5 단어 관계

1. 유의 관계 : 의미가 같거나 비슷한 단어들의 의미 관계

특징
- 의미가 비슷하지만 똑같지 않다는 점에 유의한다.
- 가리키는 대상의 범위가 다르거나 미묘한 느낌의 차이가 있어 서로 바꾸어 쓸 수 없다.

→ **예** 곱다-아름답다 / 말-언사(言辭) / 지금-당금(當今) 등

2. 반의 관계 : 서로 반대의 뜻을 지닌 단어들의 의미 관계

특징
- 대상에 대한 막연한 의미를 대조적인 방법으로 명확하게 부각시켜 준다.
- 반의 관계에 있는 두 단어는 서로 공통되는 의미 요소 중 오직 한 개의 의미요소만 달라야 한다.

→

예
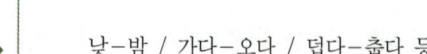
낮-밤 / 가다-오다 / 덥다-춥다 등

3. 상하 관계 : 두 단어 중 한쪽이 의미상 다른 쪽을 포함하거나 포함되는 의미 관계

특징
- 상위어와 하위어의 관계는 상대적이다.
- 상위어는 일반적이고 포괄적인 의미를 가진다.
- 하위어일수록 개별적이고 한정적인 의미를 지닌다.

→

예
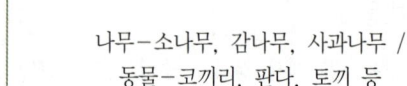
나무-소나무, 감나무, 사과나무 /
동물-코끼리, 판다, 토끼 등

4. 동음이의어 관계 : 단어의 소리가 같을 뿐 의미의 유사성은 없는 관계

특징
- 사전에 서로 독립된 별개의 단어로 취급된다.
- 상황과 문맥에 따라 의미를 파악해야 한다.

→

예
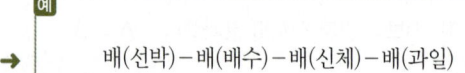
배(선박)-배(배수)-배(신체)-배(과일)

5. 다의 관계 : 의미적으로 유사성을 갖는 관계

특징
- 의미들 중에는 기본적인 '중심 의미'와 확장된 '주변 의미'가 있다.
- 사전에서 하나의 단어로 취급한다.

예

다리
1. 사람이나 동물의 몸통 아래 붙어 있는 신체의 부분. 서고 걷고 뛰는 일 따위를 맡아 한다.
   예 다리에 쥐가 나다.
2. 물체의 아래쪽에 붙어서 그 물체를 받치거나 직접 땅에 닿지 아니하게 하거나 높이 있도록 버티어 놓은 부분 예 책상 다리
3. 안경의 테에 붙어서 귀에 걸게 된 부분
   예 안경다리를 새것으로 교체했다.
4. 오징어나 문어 따위 동물의 머리에 여러 개 달려 있어, 헤엄을 치거나 먹이를 잡거나 촉각을 가지는 기관
   예 그는 술안주로 오징어 다리를 씹었다.

> 03 문제해결 · 추리

빈출 2 추론의 오류

1 형식적 오류

추리 과정에서 따라야 할 논리적 규칙을 준수하지 않아 생기는 오류

1. 타당한 논증형식

(1) 순환논증의 오류(선결문제 요구의 오류) : 증명해야 할 논제를 전제로 삼거나 증명되지 않은 전제에서 결론을 도출함으로써 전제와 결론이 순환적으로 서로의 논거가 될 때의 오류이다.

예 그의 말은 곧 진리이다. 왜냐하면 그가 지은 책에 그렇게 적혀 있기 때문이다.

(2) 자가당착의 오류(비정합성의 오류) : 모순이 내포된 전제를 바탕으로 결론을 도출해 내는 오류이다.

예 무엇이든 녹이는 물질이 존재합니다. 그것은 지금 이 호리병 안에 있습니다.

2. 부당한 논증형식

(1) 선언지 긍정의 오류 : 배타성이 없는 두 개념 외에는 다른 가능성이 없을 것으로 생각하여 생긴 오류이다.

예 인간은 폭력적인 종족이거나 자만적인 종족이다. 인간은 폭력적인 종족이다. 그러므로 인간은 자만적인 종족이 아니다.

(2) 전건 부정의 오류 : 전건을 부정하여 후건 부정을 타당한 결론으로 도출해 내는 오류이다.

예 바람이 부는 곳에는(전건) 잎이 있다(후건).
그 숲에서는 바람이 불지 않았다(전건 부정). 그러므로 그 숲에는 잎이 없다(후건 부정).

(3) 후건 긍정의 오류 : 후건을 긍정하여 전건 긍정을 타당한 결론으로 도출해 내는 오류이다.

예 눈이 오면(전건) 신발이 젖는다(후건).
신발이 젖었다(후건 긍정). 그러므로 눈이 왔다(전건 긍정).

(4) 매개념 부주연의 오류 : 매개역할을 하는 중개념의 외연이 한 번도 주연이 되지 않았을 때 결론을 내는 허위의 오류이다.

예 1은 숫자이고 2도 숫자이므로 1은 2다.

2 비형식적 오류

논리적 규칙은 준수하였지만 논증의 전개과정에서 생기는 오류

1. 심리적 오류

(1) 공포(협박)에 호소하는 오류 : 공포나 위협, 힘 등을 동원하여 자신의 주장을 받아들이게 하는 오류이다.

예 제 뜻에 따르지 않는다면 앞으로 발생하는 모든 일의 책임은 당신에게 있음을 분명히 알아두십시오.

(2) **대중(여론)에 호소하는 오류** : 많은 사람의 선호나 인기를 이용하여 자신의 주장을 정당화하려는 오류이다.

> 예 대다수가 이 의견에 찬성하므로 이 의견은 옳은 주장이다.

(3) **동정(연민)에 호소하는 오류** : 연민이나 동정에 호소하여 자신의 주장을 받아들이게 하는 오류이다.

> 예 재판관님, 피고가 구속되면 그 자식들을 돌볼 사람이 없습니다. 재판관님의 선처를 부탁드립니다.

(4) **부적합한 권위에 호소하는 오류** : 논지와 직접적인 관련이 없는 권위(자)를 근거로 내세워 자기주장에 정당성을 부여하는 오류이다.

> 예 환자에게 수혈을 하는 것은 환자 자신에게 좋지 않아. 경전에 그렇게 쓰여 있어.

(5) **원천 봉쇄의 오류(우물에 독 뿌리기)** : 자신의 주장에 반론 가능성이 있는 요소를 나쁜 것으로 단정함으로써 상대방의 반론을 원천적으로 봉쇄하는 오류이다.

> 예 나의 주장에 대하여 이의를 제기하는 사람이 있습니까? 공산주의자라면 몰라도 그렇지 않으면 나의 주장에 반대하지 않겠지요.

(6) **인신공격의 오류** : 주장하는 논리와는 관계없이 상대방의 인품, 과거의 행적 등을 트집 잡아 인격을 손상하면서 주장이 틀렸다고 비판하는 오류이다.

> 예 넌 내 의견에 반박만 하고 있는데, 넌 이만한 의견이라도 낼 실력이 되니?

(7) **정황에 호소하는 오류** : 주장하는 사람이 처한 개인적인 정황 등을 근거로 하여 자신의 주장에 타당성을 부여하거나 다른 사람의 주장을 비판하는 오류이다.

> 예 아이를 낳아보지도 않은 사람이 주장하는 육아 정책은 절대 신뢰할 수 없습니다.

(8) **역공격의 오류(피장파장의 오류)** : 비판받은 내용이 상대방에게도 동일하게 적용될 수 있음을 근거로 비판을 모면하고자 할 때 발생하는 오류이다.

> 예 나한테 과소비한다고 지적하는 너는 평소에 얼마나 검소했다고?

(9) **사적 관계에 호소하는 오류** : 정 때문에 논지를 받아들이게 하는 오류이다.

> 예 넌 나하고 제일 친한 친구잖아. 네가 날 도와주지 않으면 누굴 믿고 이 세상을 살아가라는 거니?

2. 자료적 오류

(1) **무지에 호소하는 오류** : 증명할 수 없거나 반대되는 증거가 없음을 근거로 자신의 주장이 옳다고 정당화하려는 오류이다.

> 예 진품이 아니라는 증거가 없기 때문에 이 도자기는 진품으로 봐야 해.

(2) **발생학적 오류** : 어떤 대상의 기원이 갖는 특성을 그 대상도 그대로 지니고 있다고 추리할 때 발생하는 오류이다.

> 예 은우의 아버지가 공부를 잘했으니 은우도 틀림없이 공부를 잘할 거다.

(3) **성급한 일반화의 오류** : 부적합한 사례나 제한된 정보를 근거로 주장을 일반화할 때 생기는 오류이다.

> 예 그녀는 이틀 동안 술을 마신 걸로 보아 알코올 중독자임이 틀림없다.

(4) **우연의 오류** : 일반적인 사실이나 법칙을 예외적인 상황에도 적용하여 발생하는 오류이다.
   예 모든 사람은 표현의 자유를 가지고 있다. 그러므로 판사는 법정에서 자신의 주관적 의견을 표현해도 된다.

(5) **원인 오판의 오류(잘못된 인과관계의 오류)** : 한 사건이 다른 사건보다 먼저 발생했다고 해서 전자가 후자의 원인이라고 잘못 추론할 때 범하는 오류이다.
   예 어젯밤에 돼지꿈을 꾸고 복권에 당첨되었습니다.

(6) **의도 확대의 오류** : 의도하지 않은 결과에 대해 의도가 있다고 판단하여 생기는 오류이다.
   예 난간에 기대면 추락의 위험이 있다고 적혀 있다. 그러므로 이 난간에 기댄 사람은 모두 추락하고 싶은 것이다.

(7) **복합 질문의 오류** : 한 번에 둘 이상의 질문을 하여 답변자가 어떠한 대답을 하더라도 질문자의 생각대로 끌려가 한 개의 질문에는 긍정하게 되는 오류이다.
   예 어제 당신이 때린 사람이 두 사람이지요? / 아니오. / 음, 그러니까 당신은 어제 사람들을 때렸다는 것을 인정하는군요.

(8) **분할의 오류** : 전체가 참인 것을 부분에 대해서도 참이라고 단정하여 발생하는 오류이다.
   예 스페인은 남아공 월드컵의 우승국이므로 스페인의 축구선수는 모두 훌륭하다.

(9) **합성의 오류** : 부분이 참인 것을 전체에 대해서도 참이라고 단정하여 발생하는 오류이다.
   예 성능이 좋은 부품들로 만든 컴퓨터이므로 이 컴퓨터는 아주 좋다.

(10) **허수아비 공격의 오류** : 상대방의 주장을 반박하기 쉬운 다른 논점(허수아비)으로 변형, 왜곡하여 비약된 반론을 하는 오류이다.
   예 방사능 피폭으로 인간은 각종 암과 기형아 출산 등의 큰 피해를 입었다. 그러므로 이 지역에 원자력 발전소를 세우는 것에 반대하는 바이다.

(11) **흑백 논리의 오류** : 모든 문제를 양극단으로만 구분하여 추론할 때 생기는 오류이다.
   예 민주주의자가 아니라면 모두 공산주의자이다.

(12) **논점 일탈의 오류** : 어떤 논점에 대하여 주장하는 사람이 그 논점에서 빗나가 다른 방향으로 주장하는 경우에 범하는 오류이다.
   예 너희들 왜 먹을 것을 가지고 싸우니? 빨리 들어가서 공부나 해!

(13) **잘못된 유추의 오류(기계적 유비 추리)** : 서로 다른 사물의 우연적이며 비본질적인 속성을 비교하여 결론을 이끌어 냄으로써 생기는 오류이다.
   예 컴퓨터와 사람은 비슷한 점이 많아. 그렇기 때문에 틀림없이 컴퓨터도 사람처럼 감정을 지녔을 거야.

(14) **오도된 생생함의 오류** : 직접 대면한 개인에게 전해 들은 지나치게 인상적인 정보에 쏠려 합리적 귀납을 거부할 때 나타나는 오류이다.
   예 거시적 경제 지표만 좋으면 뭐해. 주위 사람들은 다 경제적으로 힘들다는데...

(15) **공통원인 무시의 오류** : 여러 원인 중 하나가 원인의 전부라고 오해하여 발생하는 오류
   예 영화 〈알라딘〉이 흥행한 이유는 4D 영화이기 때문이다.

3 언어적 오류

1. **강조의 오류** : 문장의 어떤 부분을 부당하게 강조함으로써 범하는 오류이다.
   - 예 친구를 헐뜯으면 안 되느니라. / 그럼 친구 아닌 다른 사람은 헐뜯어도 되겠죠.

2. **애매어의 오류** : 둘 이상의 의미가 있는 다의어나 애매한 말의 의미를 혼동하여 생기는 오류이다.
   - 예 꼬리가 길면 결국 잡힌다. 원숭이는 꼬리가 길다. 그러므로 원숭이는 결국 잡힌다.

3. **애매문의 오류** : 구나 문장의 구조가 애매하여 발생하는 오류이다.
   - 예 아내는 나보다 고양이를 더 좋아해(아내가 고양이를 좋아하는 정도가 내가 고양이를 좋아하는 정도보다 크다는 의미일수도 있고, 아내가 나를 좋아하는 정도보다 고양이를 좋아하는 정도가 더 크다는 의미일수도 있다).

4. **은밀한 재정의의 오류** : 어떤 용어의 사전적 의미에 자의적 의미를 덧붙여 사용함으로써 발생하는 오류이다.
   - 예 그런 완벽한 남자의 청혼을 거절하다니 제정신이니? 정신 병원에 한번 가 보자.

5. **범주의 오류** : 단어의 범주를 잘못 인식한 데서 생기는 오류이다.
   - 예 아버지, 저는 과학자가 되기보다는 물리학자가 되고 싶습니다(물리학자가 과학자의 하나라는 점에서 보면 단어의 범주를 잘못 인식하고 있다).

빈출 3 수적추리

1 수 추리

1. **등차수열** : 첫째항부터 차례로 일정한 수를 더하여 만들어지는 수열. 각 항에 더하는 일정한 수, 즉 뒤의 항에서 앞의 항을 뺀 수를 등차수열의 공차라고 한다.

등차수열 $\{a_n\}$에서
$a_2 - a_1 = a_3 - a_2 = \cdots = a_{n+1} - a_n = d$ (공차)

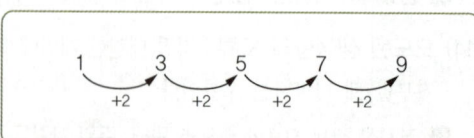

2. **등비수열** : 첫째항부터 차례로 일정한 수를 곱하여 만들어지는 수열

각 항에 곱하는 일정한 수, 즉 뒤의 항을 앞의 항으로 나눈 수를 등비수열의 공비라고 한다.
등비수열 $\{a_n\}$에서
$$\frac{a_2}{a_1} = \frac{a_3}{a_2} = \cdots = \frac{a_{n+1}}{a_n} = r(공비)$$

→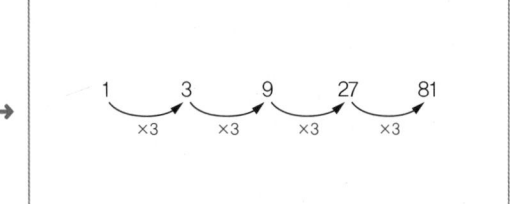

3. **등차계차수열**

앞의 항과의 차가 등차를 이루는 수열

→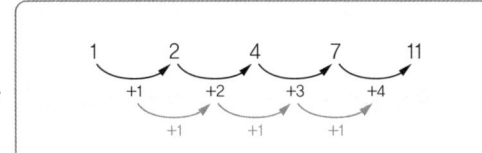

4. **등비계차수열**

앞의 항과의 차가 등비를 이루는 수열

→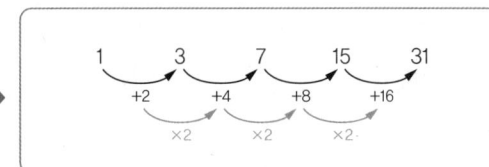

5. **피보나치수열**

앞의 두 항의 합이 그 다음 항이 되는 수열

→ 1, 1, 2, 3, 5, 8, 13, 21, 34, …

2 문자 추리

1. 일반 자음

ㄱ	ㄴ	ㄷ	ㄹ	ㅁ	ㅂ	ㅅ
1	2	3	4	5	6	7
ㅇ	ㅈ	ㅊ	ㅋ	ㅌ	ㅍ	ㅎ
8	9	10	11	12	13	14

2. 쌍자음이 포함된 자음(사전에 실리는 순서)

ㄱ	ㄲ	ㄴ	ㄷ	ㄸ	ㄹ	ㅁ	ㅂ	ㅃ	ㅅ
1	2	3	4	5	6	7	8	9	10
ㅆ	ㅇ	ㅈ	ㅉ	ㅊ	ㅋ	ㅌ	ㅍ	ㅎ	
11	12	13	14	15	16	17	18	19	

3. 일반 모음

ㅏ	ㅑ	ㅓ	ㅕ	ㅗ	ㅛ	ㅜ	ㅠ	ㅡ	ㅣ
1	2	3	4	5	6	7	8	9	10

4. 이중모음이 포함된 모음 순서(사전에 실리는 순서)

ㅏ	ㅐ	ㅑ	ㅒ	ㅓ	ㅔ	ㅕ
1	2	3	4	5	6	7
ㅖ	ㅗ	ㅘ	ㅙ	ㅚ	ㅛ	ㅜ
8	9	10	11	12	13	14
ㅝ	ㅞ	ㅟ	ㅠ	ㅡ	ㅢ	ㅣ
15	16	17	18	19	20	21

5. 알파벳

A	B	C	D	E	F	G	H	I
1	2	3	4	5	6	7	8	9
J	K	L	M	N	O	P	Q	R
10	11	12	13	14	15	16	17	18
S	T	U	V	W	X	Y	Z	
19	20	21	22	23	24	25	26	

빈출 4 도형추리

03 문제해결 · 추리

- 도형의 규칙성을 찾아 이어지는 도형의 모양을 고르는 문제이다.
- 도형에서 발견되는 움직임을 파악하여 정리한 조건으로 시뮬레이션을 해보고 도형을 도출한다.

규칙성의 종류

1 선의 수가 상단은 1 → 2 → 3 → 2 → 1로, 하단은 3 → 2 → 1 → 2 → 3으로 변화한다.

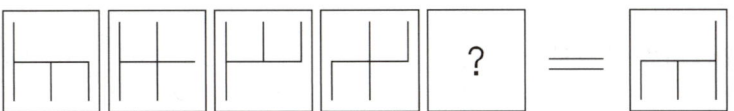

2 화살표가 45도씩 시계 방향으로 회전하고, ○의 색이 번갈아 가면서 바뀐다.

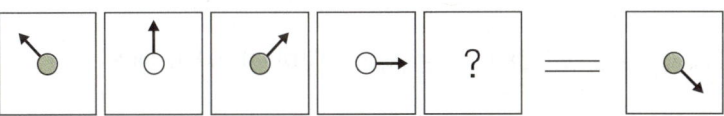

3 색칠된 부분이 왼쪽부터 첫 번째, 두 번째로 이동하고 네 번째 이후 왼쪽으로 돌아온다.

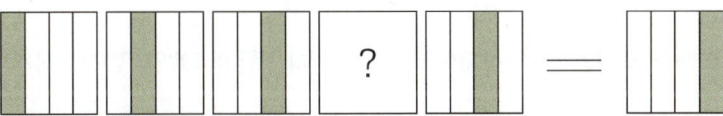

4 가운데 세로선이 위, 아래로 이동을 반복하고, ●가 반시계 방향으로 회전한다.

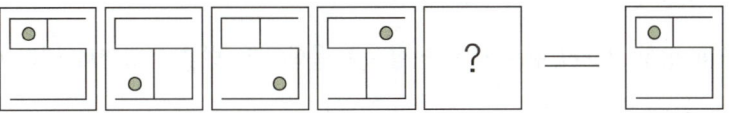

5 ☆이 반시계 방향으로 90도씩 회전하고 꼭짓점의 색은 번갈아 가면서 바뀐다.

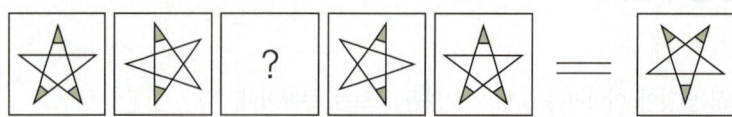

6 ▷가 오른쪽과 왼쪽 방향으로 2회씩, 색 또한 2회씩 번갈아 나타난다. 답을 찾을 때 예상할 수 있는 변화로부터 선택지에 있는 것을 고른다.

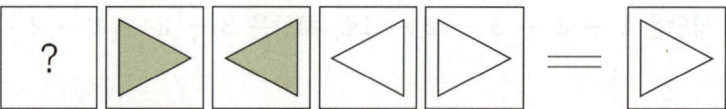

7 4시간 후와 2시간 전 순서로 반복된다.

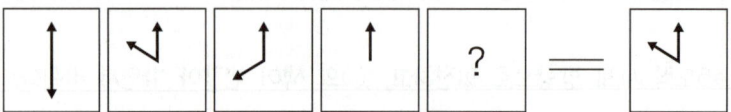

8 □는 반시계 방향으로 회전하고, ○는 색이 번갈아 가면서 바뀐다.

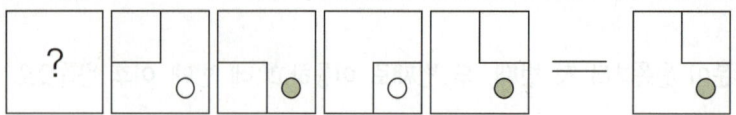

9 같은 도형 2개가 모이면 다음 상자에서 1개가 된다. □가 1개인 것으로 유추할 수 있다.

10 △는 반시계 방향, 직사각형은 시계 방향으로 움직이고, 번갈아 가면서 색이 바뀐다.

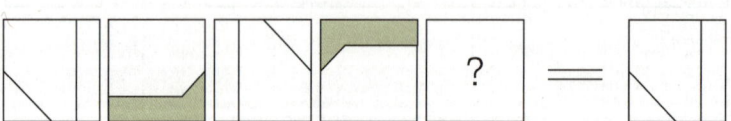

11 같은 도형 3개가 모인 도형은 다음 상자에서 없어진다. 그러므로 □를 포함하지 않는 것을 유추할 수 있다. 도형의 색이나 형태에 헷갈리지 않도록 한다.

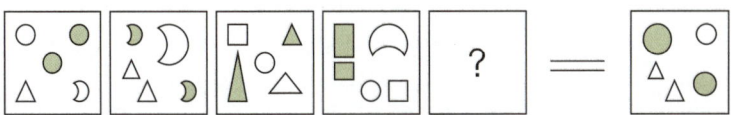

12 홀수 번째 도형에 ⌐를 제외한 선의 개수 변화를 주목한다. 선의 개수는 2 → 1 → 0으로 줄어든다.

13 반원이 반시계 방향으로 홀수 번째 상자에서는 45도 회전을 하고, 짝수 번째 상자에서는 90도 회전을 한다.

14 □가 오른쪽 위 → 왼쪽 아래 → 오른쪽 아래 → 왼쪽 위로 색이 번갈아 가면서 바뀐다. 이러한 경우 다섯 번째부터 처음으로 돌아온다고 유추할 수 있다.

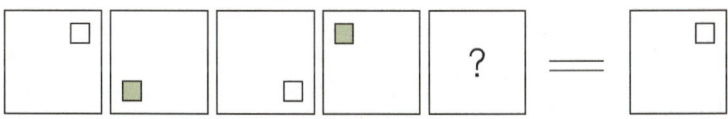

15 ●가 시계 방향으로 회전하고 선은 90도씩 회전한다.

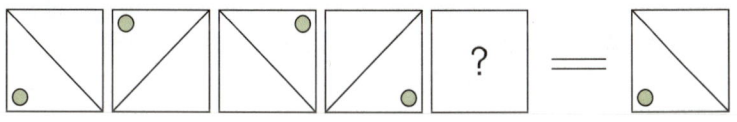

고시넷 포스코그룹(PAT) 대졸직 인적성검사 최신기출유형모의고사

출제 영역 · 문항 수 · 시험 시간

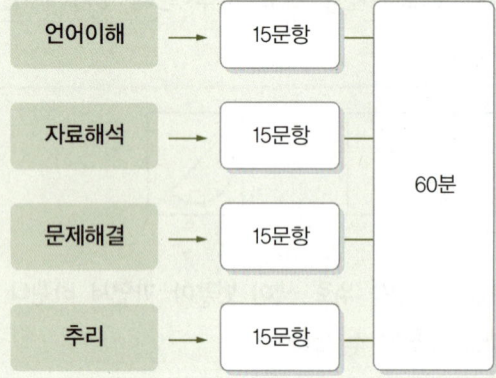

포스코그룹(PAT) 대졸직 인적성검사

파트 2 기출유형모의고사

- **1회** 기출유형문제
- **2회** 기출유형문제
- **3회** 기출유형문제
- **4회** 기출유형문제
- **5회** 기출유형문제

PAT 1회 기출유형문제

문항수 | 60문항
시험시간 | 60분

▶ 정답과 해설 11쪽

영역 1 언어이해

15문항

01. 다음 글의 제목으로 적절한 것은?

저탄소 녹색성장은 생산과 소비라는 두 가지 기본 요소로 구성되는 경제계에서 자원과 자연을 포함하는 광의의 경제관을 전제로 경제활동 및 환경 문제를 해결하겠다는 인식의 대전환을 요구하고 있다. 자연환경 및 자원이 유한하다는 인식을 기초로 경제활동을 하고 있지만, 실제 경제활동은 자연환경이 자정 역량에 의해서 항상 깨끗할 것이고 자원은 무한히 공급될 수 있다는 인식하에 이루어지고 있다. 그 결과 지구의 성장은 환경 문제로 둔화될 것이라는 주장이 확산되고 있을 뿐만 아니라 환경오염은 인류의 삶을 위협할 정도로 악화되고 있으며, 자원, 특히 에너지 자원 부족 현상은 가속화되고 있다. 이 같은 환경오염 문제를 해결하고, 특히 성장의 동력으로 활용하기 위해서는 경제계와 환경계가 상호 영향을 주고 있는 불가분의 관계에 있다는 사실을 인식해야 할 것이다. 그리고 환경계까지 포함하는 광의의 시장이 형성되어야 한다.

그 이유는 첫째, 환경이 경제에 영향을 미치고 있기 때문이다. 환경은 생산과 소비활동에 필요한 자원과 에너지를 공급하는 동시에 경제활동을 일부 제약하기도 한다. 둘째, 환경은 경제활동의 결과 발생된 잔여물을 일정 한도 내에서 흡수하여 정화하는 역할을 수행하고 있다. 셋째, 환경은 자연경관, 깨끗한 공기와 물 등을 통해 사람들에게 직접적인 만족을 제공하고 있다. 한편 생산자, 소비자, 정부 등 모든 경제 주체는 경제활동 결과 필연적으로 발생하는 잔여물을 환경계로 방출하고 있다. 이처럼 환경과 경제는 서로 영향을 주고받으면서 양자 간에 순환하는 구조를 갖고 있다. 따라서 경제활동에 공급되는 자연자원은 가급적 효율적으로 사용되어야 할 것이고, 배출되는 잔여물의 재생 또는 재활용 기능을 강화한 자원순환형 경제구조를 요구해야 할 것이다.

① 저탄소 녹색성장의 배경
② 자연의 위대한 재활용 기능
③ 환경과 경제의 중요성
④ 자원순환형 경제의 필요성

02. 다음 글에서 〈보기〉의 문장이 들어갈 위치로 적절한 곳은?

기억이 착오를 일으키는 프로세스는 인상적인 사물을 받아들이는 단계부터 이미 시작된다. (가) 감각적인 지각의 대부분은 무의식중에 기록되고 오래 유지되지 않는다. (나) 대개는 수시간 안에 사라져 버리며, 약간의 본질만이 남아 장기 기억이 된다. 무엇이 남을지는 선택에 의해서이기도 하고, 그 사람의 견해에 따라서이기도 하다. (다) 분주하고 정신이 없는 장면을 주고, 나중에 그 모습에 대해서 이야기하게 해 보자. (라) 어느 부분에 주목하고, 또 어떻게 그것을 해석했는지에 따라 즐겁기도 하고 무섭기도 하다. 단순히 정신 사나운 장면으로만 보이는 경우도 있다. 기억이란 원래 일어난 일을 단순하게 기록하는 것이 아니다.

| 보기 |

일어난 일에 대한 묘사는 본 사람이 무엇을 중요하게 판단하고, 무엇에 흥미를 가졌느냐에 따라 크게 다르다.

① (가) ② (나)
③ (다) ④ (라)

03. 다음 (가) ~ (바)를 문맥에 맞게 배열한 것은?

(가) 그런데 많은 문화가 혼재돼 문화 상대주의가 만연한 곳에서는 사람들이 자신이 보루로 삼을 문화의 형태나 기둥을 잃게 되며, 자기상실에 빠져들어 불안한 상태에 던져진다.
(나) 이에 따라 사람은 사회의 불안정성이나 불확실성을 견딜 정신적 지주를 가질 수 있다.
(다) 따라서 모든 문화가 지리적 풍토를 벗어나 지구 전체로 퍼져나가는 21세기에는 문화의 혼재에서 오는 아이덴티티(Identity) 상실의 시대가 도래할지도 모른다.
(라) 그 문화적 풍토에서 나고 자란 사람은 그 형태 속에서 자신의 아이덴티티를 형성한다.
(마) 종교로 봐도, 언어로 봐도, 습관으로 봐도, 문화라는 것은 각각 서로 다른 형태를 갖고 있다.
(바) 가치의 상대성을 주장하는 것은 그 나름대로 옳지만 그게 너무 과해질 경우, 줏대를 잃게 되어 신념을 가질 수 없게 되는 것이다.

① (다)-(바)-(마)-(라)-(가)-(나) ② (마)-(가)-(바)-(나)-(다)-(라)
③ (바)-(마)-(나)-(라)-(다)-(가) ④ (마)-(라)-(나)-(가)-(바)-(다)

[04 ~ 05] ○○사에 다니는 김 사원은 다음 글을 참고하여 빅데이터와 관련한 보고서를 작성하려고 한다. 이어지는 질문에 답하시오.

> 미국에는 질병통제예방센터라는 기관이 있는데, 이 기관은 미국의 연방정부 기관인 미국 보건복지부의 산하기관 중 하나이다. 이 센터는 양질의 건강 정보를 제공하고 주 정부의 보건부서 및 여타 기관들과 연계함으로써 공중보건 및 안전을 개선하기 위해 질병 예방 및 통제 수준을 개선하며 동시에 환경보건, 산업안전보건, 건강증진, 상해예방 및 건강교육 등 다양한 분야의 정책을 담당하고 있다. 이곳에서는 매주 미국 각 지역의 독감 환자 수, 독감 유사 증상 환자 수를 파악해서 보고서를 내는데, 지역별 독감 환자 수를 확인하다가 어느 지역에서 환자 수가 급증하면 그 주변을 차단해서 독감이 전국으로 확산되는 것을 막기 위해서이다. 그런데 이 보고서 작성에는 상당한 시간이 걸린다. 먼저 일선에서 근무하는 지역 의사들에게 독감 환자가 오면 동사무소로 보고하도록 하고 동사무소는 그 정보를 모아서 구청에 보고하고, 구청은 시청에, 시청은 주 정부에, 최종적으로 주 정부는 질병 예방 센터로 넘긴다. 그러면 질병 예방 센터에서 통계를 내서 지역마다 독감 환자 상황에 관한 보고서를 낸다. 이렇게 보고서를 작성하는 데 2주가 걸린다. 하지만 2주면 독감이 미국 전역으로 퍼진 후이기 때문에 독감 예방 대책을 ㉠세우는 것이 무의미해진다.
>
> 그런데 한 검색사이트에서 이를 해결할 수 있는 방안을 제시하였다. 사람들이 열이 나거나 몸에 이상이 나타나면 내가 무슨 병에 걸린 건 아닌지 검색한다. 독감에 걸렸다면 '기침', '고열', '해열제' 등 독감과 관련된 증상이나 치료 방법을 검색하게 된다. 그런데 검색 사이트의 서버는 각 검색이 어느 아이피(IP) 주소에서 왔는지 알기 때문에 그것을 분석해서 해당 지역을 찾아낼 수 있다. 실제로 이 검색 사이트가 예측한 독감 환자 수와 질병 예방 센터가 발표한 독감 환자 수는 거의 일치하였다. 이것은 네트워크 이론과 빅데이터를 결합하여 활용하였기 때문에 가능한 결과였다.

04. 보고서를 작성하던 김 사원은 띄어쓰기에 대한 의문이 생겼다. 다음 글을 바탕으로 띄어쓰기를 할 때 잘못된 것은?

> 조사는 체언 뒤에 쓰이고 앞말에 붙여 써야 한다. 의존명사는 관형어의 수식을 받으며 앞말과 띄어 쓴다. 의존명사는 체언에 속하므로 조사와 결합하는 특성이 있다. 제시된 글에서 밑줄 친 ㉠의 '것'은 의존명사이므로 앞말과 띄어 써야 한다.

① <u>말하는 대로</u> 되니 긍정적인 생각을 많이 해야 한다.
② <u>나 만큼</u> 직장에서 열심히 일하는 사람은 없을 것이다.
③ 좋은 결과를 기대하며 열심히 일할 <u>수밖에</u> 없다.
④ 직장에서 <u>근무한 지</u> 1년 만에 모두에게 인정받게 되었다.

05. 제시된 글을 읽은 김 사원이 가질 수 있는 의문으로 적절한 것은?

① 미국 질병 예방 센터에서 지역별 독감 환자 수를 파악하여 보고서를 내는 이유는 무엇인가?
② 검색 사이트는 독감과 관련된 검색어가 어느 지역에서 검색되었는지 어떻게 알 수 있는가?
③ 실제로 독감에 걸리지 않았음에도 불구하고 호기심이나 공포심 등으로 독감을 검색했을 경우는 정확도가 떨어지지 않을까?
④ 미국의 독감 환자 상황에 대한 보고서를 가지고 독감 예방 대책을 세우는 것은 왜 무의미한가?

06. 다음 글의 내용과 일치하는 것은?

> 인간은 누구나 건전하고 생산적인 사회에서 타인과 함께 평화롭게 살아가길 원한다. 하지만 도덕적이고 문명화된 사회를 가능하게 하는 기본적인 사회 원리를 수용할 경우에만 인간은 생산적인 사회에서 평화롭게 살 수 있다. 기본적인 사회 원리를 수용한다면, 개인의 권리는 침해당하지 않는다. 인간의 본성에 의해 요구되는 인간 생존의 기본 조건, 즉 생각의 자유와 자신의 이성적 판단에 따라 행동할 수 있는 자유가 인정되지 않는다면, 개인의 권리는 침해당한다.
> 또한 물리적 힘의 사용이 허용되는 경우 또한 개인의 권리는 침해당한다. 어떤 사람이 다른 사람의 삶을 빼앗거나 그 사람의 의지에 반하는 것을 강요하기 위해서는 물리적 수단을 사용할 수밖에 없기 때문이다. 이성적인 수단인 토론이나 설득을 사용하여 다른 사람의 의견이나 행동에 영향을 미친다면, 개인의 권리는 침해당하지 않는다.
> 인간이 생산적인 사회에서 평화롭게 사는 것은 매우 중요하다. 왜냐하면 인간이 생산적인 사회에서 평화롭게 살 수 있을 경우에만 인간은 사회로부터 지식 교환의 가치를 얻을 수 있기 때문이다.

① 인간이 사회로부터 지식 교환의 가치를 얻을 수 없다면 그 사회는 생산적인 사회가 아니다.
② 모든 사람들이 생산적인 사회에서 평화롭게 살기를 원하는 것은 아니다.
③ 개인의 권리가 침해되는 사건은 물리적 수단의 용인과 전혀 관련이 없다.
④ 타인의 의지에 반하는 행동을 요청할 때에는 토론과 설득만이 이성적인 수단이다.

[대졸직] 인적성검사

[07 ~ 08] 다음 글을 읽고 이어지는 질문에 답하시오.

우리는 자신이 소유하고 있는 것을 알고 있기에 그것에 매달림으로써 안정감을 찾는다. 그런데 만약 자기가 소유하고 있는 것을 잃어버리면 어떻게 될까? 소유하고 있는 것은 잃어버릴 수 있기 때문에 필연적으로 가지고 있는 것을 잃어버릴까 봐 항상 걱정하게 된다. 도둑을, 경제적 변화를, 혁신을, 병을, 죽음을 두려워한다. 따라서 늘 걱정이 끊이지 않는다. 건강을 잃을까 하는 두려움뿐만 아니라 자신이 소유한 것을 상실할까 하는 두려움까지 겹쳐 만성 우울증으로 고통받게 된다. 더 잘 보호받기 위해서 더 많이 소유하려는 욕망 때문에 방어적이게 되고 경직되며 의심이 많아지고 외로워진다.

그러나 존재 양식의 삶에는 자기가 소유하고 있는 것을 잃어버릴지도 모르는 위험에서 오는 걱정과 불안이 없다. 나는 '존재하는 나'이며 내가 소유하고 있는 것이 내가 아니기 때문에, 아무도 나의 안정감과 주체성을 빼앗거나 위협할 수 없다. 나의 중심은 나 자신 안에 있으며 나의 존재 능력, 나의 기본적 힘의 발현 능력은 내 성격 구조의 일부로서 나에 근거하고 있다. 물론 이는 정상적인 삶의 과정에 해당하며 사람을 무력하게 만드는 병이나 고문, 그 밖의 강력한 외부적 제약이 있는 상황에는 해당되지 않는다. 소유는 사용함으로써 (㉠)되는 반면, 존재는 실천함으로써 (㉡)한다. 쓰는 것은 잃어버리는 것이 아니고 반대로 보관하는 것이 잃어버리는 것이다.

존재 양식의 삶을 살 때도 위험은 있지만, 유일한 위험은 내 자신 속에 있다. 그것은 삶에 대한 믿음의 결핍, 창조적 능력에 대한 믿음의 부족, 퇴보적 경향, 내적인 나태, 내 삶을 다른 사람에게 떠맡기려는 생각 등에 도사리고 있다. 그러나 이들 위험이 존재에 반드시 내재하는 것은 아니다. 소유 양식의 삶에 상실의 위험이 늘 있는 것과는 사정이 다르다. 아예 비교할 수조차 없는 것이다.

07. 윗글에서 파악할 수 있는 필자의 생각으로 적절하지 않은 것은?

① 소유하려는 욕망 때문에 인간이 외로워진다.
② 소유 양식의 삶에는 늘 상실의 위험이 있다고 볼 수 있다.
③ 존재 양식의 삶은 소유 양식의 삶보다 주체성이 있다고 본다.
④ 존재 양식의 삶에는 위험이 전혀 존재하지 않는다.

08. 글의 흐름을 고려할 때 ㉠, ㉡에 들어갈 말로 적절한 것은?

	㉠	㉡		㉠	㉡
①	감소	성장	②	감소	퇴보
③	증가	진보	④	증가	성장

09. 다음 글의 주제로 가장 알맞은 것은?

전통적으로 재해라고 하면 자연재해와 인적재해를 일컬었으나, 최근에는 에너지·통신·교통·의료·수도 등 국가 기반 체계의 마비와 전염병 확산 등으로 인한 피해를 사회적 재해로 구분하여 재해의 범주에 포함시키고 있다. 이 중에서 물과 관련된 재해는 주로 자연재해에 포함된다. 물과 관련된 재해에는 통상 태풍·홍수·호우(豪雨)·해일(海溢)·대설·가뭄, 그 밖에 이에 준하는 물과 관련된 현상으로 인하여 발생하는 재해 등이 있는데, 이들은 전체 재해 중 절대적으로 높은 비중을 차지한다. 특히 국가가 고도성장의 과정을 거치면서 산업 시설 및 주거 시설 단지의 대형화와 집중화 및 노후화, 다중 이용 시설의 증가, 생활공간의 밀집화가 진행됨으로써 재해 발생 시 그 피해 규모도 더욱 커질 것이며, 환경오염 사고도 광역화될 가능성이 높다. 이에 대비하여 제방, 다목적댐, 저류시설, 사면보호, 방파제 등을 건설하고는 있지만 위와 같은 이유로 인하여 재해는 감소하지 않고 있는 추세이다.

① 물과 재해의 관계 이해
② 물 관련 자연재해에 대한 예방 필요성
③ 재해의 종류와 대비
④ 자연재해의 이해

10. 다음 글을 통해 추론하기 어려운 것은?

> DNA가 유전 정보를 암호화하고 있음이 밝혀지자 미국과 영국을 중심으로 인간의 염기서열을 파악하기 위한 연구가 시작되었다. 32억 개에 달하는 인간이 가진 모든 유전자의 염기서열을 조사하기 위한 이 연구는 1990년부터 시작하여 15년이 걸릴 것이라고 예상했지만 생명공학 기술의 발달로 13년 만인 2003년에 완료되었다. 염기서열의 수가 워낙 방대하기 때문에 세계 각국의 유전자 센터와 대학 등에서 나누어 실시되었으며, 인간 유전자의 서열을 99.99%의 정확도로 완성하였다.
>
> 인간 게놈 프로젝트는 단지 염기서열만을 알아내는 것이 아니라 염기서열의 의미를 발견하는 것이다. 처음 과학자들은 인간이 생각하고 말을 할 수 있는 복잡한 생물이기 때문에 유전자의 수가 약 10만 개라고 생각하였다. 하지만 연구가 끝난 후 의미가 있는 유전자 수는 약 2만 ~ 2만 5천 개 정도에 불과하다는 것을 알게 되었다. 이는 단순한 동물들의 유전자 수와 크게 다르지 않으며, 심지어 식물이 가진 유전자보다도 그 수가 적다는 것이 확인되었다.
>
> 인간 게놈 프로젝트가 완성되면 유전자와 관련된 질병을 해소하는 데 큰 도움이 될 것이라 기대되었다. 어떤 염기서열이 유전병을 일으키는지 알아낼 수 있다면 유전병을 해결하기 위한 방안까지 쉽게 접근할 수 있을 것이라는 기대감 때문이었다. 또한 인간이 어디에서부터 진화하였는지 인간과 유사한 염기서열을 가지는 다른 생물들과의 비교를 통해 인간의 기원을 밝혀낼 수 있을 것이라고 생각했다. 게놈을 분석한 결과 침팬지와 사람의 유전자가 99% 일치함에 따라 진화론에도 확신을 얻게 되었다. 하지만 염기서열이 모두 밝혀지는 것이 꼭 좋은 일만은 아니다. 태아의 염기서열에서 유전병 요인이 발견될 경우 아이를 포기하는 일이 생길 수 있고, 염기서열로 사람의 우열을 가리게 될 가능성도 있다. 그리고 염기서열을 토대로 인간 복제가 가능해진다면 생명 경시 풍조가 나타나는 것도 배제할 수 없다.

① 생명공학 기술의 발달은 실제 연구 기간을 예상보다 단축할 수 있다.
② 인간 염기서열 분석 연구는 미국과 영국뿐 아니라 세계 각국을 통해 이루어졌다.
③ 염기서열을 모두 파악한다면 태아가 유전병 요인을 지니고 있는지 알 수 있다.
④ 복잡한 생물일수록 가지고 있는 유전자의 수가 많다.

11. 다음 글의 밑줄 친 ㉠에 들어갈 말로 적절한 것은?

> 1976년, 애리조나주의 한 모텔에서 나와 함께 점심 식사를 할 때만 해도 아놀드 슈왈제네거는 무명 배우였다. 나는 지방 신문의 스포츠 칼럼니스트였는데, 아놀드와 하루를 보내고 나서 자매지인 일요판 잡지에 그에 대한 기사를 쓰기 위해 인터뷰를 하고 있었다. 그리고 그때가 아놀드와 보낸 하루 중 가장 기억에 남는 순간이었다. 나는 취재 노트를 펼쳐 놓고 식사 중간중간에 기사에 필요한 질문들을 하다가 한번은 지나가는 투로 이렇게 물었다. "보디빌딩을 그만두셨다는데 앞으로 뭘 할 생각이세요?" 그러자 그는 사소한 여행 계획을 얘기하듯 조곤조곤 말했다. "저는 할리우드 최고의 스타가 될 겁니다." 나는 놀란 티를 내지 않으려고 무척 애썼다. 왜냐하면 그의 초기 영화들은 그의 가능성을 보여 주지 못했을 뿐 아니라, 그의 오스트리아식 억양이나 무시무시한 근육도 관객들을 단박에 사로잡을 수 있을 것 같지 않았기 때문이다. 유감스럽지만 그때까지만 해도 그는 늘씬하고 균형 잡힌 지금의 아놀드가 아니라 근육도 훨씬 투박하고 체격도 거대했다. 그러나 나는 이내 그의 나직한 말씨에 익숙해졌고, 내친 김에 무슨 수로 할리우드의 톱스타가 될 거냐고 물었다. "＿＿＿
㉠　　　　　　　　　　　　　　" 당시로서는 터무니없는 소리처럼 들리는 그 말을 나는 그대로 받아 적었고 절대로 잊지 않았다. 예상대로 아놀드는 수년 뒤에 톱스타가 되었다.

① 보디빌더로 몸을 키워 놨으니 저를 원하는 할리우드 영화사가 있을 것입니다.
② 원하는 모습을 상상하며 이미 내가 톱배우가 된 것처럼 사는 것입니다.
③ 차근차근 저와 어울리는 단역을 맡다 보면 기회가 오지 않겠습니까.
④ 하루하루를 최선을 다해 사는 것입니다.

12. 다음 글의 내용과 일치하지 않는 것은?

> 동물계 안에서 차지하는 위치로 볼 때 인간이 영장류, 즉 다른 포유동물에 비해 뇌가 크고 시력이 좋으며 대개 다른 손가락과 맞닿을 수 있는 엄지손가락을 지닌 포유동물임은 분명하다. 영장류는 적어도 6,500만 년 전에 진화 계통수상의 다른 포유동물로부터 분화됐다.
>
> 인간은 해부학적 특징의 범주로 보아 영장류 안에서 유인원과 같은 선상에 있다. 몸통이 크고 흉곽이 앞뒤로 평평하다. 흉곽 뒤에 위치한 어깨뼈는 긴 빗장뼈로 지지된다. 팔과 손은 나뭇가지에 매달리기 적합한 구조이며 꼬리가 없다. 최초의 유인원은 약 2,000만 년 전에 동부 아프리카에서 출현했고 이후 1,500만 년 동안 많은 유인원들이 아프리카에서 등장했으며, 이후 1,500만 년 동안 많은 유인원들이 아프리카, 아시아, 유럽에 걸쳐 나타났다.
>
> 오늘날의 양상은 이와 매우 다르다. 인간은 개체 수가 많고 전 세계적으로 분포하는 유일한 종이다. 반면에 개체 수가 매우 적은 다른 종들은 서식지를 잃어 멸종될 위기에 처해 있다. 갈라고원숭이부터 보노보, 로리스원숭이, 여우원숭이는 물론이고 긴팔원숭이와 고릴라까지, 영장류는 공통 조상에서 갈라져 나온 동물의 한 무리이다. 인간은 비범한 영장류로서 새로운 이동 방식, 즉 땅 위를 두 발로 걸어 다니는 법을 개발했지만 아직도 폭넓은 영장류 계통수의 다른 동물들과 많은 특징을 공유하고 있다.
>
> 약 60만 년 전부터 호모 하이델베르겐시스(Homo Heidelbergensis)라고 불리는 종이 아프리카와 유럽에 살았다. 이 조상 종은 약 40만 년 전에 유럽에서 호모 네안데르탈렌시스(Homo Neanderthalensis)로 진화하고 해부학적으로 약 20만 년 전에는 아프리카에서 호모 사피엔스(Homo Sapiens)로 진화했을 것이다. 호모 하이델베르겐시스의 후기 화석과 호모 사피엔스의 초기 화석 구분이 어렵긴 하지만, 아프리카 케냐의 유명한 고인류학자 리처드 리키(Richard Leakey)가 발견해 오늘날 약 19만 5,000년 전으로 추정되는 '오모 II(Omo II)'의 머리뼈는 많은 학자들이 호모 사피엔스의 초기 화석으로 인정하고 있다.

① 영장류는 6,500만 년 전에 진화 계통수상의 다른 포유동물로부터 분화됐다.
② 인류는 호모 네안데르탈렌시스, 호모 하이델베르겐시스, 호모 사피엔스의 순으로 진화해 왔다.
③ 영장류는 유인원의 등장보다 더 먼저 포유동물로부터 분화했다.
④ 인간과 유인원은 해부학적으로 같은 범주에 있다.

13. 다음 글에서 ㉠을 설명한 방식으로 가장 적절한 것은?

　　1884년 10월 13일 「국제자오선 회의」에서 영국의 그리니치 자오선을 본초 자오선으로 채택하면서 지구상의 모든 지역은 하나의 시간을 공유하게 됐다. 본초 자오선을 정하기 전 인류 대부분은 태양의 위치로 시간을 파악했다. 그림자가 생기지 않는 정오를 시간의 기준점으로 삼았으므로 관측 지점마다 시간이 다를 수밖에 없었다.
　　지역 간 이동이 활발하지 않던 그 시절에는 수많은 시간이 공존했던 것이다. 그러나 세계가 확장되고 지역과 지역을 넘나들기 시작하면서 문제가 발생했다. 기차의 발명이 그 변화의 시초였다. 기차는 공간을 빠르고 편리하게 이동할 수 있어 산업혁명의 바탕이 됐지만 지역마다 다른 시간의 충돌을 야기했다. 역마다 시계를 다시 맞춰야 했고 시간이 엉킬 경우 충돌 등 대형 사고가 일어날 가능성도 높았다.
　　이런 문제점을 공식 제기하고 세계 ㉠표준시 도입을 주장한 인물이 세계 표준시의 아버지 샌포드 플레밍이다. 그는 1876년 아일랜드의 시골 역에서 그 지역의 시각과 자기 손목시계의 시각이 달라 기차를 놓치고 다음 날 런던에서 출발하는 배까지 타지 못했다. 당시의 경험을 바탕으로 기준시의 필요성을 주창하고 경도를 기준으로 시간을 정하는 구체적 방안까지 제안했다. 그의 주장이 받아들여진 결과가 1884년 미국 워싱턴에서 열린 「국제자오선 회의」이다.
　　시간을 하나로 통일하는 회의 과정에서 영국이 주장하는 그리니치 표준시와 프랑스가 밀어붙인 파리 표준시가 충돌했다. 자존심을 건 시간 전쟁이었다. 결과는 그리니치 표준시의 일방적인 승리로 끝났다. 이미 30년 이상 영국의 그리니치 표준시를 기준 삼아 기차 시간표를 사용해 왔고 미국의 철도 회사도 이를 따르고 있다는 게 이유였다. 당시 결정한 그리니치 표준시(GMT)는 1972년 원자시계를 도입하면서 협정세계시(UTC)로 대체되었지만 여전히 GMT 표기를 사용하는 경우도 많다.
　　표준시를 도입했다는 건 세상이 완전히 열렸음을 의미한다. 세계의 모든 인구가 하나의 표준시에 맞춰 일상을 살고 국가마다 다른 철도와 선박, 항공 시간을 체계적으로 정리할 수 있게 됐다. 지구 곳곳에 파편처럼 흩어져 살아가던 인류가 비로소 하나의 세계로 통합된 것이다.

① ㉠의 필요성이 대두된 배경과 도입과정을 서술하고 그 이이를 설명하였다.
② ㉠에 적용된 과학적 원리를 설명하고 역사적 변천 과정을 서술하였다.
③ ㉠의 한계점을 지적하고 이를 보완할 대안을 설명하였다.
④ ㉠을 일정한 기준으로 나누고 각각의 장단점을 열거하였다.

[14 ~ 15] 다음은 ○○기업 김 사원이 바이오시밀러에 대해 조사한 자료이다. 이어지는 질문에 답하시오.

바이오시밀러(Biosimilar)는 사람이나 다른 생물체에서 유래된 세포·조직·호르몬 등의 유효물질을 이용하여 유전자재결합 또는 세포배양기술을 통해 분자생물학적 기법으로 개발한 의약품인 바이오의약품(생물학적제제·유전자재조합의약품·세포배양의약품·세포치료제·유전자치료제 등)의 복제약(특허가 만료된 오리지널 의약품을 모방하여 만든 약품)을 뜻하는 말이다.

바이오시밀러는 동등생물의약품 또는 FOB(Follow-on Biologics)라고도 하며, 오리지널 바이오의약품과 동등한 품목·품질을 지니고, 비임상·임상적 비교동등성이 입증된 의약품이다.

화학 합성의약품 복제약(제네릭 ; Generic)의 경우 오리지널 약품의 화학식만 알면 쉽게 만들 수 있고, 화학반응에 이변이 없어 오리지널 의약품의 공정과 똑같이 생산된다. 반면, 살아 있는 단백질 세포 등을 이용하여 만드는 바이오시밀러의 경우 아무리 염기서열이 동일한 의약품을 개발하려 해도 구조적 복잡성으로 인하여 특성 분석이 어렵고, 배양배지·배양온도·배양크기에 따라 매우 민감하여 오리지널 약품과 똑같은 복제약을 제조하는 것은 불가능하며 단지 유사한 복제약을 개발할 수 있을 뿐이다. 또 합성의약품 복제약을 개발할 때에는 임상시험이 생략되지만 바이오시밀러의 경우에는 비임상·임상시험에 통과해야 한다.

바이오시밀러는 고가의 오리지널 바이오의약품에 비해 상대적으로 저렴하다는 장점이 있으며, 많은 오리지널 바이오의약품들이 2012년 이후 특허가 만료되기 때문에 바이오시밀러 시장이 확대될 것으로 보인다.

14. 다음 중 제시된 글의 자료를 비교·정리한 내용으로 적절하지 않은 것은?

	구분	바이오시밀러	제네릭
①	복제대상	바이오의약품	화학 합성의약품
②	안정성	환경에 따라 민감	비교적 안정적
③	허가 절차	비임상·임상시험	임상시험 생략
④	개발 비용	상대적으로 낮음.	상대적으로 높음.

15. 김 사원은 바이오시밀러 산업을 지원해야 하는 이유를 설명하고자 한다. 그 내용으로 적절하지 않은 것은?

① 오리지널 바이오의약품과 거의 동일한 효과를 보인다면 바이오시밀러가 가격면에서 경쟁력이 있다.
② 가격이 비싸 의약품 혜택을 못 받는 저개발국 환자들을 치료할 수 있는 길을 열 수 있다.
③ 제네릭에 비해 엄격한 허가 기준을 충족시켜야 하므로 진입 장벽이 높아 경쟁력이 있고, 오리지널 바이오의약품만큼 또는 그 이상으로 좋은 제품이 될 수 있다.
④ 고령화 등으로 인하여 고가의 바이오의약품에 대한 수요가 증가하는 상황에서 바이오시밀러가 의료 관련 사회적 부담 비용을 낮출 수 있다.

영역 2 자료해석

✓ 15문항

01. 다음 20X9년 유럽 주요 국가의 보건부문 통계 자료에 대한 설명으로 옳은 것을 〈보기〉에서 모두 고르면?

구분	기대수명(세)	조사망률(명)	인구 만 명당 의사 수(명)
독일	81.7	11.0	38.0
영국	79.3	10.0	27.0
이탈리아	81.3	10.0	37.0
프랑스	81.0	9.0	36.0
그리스	78.2	12.0	25.0

※ 조사망률 : 인구 천 명당 사망자 수

―| 보기 |―

ㄱ. 유럽에서 기대수명이 가장 낮은 국가는 그리스이다.
ㄴ. 인구 만 명당 의사 수가 많을수록 조사망률은 낮다.
ㄷ. 20X9년 프랑스의 인구가 6,500만 명이라면 사망자는 585,000명이다.

① ㄱ
② ㄷ
③ ㄱ, ㄴ
④ ㄱ, ㄷ

02. 다음 자료를 바탕으로 할 때, 출발지에서 목적지로 항해하는 선박이 중국으로 표류한 횟수에 대한 설명으로 옳지 않은 것을 〈보기〉에서 모두 고르면?

(단위 : 회)

목적지 출발지	A	B	C	D	E	F	G	합계
A	7	(나)	5	58	2	1	0	138
B	(가)	68	22	16	2	0	1	(마)
C	22	30	(다)	1	13	9	1	(바)
D	6	24	0	7	2	0	0	39
E	11	6	11	2	7	2	3	42
F	0	0	4	0	2	0	7	13
G	0	2	1	1	9	4	1	18
합계	73	195	136	(라)	37	16	13	(사)

| 보기 |

㉠ 목적지를 기준으로 할 때, 중국으로 표류한 횟수의 합이 세 번째로 많은 곳은 D이다.
㉡ 출발지와 목적지가 같은 선박이 중국으로 표류한 횟수를 모두 합하면 출발지가 C인 선박이 중국으로 표류한 횟수의 합보다 많다.
㉢ 출발지를 기준으로 할 때, 출발지가 B인 선박이 중국으로 표류한 횟수의 합이 가장 적다.
㉣ 중국으로 표류한 횟수의 총합은 555회이다.
㉤ 출발지를 기준으로 할 때, 중국으로 표류한 횟수의 합이 가장 많은 곳은 D이다.

① ㉠, ㉢ ② ㉢, ㉤
③ ㉣, ㉤ ④ ㉡, ㉢, ㉣

03. 다음은 20XX년의 남성 육아휴직에 관한 자료이다. 이에 대한 설명으로 잘못된 것은?

〈육아휴직 사용자 중 남성의 비중〉

(단위 : %)

국가	남성의 비중	국가	남성의 비중
아이슬란드	45.6	캐나다	13.6
스웨덴	45.0	이탈리아	11.8
노르웨이	40.8	한국	4.5
포르투갈	43.3	오스트리아	4.3
독일	24.9	프랑스	3.5
덴마크	24.1	일본	2.3
핀란드	18.7	벨기에	25.7

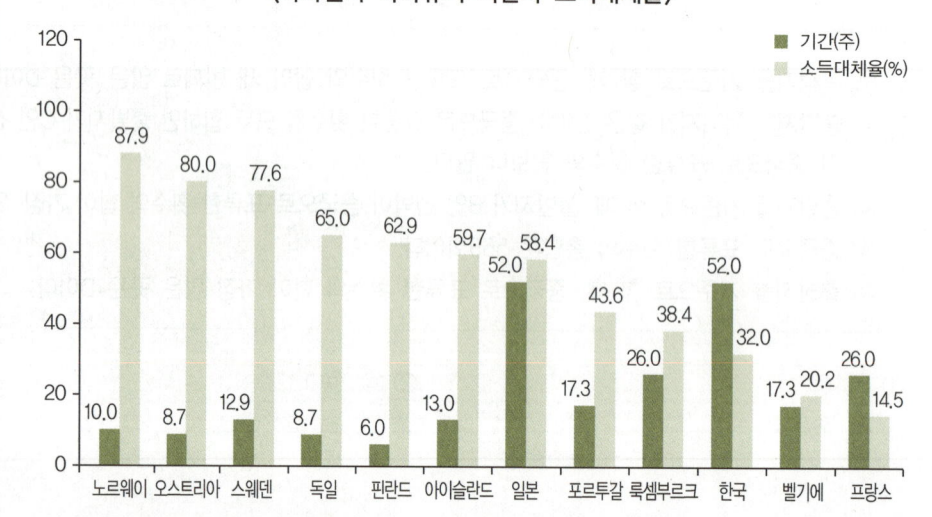

〈아빠전속 육아휴직 기간과 소득대체율〉

※ 아빠전속 육아휴직 기간 : 육아휴직 기간 중 할당 또는 그 밖의 방법으로 아빠에게 주어지며 엄마에게 양도하거나 공유할 수 없는 기간을 말함.

① 육아휴직 사용자 중 남성의 비중이 가장 큰 국가와 가장 작은 국가의 차이는 43.3%p이다.
② 육아휴직 사용자 중 남성의 비중이 높다고 해서 아빠전속 육아휴직 기간이 긴 것은 아니다.
③ 아빠전속 육아휴직 기간이 길수록 소득대체율이 높다.
④ 아빠전속 육아휴직 기간은 일본이 포르투갈보다 3배 이상 길다.

04. 다음은 5년간의 주요 대도시 환경소음도를 나타낸 자료이다. 이에 대한 설명으로 옳은 것은?

〈주요 대도시 주거지역(도로) 소음도〉

(단위 : dB)

구분	2019년		2020년		2021년		2022년		2023년	
	낮	밤	낮	밤	낮	밤	낮	밤	낮	밤
서울	68	65	68	66	69	66	68	66	68	66
부산	67	62	67	62	67	62	67	62	68	62
대구	68	63	67	63	67	62	65	61	67	61
인천	66	62	66	62	66	62	66	62	66	61
광주	64	59	63	58	63	57	63	57	62	57
대전	60	54	60	55	60	56	60	54	61	55

※ 소음환경기준의 개념 : 사람의 건강을 보호하고 쾌적한 환경을 조성하기 위한 환경정책의 목표치
※ 주거지역(도로) 소음환경기준 : 낮(06:00 ∼ 22:00) 65dB 이하, 밤(22:00 ∼ 06:00) 55dB 이하
※ 주요 대도시 환경소음도의 개념 : 소음환경기준의 달성여부 측정을 위한 전국 소음측정망 중 주요 대도시의 도로변 주거지역 소음도를 의미하며 소음도가 낮을수록 정온하고 쾌적한 환경을 나타냄.

① 조사기간 중 낮 시간대 소음환경기준을 모두 만족한 도시는 대구와 광주 두 도시뿐이다.
② 2021 ∼ 2023년 동안 모든 주요 대도시의 밤 시간대 소음도의 증감 폭은 1dB 이하이다.
③ 2022 ∼ 2023년 동안 밤 시간대 소음도는 대전을 제외한 주요 대도시 모두 소음환경기준을 초과하였다.
④ 조사기간 중 밤 시간대 평균 소음도가 가장 높았던 해는 2021년으로 소음환경기준보다 6dB이 더 높았다.

[05 ~ 06] 다음은 우리나라 1차 에너지 소비량 자료이다. 이어지는 질문에 답하시오.

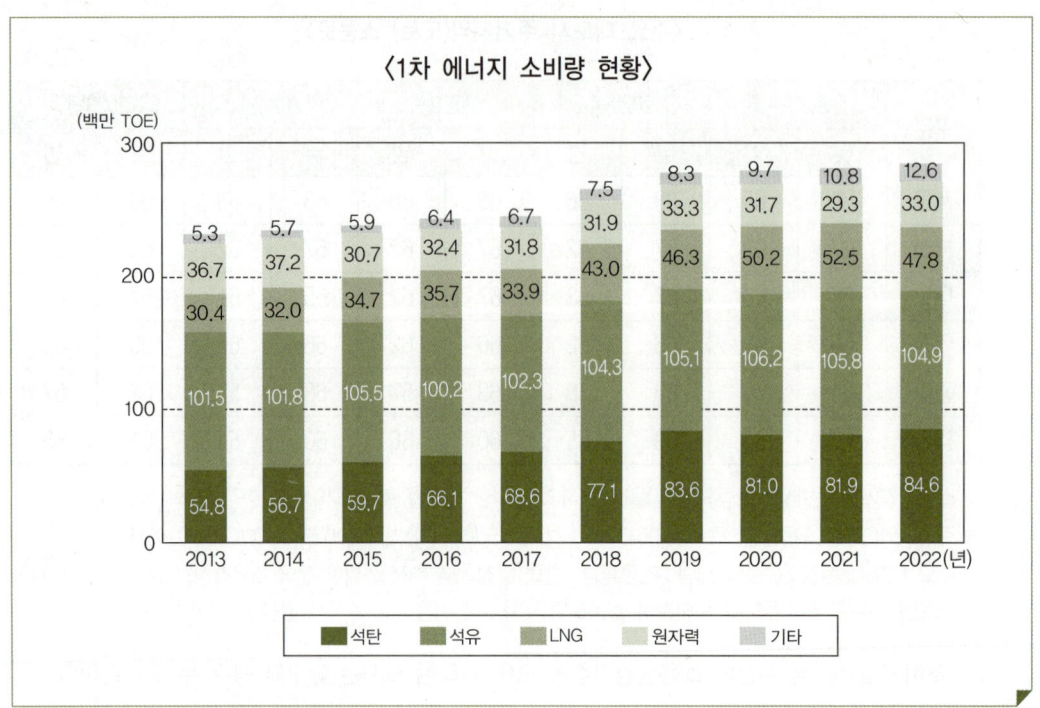

05. 위 자료에 대한 분석으로 가장 적절한 것은?

① 석유 소비량이 나머지 에너지 소비량의 합보다 많다.
② 석탄 소비량이 완만한 하락세를 보이고 있다.
③ 기타 에너지 소비량이 지속적으로 감소하는 추세이다.
④ 원자력 소비량은 증감을 거듭하고 있다.

06. 제시된 자료를 분석한 결과로 바르지 않은 것은?

① 우리나라 1차 에너지 소비량은 꾸준한 증가세를 보이고 있다.
② 1차 에너지 소비량의 증가가 가장 많은 연도는 2022년이다.
③ 기타 에너지에서 재생에너지가 차지하는 비중은 알 수 없다.
④ 석탄 사용량의 증가폭이 가장 큰 연도는 2018년이다.

07. 다음 20XX년 국내 주요 도시의 전출·입 인구 자료에 대한 분석으로 적절하지 않은 것은?

〈국내 5개 도시 전출·입 인구 자료〉

(단위 : 명)

전출\전입	서울	부산	대구	인천	광주	계
서울	190,065	183	1,029	50,822	95	242,194
부산	3,225	81,566	75	4,550	152	89,568
대구	2,895	622	69,255	202	122	73,096
인천	8,622	326	192	19,820	256	29,216
광주	3,022	118	82	268	36,562	40,052
계	207,829	82,815	70,633	75,662	37,187	474,126

① 대구에서 부산으로 전입해 온 사람의 수는 622명이다.
② 같은 도시로 전출 간 사람의 수가 3번째로 적은 곳은 대구이다.
③ 제시된 국내 5개 도시에서 서울로 전입한 전체 인구 중 서울로 전입해 온 다른 도시 사람의 수는 약 10% 이상을 차지한다.
④ 광주에서 다른 도시로 전출을 제일 많이 간 곳은 서울이다.

08. 다음은 2017 ~ 2023년 △△시의 19세 이하 연령대별 도서관 이용자 수를 나타내는 그래프이다. 이에 대한 설명으로 옳은 것은?

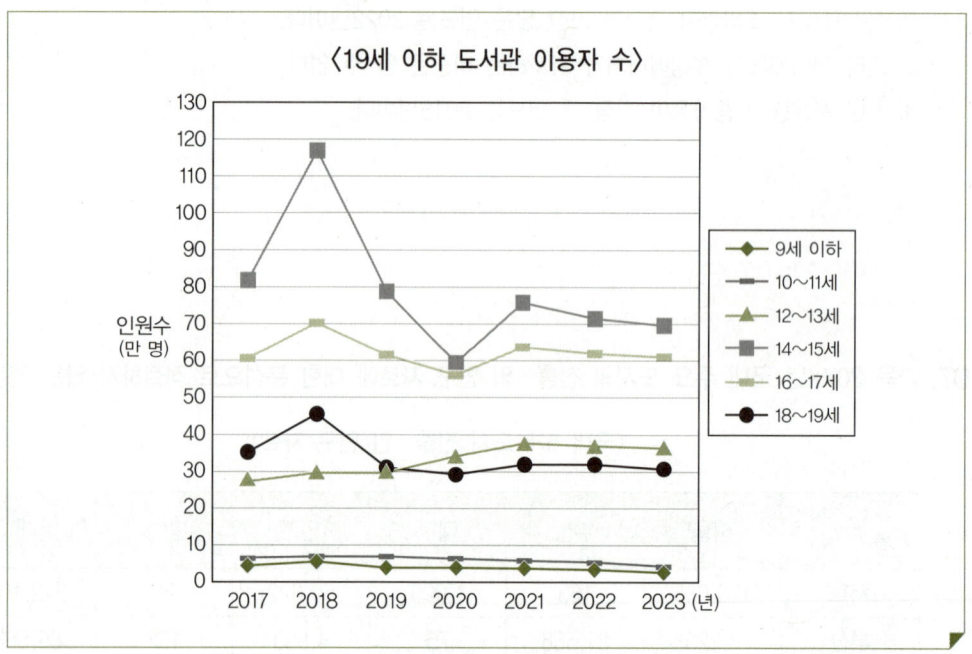

① △△시의 2023년 19세 이하의 도서관 이용자 수는 2018년 대비 증가하였다.
② △△시의 2024년 19세 이하 도서관 이용자 수는 전년보다 감소할 것이다.
③ 2017 ~ 2023년 동안의 연령대별 도서관 이용자 수를 보면 매년 15세의 도서관 이용자 수가 가장 많다.
④ 2017 ~ 2023년 중 19세 이하의 도서관 이용자 수가 가장 많았던 해의 이용자 수는 220만 명 이상이었다.

09. 다음 자료를 바탕으로 사회공헌 활동과 관련하여 보고서를 작성할 때, 적절하지 않은 것은?

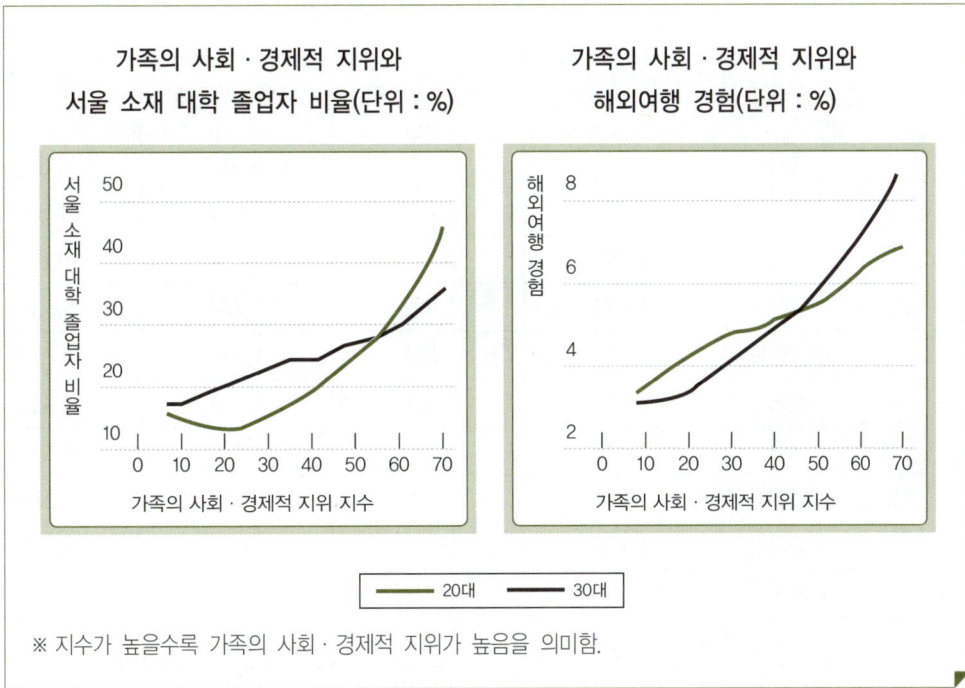

※ 지수가 높을수록 가족의 사회·경제적 지위가 높음을 의미함.

① 대체로 가족의 사회·경제적 지위가 높을수록 20·30대의 해외여행 경험이 많다고 분석한다.
② 20대의 경우 대체로 가족의 사회·경제적 지위가 높을수록 서울 소재 대학을 졸업할 확률이 높다고 분석한다.
③ 30대에서 해외여행 경험이 많은 것은 부모가 고소득 연봉을 받는 전문직 종사자이기 때문이라고 분석한다.
④ 보고서의 결론으로 사회공헌 활동으로 가족의 사회·경제적 지위가 낮은 사람을 대상으로 하는 사업이 더욱 확대되어야 한다고 제안한다.

10. 다음 세계 주요국의 20XX년 1 ~ 3분기 수출액 동향에 대한 설명으로 적절하지 않은 것은?

〈20XX년 분기별 수출액〉

(단위 : 억 $)

순위	국가명	1분기 수출액	2분기 수출액	3분기 수출액	1~3분기 합계 수출액
1	중국	4,800	5,633	5,891	16,324
2	미국	3,729	3,851	3,811	11,391
3	독일	3,403	3,516	3,736	10,655
4	일본	1,674	1,692	1,764	5,130
5	네덜란드	1,534	1,551	1,642	4,727
6	한국	1,321	1,471	1,510	4,302
7	홍콩	1,246	1,370	1,429	4,045
8	프랑스	1,248	1,321	1,312	3,881
9	이탈리아	1,159	1,261	1,261	3,681
10	영국	1,076	1,076	1,107	3,259
11	벨기에	1,025	1,060	1,093	3,178
12	캐나다	1,034	1,068	1,015	3,117
13	멕시코	947	1,028	1,018	2,993
14	싱가포르	889	906	943	2,738
15	러시아	826	835	844	2,505
16	스페인	777	795	764	2,336
17	대만	721	756	838	2,315
18	인도	770	718	749	2,237
19	스위스	712	762	723	2,197
20	태국	565	571	619	1,755

※ 국가별 순위는 20XX년 1 ~ 3분기 수출액 합계를 기준으로 한다.

① 20XX년 1 ~ 3분기 수출액을 각각 기준으로 한 국가별 순위는 모두 표에 제시된 순위와 다르다.
② 20XX년 1분기부터 3분기까지 수출액의 증감 추이가 중국과 동일한 국가는 10개이다.
③ 20XX년 1 ~ 3분기 수출액 합계가 1조 달러를 초과하는 국가는 3개이다.
④ 20XX년 1분기에 벨기에보다 수출액이 많은 국가는 10개이다.

11. 다음은 전체 식중독 발생 건수와 노로바이러스에 의한 식중독 발생 건수를 정리한 그래프이다. 이를 바탕으로 계절에 따라 식중독의 원인이 달라 주의해야 한다는 내용을 작성하려고 할 때, 빈칸에 들어갈 수치로 적절한 것은?

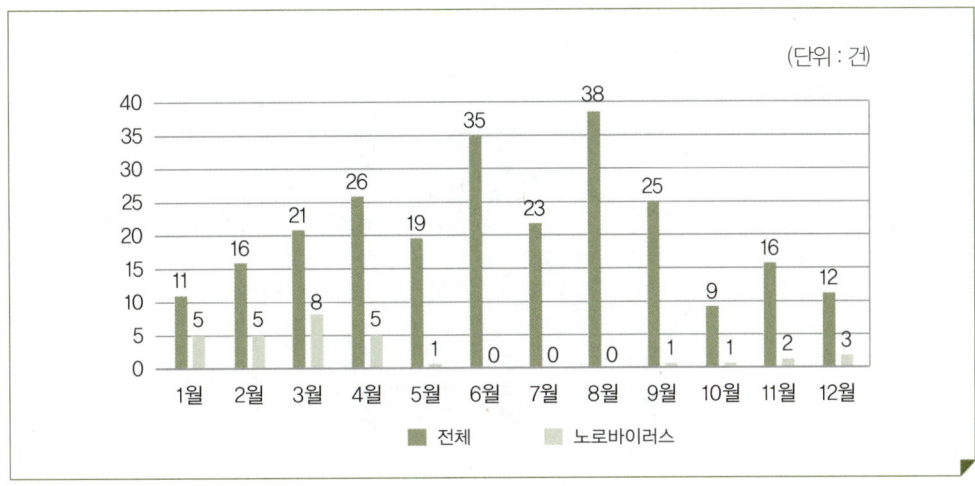

| 내용 |

전체 식중독의 발생 건수가 여름에 집중되는 것과 달리 노로바이러스에 의한 식중독은 발생 건수의 약 (　　)가 겨울인 12 ~ 2월에 집중되어 있다. 특히 노로바이러스는 발생 건수에 비해 전파력이 매우 높다는 점에서 주의해야 한다.

① 31.9%
② 36.9%
③ 41.9%
④ 46.9%

[12 ~ 13] 다음은 6대 광역시의 경제활동참가율 및 고용률 현황에 대한 자료이다. 이어지는 질문에 답하시오.

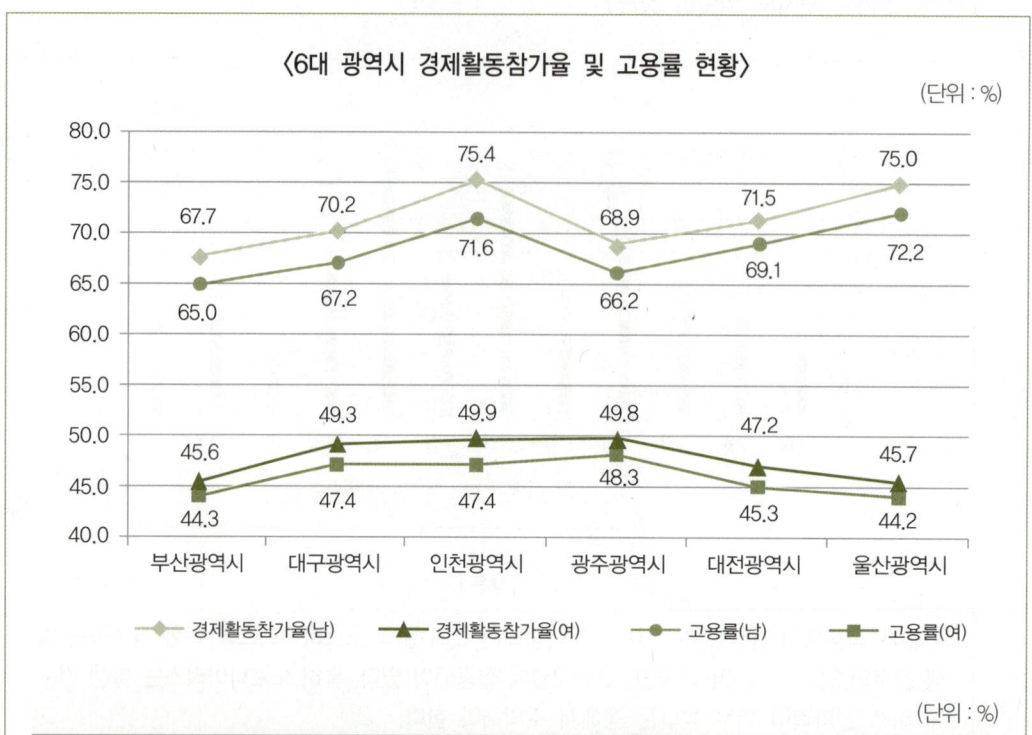

구분		경제활동참가율	고용률
전국	남성	73.0	70.1
	여성	49.4	47.8
서울특별시	남성	73.0	69.1
	여성	51.2	49.2

12. 다음 중 제시된 자료에 대한 설명으로 적절하지 않은 것은?

① 인천의 고용률은 남녀 모두 서울보다 높다.
② 6대 광역시 중 여성의 고용률이 가장 낮은 도시는 울산이다.
③ 6대 광역시 중 여성 경제활동참가율이 50%를 넘는 도시는 없다.
④ 6대 광역시 중 남녀 간의 경제활동참가율의 차이가 가장 큰 도시는 울산이다.

13. 다음 중 6대 광역시의 여성 경제활동참가율이 전국보다 높고 서울보다 낮은 도시를 바르게 모두 나열한 것은?

① 대구, 대전
② 인천, 광주
③ 대구, 인천, 광주
④ 인천, 광주, 대전

[14 ~ 15] 다음은 직원 Y가 차기 예상 발전량에 관한 보고서를 작성하기 위해 열람한 20X0년도 발전원별 발전전력량 추이 자료이다. 이어지는 질문에 답하시오.

(단위 : GWh)

구분	3월	4월	5월	6월	7월	8월	9월	10월	11월	12월
총 발전량 (증감률)	46,141 (-2.3)	42,252 (-3.9)	41,578 (-6.2)	43,825 (0.1)	46,669 (-6.2)	51,245 (-1.2)	44,600 (0.3)	43,164 (-3.3)	64,932 (-0.5)	51,601 (2.6)
기력 (증감률)	14,025 (-19.8)	15,001 (2.0)	14,876 (-2.1)	16,520 (-5.9)	19,058 (-14.6)	20,850 (-9.3)	19,038 (-9.2)	14,512 (-27.7)	34,880 (-22.3)	16,631 (-15.9)
원자력 (증감률)	14,463 (3.1)	13,689 (-3.3)	15,258 (3.3)	14,069 (3.6)	13,721 (17.5)	12,526 (2.7)	9,293 (-10.0)	13,468 (27.1)	14,048 (37.4)	15,060 (26.2)
복합 (증감률)	13,477 (10.2)	9,287 (-21.0)	7,555 (-29.0)	9,439 (0.6)	10,367 (-30.9)	13,346 (4.0)	11,966 (20.1)	11,483 (10.0)	12,732 (0.7)	16,382 (0.7)
수력 (증감률)	534 (18.4)	511 (-3.5)	563 (4.2)	513 (6.7)	612 (8.0)	1,074 (78.8)	880 (55.6)	474 (-13.2)	425 (-5.9)	496 (-0.7)
대체 에너지 (증감률)	2,904 (-0.8)	3,069 (13.0)	2,607 (-16.6)	2,402 (-11.6)	2,153 (-22.6)	2,693 (-13.6)	2,718 (6.0)	2,897 (30.3)	2,613 (33.7)	2,728 (30.3)
기타 (증감률)	738 (857.0)	695 (680.6)	719 (817.8)	882 (922.8)	788 (805.0)	756 (650.5)	705 (746.0)	330 (-55.6)	234 (-68.0)	304 (-48.5)

※ ( ) : 전년 동월 대비 증감률(%)

14. 다음 중 직원 Y가 제시된 자료를 파악한 내용으로 적절한 것은?

① 20X0년 8월 대체에너지 발전원의 전월 대비 증가폭은 수력에너지 발전원의 증가폭보다 작다.
② 20X0년 4월 복합 발전원은 전년 동월 대비 발전전력량이 증가하였다.
③ 20X0년 6월과 9월의 발전원별 발전전력량 순위는 같다.
④ 수력 발전원의 발전전력량이 가장 적은 달은 11월이다.

15. 직원 Y는 제시된 자료를 바탕으로 보고서에 삽입할 그래프를 다음과 같이 작성하였다. ㉠~㉣에 들어갈 발전원을 가장 바르게 연결한 것은?

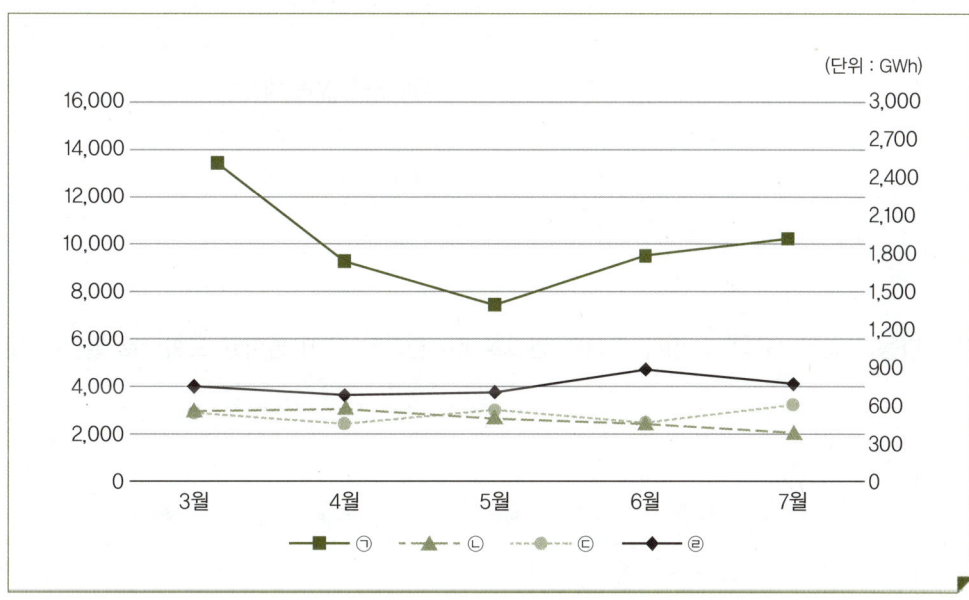

	㉠	㉡	㉢	㉣
①	수력	기력	복합	대체에너지
②	수력	기타	원자력	기력
③	복합	수력	기타	원자력
④	복합	대체에너지	수력	기타

문제해결

✓ 15문항

[01 ~ 03] 다음 〈규칙〉은 도형을 변환시키는 각 기호를 나타낸 것이다. 이어지는 질문에 답하시오.

기호	변환 규칙
♡	반시계 방향으로 90° 회전(-90°)
⊠	색 반전
✚	색을 빗금으로 바꿈.
◐	좌우 대칭(Y축 대칭)
△	상하 대칭(X축 대칭)

01. 다음과 같이 〈규칙〉에 따라 도형이 변화할 때, 결과인 '?'에 들어갈 도형으로 알맞은 것은?

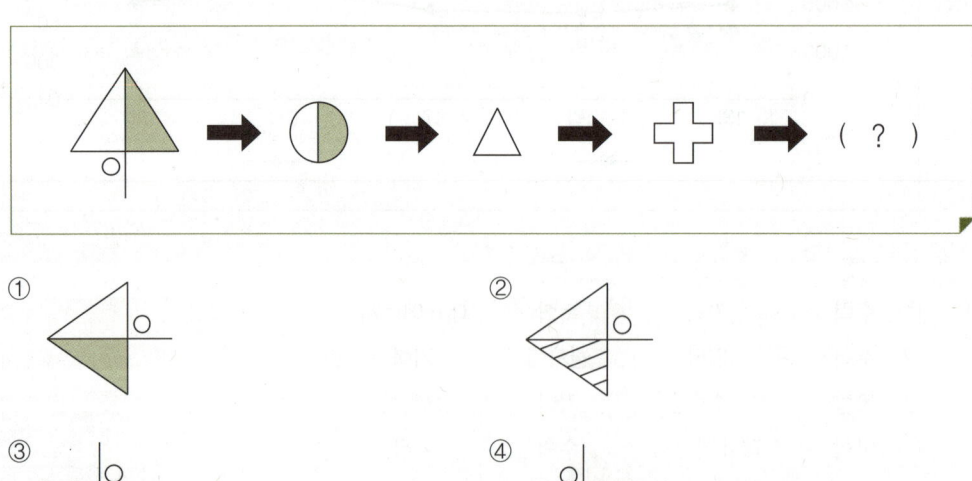

02. 다음과 같이 〈규칙〉에 따라 도형이 화살표 후 모양으로 바뀌었을 때, 거쳐 간 과정으로 적절한 것은?

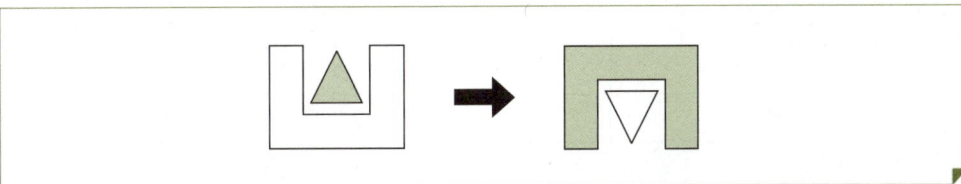

03. 다음과 같이 〈규칙〉에 따라 도형이 바뀌었을 때, '?'에 들어갈 변환 기호로 적절한 것은?

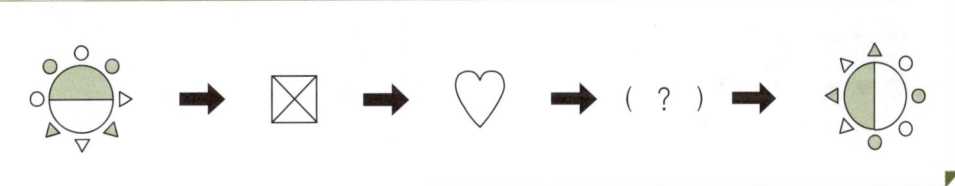

[대졸직] 인적성검사

[04 ~ 06] 다음 도형 변환 관련 표를 참고하여 이어지는 질문에 답하시오.

버튼	기능
♡	1번과 2번 도형을 180° 회전
♥	1번과 3번 도형을 180° 회전
♤	2번과 3번 도형을 180° 회전
♠	3번과 4번 도형을 180° 회전

04. 처음 상태에서 버튼을 두 번 눌렀더니 다음과 같은 상태로 바뀌었다. 어떤 버튼을 눌렀는가?

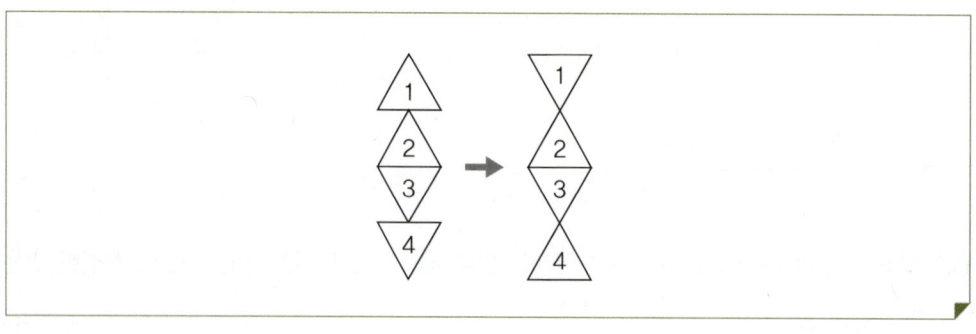

① ♡ ♥
② ♡ ♤
③ ♥ ♠
④ ♤ ♠

05. 처음 상태에서 버튼을 두 번 눌렀더니 다음과 같은 상태로 바뀌었다. 어떤 버튼을 눌렀는가?

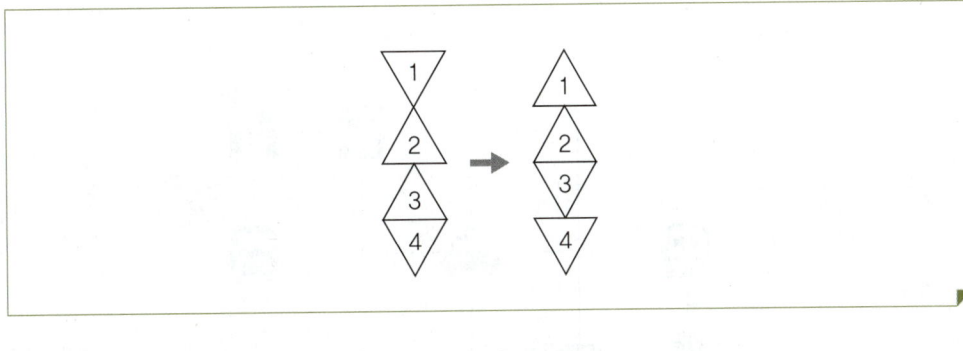

① ♡ ♣　　　　　　　② ♠ ♣
③ ♡ ♥　　　　　　　④ ♥ ♣

06. 처음 상태에서 버튼을 세 번 눌렀더니 다음과 같은 상태로 바뀌었다. 어떤 버튼을 눌렀는가?

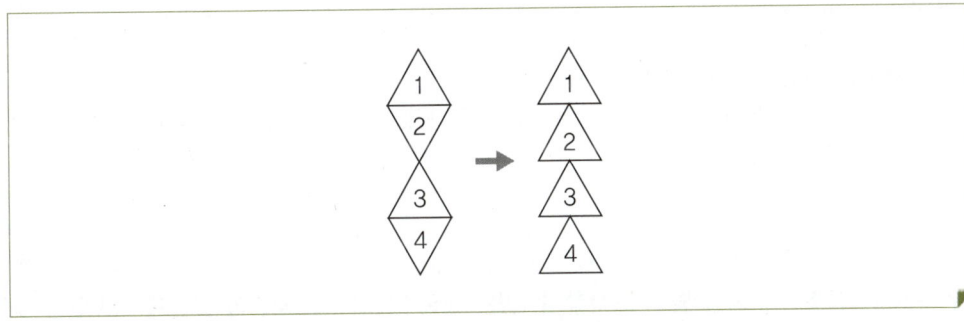

① ♣ ♠ ♡　　　　　　② ♡ ♣ ♥
③ ♥ ♠ ♣　　　　　　④ ♡ ♥ ♠

[07 ~ 08] 권 사원은 대중교통을 활용하여 세미나 장소에 가려고 한다. 회사에서 세미나 장소까지 지하철이나 버스, 택시를 이용하여 이동할 수 있다고 할 때, 이어지는 질문에 답하시오.

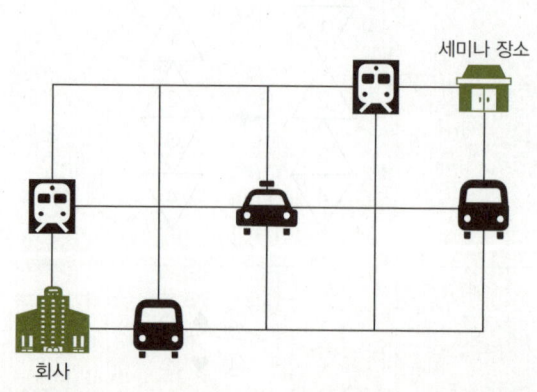

구분	교통수단	속력	요금
🚇	지하철	15km/h	• 기본요금(1km까지) : 1,500원 • 추가요금 : 1km당 100원
🚌	버스	20km/h	• 기본요금(1km까지) : 1,200원 • 추가요금 : 1km당 200원
🚕	택시	30km/h	• 기본요금(1km까지) : 2,000원 • 추가요금 : 1km당 300원

※ 한 변은 1km임.
※ 도보는 1km 이동하는 데 10분이 소요됨.
※ 한 가지의 교통수단만 이용 가능하며, 모든 교통수단은 해당 교통수단의 정류장에서 승하차하고 택시의 경우 세미나 장소에서 하차함.

07. 세미나 장소까지 가장 빨리 도착할 수 있는 교통수단과 소요시간이 알맞게 짝지어진 것은?

① 지하철, 32분
② 지하철, 36분
③ 버스, 32분
④ 택시, 36분

08. 권 사원은 각 교통수단을 최단거리로 이동했을 때의 요금을 비교해 보기로 하였다. 버스와 지하철의 요금 차이는 얼마인가?

① 차이 없음.
② 100원
③ 200원
④ 300원

09. 다음은 ○○사의 진급대상자인 A ~ D의 특성을 정리한 자료이다. A ~ D 중 책임감과 신중함 점수가 가장 높은 사람을 선정한 후 그중에서 실적이 가장 높은 사람을 진급시키려 할 때, 선발될 사람은?

구분	근속연수 (년)	실적	교육이수 학점	건강상태	인성		
					사회성	책임감	신중함
A	19	하	중	상	상	중	상
B	15	중	중	중	중	중	상
C	13	하	상	상	하	상	하
D	13	중	중	중	상	중	중

※ 근속연수를 제외한 모든 특성에 다음과 같이 점수를 부여함.
 상 : 3점, 중 : 2점, 하 : 1점

① A
② B
③ C
④ D

[10 ~ 11] 총무부 송 차장은 워크숍 장소를 선정하기 위해 후보지 리스트와 점수 환산표를 확인하고 있다. 이어지는 질문에 답하시오.

〈워크숍 장소 후보지〉

후보지	거리	비용	선호도	최소 수용인원	경영상태
가	100km	350,000원	낮음	90명	B
나	300km	220,000원	보통	60명	B
다	250km	250,000원	보통	60명	S
라	150km	370,000원	높음	90명	A
마	200km	300,000원	매우 높음	70명	S

〈순위-점수 환산표〉

순위	1	2	3	4	5
점수	5	4	3	2	1

- 선호도가 높을수록, 거리가 가까울수록, 비용이 낮을수록, 최소 수용인원이 많을수록 높은 순위를 부여한다.
- 순위에 따라 환산표에 의한 점수를 부여하여 합산한다.
- 2개 이상의 장소 순위가 동일할 경우, 그 다음 순위의 장소는 순위가 동일한 장소 수만큼 순위가 밀려난다(예 가, 나, 다 모두 1위일 경우 그 다음 순위는 4위).
- 모든 기준에 의해 환산된 점수의 합이 가장 높은 장소를 선정한다(단, 환산된 점수의 합이 동일할 경우, 경영상태가 더 우수한 장소를 선정한다).
- 경영 상태는 S, A, B 순으로 우수하다.

10. 제시된 자료에 따라 송 차장이 선정할 워크숍 장소로 적절한 곳은?

① 가 ② 나
③ 다 ④ 마

11. 송 차장이 〈보기〉의 조건을 추가로 고려할 때, 선정할 워크숍 장소로 적절한 곳은?

| 보기 |

- 워크숍 참여 인원은 총 80명으로 조사되어, 우선 워크숍 장소의 최대 수용인원이 워크숍 참여 인원보다 적은 장소는 제외한다.

장소	가	나	다	라	마
최대 수용인원	90명	70명	90명	100명	100명

- 다음으로 비용의 순위를 워크숍 장소의 최소 수용인원에서 초과되는 워크숍 참여 인원 1명당 아래의 추가 비용을 더하여 총비용을 다시 산정한다.

장소	가	나	다	라	마
1인당 추가비용	10,000원	5,000원	10,000원	20,000원	15,000원

- 위 조건을 반영하여 후보지의 순위를 다시 부여하고, 이를 점수로 환산하여 워크숍 장소를 선택한다.

① 가 ② 다
③ 라 ④ 마

[12 ~ 13] 다음은 경쟁관계인 A 회사와 B 회사의 〈홍보 제품별 수익체계〉와 〈상반기 월별 매출 증감률〉 자료이다. 이어지는 질문에 답하시오.

〈홍보 제품별 수익체계〉

		B 회사		
		S 제품	T 제품	U 제품
A 회사	S 제품	(3, 7)	(5, 4)	(4, −5)
	T 제품	(5, −2)	(−6, 7)	(3, 4)
	U 제품	(−1, 8)	(7, −6)	(10, 2)

- ( )는 A 회사와 B 회사의 홍보로 인한 월 수익(억 원)을 뜻한다(A 회사의 월 수익, B 회사의 월 수익).
  - 예) A 회사가 T 제품을 홍보하고 B 회사가 S 제품을 홍보하였을 때, A 회사의 월 수익은 5억 원이고, B 회사의 월 손해는 2억 원이다.
- 각 회사는 각 홍보 제품을 선택할 때 기대되는 수익이 가장 큰 방향으로 선택한다.

〈상반기 월별 매출 증감률〉

구분	1월	2월	3월	4월	5월	6월
A 회사	12%	5%	−17%	6%	15%	13%
B 회사	−4%	−11%	3%	7%	16%	20%

- 매출 증가율이 15% 이상일 때 : 홍보효과 증가로 수익이 20% 증가, 손해가 20% 감소한다.
- 매출 감소율이 10% 이상일 때 : 홍보효과 감소로 수익이 20% 감소, 손해가 20% 증가한다.

12. A 회사가 어떤 제품을 홍보할지 모른다고 할 때, 2월에 B 회사가 선택할 제품에 따른 B 회사의 수익의 최댓값과 최솟값이 바르게 짝지어진 것은?

① 6.4억 원, -2.4억 원
② 5.6억 원, -7.2억 원
③ 3.2억 원, -6억 원
④ 4억 원, -6억 원

13. A 회사는 B 회사가 5월에 T 제품을 홍보한다는 정보를 얻게 되었다. A 회사가 선택할 제품과 A 회사와 B 회사의 수익 차를 바르게 짝지은 것은?

① S 제품, 9억 원
② T 제품, 8억 원
③ T 제품, 9억 원
④ U 제품, 13.2억 원

[14 ~ 15] 다음 〈자료〉는 명령어와 그에 따른 그래프 출력 결과이다. 이어지는 질문에 답하시오.

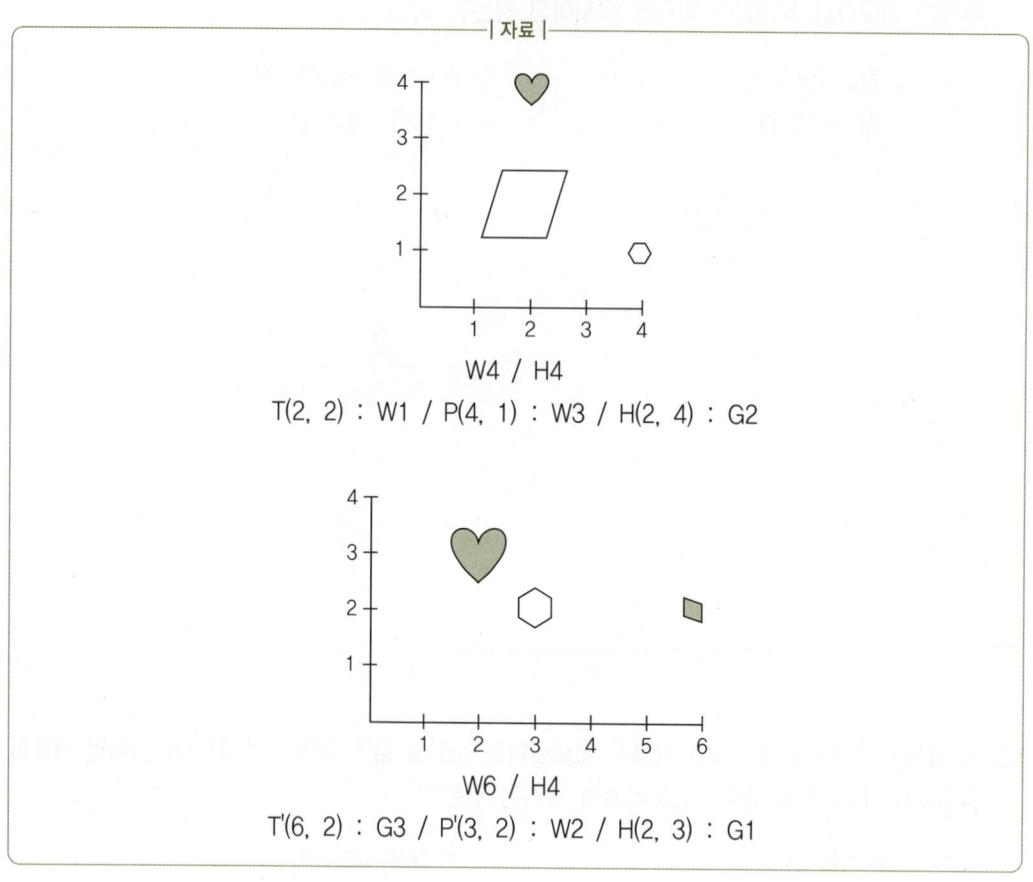

14. 다음 그래프에 알맞은 명령어는 어느 것인가?

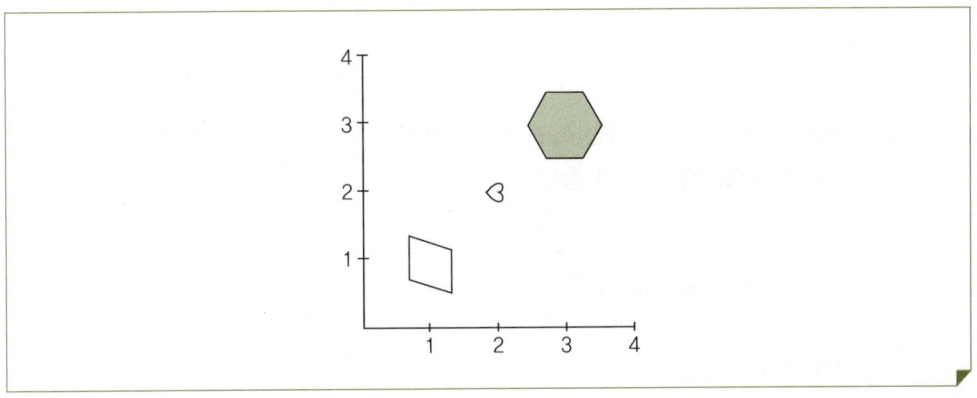

① W4 / H4
　T'(1, 1) : W1 / P(3, 3) : G1 / H'(2, 2) : W3
② W4 / H4
　T'(1, 1) : W2 / P(3, 3) : G1 / H'(2, 2) : W3
③ W4 / H4
　T'(1, 1) : W2 / P'(3, 3) : G1 / H'(2, 2) : W3
④ W4 / H4
　T'(1, 1) : W1 / P'(3, 3) : G1 / H'(2, 2) : W3

15. 명령어 W5 / H4 T(3, 3) : G1 / P'(1, 3) : G2 / H(3, 1) : W1을 입력하였는데, 오류가 발생하여 다음과 같은 그래프가 나왔다. 다음 중 오류가 발생한 값은?

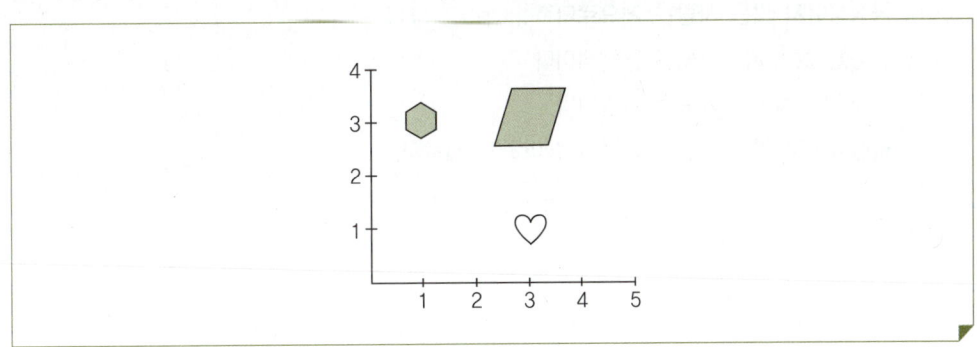

① W5 / H4　　　　　　　② T(3, 3) : G1
③ P'(1, 3) : G2　　　　　④ H(3, 1) : W1

영역 4 추리

15문항

01. 각각 직업이 판사, 검사, 변호사인 A, B, C 세 사람이 다음과 같이 진술하였다. A는 진실만 말하고 B는 거짓만 말할 때, 반드시 참인 것은?

> • A : 검사는 거짓말을 하고 있다.
> • B : C는 검사이다.
> • C : B는 변호사이다.

① 검사는 A이다.
② C의 진술은 거짓이다.
③ 변호사는 거짓말을 하고 있다.
④ 모든 경우의 수는 세 가지이다.

02. 다음 A, B 두 개의 명제가 참일 때, 빈칸에 들어갈 알맞은 명제는?

> A. 게으르지 않은 사람은 운동을 싫어하지 않는다.
> B. 긍정적이지 않은 사람은 운동을 싫어한다.
> C. 그러므로 (   )

① 긍정적이지 않은 사람은 게으르다.
② 운동을 싫어하는 사람은 긍정적이다.
③ 긍정적인 사람은 게으른 사람이다.
④ 긍정적이지 않은 사람은 운동을 싫어하지 않는다.

03. 다음 명제가 모두 참일 때 옳지 않은 것은?

> - A 거래처에 발주했다면, B 거래처에는 발주하지 않았다.
> - C 거래처에 발주하지 않았다면, D 거래처에 발주했다.
> - D 거래처에 발주했다면, B 거래처에도 발주했다.

① A 거래처에 발주했다면, C 거래처에도 발주했다.
② B 거래처에 발주하지 않았다면, C 거래처에도 발주하지 않았다.
③ C 거래처에 발주하지 않았다면, A 거래처에도 발주하지 않았다.
④ D 거래처에 발주했다면, A 거래처에는 발주하지 않았다.

04. K사가 입주해 있는 건물의 3층에는 301 ~ 307호까지 각각 생산팀, 기획팀, 인사팀, 회계팀, 비서실, 법무팀, 홍보팀이 일렬로 위치해 있다. 다음 설명이 참일 때, 304호에 위치한 팀은?

> - 법무팀은 303호에 위치한다.
> - 생산팀은 법무팀과 연이어 있지 않다.
> - 회계팀은 맨 끝에 위치하고 있으며 홍보팀과 회계팀 사이에는 한 개의 사무실이 있다.
> - 기획팀의 바로 옆 사무실에는 인사팀이 위치한다.

① 인사팀　　　　　　　　　② 비서실
③ 홍보팀　　　　　　　　　④ 생산팀

[05 ~ 07] 제시된 〈조건〉이 모두 성립할 때 반드시 참인 명제를 고르시오.

05.
| 조건 |
- 팀장이 출장을 가면 업무처리가 늦어진다.
- 고객의 항의 전화가 오면 실적평가에서 불이익을 받는다.
- 업무처리가 늦어지면 고객의 항의 전화가 온다.

① 고객의 항의 전화가 오면 팀장이 출장을 간 것이다.
② 업무처리가 늦어지면 팀장이 출장을 간 것이다.
③ 실적평가에서 불이익을 받지 않으면 팀장이 출장을 가지 않은 것이다.
④ 실적평가에서 불이익을 받으면 팀장이 출장을 가지 않은 것이다.

06.
| 조건 |
- 안경을 쓴 사람은 가방을 들지 않았다.
- 안경을 쓰지 않은 사람은 키가 크지 않다.
- 스카프를 맨 사람은 가방을 들었다.

① 가방을 들지 않은 사람은 안경을 썼다.
② 안경을 쓰지 않은 사람은 스카프를 맸다.
③ 안경을 쓴 사람은 키가 크다.
④ 키가 큰 사람은 스카프를 매지 않았다.

07.
| 조건 |
- 나무를 좋아하는 사람은 새를 좋아한다.
- 하늘을 좋아하는 사람은 꽃을 좋아하며 숲을 좋아한다.
- 숲을 좋아하는 사람은 나무를 좋아한다.

① 숲을 좋아하는 사람은 꽃을 좋아한다.
② 꽃을 좋아하는 사람은 자연을 좋아한다.
③ 새를 좋아하는 사람은 하늘을 좋아한다.
④ 하늘을 좋아하는 사람은 새를 좋아한다.

08. 어느 온라인 카페에서 회원들이 키우고 있는 동물을 조사하여 얻은 결과 A, B, C를 통해 내릴 수 있는 결론으로 옳은 것을 〈보기〉에서 모두 고르면?

A : 닭을 키우고 있는 사람은 개와 고양이를 키우고 있다.
B : 개를 키우고 있지만 고양이를 키우지 않는 사람은 닭이나 물고기를 키우고 있다.
C : 물고기를 키우고 있지 않거나 원숭이를 키우고 있는 사람은 고양이를 키우고 있지 않다.

| 보기 |
(가) 고양이를 키우고 있는 사람은 원숭이를 키우고 있지 않다.
(나) 원숭이를 키우고 있는 사람은 닭도 키우고 있다.
(다) 닭을 키우는 사람은 물고기도 키우고 있다.

① (가), (나)　　　　　　　② (가), (다)
③ (나), (다)　　　　　　　④ (가)

[09 ~ 15] 다음 숫자들의 배열 규칙을 찾아 '?'에 들어갈 알맞은 수를 고르시오.

09.

| 7 | 8 | 18 | 57 | 232 | (?) |

① 589
② 940
③ 1,165
④ 1,500

10.

2 −1 2 1 4 −2 12 (?)

① −4
② 4
③ −6
④ 6

11.

$\frac{2}{7}$ $\frac{1}{7}$ $\frac{2}{21}$ $\frac{1}{14}$ $\frac{2}{35}$ $\frac{1}{21}$ (?) $\frac{1}{28}$

① $\frac{1}{29}$
② $\frac{1}{31}$
③ $\frac{2}{37}$
④ $\frac{2}{49}$

12.

3.1 5.2 8.4 12.7 18.1 (?)

① 23.6
② 23.8
③ 24.6
④ 25.6

13.

| | 5 | 10 | 8 | 16 | 14 | (?) | |

① 12   ② 18
③ 24   ④ 28

14.

10			
17	7		
99	82	75	
281	182	100	(?)

① 20   ② 25
③ 30   ④ 35

15.

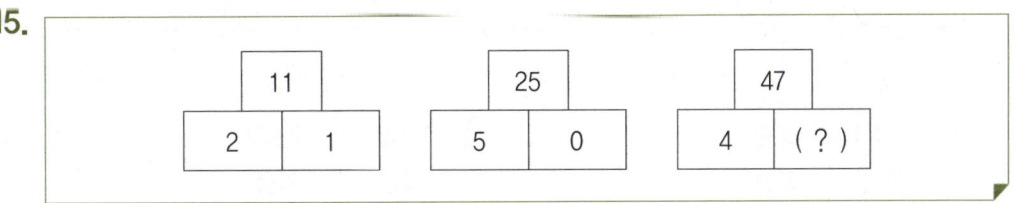

① 0   ② 1
③ 2   ④ 3

영역 1 언어이해

01. 다음 중 빈칸 ⓐ와 ⓑ에 들어갈 접속어가 바르게 연결된 것은?

> 치아재식술은 말 그대로 손상된 치아를 발치한 다음 병소 부위를 제거한 후 다시 식립하는 것을 뜻한다. 그동안 제거하기 어려웠던 치아 깊숙한 곳까지 번진 염증을 깔끔히 치료하고 세균이 다시 번식하지 않도록 충전재로 봉합한다. 이렇게 치아재식술을 마친 치아는 발치 없이 건강한 상태를 오래 유지할 수 있다. (ⓐ) 이 모든 과정을 단 15분 안에 진행해야 한다는 어려움이 있으며 미세현미경술에 능숙한 의료진이 전담해야 긍정적인 예후를 기대할 수 있다.
>
> 미세현미경은 병소 부위를 크게 확대할 수 있으며 이를 통해 치료 부위를 더욱 상세히 파악한 후 염증을 제거하는 데 용이하다. (ⓑ) 동일한 치료를 시행하더라도 출혈 부위를 줄이고 통증, 부기 등으로 인한 회복 기간을 단축할 수 있다. 미세현미경은 치아재식술을 비롯해 치아 뿌리 부분을 직접 제거하는 치근단절제술, 난이도가 높은 재신경치료 등에도 활용할 수 있다.
>
> 다만 성능이 우수한 미세현미경 장비를 보유하는 것만이 치아재식술의 성공률을 높이는 요인은 아니다. 자연치아 살리기에 대한 남다른 의학적 소신을 가진 것은 물론, 미세현미경술에 대한 경험과 노하우가 풍부한 의료진이 필요하다. 만약 미세현미경술에도 능숙하지 않고 고난도 보존치료에 관한 사례도 부족한 의료진이 치아재식술을 진행한다면 아무리 좋은 재료와 장비를 사용하더라도 치아를 살리기 어려울 수 있다.

	ⓐ	ⓑ		ⓐ	ⓑ
①	그러나	또한	②	하지만	오히려
③	하지만	또는	④	다만	가령

02. 다음 글의 흐름에 따라 빈칸에 들어갈 내용으로 가장 적절한 것은?

　　우주는 물체와 허공으로 구성된다. 물체와 허공 이외에는 어떠한 것도 존재한다고 생각할 수 없다. 그리고 우리가 허공이라고 부르는 것이 없다면 물체가 존재할 곳이 없고 움직일 수 있는 공간도 없을 것이다. 허공을 제외하면 비물질적인 것은 존재하지 않는다. 허공은 물체에 영향을 주지도 받지도 않으며, 다만 물체가 자신을 통과해서 움직이도록 허락할 뿐이다. 즉, 물질적인 존재만이 물질적 존재에 영향을 줄 수 있다.

　　영혼은 아주 미세한 입자들로 구성되어 있기 때문에, 몸의 나머지 구조들과 더 잘 조화를 이룰 수 있다. 감각의 주요한 원인은 영혼에 있다. 그러나 몸의 나머지 구조에 의해 보호되지 않는다면, 영혼은 감각을 가질 수 없을 것이다. 몸은 감각의 원인을 영혼에 제공한 후, 자신도 감각 속성의 몫을 영혼으로부터 얻는다. 영혼이 몸을 떠나면 몸은 더 이상 감각을 소유하지 않는다. 왜냐하면 (　　　　　　　　　　　　　　　　　　　　　　　　　　) 물론 몸의 일부가 소실되어 거기에 속했던 영혼이 해체되어도 나머지 영혼은 몸 안에 있다. 또한 영혼의 한 부분이 해체되더라도, 나머지 영혼이 계속해서 존재하기만 한다면 여전히 감각을 유지할 것이다. 반면에 영혼을 구성하는 입자들이 전부 몸에서 없어진다면, 몸 전체 또는 일부가 계속 남아 있더라도 감각을 가지지 못할 것이다. 더구나 몸 전체가 분해된다면, 영혼도 더 이상 이전과 같은 능력을 갖추지 못하고 해체되며 감각 능력도 잃게 된다.

① 몸에서 영혼이 떠나게 되면 감각 능력이 상실되면서, 더불어 신체의 모든 기능이 멈춰 버리기 때문이다.
② 몸은 감각 능력을 스스로 가진 적이 없으며 몸과 함께 태어난 영혼이 몸에게 감각 능력을 주었기 때문이다.
③ 몸은 영혼과 따로 떨어져서 존재한다는 것은 불가능한, 그야말로 불가분의 관계이기 때문이다.
④ 몸은 그 자체만으로는 하나의 물체에 불과하며, 영혼만이 감각을 지니고 느낄 수 있기 때문이다.

[대졸직] 인적성검사

03. 다음 글의 주제로 가장 적절한 것은?

> 여성농민이 농업경영에서 마땅한 권리를 보장받으려면 무엇보다 공동경영주 등록이 필수적이다. 다행히 올해부터 여성농민의 공동경영주에 관한 등록절차가 개선돼 여성농민의 직업적 지위가 강화될 전망이다. 양성평등 구현을 위한 공동경영주 제도는 2016년 3월 도입됐으나 공동경영주 등록 시 경영주의 확인절차가 까다로워 자유로운 등록에 제한이 있었다. 올해부터는 농업경영체의 가족농업인으로 등록할 때 여성농민이 스스로 공동경영 여부를 표기해 등록할 수 있도록 제도가 개선됐다.

① 농업경영에서 소외되어 온 여성농민
② 여성농민의 공동경영주 등록 의무화
③ 양성평등 구현을 위한 공동노력의 방법
④ 여성농민의 지위 향상을 위한 제도 개선

04. 다음 (가)~(라)를 문맥에 따라 순서대로 바르게 배열한 것은?

> (가) 이는 'hyper(초월한)'와 'text(문서)'의 합성어이며, 1960년대 미국 철학자 테드 넬슨이 구상한 것으로, 컴퓨터나 다른 전자기기로 한 문서를 읽다가 다른 문서로 순식간에 이동해 읽을 수 있는 비선형적 구조의 텍스트를 말한다. 대표적인 예시인 모바일은 정보에 접근하는 속도는 매우 빠르지만 파편성은 극대화되는 매체다.
> (나) 밀레니얼 세대(Y세대)와는 다르게 다양성을 중시하고 '디지털 네이티브'로 불리는 Z세대는 대개 1995년부터 2010년까지 출생한 세대를 보편적으로 일컫는 말이다. 이들은 어렸을 때부터 인터넷 문법을 습득하여 책보다는 모바일에 익숙하다. 책은 선형적 내러티브의 서사 구조를 갖지만, 인터넷은 내가 원하는 정보에 순식간에 접근할 수 있게 해준다는 측면에서 정보들 사이의 서사적 완결성보다는 비선형적 구조를 지향한다. 이러한 텍스트 구조를 하이퍼텍스트라고 한다.
> (다) 따라서 앞으로는 무한하게 확장된 정보 중에서 좋은 정보를 선별하고, 이를 올바르게 연결하는 개인의 능력이 중요하게 부각될 것이다.
> (라) 이러한 경우 정보의 시작과 끝이 없으므로 정보의 크기를 무한대로 확장할 수 있다는 특징을 가진다. 기존의 문서는 저자가 일방적으로 정보를 제공했지만, 하이퍼텍스트는 독자의 필요에 따라 특정 정보만 선택해서 제공할 수 있다.

① (가)-(나)-(다)-(라) ② (가)-(다)-(나)-(라)
③ (나)-(가)-(라)-(다) ④ (나)-(라)-(가)-(다)

05. 다음 자료를 이용하여 홍보 활동을 할 수 있는 기업체로 적절하지 않은 것은?

　　화학적 방법에 따라 중합된 합성고분자를 원료로 하는 섬유, 즉 합성섬유는 놀라운 발명 중 하나이다. 면을 제조할 때보다 물 낭비도 훨씬 적고 목화를 재배하느라 독성 살충제를 쓸 일도 없다. 그렇다면 합성섬유가 친환경적인가? 결론은 'NO'이다. 2000년을 기점으로 '패스트 패션'의 고성장은 폴리에스터라는 합성섬유가 없었다면 불가능했을 것이다. 값싸고 쉽게 구할 수 있는 폴리에스터는 이제 생산되는 모든 섬유의 무려 60% 정도를 차지하고 있다. 문제는 폴리에스터 섬유의 제조 과정에서 화석연료가 면보다 훨씬 많이 소비되어 면섬유의 거의 세 배에 달하는 탄소를 배출시킨다는 것이다. 이와 더불어 폴리에스터는 썩지 않는 쓰레기를 남기기 때문에 패션산업이 환경오염을 많이 일으키는 업종 중 하나가 되었다.

　　합성섬유로 만든 옷을 세탁기에 넣고 돌리면 '미세섬유'라 부르는 매우 작은 섬유 가닥이 방출된다. 미세섬유는 현미경으로 봐야만 확인할 수 있을 만큼 아주 작은 '플라스틱' 조각이다. 우리가 세탁기를 한 번 돌릴 때마다 수십만 개의 미세섬유가 하수구로 흘러들어 바다에 도달한다. 물고기나 다른 바다생물들은 이를 섭취하게 되고 먹이사슬에 따라 우리들의 식탁으로 다시 돌아오게 되는 것이다. 세계자연보전연맹(IUCN)의 보고서에 따르면 전체 해양 플라스틱 오염의 15～31%가 가정 및 산업용 제품에서 방출된 미세한 입자 때문이라는 결론을 내렸다. 흔히 생각하는 바다로 흘러든 뒤 분해되는 큰 플라스틱 덩어리는 문제가 아니었다. 세계자연보전연맹은 미세플라스틱 오염의 약 35%는 합성섬유 제품을 세탁하는 과정에서 발생한다고 추산했다. 유럽과 중앙아시아에서만 한 사람이 매주 비닐봉지 54개에 달하는 양의 미세플라스틱을 바다에 버리고 있는 셈이다.

① 합성섬유를 대체할 신소재 원료 개발사
② 양식에 사용하는 어구 · 부표 생산 공장
③ 세탁기 · 하수 처리장용 미세섬유 필터 제조업체
④ 중고 · 빈티지 의류 혹은 업사이클링 체인점

[06 ~ 07] 다음 글을 읽고 이어지는 질문에 답하시오.

현대 생명윤리학은 크게 자유주의 윤리학과 공동체주의 윤리학의 관점에서 해결에 접근한다. 주목할 점은 두 윤리학이 동시에 대립하면서 발전한 것이 아니라, 자유주의적 윤리학의 이론과 적용에 대하여 공동체주의 윤리학이 반론을 제기하면서 발전했다는 점이다.

자유주의 진영에서 롤스의 출현은 규범적 전환(Normative Turn)이라고 불릴 정도로 규범에 관한 논쟁을 일으켰는데, 이 대표적인 논쟁이 바로 규범윤리학 방법론이다. 생명윤리 문제에 있어서 공동체주의의 대응은 원칙주의와 결의론 등 자유주의적 관점이 지닌 문제점에 대한 인식에서 나왔다. 게다가 현대 바이오테크놀로지(Biotechnology)가 기술만으로는 해결하기 어려운 많은 생명윤리적 쟁점과 질문을 동시에 세상에 내놓았다. 이와 같은 한계를 극복하고 문제를 해결할 대응으로 출현한 것이 공동체주의 관점의 생명윤리학이다.

자유주의 생명윤리학이 개인의 자율성을 강조한 것에 대항하여 공동체주의 학자 샌델, 매킨타이어, 테일러, 왈저는 각자의 정치철학 이론에 기초하여 생명 윤리관을 서술했다. 공동체주의자는 정의로운 사회란 공동체가 공유하는 가치와 선(good)으로 구성된다고 말한다.

다시 말하자면 공동체주의는 공동선이 옳기 때문이 아니라 그것을 사람들이 좋아하고 그로 인해 행복할 수 있기 때문에 정의로서 자격을 갖춘다고 주장한다. 하지만 공동체주의적 접근방식은 인간의 권리와 자유를 소홀히 할 수 있고, 공동체의 개념과 현실적 한계에 대한 정의가 모호하다는 비판이 있다. 그럼에도 공동체주의 접근방법은 자율성으로 경도된 개인을 지나치게 보호하는 자유주의적 관점에 대하여 개인이 현실적으로 속해 있는 공동체와 대화할 수 있는 길을 열어 주었다는 점에서 큰 공헌을 했다. 인간은 현실 세계와 분리되어 추상화된 개념의 이상(理想) 속에 고립되고 한정된 존재가 아니다. 추상적 존재로도 불리는 인간이지만 현실적, 경험적 인간이 속해 있는 공동체의 가치와 선을 고려한다는 것은 고립된 자아의 삶이 허무주의로 흐를 수 있는 위험에서 벗어날 기회를 제시해 주는 것과 같다.

06. 제시된 글에 대한 이해로 적절하지 않은 것은?

① 자유주의 윤리학은 공동체주의 윤리학에 선행하여 발생하였으며 공동체주의 윤리학은 자유주의 윤리학을 반박하는 개념이다.
② 현대 바이오테크놀로지는 기존 자유주의 윤리학의 관점만으로는 해결하기 어려운 생명윤리적 쟁점을 가진다.
③ 공동체주의는 절대적으로 정의로운 공동선을 설정한 후 이에 기초한 올바른 가치판단을 내리는 삶을 이상적으로 본다.
④ 개인의 자율성을 지나치게 보호하는 자유주의적 관점을 따를 경우 자아가 고립되어 삶이 허무주의로 흐를 가능성이 있다.

07. 다음 중 공동체주의적 생명윤리 사상을 가진 사람의 연명치료에 대한 의견으로 적절한 것은?

① 가족들의 동의가 없더라도 환자 본인이 원한다면 연명치료를 중단할 수 있도록 해야 해.
② 개개인의 의지에 따라 연명치료를 중단하는 것은 결국 사람을 죽도록 방치한다는 측면이 있어 사회통념상 옳지도 않고 사회적으로 악용될 우려도 있으니 신중한 검토가 필요하다고 생각해.
③ 의사는 의학적으로 전문가니까 연명치료 중단 여부도 주치의의 의견에 최대한 따르는 것이 맞지 않을까?
④ 의식불명 환자가 과거에 명료한 정신으로 연명치료를 원치 않는다는 의견을 표명했다면 현재 치료 중단을 요구하지 못하더라도 환자 본인의 의지를 중시하여 연명치료를 중단하는 것이 옳아.

08. 다음 글의 서술 방식에 대한 설명으로 가장 적절한 것은?

> 언젠가부터 우리 바닷속에 해파리나 불가사리와 같은 특정한 종만이 크게 번창하고 있다는 우려의 말이 들린다. 한마디로 다양성이 크게 줄었다는 이야기다. 척박한 환경에서는 몇몇 특별한 종만이 득세한다는 점에서 자연 생태계와 우리 사회는 닮은 것 같다. 어떤 특정 집단이나 개인에게 앞으로 어려워질 경제 상황은 새로운 기회가 될지도 모른다. 하지만 이는 사회 전체로 볼 때 그다지 바람직한 현상이 아니다. 왜냐하면 자원과 에너지 측면에서 보더라도 이들 몇몇 집단들만 존재하는 세계에서는 이들이 쓰다 남은 물자와 이용하지 못한 에너지가 고스란히 버려질 수밖에 없고 따라서 효율성이 극히 낮아지기 때문이다.
>
> 다양성 확보는 사회집단의 생존과도 무관하지 않다. 조류 독감이 발생할 때마다 해당 양계장은 물론 그 주변 양계장의 닭까지 모조리 폐사시켜야 하는 참혹한 현실을 본다. 단 한 마리 닭만 질병에 걸려도 그렇게 많은 닭들을 죽여야 하는 이유는 인공적인 교배로 인해 모든 닭이 똑같은 유전자를 가졌기 때문이다. 따라서 다양한 유전 형질을 확보하는 길만이 재앙의 확산을 막고 피해를 줄이는 길이다.
>
> 이처럼 다양성의 확보는 자원의 효율적 사용과 사회 안정에 있어 중요하지만 많은 비용이 들기도 한다. 예를 들어 출산 휴가를 주고 노약자를 배려하고, 장애인에게 보조 공학 기기와 접근성을 제공하는 것을 비롯해 다문화 가정, 외국인 노동자를 위해 행정 제도를 개선하는 것 등은 결코 공짜가 아니다. 그럼에도 불구하고 다양성 확보가 중요한 이유는 우리가 미처 깨닫고 있지 못하는 넓은 이해와 사랑에 대한 기회를 사회 구성원 모두에게 제공해 주기 때문이다.

① 다양성 확보의 중요성에 대해 관점이 다른 두 주장을 대비해 설명하고 있다.
② 다양성 확보의 중요성에 대해 예시를 통해 설명하고 있다.
③ 다양성이 사라진 사회를 여러 기준에 따라 분류하고 있다.
④ 다양성이 사라진 사회의 사례들을 나열하고 있다.

09. 다음 글에 나타나는 글쓴이의 견해와 일치하지 않는 것은?

> 어떤 연구자는 리더십을 '목표 달성을 위해 행사되는 영향력'이라 정의 내리고, 리더의 공통된 자질로서는 지력, 교양, 전문지식, 정력, 용기, 정직, 상식, 판단력, 건강을 꼽았다. 그러나 실제로 리더가 갖추어야 할 조건이란 이론적인 것이며, 상황에 따라 달라지는 것이다.
> 정치세계에서의 리더십의 요건이 경제계, 군대 또는 교육계에서의 요건과 같을 이유는 없다. 정계만을 생각할 때, 그 나라가 어떠한 상황에 놓여 있는가에 따라 필요한 리더십도 달라진다. 즉, 어디에서나 기능하는 유일하고 절대적인 리더십의 존재는 수긍하기 어렵다. 리더십을 강력한 통솔력인 것처럼 해석하는 사람도 있으나, 자유방임형이나 상담형의 리더십이란 것도 존재할 수 있으며, 상황에 따라서는 후자의 유형이 유효하게 기능하는 경우도 있다. 물론 마찬가지로 어떤 조직에서 다른 유형의 리더십이 제대로 기능하는 경우 또한 있을 수 있다.
> 리더십이란 특정인만이 갖고 있는 특수한 자질이 아니다. 리더가 될 수 있는 잠재적 능력은 선천적, 생득적(生得的)인 것이 아니라 오히려 후천적인 것이며, 대부분의 사람은 인위적 훈련에 따라 어떤 형태의 리더십을 몸에 익히는 것이 가능하다. 그러나 모든 조직, 집단, 국가는 광의로서의 환경 속에 존재하며, 이것과의 적합성이 항상 의문시된다. 어려운 것은 리더십을 몸에 익히는 것보다도 어떠한 리더십을 몸에 익히고, 발휘하면 되는지를 아는 것이다. 통솔력이 뛰어나고 강력한 리더가 되는 것보다도 그 조직 또는 환경에 있어서 바람직한 리더상은 무엇인가를 간파하는 것이 본질적으로 중요하면서도 어려운 문제이다.

① 조직별로 리더에게 요구되는 자질은 다르므로 뛰어난 장군이 뛰어난 정치가가 될 수 있다고 단정 지을 수 없다.
② 독재형 리더십이 제대로 기능할 수 없었던 조직이나 국가에서 상담형 리더가 정점에 서면 제대로 기능할 가능성이 있다.
③ 지금까지의 리더와 전혀 다른 자질·사고방식의 소유주가 리더가 되더라도 종래와 마찬가지로 통치나 관리를 잘 수행할 수도 있다.
④ 정치세계에서는 강력한 통솔력보다 자유방임형이나 상담형의 리더십이 더 효과적이다.

[10 ~ 11] 다음 글을 읽고 이어지는 질문에 답하시오.

　생태학적 관점에서 섬은 매우 역동적인 공간이다. 섬의 형태는 물리적으로 파도와 바람에 의해 결정되며 섬에 사는 생물체에게는 염도에 적응하기 위한 특수한 적응전략이 필요하다. 그리고 육지의 포식자들을 피하는 동시에 자신들을 먹이로 하는 다양한 해양 포식자들을 피하기 위한 집단 시스템이 요구된다. 따라서 섬에는 육지와는 또 다른 생태계가 형성되어 있다.
　㉠섬에 사는 바닷새들은 한반도 해양생물의 다양성을 유지하고 지속 가능하게 하는 데 지대한 영향력을 발휘해 왔다. 우리나라를 중심으로 동아시아, 대양주 철새 이동 경로에 있는 섬들은 이동성 물새 및 바닷새에게 중요한 중간 기착지 역할을 한다. 우리나라와 중국 사이에 있는 서해안은 한반도와 중국에 있는 큰 하천에서 영양물질이 많이 흘러나오는 곳으로, 이를 기반으로 촘촘한 먹이그물망을 형성하여 바람과 태풍 등의 모진 풍파에도 불구하고 야생조류들에게 최적의 번식지가 되었다.
　고립무원인 섬은 야생조류에게 집단 지성의 힘을 일깨운다. 육지 못지않은 강력한 포식자들의 침입에도 불구하고 야생조류들은 집단 서식의 정보 소통을 통해 빠르게 경계 태세로 대항할 수 있었으며 생존율을 높일 수 있었다. 바닷새는 안락한 육지와는 비교할 수 없을 정도로 험악한 기상 환경과 척박한 환경에 노출되어 있지만 상대적으로 풍부한 먹이와 정보 소통의 힘으로 멸종위기의 환경에서도 버티며 살아갈 수 있었던 것이다.
　그러나 최근 섬에 사는 야생조류들은 ㉡문명 발전에 속절없이 당하는 신세로 전락하고 말았다. 인구밀도가 가장 높은 동북아시아의 해안에는 값싼 석유화학 제품의 홍수 속에 플라스틱 쓰레기 더미가 몰려오고 있는데, 이로 인해 많은 해양 조류와 포유류들이 희생당하고 있다. 기후변화에 따른 먹이 자원의 변화도 눈에 띈다. 또한 섬을 방문하는 외부인들은 오랫동안 섬주민과 형성해 온 공생 시스템과 외래종의 침입 장벽을 와해시키고 있다. 짧고 강력한 위협 요인들이 바닷새에게 적응할 시간을 주지 않고 있는 것이다.

10. ㉠의 생존방식에 대한 설명으로 적절하지 않은 것은?

   ① 험악한 기상 환경에 대한 적응력을 높였다.
   ② 염도에 적응하기 위한 생존전략을 구축했다.
   ③ 집단 서식으로 정보소통이 용이했다.
   ④ 척박한 생태계에서 부족한 먹이를 선점하기 위한 경쟁력을 확보했다.

11. ㉡에 대한 필자의 관점으로 적절한 것은?

   ① 섬에 사는 생물들이 환경에 적응하여 생존하는 것을 어렵게 만들었다.
   ② 고립된 섬의 문화를 개방시켜 소통할 수 있게 해 주었다.
   ③ 인간과 자연의 공존방식을 연구하여 섬을 발전시키고 있다.
   ④ 기후변화에 대한 대응책을 강화하여 섬의 생태계를 활성화시켰다.

12. 다음 글을 읽고 추론한 내용으로 옳은 것은?

> 　미국의 저명한 경영학자인 P 교수에 의하면 소비자의 구매 경로는 인지, 호감, 질문, 행동, 옹호의 과정을 거친다고 한다. 이 중에서 기업이 그들의 역량을 집중시켜야 하는 부분은 바로 기업의 옹호자를 만드는 과정이다. 기업의 옹호자가 된 소비자는 기업이 추구하는 철학에 공감하고 기업으로 인해 자부심을 느끼기도 하기 때문이다.
> 　기업의 옹호자를 만들기 위해 기업에 필요한 요소는 진정성이다. 오늘날의 소비자는 제품의 가격, 품질보다는 기업의 진정성을 구매의 기준으로 삼는 경우가 많다. 이는 기술의 발달로 제품의 품질과 성능이 비슷해지면서 제품 간 차별성이 약해졌기 때문이다. 사회적으로도 기업의 투명성이 강조되면서 기업의 진정성이 어떤 방식으로 전달되는지가 중요해졌다.
> 　기업의 진정성이 중요해진 데에는 소비자의 진화가 결정적인 요인으로 작용했다. 소비자가 기업이 제공하는 정보에 의존하던 과거와 달리 오늘날에는 소비자가 실제 제품을 사용해 본 타인의 사용 후기, 전문가 의견, 블로거 리뷰 등의 간접적인 경험을 통해 제품 구매를 결정한다. 따라서 기업은 자신들의 의도대로 소비자의 인식을 바꾸려 하기보다는 제품에 관한 모든 것을 투명하게 공개한 후 이를 직·간접적으로 접하게 되는 소비자의 경험 가치를 관리해야 한다. 오늘날의 소비자는 자신의 구매 활동이 개인적 활동인 동시에 사회적 의미도 내포하고 있음을 알고 있다. 이에 따라 가격과 품질만 좋다면 기업의 이미지와는 상관없이 제품을 구매했던 과거와 다르게 오늘날의 소비는 기업이 지닌 철학과 기업의 이미지를 고려하여 비록 가격이 조금 더 비싸더라도 사회적으로 긍정적인 효과를 주는 제품을 구매하기도 한다.
> 　진정성은 광고나 구호 등으로 표현되는 것이 아니라 생산, 소비의 모든 과정에서 일련의 행동을 통해 나타나므로 기업이 진정성을 보이기 위해서는 기업의 철학과 이를 실천하고자 하는 구성원의 노력이 필수적이다. 기업은 제품 자체에 대해 진정성을 나타낼 수 있고 때로는 고객에 대해, 때로는 사회적 가치에 대해 진정성을 나타낼 수도 있다. 비록 기업에 약간의 결점이 있더라도 기업이 소비자와 공감대를 형성하고 겸손함과 같은 미덕을 보여 준다면 소비자는 그 기업을 투명한 기업으로 느끼면서 기업을 신뢰하고 옹호하게 된다.

① 제품에 관한 정보를 얻을 수 있는 경로가 다양해지면서 기업의 진정성 전달은 더욱 중요해졌다.
② 기업의 진정성을 전달하기 위해서는 소비자의 인식변화를 이끌어 내는 광고를 하는 것이 효과적이다.
③ 진정성을 보이는 전략은 기업의 이미지 개선에 도움이 되지만 매출 증대에는 별다른 영향을 주지 못한다.
④ 옷을 팔 때마다 저소득층에게 그만큼의 옷을 기부하는 것은 제품 자체에 대해 진정성을 나타내는 방법이다.

13. 다음 글의 제목으로 적절한 것은?

현대인의 삶의 질이 점차 향상됨에 따라 도시공원에 관한 관심도 함께 높아지고 있다. 도시공원은 자연 경관을 보호하고, 사람들의 건강과 휴양, 정서 생활을 위하여 도시나 근교에 만든 공원을 말한다. 또한 도시공원은 휴식을 취할 수 있는 공간인 동시에 여러 사람과 만날 수 있는 소통의 장이기도 하다.

도시공원은 사람들이 선호하는 도시 시설 가운데 하나이지만 노인, 어린이, 장애인, 임산부 등 사회적 약자들은 이용하기 어려운 경우가 많다. 사회적 약자들은 그들의 신체적 제약으로 인해 도시공원에 접근하거나 이용하기에 열악한 상황에 놓여 있기 때문이다.

우선, 도시공원은 대중교통을 이용해서 가기 어려운 위치에 있는 경우가 많다. 또한 공원에 간다고 하더라도 사회적 약자를 미처 배려하지 못한 시설들이 대부분이다. 동선이 복잡하거나 안내 표시가 없어서 불편을 겪는 경우도 있다. 이런 물리적·사회적 문제점들로 인해 실제 공원을 찾는 사회적 약자는 처음 공원 설치 시 기대했던 인원보다 매우 적은 편이다. 도시공원은 일반인뿐 아니라 사회적 약자들도 동등하게 이용할 수 있는 공간이어야 한다. 그러기 위해서는 도시 공간 계획 및 기준 설정을 할 때 다른 시설들과 실질적으로 연계가 되도록 제도적·물리적으로 정비되어야 한다. 사회적 약자에게 필요한 것은 작은 공간이더라도 편안하게 접근할 수 있고 사람들과 소통하고 쉴 수 있는 공간이다.

① 도시공원의 생태학적 특성
② 도시의 자연 경관을 보호하는 도시공원
③ 모두가 여유롭게 쉴 수 있는 도시공원
④ 도시공원, 사회적 약자만이 이용할 수 있는 쉼터

[대졸직] 인적성검사

[14 ~ 15] 다음 글을 읽고 이어지는 질문에 답하시오.

 2015년 건강검진을 받은 성인 1,346만 명 중 몸무게(kg)를 키(m)의 제곱으로 나눈 체질량지수(BMI)가 25 이상인 비만·고도비만·초고도비만 수검자의 비율은 32.5%로 2006년의 29%보다 증가했다. 특히 같은 기간 남성의 비만율은 34.1%에서 40.1%로 높아져 10년간 21.4 ~ 23% 수준을 유지해 온 여성보다 증가 폭이 컸다. (㉠)
 소득, 지역 등 계층 간의 비만율 격차도 눈에 띄었다. 소득과 재산을 반영한 건강보험료 분위와 비만율을 대조해 보면, 저소득층에 해당하는 1분위는 모든 계층을 통틀어 고도비만율(BMI 30 ~ 35)이 4.8%로 가장 높았던 반면, 고소득층인 17 ~ 19분위는 2.3%였다. 초고도비만율(BMI 35 이상)에서도 유사한 패턴을 보였다. (㉡)
 이는 7세 미만 영유아 사이에서도 마찬가지였다. 생후 24개월 미만일 땐 신장별 체중이 상위 95% 이상일 경우 과체중으로, 24개월 이상은 BMI 정규 분포를 기준으로 비만을 구분하는데, 부모의 건보료가 높은 분위인 경우 비만율이 2.5%에 불과하지만, 저소득층으로 갈수록 점차 늘어 1분위는 3.7%를 기록하였다. (㉢)
 세계 곳곳에선 비만에 악영향을 미치는 설탕 등 당류나 탄산음료에 물리는 '비만세'를 도입하고 있다. 고열량 식품의 소비를 줄이고 거둔 세금은 비만 퇴치 정책에 활용하겠다는 취지다. 성인 60% 이상이 비만인 멕시코는 2013년부터 설탕이 함유된 음료 1L에 1페소(약 54원)를 세금으로 물리고 있다. 미국 필라델피아시도 올해부터 탄산음료 한 캔(약 283g)에 15센트(약 177원)의 '소다세'를 매긴다. 이렇게 지방세를 도입한 국가에서 비만세가 적용된 제품의 소비는 0.9 ~ 11.2% 줄었다. (㉣)
 이런 극약처방으로 비만과의 전쟁에 나선 선진국들과 달리 국내 비만 정책은 컨트롤타워 없이 중구난방으로 진행되고 있다. 보건복지부는 2020년까지 '제4차 국민건강증진종합계획'에 따라 비만을 억제하겠다고 나섰지만, 비만율을 줄이는 것이 아니라 현 수준으로 유지하는 게 목표다. 게다가 산발적으로 진행되는 각 부처의 비만 관련 정책은 하나로 모이지 않고 제각각 진행되고 있다.

14. ㉠ ~ ㉣ 중 다음 글이 들어가기에 가장 적절한 곳은?

> 직장 가입자의 경우 직장의 규모가 작을수록 비만율이 높았고 지역별로는 제주(36.1%), 강원(35.4%), 충남(34.6%) 등 농어촌 지역의 비만율이 대구(30.2%), 광주(31.0%), 서울(31.8%) 등 도시 지역보다 높았다.

① ㉠
② ㉡
③ ㉢
④ ㉣

15. 제시된 글을 읽고 추론한 내용으로 옳지 않은 것은?

① 비만은 소득이나 지역적인 차이와도 연관이 있는 것으로 보아야겠군.
② 비만 대책으로 비만 유발 음료에 과세를 실시하는 나라에서는 해당 제품의 소비량을 억제하는 데에 효과가 있었네.
③ 소득 분위별 비만율은 성인보다 영유아에서 더 큰 차이를 보이고 있구나.
④ 2006 ~ 2015년 사이 남성의 비만율 최대 증가폭은 여성 비만율 최대 증가폭의 두 배가 넘네.

영역 2 자료해석

☑ 15문항

[01 ~ 02] 다음은 중소기업 CEO 400명을 대상으로 해외경기가 부진하다고 느껴지는 분야와 지역을 설문한 결과이다. 이어지는 질문에 답하시오(단, 주어진 모든 수치는 소수점 아래 첫째 자리에서 반올림한 것이다).

〈해외경기가 부진하다고 느끼는 분야별 비율(중복 응답)〉

(단위 : %)

농수산업	경공업	중화학공업	기타	계
31	37	36	7	100

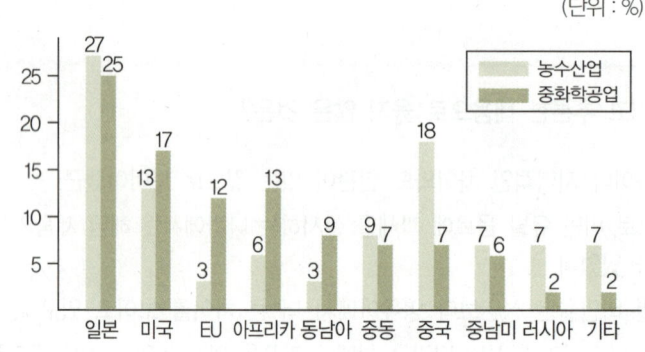

01. 경공업 분야의 해외경기가 부진하다고 응답한 CEO의 수는?

① 124명　　　　　　　　② 132명
③ 148명　　　　　　　　④ 154명

02. 농수산업 분야의 해외경기가 중남미 지역에서 부진하다고 응답한 CEO의 수는? (단, 소수점 아래 첫째 자리에서 반올림한다)

① 9명
② 10명
③ 11명
④ 12명

03. 다음은 X 기업, Y 기업의 연도별 제품 판매액에 관한 자료이다. 이에 대한 설명으로 옳지 않은 것은?

〈X 기업, Y 기업의 연도별 제품 판매액〉

(단위 : 천 원)

구분		20X0년	20X1년	20X2년	20X3년	20X4년	20X5년	20X6년
X 기업	A 제품	294,621	389,664	578,578	943,056	1,089,200	1,143,402	1,469,289
	B 제품	0	0	0	0	6,089	350,681	1,285,733
	C 제품	917,198	1,103,227	1,605,182	2,556,300	3,979,159	5,122,441	7,056
	D 제품	862,884	912,760	1,148,179	1,145,557	1,342,439	1,683,142	2,169,014
Y 기업	E 제품	4,490,107	3,862,087	4,228,112	2,753,924	2,150,013	2,858,714	2,819,882
	F 제품	52,307	465,924	483,777	492,172	495,354	395,556	489,466
	G 제품	524,623	1,027,251	1,839,558	4,656,237	5,546,583	6,237,564	7,466,664
	H 제품	10,203,907	11,737,151	11,554,426	14,334,944	22,468,966	22,754,303	23,867,053

① Y 기업의 제품 중 20X0년 대비 20X6년 판매액 증가율이 가장 높은 제품은 F 제품이다.
② 20X0년 대비 20X4년에 판매액이 감소한 제품은 한 종류이다.
③ 20X0 ~ 20X6년 동안 매년 Y 기업의 판매액 총합이 X 기업의 판매액 총합보다 컸다.
④ D 제품의 판매액이 전년 대비 감소한 해에는 E 제품의 판매액도 전년 대비 감소하였다.

04. 다음 자료에 대한 설명으로 옳지 않은 것은?

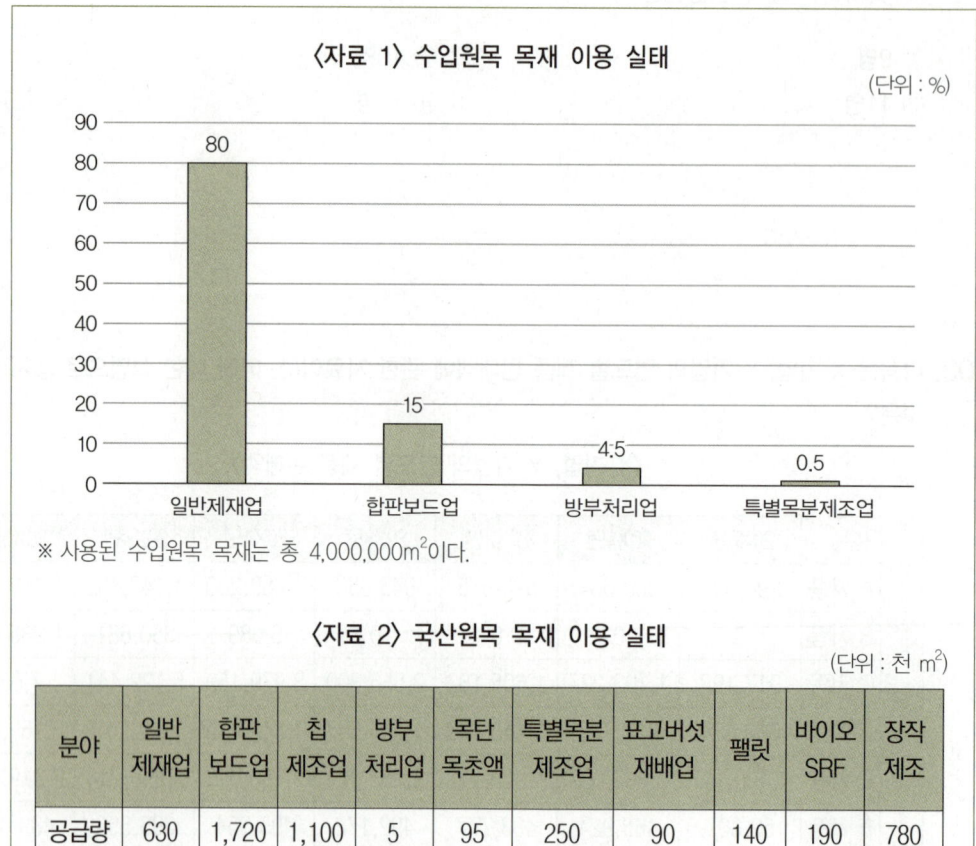

① 수입원목 중에서 방부처리업에 공급되는 양은 180,000m²이다.
② 국산원목 중에서 방부처리업에 공급되는 양은 0.1%를 차지한다.
③ 전체 특별목분제조업 공급량 중에서 수입원목의 비율은 10% 미만이다.
④ 일반제재업에 공급되는 양은 전체 원목 공급량의 과반수를 차지한다.

[05 ~ 07] 다음은 어느 회사원의 2022년과 2023년 연봉에 대한 지출 내역을 그래프로 나타낸 것이다. 이어지는 질문에 답하시오.

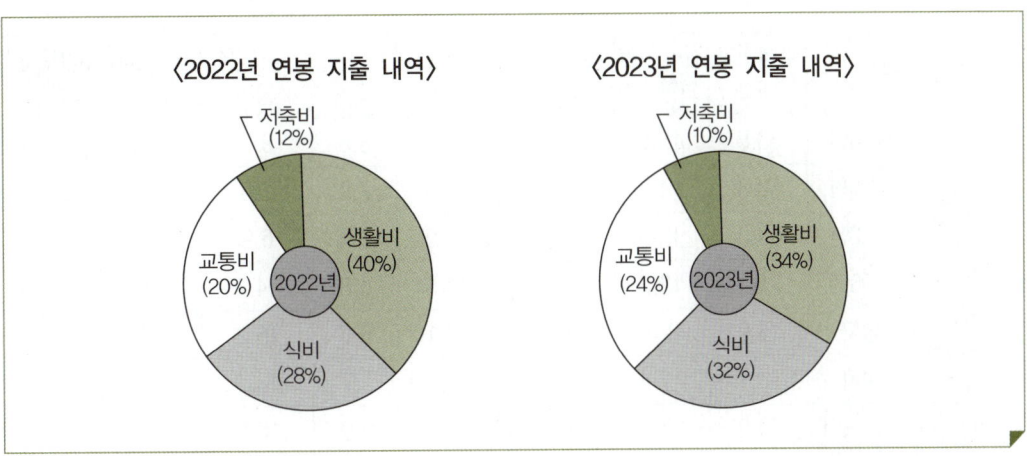

05. 2023년의 연봉이 3,000만 원이라면 교통비는 얼마인가?

① 320만 원
② 500만 원
③ 640만 원
④ 720만 원

06. 2022년의 교통비에서 2023년의 저축비를 뺀 값은 얼마인가? (단, 2022년의 연봉은 2,500만 원, 2023년의 연봉은 3,000만 원이다)

① 200만 원
② 300만 원
③ 400만 원
④ 500만 원

07. 2022년 연봉이 2,800만 원, 2023년 연봉이 3,000만 원이라면 2023년 생활비는 2022년 생활비에 비해 얼마나 변화하였는가?

① 100만 원 감소
② 120만 원 증가
③ 132만 원 감소
④ 145만 원 증가

08. 다음 자료에 대한 해석으로 옳지 않은 것은?

〈정치참여 유형별 참여도〉

(단위 : %)

구분		주변인과 대화	온라인상 의견피력	정부/언론 의견제시	서명운동 참여	탄원서 제출	시위/집회 참여	공무원에 민원전달	불매운동 참여
연도별	2020년	53.9	15.0	9.5	21.2	8.8	9.2	11.3	12.6
	2021년	58.8	14.7	8.8	17.5	7.9	7.6	9.1	9.2
	2022년	69.3	13.3	6.7	14.9	5.6	6.9	6.1	10.3
	2023년	74.1	12.2	6.4	14.5	5.8	14.4	5.6	8.0
성별	남자	76.2	12.9	6.4	14.1	6.0	15.2	5.8	8.0
	여자	72.1	11.4	6.4	14.9	5.7	13.7	5.4	9.0
연령대별	19~29세	70.9	17.3	6.9	18.4	4.9	18.0	4.6	9.5
	30~39세	77.1	15.6	5.9	18.1	5.9	16.7	5.3	10.6
	40~49세	72.3	11.9	6.6	16.0	6.7	15.1	6.8	9.1
	50~59세	76.9	8.2	5.7	9.9	5.0	11.3	4.7	6.6
	60~69세	73.5	7.4	7.5	9.1	6.8	10.4	6.8	6.4

※ 성별, 연령대별 수치는 2023년도 자료에 해당
※ 유형별 중복 응답 허용

① 2023년 과반수의 정치참여 유형에서 여자보다 남자의 참여율이 더 높다.
② 2023년 모든 연령대에 걸쳐서 '공무원에 민원전달' 유형의 참여도가 가장 높았다.
③ 2023년 '공무원에 민원전달' 유형의 정치 참여도는 2020년보다 5%p 이상 감소하였다.
④ 2023년 정치참여 유형 중 '서명운동 참여', '시위/집회 참여', '온라인상 의견피력'은 연령대가 낮을수록 참여도가 높은 것으로 나타났다.

09. 다음 자료를 적절하게 파악한 사람은?

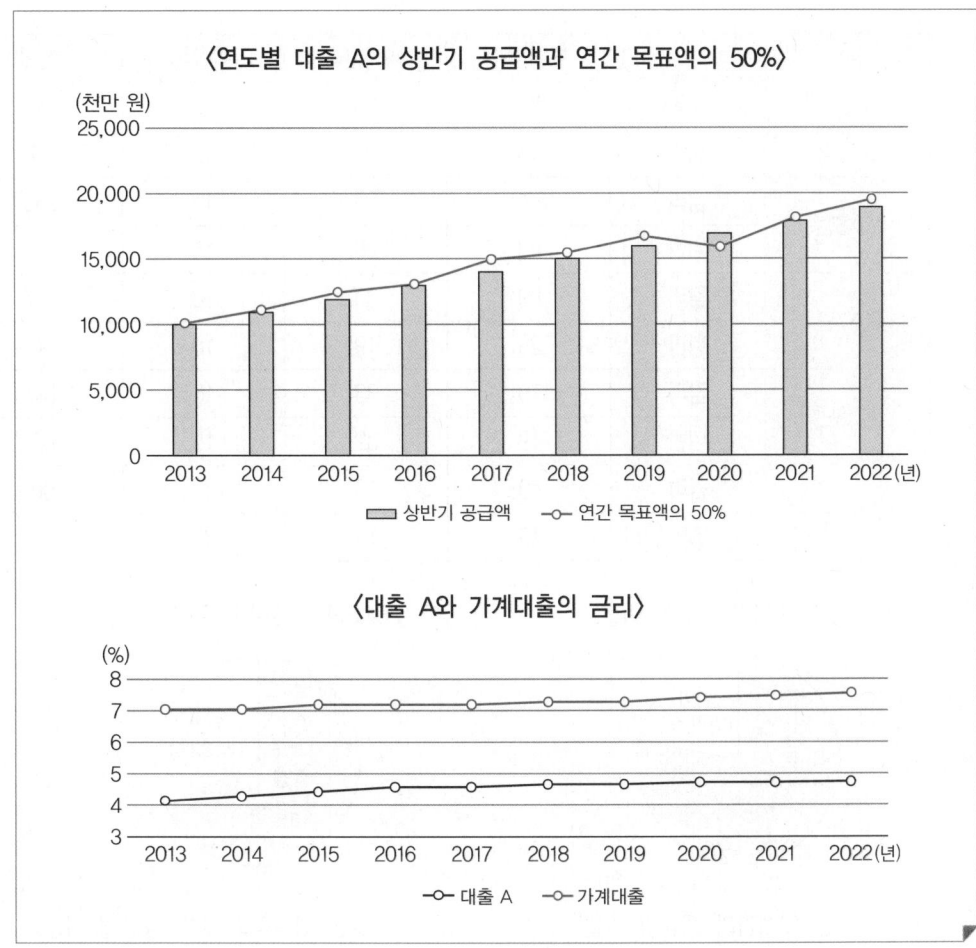

① 지민 : 대출 A는 2018년에 처음으로 연간 목표액을 초과 달성했어.
② 민영 : 2020년 대출 A의 상반기 공급액은 2012년의 연간 목표액보다 더 높아.
③ 호연 : 2015년 대출 A의 연 목표 대출이자수익은 1,500천만 원 이상이었어.
④ 수빈 : 대출 A의 금리는 가계대출 금리와 매년 2%p 이상의 차이를 계속 유지하고 있어.

10. 다음 회계감리 결과(위반 또는 종결) 현황에 대한 표의 내용과 일치하지 않는 그래프는?

(단위 : 건)

구분		표본감리	혐의감리	위탁감리	합계
20X5년	감리	204	28	13	245
	위반	16	26	12	54
20X6년	감리	222	30	16	268
	위반	43	26	16	85
20X7년	감리	99	20	18	137
	위반	29	19	18	66
20X8년	감리	79	33	15	127
	위반	19	32	15	66
20X9년	감리	49	16	33	98
	위반	10	14	28	52

① 〈20X5년 회계감리 결과 비율〉

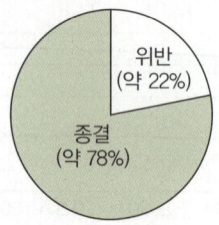

② 〈20X6년 표본감리 결과 비율〉

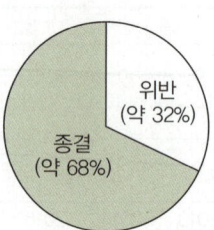

③ 〈20X7년 회계감리 종류별 비율〉

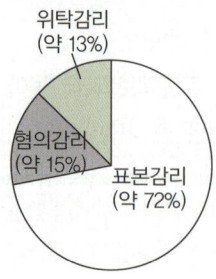

④ 〈20X9년 회계감리 위반 종류별 비율〉

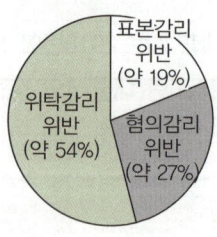

11. 다음 20X6년 공항철도 여객 수송실적을 나타낸 자료에 대한 해석으로 옳지 않은 것은?

〈공항철도 월별 여객 수송실적(20X6년)〉

(단위 : 천 명)

구분	승차인원	유입인원	수송인원
1월	2,843	2,979	5,822
2월	(A)	2,817	5,520
3월	3,029	3,302	6,331
4월	3,009	3,228	6,237
5월	3,150	3,383	6,533
6월	3,102	3,259	6,361
7월	3,164	3,267	6,431
8월	3,103	(B)	6,720
9월	2,853	3,480	6,333
10월	3,048	3,827	6,875
11월	2,923	3,794	6,717
12월	3,010	3,900	(C)

※ 유입인원 : 다른 철도를 이용하다가 공항철도로 환승하여 최종 종착지에 내린 승객의 수
※ 수송인원=승차인원+유입인원

① 20X6년 공항철도의 수송인원은 매 분기 증가하고 있다.
② 승차인원이 가장 많았던 달의 승차인원은 가장 적었던 달보다 40만 명 이상 더 많았다.
③ 9월의 공항철도 유입인원은 8월에 비해 1만 5천 명 이하가 줄었다.
④ 유입인원이 가장 많았던 달과 수송인원이 가장 많았던 달은 일치한다.

[12 ~ 13] 다음 생활시간조사에 관한 자료를 보고 이어지는 질문에 답하시오.

〈자료 1〉 18세 이상 인구의 생활 행동별 평균시간

(단위 : 분)

구분		2008년	2013년	2018년	2023년
필수시간	수면	442	445	450	480
	식사	94	111	116	127
	건강관리	8	8	7	6
의무시간	근로시간	206	187	183	180
	가정관리	110	106	105	109
	학습시간	33	17	15	23
여가시간	게임시간	5	13	10	10
	여가활동	217	275	248	259

※ 생활시간조사는 18세 이상의 국민이 각자 주어진 24시간을 보내는 양상을 파악하기 위한 것으로, 24시간을 필수시간, 의무시간, 여가시간으로 구분하여 행동 분류별 시간 사용량을 파악하고 있다.

〈자료 2〉 18세 이상 행위자 인구의 생활 행동별 평균시간

(단위 : 분)

구분		2008년	2013년	2018년	2023년
필수시간	수면	442	445	450	480
	식사	94	111	116	127
	건강관리	8	60	47	43
의무시간	근로시간	385	343	334	341
	가정관리	146	137	131	134
	학습시간	222	327	294	232
여가시간	게임시간	85	80	73	64
	여가활동	220	276	250	261

※ 행위자 인구는 18세 이상의 국민 중 하루 24시간 중 10분 이상 필수시간, 의무시간, 여가시간에 속한 특정 행위를 한 사람들을 의미한다. 따라서 〈자료 2〉는 해당 생활 행동 행위자만을 대상으로 계산한 평균 행위시간을 나타낸다.

12. 〈자료 1〉에 대한 해석으로 적절한 것은?

    ① 2023년 여가활동은 2008년에 비해 110% 이상 증가하였다.
    ② 2008년부터 2023년까지 의무시간의 세 항목들은 같은 추세를 보인다.
    ③ 가정관리에 투자하는 시간이 계속 감소하고 있음을 알 수 있다.
    ④ 전체적으로 필수시간의 총합은 증가하고, 근로시간은 감소한다.

13. 다음 중 제시된 자료에 대한 분석이 옳지 않은 것은?

    ① 2023년 18세 이상 인구에서 게임시간 행위자의 평균시간은 전체 평균에 비해 6배 이상이다.
    ② 18세 이상 인구에서 여가활동의 행위자 평균시간과 전체 평균시간의 추세는 동일하다.
    ③ 학습을 하지 않는 사람의 수는 학습을 하는 사람의 수보다 10배 이상 많다.
    ④ 18세 이상 인구에서 조사 기간의 수면시간과 식사시간은 전체 평균과 행위자의 평균이 동일하다.

14. 다음 중 제시된 자료에 대한 분석이 옳지 않은 것은?

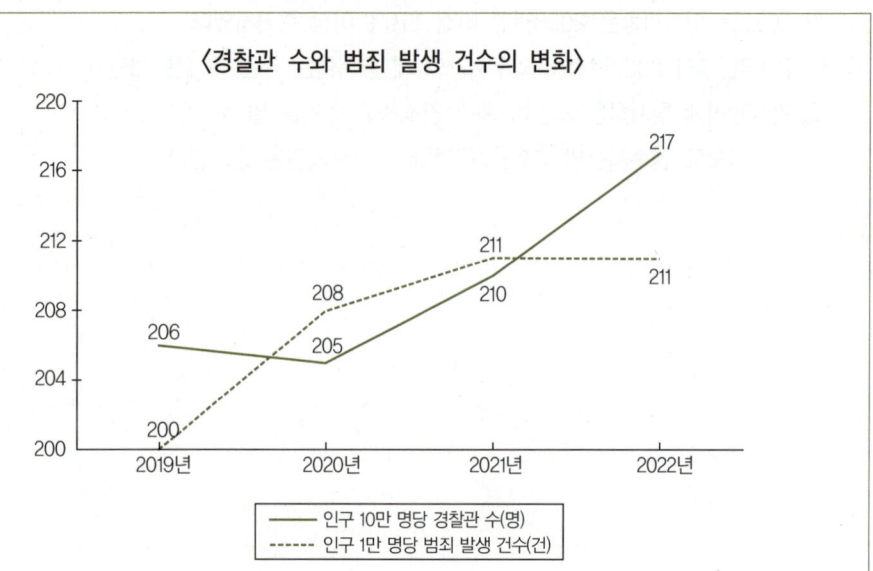

〈성별과 나이에 따른 범죄 두려움의 정도〉
(단위 : %)

구분	두려움 정도	느낌	약간 느낌	보통	별로 느끼지 못함	전혀 느끼지 못함
남성	10대	14.3	42.9	26.6	12.7	3.5
	20대	14.9	43.4	27.7	12.4	1.6
	30대	17.1	45.2	26.3	9.8	1.6
	40대	16.4	42.9	25.8	12.4	2.5
	50대 이상	12.7	38.1	26.3	17.3	5.6
여성	10대	16.9	45.1	26.7	10.3	1.0
	20대	17.9	46.1	26.0	9.6	0.4
	30대	21.0	46.8	23.2	8.8	0.2
	40대	18.4	45.0	25.9	10.5	0.2
	50대 이상	14.9	36.1	26.3	15.1	7.6

① 남녀 모두 30대까지는 나이가 들수록 범죄를 두려워하는 사람들의 비율이 높아진다.
② 모든 성별과 연령대에서 범죄에 대한 두려움이 있는 사람들은 절반을 넘는다.
③ 경찰관 1인당 범죄 발생 건수는 약 10건 정도로 매해 큰 변화가 없다.
④ 인구수 대비 범죄 발생 건수가 늘면 인구수 대비 경찰관 수도 증가한다.

15. 다음은 1988년과 2023년 주요 도시 A~G 시의 인구이동을 나타낸 그래프이다. 이에 대한 설명으로 옳은 것은?

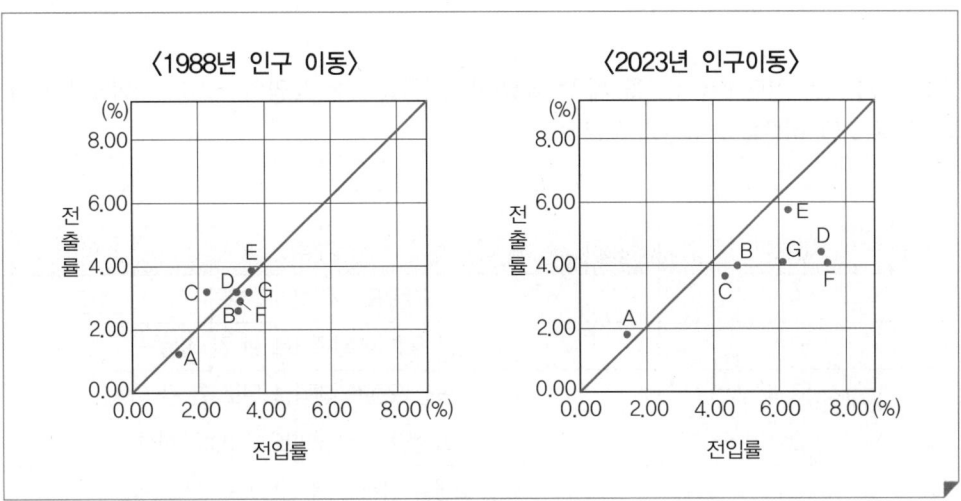

① 1988년 A~G 시의 총인구는 전년보다 증가하고 있다.
② 1988년 B 시의 전출자 수는 D 시의 전출자 수보다 적다.
③ 1988년과 비교하여 2023년에 인구가 감소한 도시는 C 시뿐이다.
④ 1988년 F 시 인구의 전년 대비 증가율은 2023년의 전년 대비 증가율보다 작다.

영역 3 문제해결

15문항

[01 ~ 02] 처음 상태에서 버튼을 세 번 눌렀더니 다음과 같은 모양의 변화가 일어났다. 아래 표를 참고하여 어떤 버튼을 눌렀는지 고르시오.

버튼	기능
A	모든 도형을 180도 회전
B	모든 도형을 왼쪽으로 한 칸 이동
C	모든 도형을 오른쪽 대각선 위로 한 칸 이동
D	모든 도형을 시계 방향으로 90도 회전
E	모든 도형을 시계 반대 방향으로 90도 회전

01.

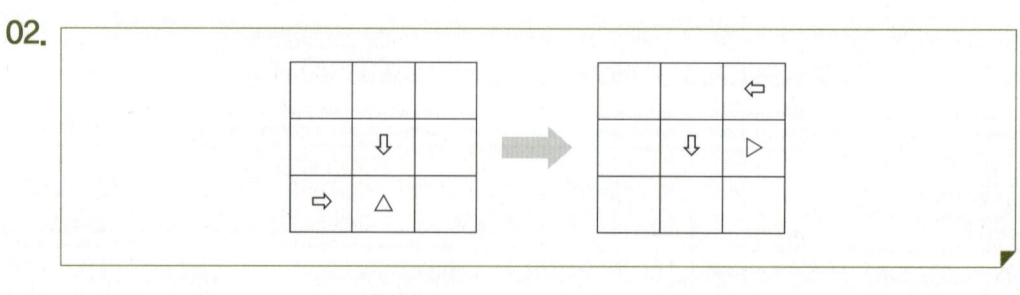

① B → C → D   ② B → C → E   ③ C → A → D   ④ C → D → E

02.

① A → B → D   ② A → C → E   ③ B → C → D   ④ C → D → E

[03 ~ 04] 처음 상태에서 버튼을 두 번 눌렀더니 다음과 같은 모양의 변화가 일어났다. 아래 표를 참고하여 어떤 버튼을 눌렀는지 고르시오.

버튼	기능
★	1번, 3번 도형을 시계 방향으로 90도 회전
☆	2번, 4번 도형을 시계 방향으로 90도 회전
▲	1번, 2번 도형을 시계 반대 방향으로 90도 회전
△	3번, 4번 도형을 시계 반대 방향으로 90도 회전

03.

① ▲, ★ ② ☆, ★
③ ☆, ▲ ④ ★, △

04.

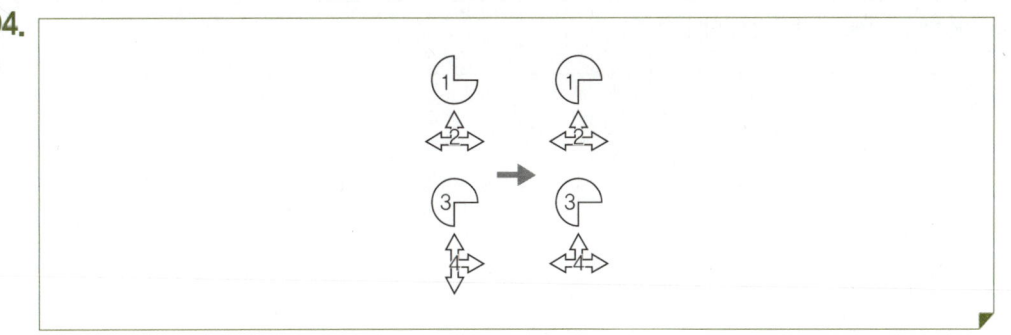

① ★, ▲ ② ★, △
③ △, ☆ ④ △, ▲

[05 ~ 06] 다음은 출장을 위한 숙소에 대한 자료이다. 이어지는 질문에 답하시오.

⟨숙소 대여비⟩

• A 숙소

구분	개수	대여비(원/개)
4인실	2	80,000
2인실	3	50,000

• B 숙소

구분	개수	대여비(원/개)
4인실	1	90,000
3인실	2	60,000
2인실	3	40,000

• C 숙소

구분	개수	대여비(원/개)
4인실	3	85,000
2인실	2	45,000

⟨숙소별 특징⟩

구분	위치	편의시설	청결도	인테리어
A 숙소	★★	★★★	★★★★	★★★★
B 숙소	★★★	★★	★★★	★★★★
C 숙소	★★★★	★★★★★	★★★	★★

※ 별이 많을수록 높은 점수이다.

05. 다음 중 숙소 대여비만을 고려하여 8명의 출장을 계획할 때, 가장 저렴하게 숙박할 수 있는 곳은? (단, 출장자의 성별은 고려하지 않는다)

숙소	객실
① A	4인실 1개, 2인실 2개
② B	3인실 2개, 2인실 1개
③ C	4인실 2개
④ C	4인실 1개, 2인실 2개

06. 다음 출장자들의 숙소에 대한 의견을 모두 고려할 때 가장 적합한 숙소는?

- 남 부장 : 숙소는 2인실 3개면 적당하겠어.
- 정 과장 : 인테리어에 정성을 들인 숙소였으면 좋겠군.
- 황 과장 : 위치보다는 편의시설이 잘 갖추어진 점이 더 중요하다고 생각해.

① A 숙소
② B 숙소
③ C 숙소
④ 추가 자료 조사가 필요하다.

07. P 대리는 제품 생산 공장과 계약하기 위하여 후보군을 다음과 같이 정리하였다. 주어진 조건을 토대로 판단할 때, 최종 선정될 공장은?

〈제품 생산 공장 후보〉

구분	1일 생산개수(개)	비용(원/개)	운송거리(km)	소비자 만족도(10점 만점)
A	300	1,200	120	8
B	250	900	50	7
C	310	1,300	150	6
D	280	1,400	220	9

- 조건에 따라 공장별 순위를 매기고 순위 점수 환산표에 따라 점수를 부여하여 합산함.
- 1일 생산개수가 많을수록, 총생산비용이 낮을수록, 운송거리가 가까울수록, 소비자 만족도가 높을수록 높은 순위를 부여하며 동점일 경우 총생산비용이 더 낮은 공장을 선정함.
- 총생산비용＝1일 생산개수×개당 비용

〈순위 점수 환산표〉

순위	1	2	3	4
점수	10	7	5	3

① A
② B
③ C
④ D

[08 ~ 09] 다음은 경쟁관계인 A사와 B사가 홍보제품에 따라 얻을 수 있는 수익체계를 정리한 자료이다. 이어지는 질문에 답하시오.

〈202X년 홍보제품별 예상 수익체계〉

구분		B사		
		S 제품	H 제품	T 제품
A사	S 제품	(5, 3)	(3, 4)	(3, 3)
	H 제품	(6, 4)	(1, 5)	(6, −2)
	T 제품	(−4, 8)	(6, 6)	(9, 4)

- 괄호 안의 숫자는 A사와 B사가 홍보로 얻는 월 수익(억 원)을 뜻한다(A사의 월 수익, B사의 월 수익).
  예) 202X년도에 A사가 T 제품, B사가 S 제품을 홍보할 때, A사의 예상 월 손해는 4억 원, B사의 예상 월 수익은 8억 원이다.

08. 다음 중 202X년도 홍보로 A사와 B사가 얻는 수익의 합이 가장 큰 경우는?

	A사	B사		A사	B사
①	S 제품	H 제품	②	H 제품	S 제품
③	T 제품	H 제품	④	S 제품	T 제품

09. B사가 다음 〈202X년 A사 홍보 계획〉 자료를 입수하였다. 이에 대한 의견으로 잘못된 진술을 하고 있는 사람은 몇 명인가?

〈202X년 A사 홍보 계획〉

시기	1~2월	3~4월	5~6월
홍보 제품	H 제품	S 제품	T 제품

※ A사는 7~12월에는 3가지 홍보제품 중 예상 수익의 평균이 가장 높은 제품을 홍보하기로 하였다.

박 대리 : 5월에는 S 제품을 홍보하는 게 제일 낫겠어요.
김 사원 : 우리 회사의 3월 홍보제품이 H 제품이 아니라면 A사보다 수익이 크지 않겠네요.
장 팀장 : 10월에는 가장 큰 수익을 내기 위해서 S 제품을 홍보해야겠어요.
최 과장 : 3~6월에는 우리 회사에 손실이 발생할 가능성이 없어 보이네요.

① 1명   ② 2명   ③ 3명   ④ 4명

[10 ~ 11] A 농가의 김 씨는 L 농가의 백 씨를 방문하려고 한다. 김 씨가 이동할 수 있는 경로와 각 지점 간의 거리를 표시한 지도를 보고 이어지는 질문에 답하시오.

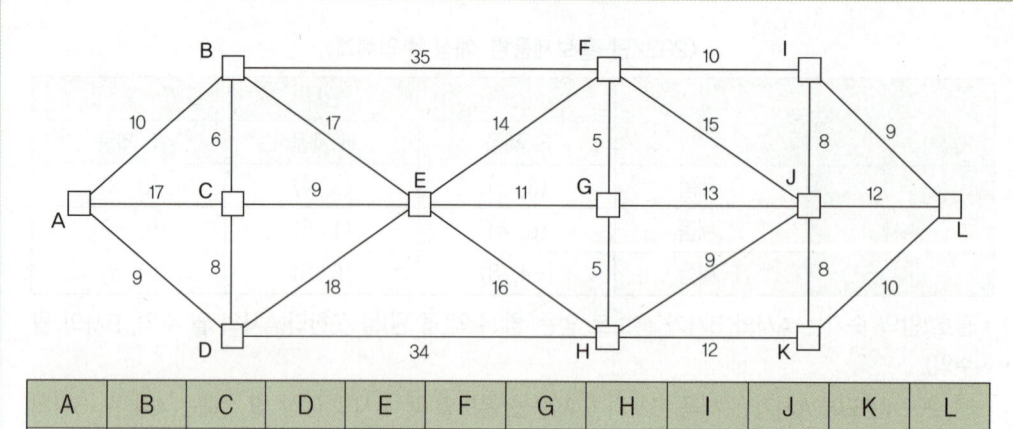

A	B	C	D	E	F	G	H	I	J	K	L
1	2	3	4	5	6	7	8	9	10	11	12

※ 각 알파벳별 숫자에 따른 도로의 종류와 연비는 다음과 같다.
  짝수-홀수(홀수-짝수) : 비포장 도로(10km/L)
  짝수-짝수 : 국도(14km/L)
  홀수-홀수 : 지방도(12km/L)
  예) A-C : 홀수-홀수이므로 지방도
※ 연료비 : 1,500원/L
※ 모든 도로의 거리 표시 단위는 km이다.

10. 다음 중 김 씨가 백 씨에게 가기 위한 최단 경로는?

① A - C - E - G - J - L
② A - B - C - E - F - I - L
③ A - C - E - H - K - L
④ A - B - E - G - J - L

11. 김 씨가 최단 경로로 백 씨에게 방문한 뒤 같은 길로 다시 돌아온다면, 김 씨가 사용한 연료비는 모두 얼마인가?

① 15,540원
② 15,950원
③ 16,300원
④ 16,950원

[12 ~ 13] 다음 〈보기〉는 명령어와 그에 따른 그래프 출력 결과이다. 이어지는 질문에 답하시오.

| 보기 |

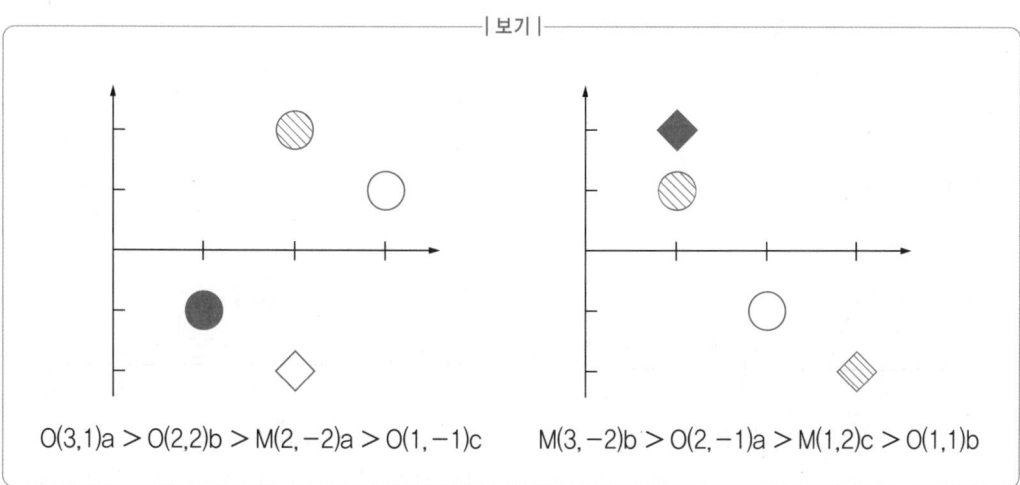

O(3,1)a > O(2,2)b > M(2,−2)a > O(1,−1)c   M(3,−2)b > O(2,−1)a > M(1,2)c > O(1,1)b

12. 다음 명령어 중 가장 큰 값은?

① M(1,3)c
② M(2,3)a
③ O(3,−2)b
④ O(2,−2)c

13. 다음의 그래프를 만들기 위한 명령어 내의 부등식으로 적절하지 않은 것은?

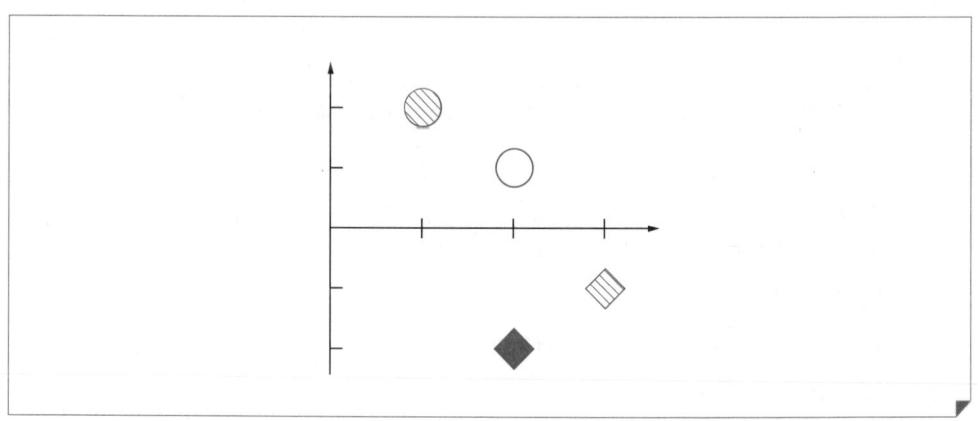

① M(3,−1)b > O(2,1)a
② M(3,−1)b > O(1,2)b
③ O(2,1)a > O(1,2)b
④ M(2,−2)c > O(2,1)a

[14 ~ 15] 다음 〈자료〉는 그래프 구성 명령어 실행 예시이다. 이어지는 질문에 답하시오.

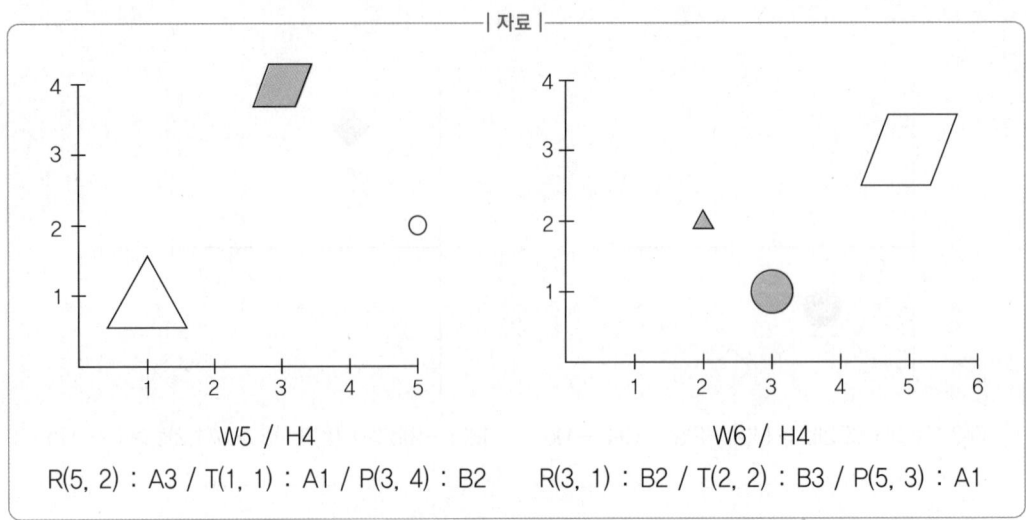

| 자료 |

W5 / H4
R(5, 2) : A3 / T(1, 1) : A1 / P(3, 4) : B2

W6 / H4
R(3, 1) : B2 / T(2, 2) : B3 / P(5, 3) : A1

14. 다음 그래프에 알맞은 명령어는 무엇인가?

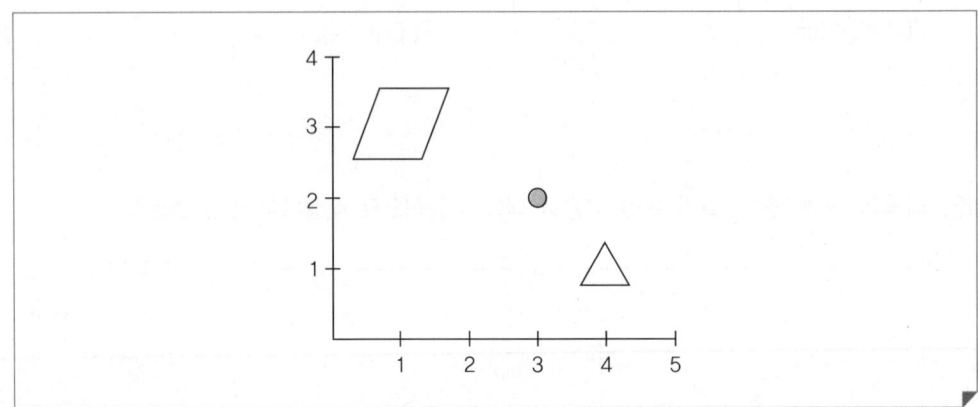

① W5 / H4
　R(3, 2) : B3 / T(4, 1) : A2 / P(1, 3) : A1
② W4 / H5
　R(3, 2) : B2 / T(4, 1) : A2 / P(1, 3) : A1
③ W5 / H4
　R(1, 3) : B2 / T(4, 1) : A2 / P(3, 2) : A3
④ W5 / H4
　R(1, 3) : B3 / T(4, 1) : A2 / P(3, 2) : A1

15. 명령어 W3 / H5 R(1, 1) : A1 / T(2, 4) : B1 / P(3, 5) : A2를 입력하였는데, 오류가 발생하여 다음과 같은 그래프가 나왔다. 다음 중 오류가 발생한 값은 무엇인가?

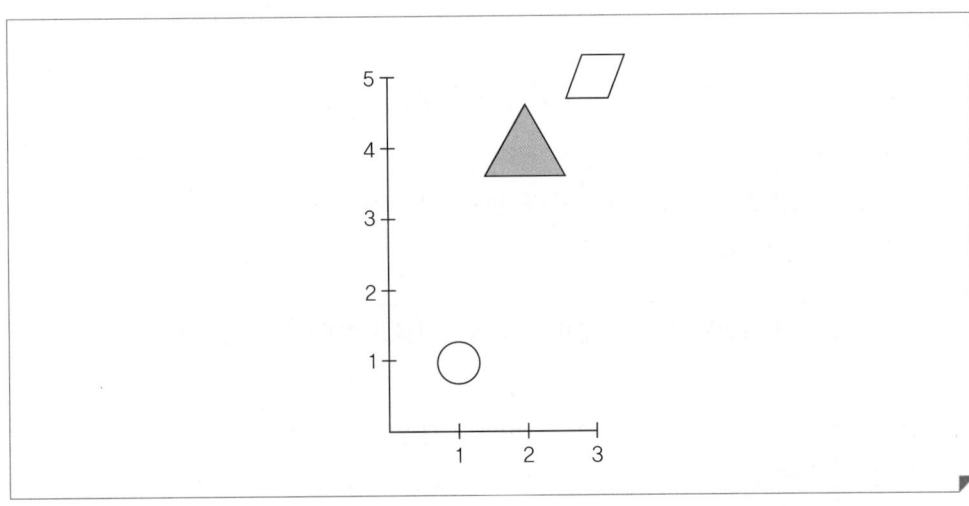

① W3 / H5
② R(1, 1) : A1
③ T(2, 4) : B1
④ P(3, 5) : A2

영역 4 추리

15문항

01. 다음 명제에서 밑줄 친 부분에 들어갈 말로 알맞은 것은?

- 비행기 티켓을 예매하면 여행가방을 경품으로 받을 것이다.
- 태국으로 여행을 가면 연예인을 만날 수 있을 것이다.
- _____
- 그러므로 연예인을 만날 수 없다면 비행기 티켓을 예매하지 않을 것이다.

① 비행기 티켓을 예매하면 태국으로 여행을 가지 않을 것이다.
② 연예인을 만나면 여행가방을 경품으로 받지 않을 것이다.
③ 태국으로 여행을 가지 않는다면 여행가방을 경품으로 받지 않을 것이다.
④ 비행기 티켓을 예매하지 않으면 연예인을 만날 것이다.

02. 다음 〈명제〉를 읽고 추론한 〈결론〉에 대한 설명으로 옳은 것은?

| 명제 |

- 학생들은 모두 이과 또는 문과에 간다.
- 소설책 읽는 것을 좋아하는 학생은 국어 시험 성적이 높다.
- 이과에 간 학생은 국어 시험 성적이 낮다.
- 문과에 간 학생은 수다 떠는 것을 좋아한다.
- 수다 떠는 것을 좋아하지 않는 학생은 소설책 읽는 것을 좋아하지 않는다.

| 결론 |

(가) 수다 떠는 것을 좋아하지 않는 학생은 이과에 간다.
(나) 문과에 간 학생은 소설책 읽는 것을 좋아한다.
(다) 국어 시험 성적이 높은 학생은 수다 떠는 것을 좋아한다.

① (가)만 항상 옳다.
② (나)만 항상 옳다.
③ (나), (다) 모두 항상 옳다.
④ (가), (다) 모두 항상 옳다.

03. 동일, 태현, 은혁, 보라, 민정이 〈조건〉에 따라 가위바위보 내기를 할 때, 다음 중 옳지 않은 것은?

| 조건 |
- 동일과 보라가 가위바위보를 하면 항상 동일이 이긴다.
- 태현이 가위를 내면 민정은 바위를 낸다.
- 태현과 보라는 항상 서로 다른 모양을 낸다.
- 민정은 바위와 보만을 낸다.
- 은혁은 항상 보라와 민정에게 진다.

① 동일이 주먹을 낼 경우 태현은 바위 혹은 보를 낸다.
② 태현이 가위를 낼 경우 은혁도 가위를 낸다.
③ 동일이 가위를 낼 경우 은혁은 보를 낸다.
④ 은혁이 민정과의 내기에서 낼 수 있는 모양은 가위와 바위뿐이다.

04. 다음에 제시된 〈조건〉이 반드시 성립한다고 가정할 때, 항상 참인 명제를 고르면?

| 조건 |
- 다이빙을 좋아하는 사람은 서핑도 좋아한다.
- 요트를 좋아하는 사람은 낚시도 좋아한다.
- 서핑을 좋아하지 않는 사람은 낚시도 좋아하지 않는다.
- 카누를 좋아하지 않는 사람은 서핑도 좋아하지 않는다.

① 다이빙을 좋아하는 사람은 요트도 좋아한다.
② 요트를 좋아하지 않는 사람은 서핑도 좋아하지 않는다.
③ 카누를 좋아하는 사람은 낚시도 좋아한다.
④ 다이빙을 좋아하는 사람은 카누도 좋아한다.

05. 전제가 다음과 같을 때, 참인 결론이 아닌 것은?

> • 사과, 복숭아, 살구는 호흡량이 높다.
> • 호흡량이 높으면 과일의 부패 호르몬인 에틸렌(Ethylene) 생성이 활발하다.
> • 에틸렌에 민감한 과일의 경우 호흡량이 높은 과일과 같이 보관하면 쉽게 부패된다.
> • 키위, 오이, 감, 배는 에틸렌에 민감하다.

① 복숭아와 오이를 같이 보관하면 오이가 쉽게 부패된다.
② 사과는 에틸렌 생성이 활발하다.
③ 키위와 같이 보관된 복숭아는 쉽게 부패된다.
④ 살구는 호흡량이 높고 에틸렌 생성이 활발하다.

06. 다음 명제가 모두 참일 때, 항상 옳은 것은?

> • 빨간색을 좋아하지 않는 사람은 상상력이 풍부하지 않다.
> • 파란색을 좋아하는 사람은 상상력이 풍부하다.

① 파란색을 좋아하는 사람은 빨간색을 좋아한다.
② 빨간색을 좋아하는 사람은 상상력이 풍부하다.
③ 빨간색을 좋아하는 사람은 파란색을 좋아한다.
④ 상상력이 풍부하지 않은 사람은 빨간색을 좋아하지 않는다.

07. '민형이는 시계를 차지 않았다'와 모순이 되는 명제를 도출하기 위해 필요한 전제를 모두 고른 것은?

> ㉠ 민형이는 팔씨름을 좋아한다.
> ㉡ 민형이가 시계를 차지 않았다면 철수는 공대 출신이다.
> ㉢ 민형이가 장갑을 꼈다면 철수는 공대 출신이다.
> ㉣ 민형이가 팔씨름을 좋아한다면 철수는 공대 출신이 아니다.
> ㉤ 민형이는 팔씨름을 좋아하거나 장갑을 꼈다.

① ㉠, ㉡, ㉢
② ㉠, ㉡, ㉣
③ ㉠, ㉡, ㉤
④ ㉠, ㉢, ㉣

[08 ~ 15] 다음 숫자들의 배열 규칙을 찾아 '?'에 들어갈 알맞은 수를 고르시오.

08.

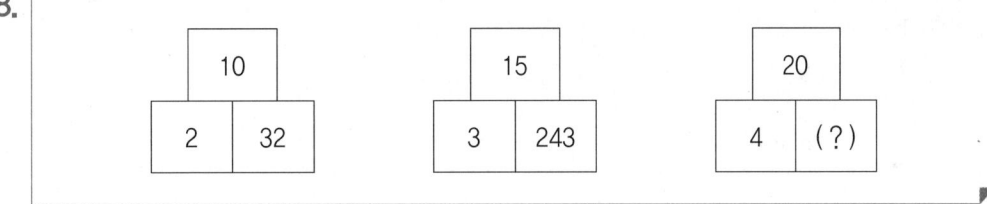

① 1,024
② 512
③ 256
④ 128

09.

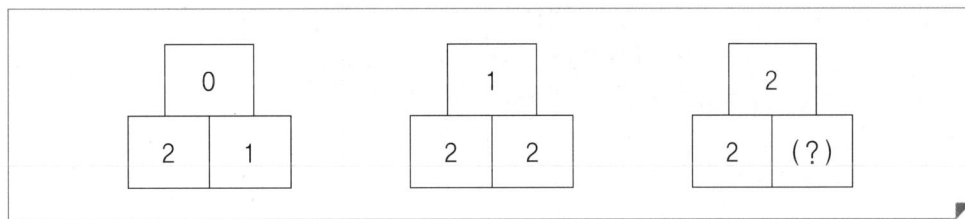

① 0
② 2
③ 4
④ 5

10.

7.35	3.48
9.33	6.72

→

2.76	4.47
5.64	(?)

① 8.34　　　　　② 5.94
③ 7.54　　　　　④ 3.94

11.

20	10	6	4
30	17	2	11
40	21	16	(?)

① 1　　　　　② 2
③ 3　　　　　④ 4

12.

| 10 | 10 | → | 5 |

| 3 | 6 | → | 2 |

| 6 | 12 | → | 4 |

| 10 | 15 | → | (?) |

① 4　　　　　② 5
③ 6　　　　　④ 7

13.
| | 21 | 19 | 15 | 7 | (?) | −41 | −105 |

① 1   ② −3
③ −5   ④ −9

14.
| | 2.2 | 4.3 | 6.6 | 9.1 | 11.8 | 14.7 | (?) |

① 15.9   ② 17.8
③ 19.2   ④ 21.1

15.
6 4 27   5 (?) 33   5 5 28

① 4   ② 5
③ 6   ④ 7

PAT 3회 기출유형문제

문항수 | 60문항
시험시간 | 60분

▶ 정답과 해설 35쪽

영역 1 언어이해

15문항

01. 다음 글의 논지 전개 방식으로 옳은 것은?

> 글의 구조적 특징(特徵)들은 이야기를 이해하고 기억하는 데에도 영향을 준다. 이야기의 구조는 상위 구조와 하위 구조로 이루어지는데 상위 구조에 속한 요소들, 즉 주제, 배경, 인물 등의 중요한 골자는 더 잘 그리고 더 오래 기억된다. 우리가 옛날에 읽었거나 들었던 심청전을 기억할 때, 심청이 효녀라는 점 또는 뺑덕어멈의 품성이 좋지 못하다는 점이 이를 뒷받침해 주는 하나하나의 구체적인 행동보다 더 잘 기억나는 것처럼 말이다.

① 전제 – 주지 – 예시
② 주지 – 부연 – 예시
③ 전제 – 종합 – 첨가
④ 주지 – 상술 – 첨가

02. 글의 흐름에 따라 빈칸에 들어갈 말로 알맞은 것은?

> 양자 역학은 고전 역학보다 더 많은 형상을 정확하게 예측함으로써 고전 역학을 대체하여 현대 물리학의 근간이 되었다. (　　) 양자 역학이 예측하는 현상들 중에는 매우 불가사의한 것이 있다. 다음의 예를 살펴보자. 양자 역학에 따르면 같은 방향에 대한 운동량의 합이 0인 한 쌍의 입자는 아무리 멀리 떨어져도 그 연관을 유지한다. 이제 이 두 입자 중 하나는 지구에 두고 다른 하나는 금성으로 보냈다고 가정하자. 만약 지구에 있는 입자의 수평 방향 운동량을 측정하여 +1을 얻었다면, 금성에 있는 입자의 수평 방향 운동량은 –1이 된다. 도대체 그렇게 멀리 떨어진 입자가 어떻게 순간적으로 지구에서 일어난 측정의 결과에 영향을 받을 수 있을까?

① 차라리
② 예를 들어
③ 그럼에도 불구하고
④ 뿐더러

03. 다음 (가) ~ (라)를 문맥에 맞게 순서대로 배열한 것은?

(가) 스마트폰의 혁신에서 스티브 잡스의 기여는 대단하다. 그는 직관적 인터페이스를 강조하여 터치스크린과 애플리케이션으로 스마트폰을 단순한 고급 휴대전화나 소형 컴퓨터가 아닌, 사람들이 항상 휴대하거나 필수로 간직하는 것으로 만들었다. 이것은 착용하는 것이라는 표현이 더 적절할 것이다.

(나) 스마트폰이 성공을 거둔 것도 그것이 휴대전화와 인터넷 단말기를 복합하여 소형화한 것이어서가 아니다. 스마트폰은 그것 자체가 하나의 문화가 되었다. 어느 누구든 항상 연결의 망 속에서 주체를 발견할 수 있다. 카카오톡이나 카카오스토리라는 파생 상품이 성공을 거둔 것 그 때문이다. 인문학적 소양이나 예술적 감각 없이는 어떤 기술도 우리 사회에서 과연 그 쓸모를 말할 수 있을까 싶을 정도로 오늘날 우리 사회는 융합이 필요하다.

(다) 스마트폰이 우리 생활에 가져온 혁신과 혁명을 일일이 거명하기란 어려울 것이다. 스마트폰은 컴퓨터이면서 전화기이고, 전화기이자 인터넷 검색기이기도 하다. 휴대전화나 인터넷, 컴퓨터 하나하나는 이미 만들어져 있던 것이다. 스마트폰은 이것을 하나로 모아서 휴대가 가능하게 했다.

(라) 스티브 잡스는 기술, 인문, 예술의 융합을 강조했다. 그가 말하는 직관적 인터페이스도 이러한 융합적 사고로부터 만들어진 산물이다. 이러한 융합적 사고나 융합적 재능은 천재적 개인의 창조적 능력에만 그치는 것은 아니다. 우리의 삶이나 생활이 이제는 융합적 사고를 하지 않고서는 안 되게 만들어지고 있다.

① (가)-(다)-(라)-(나)
② (나)-(가)-(라)-(다)
③ (다)-(가)-(나)-(라)
④ (다)-(가)-(라)-(나)

04. 다음 글의 주제로 가장 적절한 것은?

> 　어떤 경제 주체의 행위가 자신과 거래하지 않는 제3자에게 의도하지 않게 이익이나 손해를 주는 것을 '외부성'이라 한다. 과수원의 과일 생산이 인접한 양봉업자에게 벌꿀 생산과 관련한 이익을 주거나, 공장의 제품 생산이 강물을 오염시켜 주민들에게 피해를 주는 것 등이 대표적인 사례이다.
> 　외부성은 사회 전체로 보면 이익이 극대화되지 않는 비효율성을 초래할 수 있다. 개별 경제 주체가 제3자의 이익이나 손해까지 고려하여 행동하지는 않을 것이기 때문이다. 예를 들어 과수원의 이윤을 극대화하는 생산량이 Q라고 할 때, 생산량을 Q보다 늘리면 과수원의 이윤은 줄어든다. 하지만 이로 인한 과수원의 이윤 감소보다 인접 양봉업자의 이윤 증가가 더 크다면, 생산량을 Q보다 늘리는 것이 사회적으로 바람직하다. 하지만 과수원이 자발적으로 양봉업자의 이익까지 고려하여 생산량을 Q보다 늘릴 이유는 없다.
> 　전통적인 경제학은 이러한 비효율성의 해결책이 보조금이나 벌금과 같은 정부의 개입이라고 생각한다. 보조금을 받거나 벌금을 내게 되면 제3자에게 주는 이익이나 손해가 더 이상 자신의 이익과 무관하지 않게 되므로 자신의 이익에 충실한 선택이 사회적으로 바람직한 결과로 이어진다는 것이다.

① 외부성이 초래하는 문제를 해결하기 위한 정부의 개입
② 외부성에 따른 사회적 비효율
③ 제3자의 손익을 고려하지 않는 개별 경제 주체
④ 비효율성 해결을 위한 정부의 개입이 초래하는 해악

05. 다음 글의 논지를 반박하는 근거로 가장 적절한 것은?

> 지구 곳곳에서 심각한 기후 변화가 나타나고 있고 그 원인이 인간의 활동에 있다는 주장은 일견 과학적인 것처럼 들리지만 따지고 보면 진실과는 거리가 먼, 다분히 정치적인 프로파간다에 불과하다. "자동차는 세워 두고 지하철 또는 천연가스 버스와 같은 대중교통을 이용합시다."와 같은 사실상 기후 변화와 무관한 슬로건에 상당수의 시민이 귀를 기울이도록 만든 것은 환경주의자들의 성과였지만 그 성과는 사회 전체의 차원에서 볼 때 가슴 아파해야 할 낭비의 이면에 불과하다.
> 이제는 진실을 직시하고 현명해져야 한다. 기후 변화가 일어나는 이유는 인간이 발생시키는 온실가스 때문이 아니라 태양의 활동 때문이라고 보는 것이 합리적이다. 태양 표면의 폭발이나 흑점의 변화는 지구의 기후 변화에 막대한 영향을 미친다. 결과적으로 태양의 활동이 활발해지면 지구의 기온이 올라가고 태양의 활동이 상대적으로 약해지면 기온이 내려간다. 환경주의자들이 말하는 온난화의 주범은 사실 자동차가 배출하는 가스를 비롯한 온실가스가 아니라 태양이다. 태양 활동의 거시적 주기에 따라 지구 대기의 온도는 올라가다가 다시 낮아지게 될 것이다.
> 대기화학자 브림블컴은 런던의 대기 오염 상황을 16세기 말까지 추적해 올라가서 20세기까지 그 거시적 변화의 추이를 연구했는데 그 결과 매연의 양과 아황산가스농도가 모두 19세기 말까지 빠르게 증가했다가 그 이후 아주 빠르게 감소하여 1990년대에는 16세기 말보다도 낮은 수준에 도달했음이 밝혀졌다. 반면에 브림블컴이 연구 대상으로 삼은 수백 년 동안의 지구의 평균 기온은 지속적으로 상승해 왔다. 두 변수의 이런 독립적인 행태는 인간이 기후에 미치는 영향이 거의 없다는 것을 보여 준다.

① 지구의 온도가 상승하면서 인도의 벵골 호랑이와 중국의 판다 개체 수가 줄어들어 멸종 위기에 처해 있다.
② 1,500cc 자동차가 5분 동안 공회전을 하면 90g의 이산화탄소가 공기 중에 배출되고, 12km를 달릴 수 있는 정도의 연료가 소모된다.
③ 친환경 에너지타운, 생태마을 등을 조성하는 일이 실질적으로 미세먼지를 줄이는 데에 실효성이 있는지는 여전히 의문이다.
④ 최근 수십 년간 전 세계가 대기오염을 줄이기 위한 캠페인의 일환으로 숲을 조성한 결과 지구의 평균 기온 상승률이 어느 정도 완만해졌다.

[대졸직] 인적성검사

[06 ~ 07] 다음 글을 읽고 이어지는 질문에 답하시오.

한때 미국 코닥과 함께 ㉠<u>사진 필름</u> 시장에서 우위를 점하던 후지필름은 디지털카메라의 등장으로 최대 위기를 맞았다. 필름의 수요가 급감하면서 시장 변화에 맞설 새로운 아이디어가 필요했다. 이에 후지필름은 전혀 연관성이 없을 것 같은 화장품을 대안으로 내놓았다. 얼핏 보면 엉뚱한 사업 확장 같지만, 사실 이는 내부 역량인 필름 제조 기술을 십분 활용한 아이디어였다. 사진 필름의 주원료는 콜라겐이고 후지필름은 콜라겐 변성 방지 기술과 나노 관련 기술을 가지고 있었던 것이다. 콜라겐은 피부의 주성분이기도 하므로 이 기술을 노화 방지에 응용할 수 있었다. 그 결과 ㉡<u>노화 방지 화장품</u>은 매출의 상당 부분을 차지할 만큼 성공을 거두게 되었다. 그 후 후지필름은 제약 분야에도 두각을 나타내었다. 필름 개발 과정에서 얻은 화학 합성 물질 데이터베이스와 노하우를 활용하여 독감 치료제인 ㉢'<u>아비간</u>' 등을 만들어냈다. 아비간은 이후 에볼라 치료에도 특효를 보이며 미 당국이 승인한 최초의 에볼라 치료제로 주목받았다. 그 밖에도 의료 화상정보 네트워크 시스템이나 전자 내시경 등 고성능 렌즈가 필요한 의료기기의 개발에 박차를 가했다. 이렇게 발굴한 사업들은 다소 생소한 감이 있었지만, 기존의 주력 사업과 밀접한 연관성을 갖고 있었기 때문에 경쟁력을 발휘할 수 있었다.

포스트잇, 스카치테이프 등 사무용품으로 우리에게 유명한 3M이라는 회사가 있다. 회사명 '3M'은 미네소타광산ㆍ제조업 회사 Minnesota Mining and Manufacturing Company의 약자이다. 이 회사의 시초는 광산업이었으며 주로 ㉣<u>사금 채굴</u>을 하는 회사였다. 그러나 채굴에 실패를 겪으면서 사포와 연마석을 만드는 제조사로 전환하게 되었다. 뛰어난 유연성과 금속 연마력을 지닌 방수 샌드페이퍼와 자동차 도색용 마스킹 테이프는 그 자체로도 주력 상품이 되었다. 3M은 이에 안주하지 않고 당시 꽤 혁신적인 제품이었던 셀로판지의 단점을 보완할 테이프를 연구하였다. 셀로판지는 열 부근에서는 말리고, 기계 코팅 시에는 찢어지며, 평평하게 부착되지 않는 등의 문제가 있었기 때문이다. 얇고 투명한 셀로판에 접착제를 붙이는 수많은 실험을 한 결과, 마침내 3M의 대표 상품으로도 유명한 '스카치테이프'가 출시될 수 있었다. 그 후 접착제에 관한 연구를 바탕으로 그 유명한 ㉤<u>포스트잇</u>이 개발됐다. 이러한 과정을 통해 광산회사에서 시작한 3M은 점진적인 사업다각화 전략을 통해 지금의 거대 기업으로 성장할 수 있었다.

06. 다음 중 '후지필름'과 '3M'에 대한 이해로 가장 적절한 것은?

① 두 회사의 경쟁력은 실패한 분야는 빠르게 포기하고 새로운 사업 분야에 도전하는 자세에 있다.
② 두 회사는 각각 다른 분야와의 기술융합을 시도하여 미래가치사업 분야의 주역이 되었다.
③ 두 회사는 고유역량의 잠재적 가능성을 재해석하여 사업다각화로 혁신에 성공했다.
④ 3M은 회사의 위기 때마다 다른 분야 회사와의 합병을 통해 위기를 극복한다.

07. ㉠ ~ ㉤ 중 성격이 같은 것만을 골라 나열하면?

① ㉠, ㉡, ㉢
② ㉠, ㉢, ㉤
③ ㉡, ㉢, ㉤
④ ㉡, ㉢, ㉣

08. 다음 글의 흐름에 따라 빈칸에 들어갈 알맞은 문장은?

2019년 우리나라 중·고등학교 청소년 8만 명을 대상으로 한 어느 설문조사 결과에 따르면 조사 시점을 기준으로 할 때 '이전 30일 동안 단식을 했거나 식사 후에 구토 등의 다이어트 경험이 있는가?'라는 질문에 여학생의 약 21.2%, 남학생의 약 12.9%가 그렇다고 하였다. 또한 이들이 이와 같은 굶는 다이어트를 하는 이유는 날씬한 신체를 만들기 위함인 것으로 나타났으며, 이러한 방식이 몸에 해로울 것이라고 생각하는 사람은 매우 드물게 나타났다. 그러나 여기에서 문제가 되는 것은 (   )는 점이다.

음식 섭취 행위는 소화기관과 중추신경의 복합적 과정을 통해 이루어진다. 식욕 촉진 호르몬인 그렐린(Ghrelin)과 식욕 억제 호르몬인 렙틴(Leptin) 등이 분비되어 인체에의 영양소 공급과 배부르게 먹고 느끼는 포만감 사이의 조절을 통해 항상성을 유지하게 해 주며, 이와 동시에 음식 섭취를 일종의 쾌감으로 인식하는 뇌의 보상회로도 작용하게 된다. 정상인의 경우에는 배가 고프면 위에서 분비된 그렐린이 뇌의 시상하부에 도달·작용하여 음식을 섭취하게 하고, 반대로 배가 부를 경우 지방 조직의 세포에서 분비된 렙틴이 뇌에 도달·작용하여 음식 섭취를 멈추게 한다.

그러나 굶는 다이어트를 통해 식욕을 강제적으로 심하게 억제하면 음식 섭취에 대한 이러한 조절 회로에 문제가 발생한다. 뇌가 지속적으로 배고픔의 신호를 보냄에도 이를 무시하고 음식을 섭취하지 않음으로써 뇌의 포만감 계통에 이상이 유발되는 것이다. 뇌에는 '쾌감 회로'가 있어 음식 섭취에 따른 만족감과 즐거움을 인지하는데, 굶는 다이어트를 자주 하게 되면 심리적 보상의 작용으로 오히려 쾌감 회로가 더욱 강하게 발달하게 된다. 같은 음식을 먹더라도 더 큰 만족감을 느끼며, 그 쾌감을 계속 유지하기 위해 허기진 상태가 아님에도 계속해서 음식을 섭취하게 되는 것이다. 포만감을 느끼지 못하므로 음식에 대한 일종의 내성이 생긴 것처럼 점점 더 많은 양의 음식을 섭취하게 되며, 음식 섭취를 중단하게 되면 불안함이나 초조함과 같은 금단 증상도 나타나게 된다. 또한 심한 경우 폭식을 하는 등의 중독 증상을 보이기도 하며, 무리한 식욕 억제가 계속적으로 반복되다 보면 뇌는 음식을 섭취하여도 포만감을 바로 느끼지 못하고 계속해서 식욕을 느끼게 된다.

① 진정한 다이어트를 위해서는 정신을 먼저 다스려야 한다
② 굶는 다이어트를 하면 신경이 예민해져 폭식을 하게 된다
③ 다이어트는 호르몬의 분비가 가장 큰 영향을 미친다
④ 굶는 다이어트는 결국 음식 중독으로 연결될 수 있다

09. 다음 글의 ㉠ ~ ㉣ 중 〈보기〉의 문단이 들어갈 알맞은 위치는?

(㉠) 어떤 물체가 물이나 공기와 같은 유체 속에서 자유 낙하를 할 때 물체에는 중력, 부력, 항력이 작용한다. 중력은 물체의 질량에 중력 가속도를 곱한 값으로 물체가 낙하하는 동안 일정하다. 부력은 어떤 물체에 의해서 배제된 부피만큼의 유체의 무게에 해당하는 힘으로, 항상 중력의 반대 방향으로 작용한다.

(㉡) 빗방울에 작용하는 부력의 크기는 빗방울의 부피에 해당하는 공기의 무게이다. 공기의 밀도는 물의 밀도의 1,000분의 1 수준이므로, 빗방울이 공기 중에서 떨어질 때 부력이 빗방울의 낙하 운동에 영향을 주는 정도는 미미하다. 그러나 스티로폼 입자와 같이 밀도가 매우 작은 물체가 낙하하면, 부력이 물체의 낙하 속도에 큰 영향을 미친다.

(㉢) 물체가 유체 내에 정지해 있을 때와는 달리 유체 속에서 운동할 때는 물체의 운동에 저항하는 힘인 항력이 발생하는데, 이 힘은 물체의 운동 방향과 반대로 작용한다. 항력은 유체 속에서 운동하는 물체의 속도가 커질수록 이에 상응하여 커진다. 항력은 마찰 항력과 압력 항력의 합이다.

(㉣) 안개비의 빗방울이나 미세 먼지와 같이 작은 물체가 낙하할 때는 물체의 전후방에 생기는 압력 차가 매우 작아 마찰 항력이 전체 항력의 대부분을 차지한다. 빗방울의 크기가 커지면 전체 항력 중 압력 항력이 차지하는 비율이 점점 커진다. 반면 스카이다이버와 같이 큰 물체가 빠른 속도로 떨어질 때는 물체의 전후방에 생기는 압력 차에 의한 압력 항력이 매우 크므로 마찰 항력이 전체 항력에 기여하는 비중은 무시할 만하다.

| 보기 |

마찰 항력은 유체의 점성 때문에 물체의 표면에 가해지는 항력으로, 유체의 점성이 크거나 물체의 표면적이 클수록 커진다. 압력 항력은 물체가 이동할 때 물체의 전후방에 생기는 압력 차에 의해 생기는 항력으로, 물체의 운동 방향에서 바라본 물체의 단면적이 클수록 커진다.

① ㉠ ② ㉡
③ ㉢ ④ ㉣

[대졸직] 인적성검사

[10~11] 다음 글을 읽고 이어지는 질문에 답하시오.

(가) 6.17 부동산 대책에서 재건축 조합원의 2년 이상 실거주 요건 신설은 시장에서 뜨거운 논란이 되고 있다. 수도권 투기과열지구의 재건축에서는 조합원 분양신청 시까지 2년 이상 거주한 경우에 한해 분양 신청을 허용한다는 것이 골자다. 올해 연말까지 법 개정을 마친 후 조합 설립 인가를 신청한 사업부터 적용한다는 방침이다.

(나) 재건축 사업 첫 단추를 끼우는 재건축 안전진단도 규제가 강화되어 통과가 쉽지 않게 됐다. 1차 안전진단 선정·관리주체를 시·군·구에서 시·도로 변경하고, 2차 안전진단 의뢰도 시·도가 담당하도록 변경했다. 2차 안전진단은 서류심사 위주의 소극적 검토에서 현장조사를 의무화해 꼼꼼하게 살펴보겠다는 취지다. 안전진단을 강화함으로써 공급을 몇 년간 미룰 수 있다는 판단으로 짐작된다.

(다) 재건축 규제 강화에는 부동산을 바라보는 정부의 시각이 담겨 있다. 재건축 소유자를 투기꾼으로 간주하고, 재건축 사업을 지연시켜 이익을 가져가지 못하게 한다는 발상이다. 88개 단지 8만여 가구가 대상으로 파악되는데, 일부 투기를 제외한 대부분은 선량한 소유자들이다.

(라) 서울은 이미 만원이다. 새로 집 지을 곳이 거의 남아 있지 않다. 정부가 3기 신도시를 건설해 수요를 분산하려 하지만 서울에 거주하려는 수요는 차고 넘친다. 재건축과 재개발이 신규 주택을 공급하는 유일한 대책이다. 이런 현실을 무시하고 공급을 억제하면 시장은 왜곡될 수밖에 없다.

펄펄 끓는 주전자 뚜껑을 힘으로 누르기만 하면 언젠가 광천수처럼 넘쳐흐른다는 사실은 앞선 20차례의 대책으로 충분히 경험했다. 공급이 필요할 때 수요만 억누르는 역행을 하지 말아야 한다.

10. (가)~(라)의 중심 내용 요약으로 적절하지 않은 것은?

① (가) : 6.17 부동산 대책의 실거주 요건 신설에 대한 논란
② (나) : 강화된 재건축 안전진단 규제
③ (다) : 재건축 규제 강화가 나타내는 정부의 시각
④ (라) : 서울시 내 왜곡된 시장의 종류

11. 제시된 글에 대한 보충 자료로 가장 적절한 것은?

① 전문가들은 높이규제 정책과 관련해 가장 우선시될 부분으로 '경관 훼손(34.5%)'을 가장 많이 꼽았다. 이어 '통경축과 조망점의 계획적 관리(20.9%)', '다양한 스카이라인 창출 여부(17.3%)' 순이었다.
② 이미 재건축 예정 사업들은 재건축초과이익환수제, 분양가상한제, 임대비율 상향, 주택도시보증공사를 통한 분양가 누르기 등 규제가 중첩돼 있다.
③ 폭등을 거듭하고 있는 주택가격 문제를 단번에 해결할 수 있는 만병통치약은 없다. 하지만 재개발·재건축에 대한 규제강화가 문제해결을 위해 반드시 거쳐야 하는 과정이라는 점은 분명하다.
④ 재건축 연한은 여전히 30년이고, 유예에 유예를 거듭한 민간택지 분양가상한제는 올해 7월에야 시행을 앞두고 있다. 일부 투기과열지구에서 시행될 예정인 분양가상한제의 적용 범위는 전국적으로 의무 시행되었던 참여정부 때에 비해 크게 축소되었다. 전국 곳곳에서 고분양가가 책정될 우려가 크다.

12. ㉠~㉤의 문장을 조합하여 글을 완성하려고 할 때, 문맥에 맞추어 바르게 배열한 것은?

> 텔레비전은 우리에게 다양한 경험과 지식을 제공해 준다.
> ㉠ 예컨대, 세계 각국의 문화를 소개하는 다큐멘터리나 퀴즈 프로그램을 보면서 미처 몰랐던 것들을 알 수 있다.
> ㉡ 그리고 다큐멘터리를 비롯한 교양 프로그램은 인문, 사회, 자연 전반에 대한 풍성한 볼거리를 통해 지식과 경험을 제공해 준다.
> ㉢ 마지막으로 뉴스를 포함한 시사 프로그램을 보면서 국내의 정치, 사회, 문화 전반에 대한 정보를 얻을 수 있다.
> ㉣ 또한 산악 등반이나 오지 탐험 다큐멘터리를 보면서 등장인물들이 겪는 극한 상황을 간접적으로 경험하기도 한다.
> ㉤ 먼저 드라마의 경우, 다양한 인물들과 그들이 겪는 이야기를 보여 주므로 타인의 삶을 이해하는 데 도움을 준다.
> 이처럼 텔레비전의 각종 프로그램은 시청자의 경험과 지식이 늘어나도록 도움을 준다.

① ㉠-㉡-㉢-㉣-㉤
② ㉢-㉡-㉣-㉤-㉠
③ ㉤-㉠-㉡-㉣-㉢
④ ㉤-㉡-㉠-㉣-㉢

[13 ~ 14] 다음 글을 읽고 이어지는 질문에 답하시오.

2018년 10월 125년 전통의 미국 백화점 시어스가 파산신청을 했다. 미국 중산층에게 쇼핑의 즐거움을 제공했던 백화점이 역사 속으로 사라진 것이다. 시어스는 지난 2010년 이후 단 한 차례도 흑자를 내지 못했다. 월마트 등 대형 유통업체에 주도권을 내준 까닭도 있지만 아마존 같은 온라인 쇼핑몰의 성장이 시어스의 운명을 재촉했다. 지난 8월엔 100년 역사의 최고급 백화점 바니스뉴욕도 영업을 중단했다. 소비 패턴이 온라인 중심으로 바뀐 데다 뉴욕 맨해튼 등 고급 상권의 임대료가 크게 오르면서 결국 백기를 들었다는 분석이다.

온라인 공세에 밀려 폐업한 ⊙오프라인 매장은 이들뿐만이 아니다. 미국 최대 완구점인 토이저러스가 파산했고, 저가 신발 유통업체인 페이리스 슈소스, 생활용품 판매점 샵코, 아동의류 전문점 짐보리 등이 잇따라 문을 닫았다. 재미교포 장도원·장진숙 부부가 창업해 미국 전역으로 매장을 늘려가던 중저가 의류업체 포에버21도 늘어나는 적자를 견디지 못하고 결국 공중분해 됐다. '리테일 아포칼립스(Retail Apocalypse, 소매 종말)'라는 서슬 퍼런 진단을 고스란히 보여주는 살풍경이다.

○○미래전략연구소가 최근 내놓은 '유통 중장기 전략보고서'도 이런 사정을 여실히 보여 준다. 보고서에 따르면 현재 100개인 국내 백화점은 2028년까지 34% 줄어들어 66개 정도만 유지될 것으로 전망됐다. 이 밖에도 대형마트는 494개에서 328개로, 슈퍼마켓은 4,780개에서 3,993개로, 편의점은 3만 8,014개에서 3만 5,403개로 축소될 것으로 예측됐다. 온라인으로 소비자들이 빠져나간 만큼 오프라인 매장이 줄어들 수밖에 없다는 얘기다.

하지만 연구소는 이 외에도 인구 구조 변화가 오프라인 매장의 미래를 좌우할 것으로 내다봤다. 특히 인구절벽에 가까운 지역 인구 감소가 백화점의 구조조정을 부채질할 가능성이 높다고 봤다. 오는 2028년까지 전체 시·군·구(247곳)의 절반이 넘는 129곳의 인구가 10% 이상 줄어드는 만큼 이들 지역의 일부 점포는 폐점이 불가피하다는 분석이다.

13. ⊙의 실패 요인으로 적절하지 않은 것은?

① 소비자들의 소비 패턴이 온라인 중심으로 변화하였다.
② 아마존과 같은 온라인 쇼핑몰이 크게 성장하며 시장에서 도태되었다.
③ 고급 상권의 임대료가 크게 상승하면 타격을 받는다.
④ 인구 구조가 변화하면 경영에 어려움을 겪을 수 있다.

14. 다음 중 유통 시장에 대한 이해가 잘못된 것은?

① 온라인 유통업체들이 계속 성장하는 한 기존의 오프라인 유통사업은 앞으로도 전망이 어두울 거야.
② '리테일 아포칼립스'라는 신조어가 회자되는 만큼 현재 유통산업 구조는 극심한 구조조정을 통해 변화하고 있어.
③ 한국은 향후 백화점뿐만 아니라 대형마트 등 각종 오프라인 매장이 전반적으로 줄어들 거야.
④ 지역인구가 감소하면 오프라인 유통시장뿐만 아니라 온라인 쇼핑몰에게도 큰 타격이 될 거야.

15. 다음 글을 읽고 제시한 견해로 적절하지 않은 것은?

> 한국 사회는 이미 '초저출산 사회'로 접어들었고, 최근에는 초저출산 현상이 심화되는 양상이다. 일선 지방자치단체들이 인구 증가 시책의 하나로 출산·양육지원금을 경쟁적으로 늘리고 있으나 출생아는 물론 인구가 오히려 줄고 있다.
> 전북 진안군은 파격적인 출산장려금 지원에도 좀처럼 인구가 늘지 않아서 고민이다. 2013년 2만 7천6명이던 진안군 인구는 지난해는 2만 6천14명으로 줄었다. 해마다 감소하는 출산율을 높이기 위해 지난해 출산장려금을 대폭 늘렸는데도 효과를 보지 못했다. 진안군은 2007년부터 첫째·둘째 120만 원, 셋째 이상 450만 원씩 지원하던 출산장려금을 지난해 각 360만 원과 1천만 원으로 늘렸다. 열악한 군의 재정 상황에도 인구를 늘리기 위한 고육지책이었다.
> 경북 영덕군은 첫째 출산 때 30만 원, 둘째 50만 원, 셋째 이상 100만 원을 주고 첫돌에 30만 원, 초등학교 입학 때는 40만 원을 준다. 하지만 2013년 말, 인구가 4만 142명에서 2014년 3만 9천586명으로 4만 명 선이 무너졌다. 이후에도 2015년 3만 9천191명, 2016년 3만 9천52명에서 2017년 6월 3만 8천703명으로 계속 감소하고 있다.

① 일회적이고 단편적인 지원책으로는 출산율을 늘리는 데 한계가 있다.
② 일선 지방자치단체들이 인구 증가시책의 하나로 출산·양육지원금제도를 시행하고 있으나 오히려 인구가 줄고 있다.
③ 국가 차원의 보육체계 강화나 인식의 전환 없는 대책은 효과가 제한적일 수밖에 없다.
④ 지방자치단체들은 출산율을 높일 수 있는 실효성 있는 지원금 액수가 어느 정도인지 제대로 파악하지 못하고 있다.

영역 2 자료해석

15문항

[01 ~ 02] 다음은 S 과수원에서 일 년 동안 생산할 수 있는 사과와 배의 생산가능곡선이다. 이어지는 질문에 답하시오.

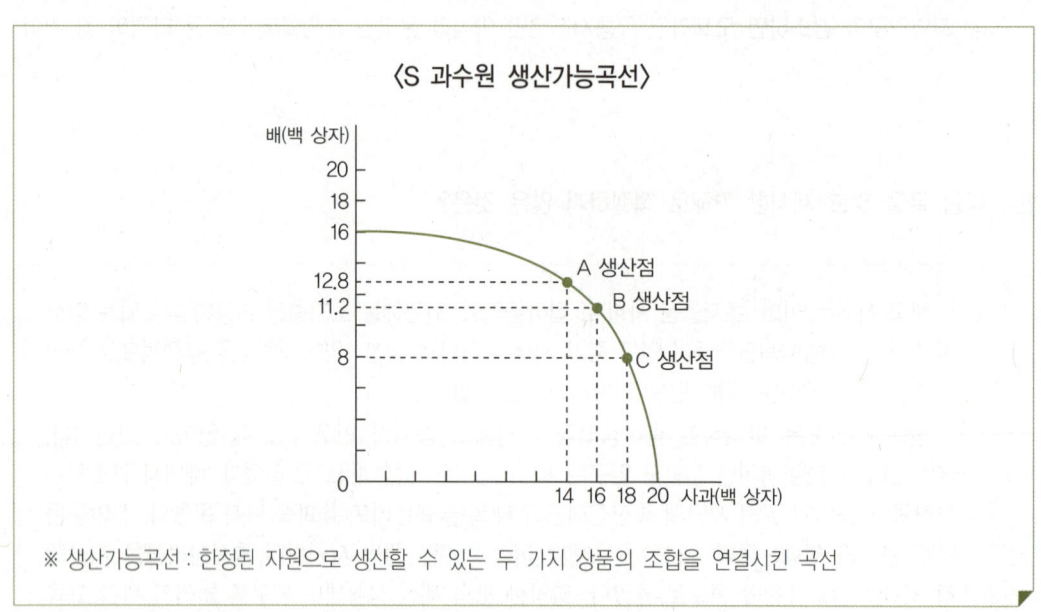

※ 생산가능곡선 : 한정된 자원으로 생산할 수 있는 두 가지 상품의 조합을 연결시킨 곡선

01. 위 그래프에 대한 설명으로 옳지 않은 것은?

① S 과수원은 최대 2,000상자의 사과를 생산할 수 있다.
② 생산점을 A에서 C로 옮길 경우 배의 생산량은 480상자 늘어난다.
③ 생산점을 B에서 A로 옮길 경우 사과의 생산량은 200상자 줄어든다.
④ 사과와 배의 총생산량이 가장 많은 생산점은 B 생산점이다.

02. S 과수원의 판매이윤을 살펴보니 사과 한 상자당 만 원, 배 한 상자당 6천 원의 이윤이 남았다. 가장 많은 이윤을 남기려면 생산점을 어디로 옮겨야 하는가?

① A 생산점 ② B 생산점
③ C 생산점 ④ 모두 같다.

03. 다음 자료에 대한 설명으로 옳지 않은 것을 〈보기〉에서 모두 고르면?

〈자살충동을 느끼는 이유〉

(단위 : %)

구분		경제적 어려움	이성 문제	질환, 장애	직장 문제	외로움, 고독	가정 불화	성적, 진학	따돌림, 불화	기타
성별	남자	40.0	4.3	13.8	10.3	12.7	11.7	3.9	1.4	1.9
	여자	32.4	2.3	13.3	9.0	15.3	16.2	5.3	1.5	4.7
연령	10대	10.6	0.4	3.0	1.0	11.1	11.9	48.1	9.6	4.3
	20대	26.6	2.4	9.5	25.9	14.3	9.7	4.7	0.9	6.0
	30대	32.8	6.0	4.4	14.3	17.0	17.6	-	1.5	6.5
	40대	45.5	3.5	10.2	5.4	12.3	20.1	-	0.7	2.4
	50대	46.8	1.8	14.9	5.0	14.8	15.2	-	0.8	0.7
	60세 이상 ~ 65세 미만	35.7	3.2	32.8	1.2	14.3	10.3	-	-	2.5
	65세 이상	31.3	3.6	37.6	0.7	13.7	10.4	-	-	2.7
교육 수준	초졸 이하	27.1	1.9	33.0	1.0	13.2	12.8	6.5	2.3	2.2
	중졸	32.6	0.7	14.5	1.5	14.7	12.1	17.0	3.3	3.6
	고졸	44.2	2.7	11.7	8.1	12.6	12.5	3.6	0.9	3.7
	대졸 이상	29.2	4.9	8.1	17.6	16.3	18.2	0.5	1.2	4.1
경제 활동	취업	43.0	4.1	8.1	10.8	12.2	16.5	1.1	1.0	3.1
	비취업	27.3	2.0	19.3	8.1	16.3	12.1	8.6	2.0	4.2

| 보기 |

㉠ 경제적 어려움으로 자살충동을 느끼는 비율은 남자가 여자에 비해 높다.
㉡ 질환, 장애로 인해 자살충동을 느끼는 비율은 연령이 많아질수록 높아진다.
㉢ 가정불화로 인해 자살충동을 느끼는 인원수는 중졸보다 고졸이 많다.
㉣ 조사에 응한 남자의 수가 450명, 여자의 수가 520명이라면, 가정불화로 인해 자살충동을 느끼는 남자의 수가 직장문제로 자살충동을 느끼는 여자의 수보다 많다.

① ㉠, ㉡　　　　　　　　　② ㉡, ㉢
③ ㉡, ㉣　　　　　　　　　④ ㉢, ㉣

04. 다음 자료를 보고 일일 평균 차량 통행속도가 가장 빠른 곳부터 순서대로 나열한 것은?

〈시간대·도로별 차량의 평균속도〉

(단위 : km/h)

구분	통행속도		
	오전	낮	오후
도시고속도로	54.9	59.2	40.2
주간선도로	27.9	24.5	20.8
보조간선도로	25.2	22.4	19.6
기타도로	23.1	20.5	18.6

① 도시고속도로 – 보조간선도로 – 주간선도로 – 기타도로
② 도시고속도로 – 주간선도로 – 보조간선도로 – 기타도로
③ 도시고속도로 – 주간선도로 – 기타도로 – 보조간선도로
④ 도시고속도로 – 기타도로 – 보조간선도로 – 주간선도로

05. 다음은 ○○회사의 공산품 생산량에 관한 표이다. 이에 대한 설명으로 옳은 것은?

〈공산품 생산량 지수 추이〉

(20X0년=100.0)

구분	20X0년	20X1년	20X2년	20X3년	20X4년	20X5년
A	100.0	97.0	94.4	92.5	90.1	89.0
B	100.0	103.2	109.1	105.3	106.7	102.8
C	100.0	106.6	119.2	115.3	113.6	130.3
D	100.0	97.8	96.2	94.0	95.7	98.9

① 20X1 ~ 20X3년 중 D 제품 생산량의 전년 대비 증감률이 가장 큰 해는 20X2년이다.
② 20X1년 A 제품의 생산량을 100으로 했을 때, 20X5년 A 제품의 지수는 90 미만이다.
③ 20X1년 C 제품 생산량의 전년 대비 증가량은 B 제품 생산량의 전년 대비 증가량의 2배 이상이다.
④ 20X1 ~ 20X5년 중 A 제품 생산량의 전년 대비 감소량이 가장 큰 해는 20X1년이다.

[06 ~ 07] 다음 자료를 보고 이어지는 질문에 답하시오.

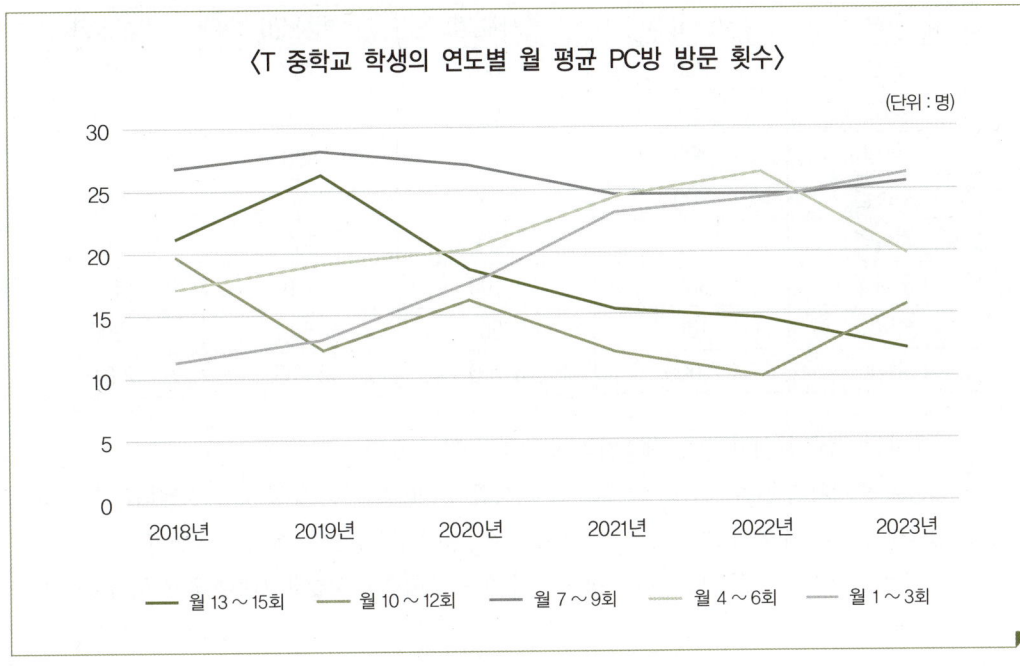

06. 2018 ~ 2021년의 기간 동안 PC방 방문 횟수의 응답자 증감 추이가 동일한 빈도끼리 짝지은 것은?

① 월 1~3회, 월 4~6회
② 월 4~6회, 월 7~9회
③ 월 1~3회, 월 13~15회
④ 월 1~3회, 월 7~9회

07. 위의 자료에 대한 설명으로 옳은 것은?

① 전체 기간 동안 매년 응답자 수가 증가한 빈도는 2개 항목이다.
② 5개 빈도 항목의 응답자 수가 모두 15명이 넘는 해는 2개 연도이다.
③ 2023년에 전년보다 응답자 수가 증가한 빈도는 3개 항목이다.
④ 2018년보다 2023년에 응답자 수가 더 많은 빈도 항목은 1개이다.

08. 다음은 B 지역의 사업체와 종사자 분포를 나타낸 자료이다. 올바른 분석이 아닌 것은?

구분	사업체(개)	종사자(명)	남자(명)	여자(명)
농업	200	400	250	150
어업	50	100	35	65
광업	300	600	500	100
제조업	900	3,300	1,500	1,800
건설업	150	350	300	50
도매업	300	1,100	650	450
숙박업	100	250	50	200
합계	2,000	6,100	3,285	2,815

① 사업체당 평균 종사자 수는 제조업과 도매업이 가장 많다.
② 업종별 종사자의 남녀 구성비 중 남성과 여성의 구성비가 가장 낮은 업종은 남녀가 동일하다.
③ 업종별 종사자 수에서 여성의 구성비가 남성의 구성비보다 높은 업종은 3개이다.
④ B 지역의 사업체 1개당 평균 남자 종사자의 수는 도매업종 사업체 1개당 평균 여자 종사자의 수보다 많다.

09. 다음은 20X1년 A 국과 B 국의 산업별 생산액 비율을 나타낸 그래프이다. 두 국가의 20X1년 농림·수산업 생산액이 같다고 할 때, 자료에 대한 설명으로 옳은 것은?

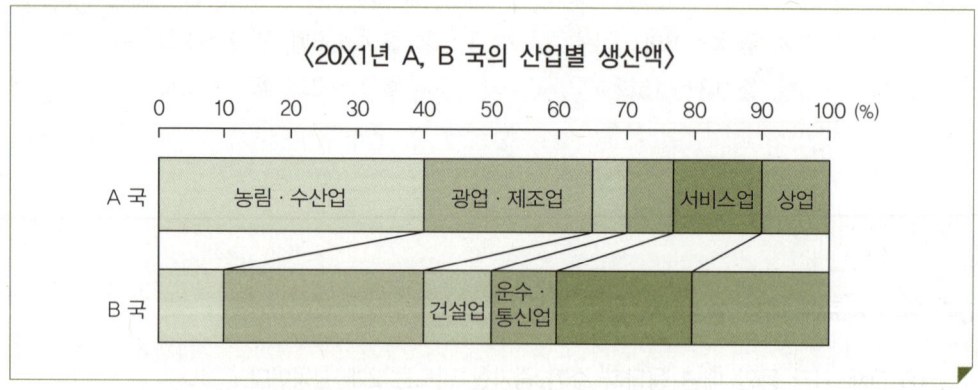

① 20X1년 B 국의 상업 생산액은 A 국의 12배이다.
② 20X1년 A 국의 광업·제조업 생산액은 B 국의 건설업 생산액의 약 50%이다.
③ 20X1년 B 국의 총 생산액이 50% 감소하고 비율은 동일하다면, B 국의 건설업 생산액은 A 국의 서비스업 생산액보다 많다.
④ 20X1년 A, B 두 국가의 총 생산액을 합해 산업별 비율을 계산하면, 건설업의 생산액 비율은 20%이다.

10. 다음 자료를 바탕으로 작성한 그래프로 옳지 않은 것은?

〈상용근로자의 월평균 근로일수와 임금〉

(단위 : 일, 시간, 천 원)

구분	2019년	2020년	2021년	2022년
근로일수	21.5	21.3	21.1	20.8
주당 근로시간	41.9	41.4	41.0	40.8
임금	3,019	3,178	3,299	3,378

① 〈연도별 연평균 근로일수〉

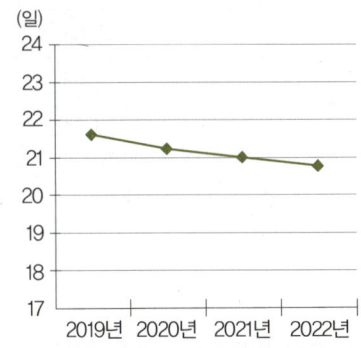

② 〈연도별 월평균 주당 근로시간〉

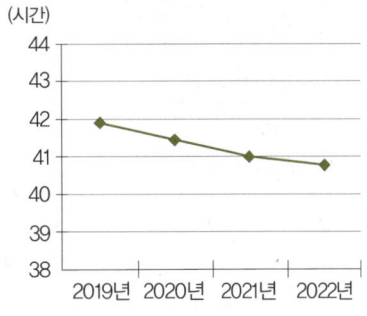

③ 〈연도별 월평균 임금〉

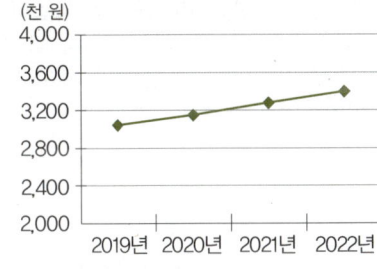

④ 〈전년 대비 임금 변화〉

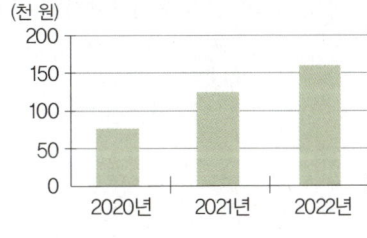

11. 다음은 20X2 ~ 20X9년 A국의 전기 요금 변동률에 대한 자료이다. 이에 대한 〈보기〉의 설명 중 옳은 것을 모두 고르면?

〈연도별 전기 요금 변동률〉

(단위 : %)

구분	수도권	비수도권
20X2년	0.46	1.65
20X3년	1.38	1.32
20X4년	2.88	2.13
20X5년	1.72	2.87
20X6년	3.11	3.01
20X7년	4.17	3.87
20X8년	5.43	4.31
20X9년	6.48	5.28

| 보기 |

㉠ 수도권의 전기 요금 변동률은 매년 상승하였다.
㉡ 비수도권의 전기 요금 변동률이 수도권의 전기 요금 변동률보다 높은 연도는 2개이다.
㉢ 수도권과 비수도권의 전기 요금 변동률 차이가 가장 크게 나타나는 연도는 20X9년이다.
㉣ 전년 대비 전기 요금 변동률 차이가 가장 큰 연도는 수도권과 비수도권이 동일하다.

① ㉠, ㉡
② ㉠, ㉢
③ ㉡, ㉢
④ ㉡, ㉣

[12 ~ 13] 다음은 K 씨 가구의 가스사용량과 관련한 자료이다. 이어지는 질문에 답하시오.

⟨K 씨 가구의 용도별 가스사용량 구성비⟩

(단위 : %)

구분	오락	업무	음식	조명	방범	기타
2022년	33	27	23	8	6	3
2023년	38	27	22	6	4	3

⟨K 씨 가구의 연도별 가스사용량⟩

(단위 : m³)

2017년	2018년	2019년	2020년	2021년	2022년
310	345	390	420	440	480

12. 다음 중 K 씨 가구의 가스사용에 대한 설명으로 적절하지 않은 것은?

① 2023년에 전년 대비 오락에 사용한 가스의 양이 더 증가했다.
② 2022년에 음식 용도로 쓴 가스의 양보다 오락 용도로 쓴 가스의 양이 더 많다.
③ 2022년과 2023년에 용도별 비중이 변하지 않은 것은 두 가지이다.
④ 2017 ~ 2022년의 평균 가스사용량은 400m³을 초과하지 않는다.

13. K 씨 가구에서 2023년에 오락 용도로 쓴 가스의 양은 2022년 오락 용도로 쓴 가스의 양 대비 34.40m³ 더 많다. 2023년 K 씨 가구가 사용한 방범 용도의 가스량은 약 얼마인가?

① 23.27m³
② 22.28m³
③ 22.88m³
④ 20.28m³

14. 다음은 지역별 학교 현황과 대학진학률에 관한 표이다. 이에 대한 설명으로 옳은 것은?

〈표 1〉 지역별 학교 현황

(단위 : 명)

구분	초등학교	중학교	고등학교	대학교	합계
서울	591	377	314	52	1,334
경기도	1,434	721	592	68	2,815
강원도	353	163	117	18	651
충청도	873	410	262	53	1,598
전라도	1,107	556	354	58	2,075
경상도	1,718	932	677	98	3,425
제주도	116	43	30	5	194

〈표 2〉 지역별 고등학교 졸업생의 대학진학률

(단위 : %)

구분	20X6년	20X7년	20X8년	20X9년
서울	65.6	64.7	64.2	62.8
경기도	81.1	80.6	78.5	74.7
강원도	92.9	90.8	88.4	84.2
충청도	88.2	86.7	84.0	80.1
전라도	91.3	88.1	86.9	81.9
경상도	91.8	89.6	88.2	83.8
제주도	92.6	91.5	90.2	87.6

① 20X9년 전국 고등학교 졸업생의 대학진학률 평균은 약 79.3%이다.
② 대학진학률의 순위는 각 지역의 대학교 개수와 서로 밀접한 관련이 있다.
③ 전체 학교의 개수가 많은 지역일수록 대학교의 개수도 많다.
④ 20X8년 전라도의 고등학교 졸업생 대학진학률은 20X7년에 비해 1.2% 감소하였다.

15. 다음은 각 세관별 자동출입국심사 등록 및 이용 현황을 나타낸 자료이다. 이에 대한 설명으로 적절하지 않은 것은?

(단위 : 백 명)

구분	등록 누계	이용 누계	20X7년		20X8년		20X9년	
			등록자 수	이용자 수	등록자 수	이용자 수	등록자 수	이용자 수
계	179,988	1,544,864	48,066	246,206	43,236	304,669	33,794	376,978
인천공항	142,455	1,266,687	40,586	202,641	32,497	243,747	23,938	309,644
김해공항	24,958	159,965	6,101	28,808	6,822	38,040	4,736	40,587
김포공항	2,543	60,362	708	9,116	661	9,694	454	10,778
제주공항	824	34,127	259	3,609	301	5,732	193	5,713
인천항	519	3,994	37	585	160	597	268	538
청주공항	349	2,039	25	144	93	421	183	894
부산항	770	4,757	164	1,302	298	1,412	259	918
대구공항	2,533	12,933	10	1	1,012	5,026	1,452	7,906
기타	5,036	0	176	0	1,394	0	2,310	0

① 제시된 기간 동안 자동출입국심사 등록자 수는 매년 감소했지만 이용자 수는 매년 증가한 세관은 인천공항과 김포공항 2곳이다.
② 대구공항과 '기타'를 제외한 모든 곳의 세관에서 주어진 기간 동안의 자동출입국심사 이용자 수는 20X7년 이전의 총이용자 수보다 더 많다.
③ 등록자 수와 이용자 수의 합계 상위 4개 세관의 순위는 20X7년과 20X9년이 동일하지 않다.
④ 인천항은 등록자 수와 이용자 수의 합계가 매년 증가하였으나, 부산항은 증가 후 다시 감소하는 추세를 보인다.

영역 3 문제해결

✓ 15문항

[01 ~ 03] 다음 제시된 〈규칙〉에 따라 '?'에 들어갈 알맞은 도형을 고르시오.

―| 규칙 |―
- ∞ : 가장 안쪽 도형의 모양으로 테두리를 그린다.
- ★ : 가장 바깥 도형을 반시계 방향으로 90° 회전시킨다.
- ♂ : 가장 안쪽 도형을 시계 방향으로 90° 회전시킨다.
- ◆ : 가장 안쪽 도형을 180° 회전시킨다.

01.

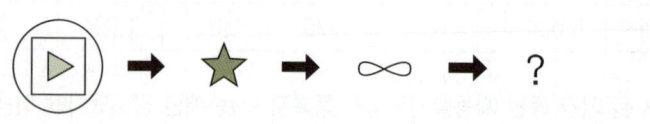

①

②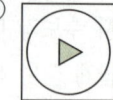

③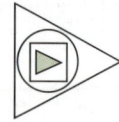

④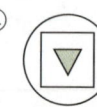

02.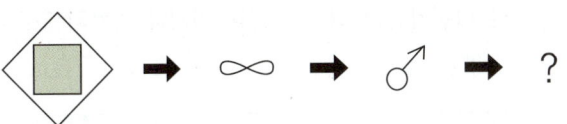

① 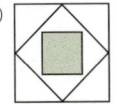   ②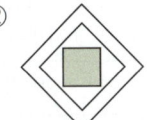

③ 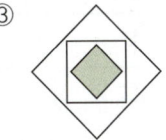   ④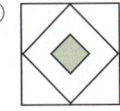

03.

① 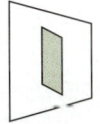   ②

③ 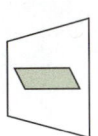   ④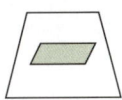

[04 ~ 05] 다음은 각 버튼이 의미하는 변환 조건을 나타낸 것이다. 제시된 도형이 몇 개의 버튼을 거쳐 화살표 다음 도형으로 바뀌었다면 어떤 과정을 거쳐야 하는지 고르시오.

버튼	변환 조건
□	1번과 2번 도형을 시계 방향으로 90° 회전함.
■	1번과 4번 도형을 시계 방향으로 90° 회전함.
◇	2번과 3번 도형을 시계 방향으로 90° 회전함.
◆	2번과 4번 도형을 시계 방향으로 90° 회전함.
○	3번과 4번 도형을 시계 방향으로 90° 회전함.

04.

① ◇ ○
② ■ ◇
③ ○ ◆
④ □ ◆

05.

①　□　◇
②　◆　■
③　◆　◇
④　□　○

06. 다음은 시중에 판매되고 있는 15평형 기준 공기청정기의 성능과 유지비용 등을 정리한 자료이다. 이를 참고하여 가장 합리적으로 물건을 구매한 사람은 누구인가?

구분	성능			판매가격 (원)	유지관리비용 (원/년)	에너지소비효율
	탈취효율	유해가스제거효율	소음			
A	★★★	★★	★★★	809,000	46,500	2등급
B	★★★	★★★	★★★	528,000	56,000	2등급
C	★★★	★★	★★	483,000	35,000	1등급
D	★★	★★★	★	212,000	95,000	3등급

※ ★★★ : 매우 우수, ★★ : 우수, ★ : 보통

① 나는 종합적으로 평가해 본 결과 A 제품의 성능이 가장 뛰어난 것이라고 판단해서 A 제품을 구매했어.
② 나는 에너지소비효율과 연간 유지비를 최우선으로 생각해서 C 제품을 구매했어.
③ 나는 소음이 좀 크긴 하지만 가격대비 가성비가 가장 뛰어나고 연간 유지비도 합리적인 D 제품을 구매했어.
④ 나는 유해가스를 제거하는 성능이 가장 중요하다고 생각해서 C 제품을 구매했어.

[07 ~ 08] 다음 자료를 보고 이어지는 질문에 답하시오.

〈각 지점 간 경로〉

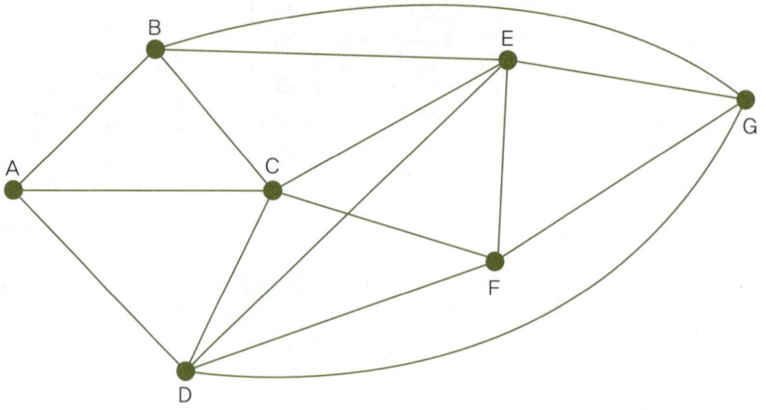

〈각 지점별 거리〉

(단위 : km)

구분	A	B	C	D	E	F	G
A	-	52	108	51	-	-	-
B	52	-	53	-	66	-	128
C	108	53	-	56	53	55	-
D	51	-	56	-	62	69	129
E	-	66	53	62	-	59	58
F	-	-	55	69	59	-	54
G	-	128	-	129	58	54	-

07. A 지점으로 출장을 나온 조 사원은 업무를 마치고 사무실이 있는 G 지점으로 운전해 돌아가고자 한다. 조 사원이 갈 수 있는 최단거리는? (단, 모든 지점을 거칠 필요는 없다)

① 159km ② 163km
③ 167km ④ 171km

08. (07번과 이어짐) 조 사원은 최단거리를 확인한 후 출발하려 했으나, C 지점에 출장을 갔던 박 대리가 픽업을 요청해 C 지점에 들러 박 대리를 태우고 사무실이 있는 G 지점으로 돌아가고자 한다. 박 대리를 태우고 최단경로로 이동할 경우 추가되는 이동 거리는?

① 41km
② 43km
③ 45km
④ 47km

09. ○○사 총무팀 K 씨는 다음 달 워크숍을 준비하려고 한다. 워크숍이 다음과 같이 진행될 때, K 씨가 대관할 호텔은?

1. 워크숍 진행

일시	20XX. XX. 13. ~ 20XX. XX. 14.
인원	40인
시설	대회의실, 20인 수용시설 2실, 숙박시설, 차량
예산	1,200,000원
비고	• 대회의실에는 40인이 모두 들어가야 함. • 같은 조건일 경우 노래방 기기가 있으면 더 선호함.

2. 숙박시설

구분	A 호텔	B 호텔	C 호텔	D 호텔
시설 현황	대회의실(40인) 소회의실(20인) 2실 숙박시설(40인) 차량 노래방 기기	대회의실(40인) 소회의실(20인) 2실 숙박시설(40인) 차량	대회의실(50인) 소회의실(20인) 2실 숙박시설(30인) 차량 노래방 기기	대회의실(60인) 소회의실(30인) 1실 숙박시설(50인) 차량 노래방 기기
지불 비용	950,000원	950,000원	1,200,000원	1,100,000원

① A 호텔
② B 호텔
③ C 호텔
④ D 호텔

[10 ~ 11] 다음은 경쟁관계인 갑 회사와 을 회사가 제품별 홍보에 따라 벌어들일 수 있는 수익체계를 정리한 표이다. 이어지는 질문에 답하시오.

〈홍보 제품별 수익체계〉

구분		을 회사		
		R 제품	J 제품	K 제품
갑 회사	R 제품	(-8, 2)	(5, -4)	(0, 10)
	J 제품	(-7, 13)	(6, 3)	(2, 7)
	K 제품	(10, -3)	(-5, 4)	(14, 3)

- 괄호 안의 숫자는 갑 회사와 을 회사의 홍보로 인한 월 수익(억 원)을 뜻한다(갑 회사 월 수익, 을 회사의 월 수익).
  예) 갑 회사가 R 제품을 홍보하고 을 회사가 J 제품을 홍보하였을 때, 갑 회사의 월 수익은 5억 원이고, 을 회사의 월 손해는 4억 원이다.

〈시기별 소비자 선호도〉

시기	선호 품목
1~3월	J 제품
4~6월	R 제품
7~9월	K 제품
10~12월	R, J 제품

- 제품을 선호하는 시기에 홍보를 하면 수익체계에 나타나는 월 수익의 50%가 증가, 월 손해의 50%가 감소된다.

10. 다음 중 제품을 홍보할 때 갑 회사와 을 회사가 얻는 수익의 합이 가장 큰 경우는? (단, 시기는 고려하지 않는다)

	갑	을		갑	을
①	R 제품	K 제품	②	J 제품	K 제품
③	K 제품	J 제품	④	K 제품	K 제품

11. 갑 회사는 을 회사가 1년 동안 J 제품을 홍보한다는 정보를 입수하였다. 갑 회사와 을 회사의 수익 차이가 최대가 되려면 갑 회사는 어떤 시기에 어떤 제품을 홍보해야 하는가? (단, 갑 회사의 수익이 을 회사의 수익보다 크다)

① 1~3월, R 제품
② 4~6월, R 제품
③ 7~9월, K 제품
④ 10~12월, R 제품

[12 ~ 13] 다음 〈보기〉는 명령어와 그에 따른 그래프 출력 결과이다. 이어지는 질문에 답하시오.

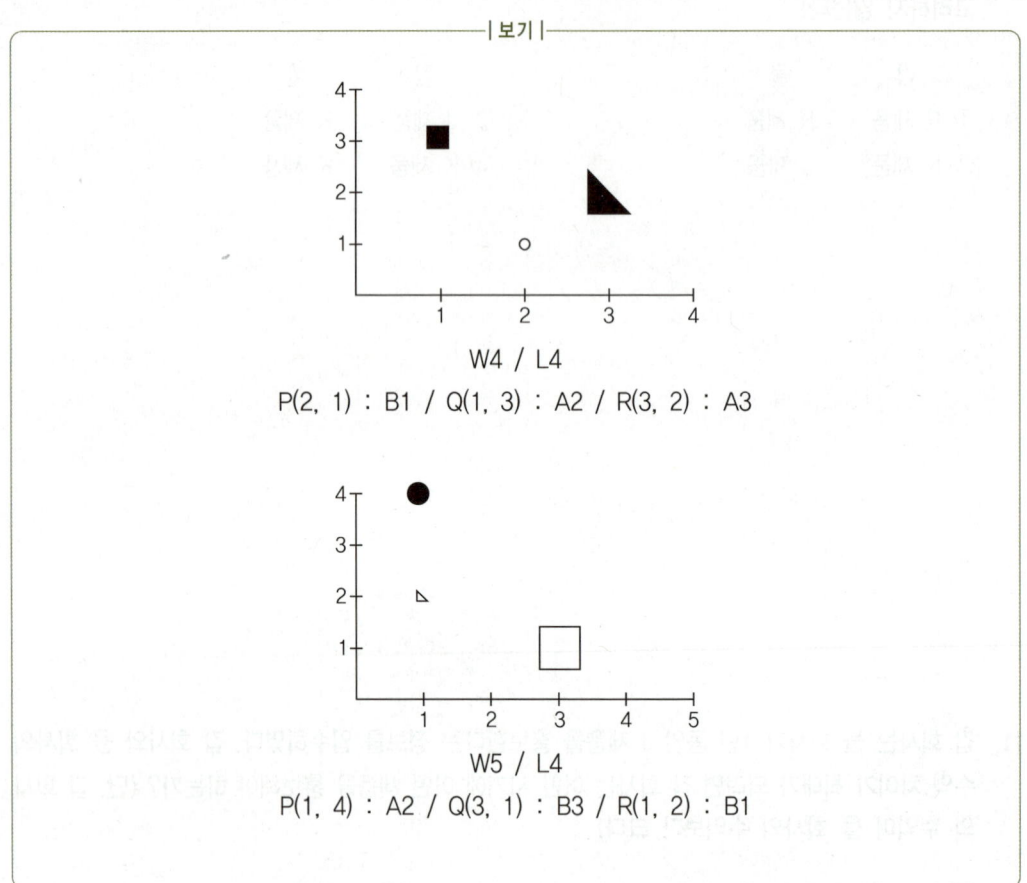

12. 다음 그래프에 알맞은 명령어는 무엇인가?

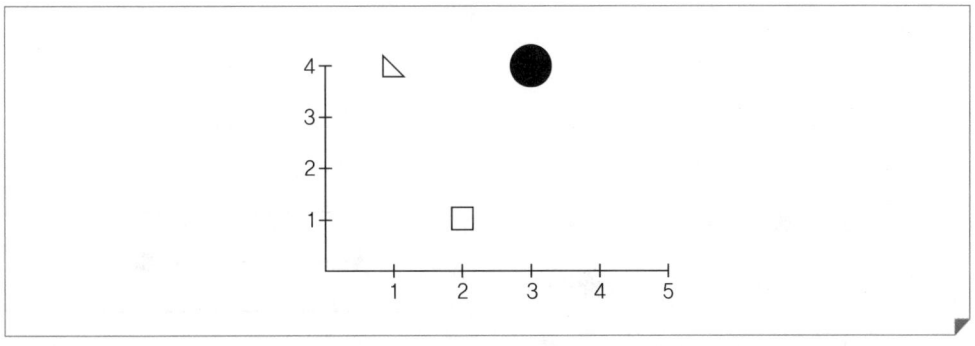

① W4 / L5
   P(4, 3) : A3 / Q(1, 2) : B2 / R(4, 1) : B2
② W5 / L4
   P(3, 4) : A3 / Q(2, 1) : B2 / R(1, 4) : B2
③ W5 / L4
   P(3, 4) : A3 / Q(2, 1) : B2 / R(1, 4) : B3
④ W5 / L4
   P(4, 3) : A3 / Q(1, 2) : B2 / R(1, 4) : B2

13. W6 / L4 P(4, 3) : B3 / Q(1, 1) : A3 / R(6, 1) : A1의 그래프를 산출할 때, 오류가 발생하여 아래와 같은 그래프가 산출되었다. 다음 중 오류가 발생한 값은?

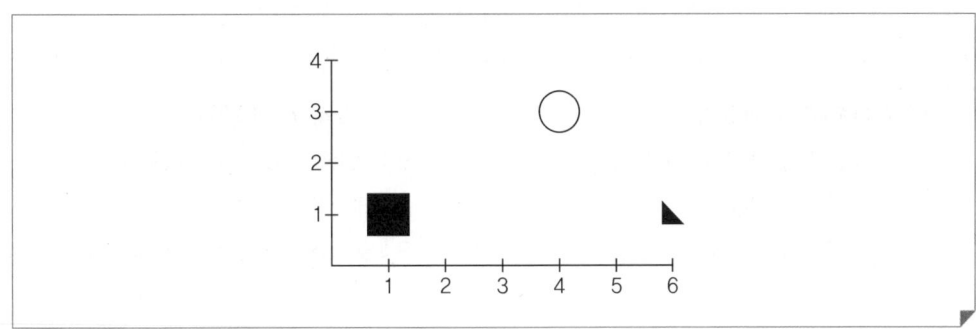

① W6 / L4
② P(4, 3) : B3
③ Q(1, 1) : A3
④ R(6, 1) : A1

[14 ~ 15] 다음 〈보기〉는 명령어와 그에 따른 그래프 출력 결과이다. 이어지는 질문에 답하시오.

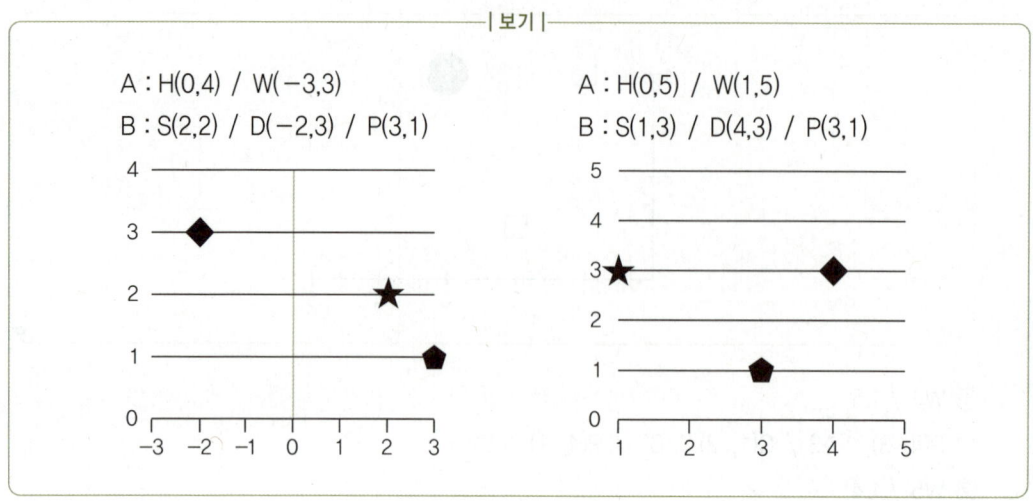

14. 다음 그래프를 출력하기 위한 명령어로 올바른 것은?

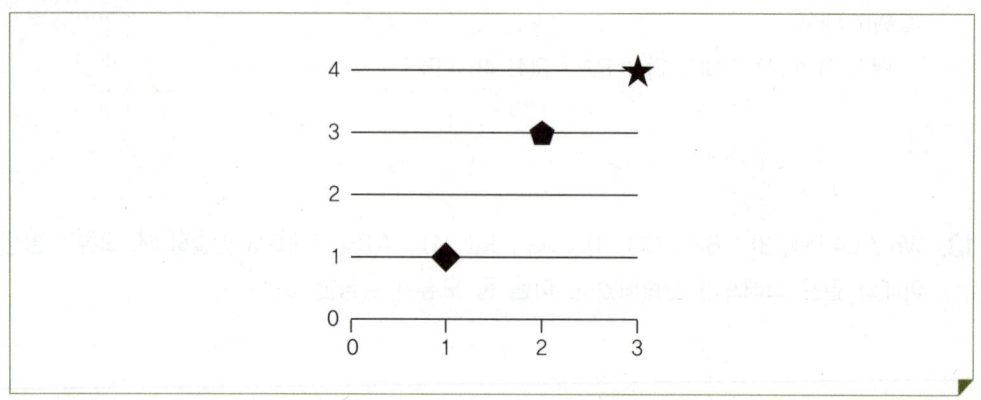

① A : H(4,0) / W(0,3)
　 B : S(1,1) / D(2,3) / P(3,4)

② A : H(0,4) / W(0,3)
　 B : S(3,4) / D(1,1) / P(2,3)

③ A : H(0,3) / W(0,4)
　 B : S(0,4) / D(2,3) / P(1,1)

④ A : H(0,4) / W(0,3)
　 B : S(2,3) / D(1,1) / P(0,4)

15. 다음 〈명령문〉은 오른쪽에 출력된 그래프를 토대로 명령어를 작성한 것이다. 〈명령문〉에서 잘못 작성된 부분은?

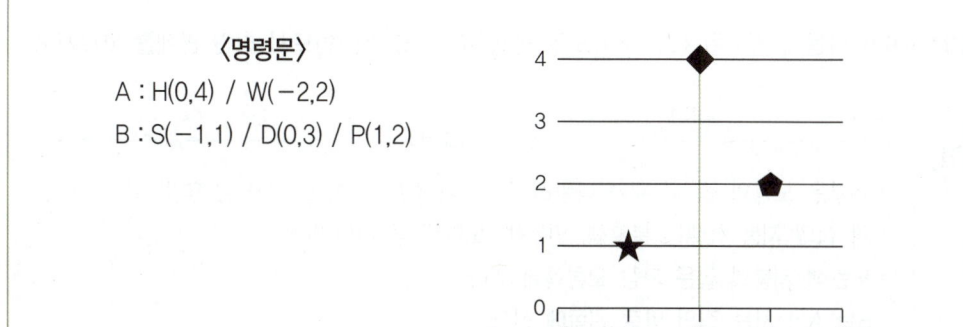

〈명령문〉
A : H(0,4) / W(-2,2)
B : S(-1,1) / D(0,3) / P(1,2)

① W(-2,2)
② S(-1,1)
③ D(0,3)
④ P(1,2)

[대졸직] 인적성검사

영역 4 추리

✓ 15문항

[01 ~ 03] 다음에 제시된 〈조건〉이 모두 성립한다고 할 때, 반드시 참인 명제를 고르시오.

01.

| 조건 |

- 똑같은 모양의 집 세 채가 나란히 있고, 각 집에는 A, B, C가 한 명씩 살고 있다.
- 세 집의 지붕 색깔은 분홍색, 연두색, 노란색 중 하나이다.
- 노란색 지붕의 집은 가장 오른쪽에 있다.
- B는 A가 사는 집의 바로 왼쪽에 산다.
- C가 사는 집의 지붕 색깔은 분홍색이다.

① A는 연두색 지붕의 집에서 산다.
② B는 노란색 지붕의 집에서 산다.
③ C가 사는 집은 가장 왼쪽에 있다.
④ 세 집의 지붕 색깔은 왼쪽에서부터 연두색, 분홍색, 노란색 순이다.

02.

| 조건 |

- 모든 사람은 피자 또는 리소토를 먹었다.
- 피자를 먹은 사람은 샐러드를 먹었다.
- 리소토를 먹은 사람은 스파게티를 먹지 않았다.
- 피자를 먹은 사람은 김밥을 먹지 않았다.
- 리소토를 먹은 사람은 피자를 먹지 않았다.

① 샐러드를 먹은 사람은 피자를 먹었다.
② 스파게티를 먹지 않은 사람은 리소토를 먹은 사람이다.
③ 김밥을 먹지 않은 사람은 피자를 먹은 사람이다.
④ 샐러드를 먹지 않은 사람은 피자를 먹지 않은 사람이다.

03.
| 조건 |
- 경영지원팀은 총무팀과 다른 층을 사용한다.
- 개발팀은 총무팀과 다른 층을 사용한다.
- 회계팀은 다른 세 팀과 다른 층을 사용한다.

① 회계팀과 경영지원팀은 같은 층을 사용한다.
② 경영지원팀은 회계팀과 다른 층을 사용한다.
③ 개발팀은 경영지원팀과 같은 층을 사용한다.
④ 총무팀은 회계팀과 같은 층을 사용한다.

04. 다음 전제를 바탕으로 참이 되는 결론은?

[전제] • 미국의 물가는 스위스보다 비싸다.
 • 홍콩의 물가는 프랑스보다 싸다.
 • 프랑스의 물가는 미국보다 비싸다.
[결론] • _____

① 스위스의 물가는 프랑스보다 싸다.
② 홍콩의 물가는 스위스보다 비싸다.
③ 홍콩의 물가는 미국보다 싸다.
④ 미국과 홍콩의 물가는 같다.

05. 사내식당 배식대 앞에서 A ~ F가 〈조건〉에 따라 한 줄로 서 있을 때, 다음 중 옳지 않은 것은?

---| 조건 |---
- A는 맨 뒤에서 두 번째에 서 있다.
- C와 D는 앞뒤로 붙어서 서 있다.
- B, E는 한 사람을 사이에 두고 서 있다.
- F는 맨 앞이나 맨 뒤에 설 수 없다.

① A와 F는 항상 한 사람을 사이에 두고 서 있다.
② F의 위치는 항상 같다.
③ B는 항상 A의 앞 또는 뒤이다.
④ C가 맨 앞에 오면 E가 맨 뒤이다.

06. ○○기업 마케팅팀은 프랜차이즈 사업을 준비하는 창업지원자들을 대상으로 초기사업비용, 인지도, 제품 원가, 평균수익에 대하여 조사하였다. 조사 결과가 다음과 같을 때, 옳은 추론은?

- 평균수익에 관심 없는 사람은 인지도에도 관심 없다.
- 제품 원가를 따지지 않는 사람은 평균수익에도 관심 없다
- 초기사업비용을 중시하는 사람은 제품 원가도 따진다.

① 제품 원가를 따지지 않는 사람은 인지도에도 관심 없다.
② 평균수익에 관심 있는 사람은 초기사업비용을 중시하지 않는다.
③ 초기사업비용을 중시하는 사람은 인지도에는 관심 없다.
④ 인지도에 관심 없는 사람도 제품 원가는 따진다.

07. A, B, C 세 명의 면접관이 앉아 있다. 이들 면접관의 넥타이 색깔은 물방울무늬, 줄무늬, 물결무늬이며 한 피면접자가 면접관을 바라볼 때 다음의 조건을 만족한다. 항상 참인 것은?

> • 물결무늬 넥타이는 맨 오른쪽에 있는 면접관이 하고 있다.
> • B 면접관은 A 면접관 옆에 앉아 있다.
> • C 면접관의 넥타이 무늬는 물방울무늬이다.

① A 면접관 넥타이는 줄무늬이다.
② A 면접관은 가운데 앉아 있다.
③ C 면접관은 맨 왼쪽에 앉아 있다.
④ B 면접관 넥타이는 물결무늬이다.

08. 다음 진술이 모두 참일 때, 반드시 참인지 알 수 없는 것은?

> • 기획팀 팀장님이 출장을 가지 않으면 회계팀 팀장님은 출장을 간다.
> • 회계팀 팀장님이 출장을 가지 않으면 A는 업무시간에 외근을 나간다.
> • 회계팀 팀장님이 출장을 가면 B는 회계팀 사람들과 회의를 한다.

① 회계팀 팀장님이 출장을 가지 않으면 기획팀 팀장님이 출장을 간다.
② A가 외근을 나가지 않으면 B는 회계팀 사람들과 회의를 한다.
③ B가 회계팀 사람들과 회의를 하지 않으면 A는 업무시간에 외근을 나간다.
④ 기획팀 팀장님이 출장을 가지 않으면 A는 업무시간에 외근을 하지 않는다.

[09 ~ 15] 다음 숫자들의 배열 규칙을 찾아 '?'에 들어갈 알맞은 수를 고르시오.

09.

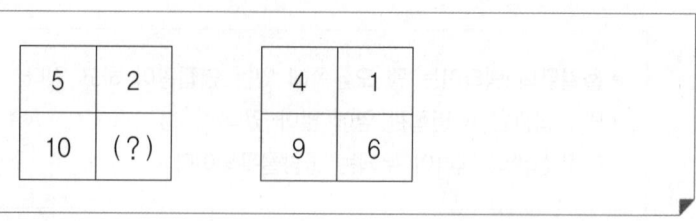

① 6　　　　　　　　　　② 7
③ 8　　　　　　　　　　④ 9

10.

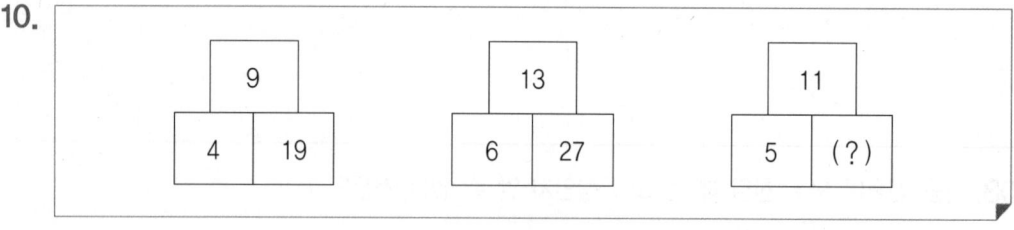

① 21　　　　　　　　　② 23
③ 25　　　　　　　　　④ 27

11.

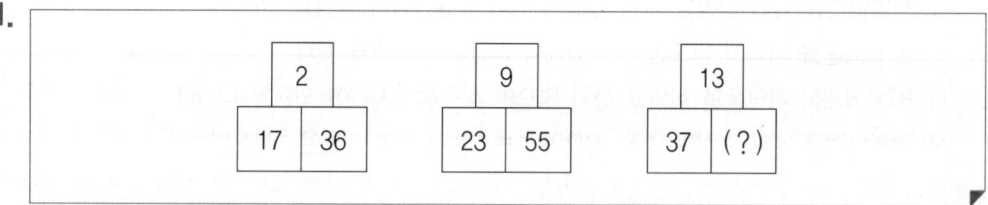

① 84　　　　　　　　　② 85
③ 86　　　　　　　　　④ 87

12.

1	2	$\frac{1}{2}$
6	18	2

10	5	20
12	18	(?)

① 6　　　　　　　　　　　② 7
③ 8　　　　　　　　　　　④ 9

13.

7　15　12　13　16　12　19　12　(?)

① 18　　　　　　　　　　　② 19
③ 20　　　　　　　　　　　④ 21

14.

2.3　3.9　6.7　10.7　15.9　(?)

① 18.9　　　　　　　　　　② 22.3
③ 23.4　　　　　　　　　　④ 25.9

15.

$\frac{3}{4}$　$\frac{1}{2}$　$\frac{1}{3}$　$\frac{2}{9}$　(?)

① $\frac{4}{27}$　　　　　　　　　　② $\frac{5}{18}$
③ $\frac{7}{12}$　　　　　　　　　　④ $\frac{4}{9}$

PAT 4회 기출유형문제

문항수 | 60문항
시험시간 | 60분

▶ 정답과 해설 47쪽

영역 1 언어이해 ✓ 15문항

01. 다음 글의 (가)~(다)에 들어갈 말로 알맞은 것은?

> 2~3개의 층을 터서 하나의 주거 공간으로 꾸미는 복층 디자인은 일반 주택에서 종종 볼 수 있었지만 아파트에서는 쉽게 볼 수 있는 구조가 아니었다. 그런데 최근 주택분양시장의 일반 아파트에서 복층 구조가 점점 주목받고 있다. 부동산 침체와 불황이 (가)되면서 건설업체들이 소비자를 유도하기 위해 다양한 아이디어를 내고 있는 것이다. 이런 추세를 반영하여 아파트에도 복층 구조 도입을 서두르는 민간 건설사가 늘고 있으며, 다양한 형태의 복층 세대 평면을 개발하여 특허 등록에 나서고 있다. 이에 소비자들은 기존의 단순했던 주택 디자인에서 벗어나 선택의 폭이 넓어졌다는 점에서 복층 디자인을 긍정적으로 평가하고 있다.
> 얼마 전 김포 한강 신도시의 한 타운하우스에 분양을 마친 어느 소비자는 2층까지 시원하게 높아진 층고와 문화공간으로 이용할 수 있는 다락방이 있어 입주할 날을 손꼽아 기다린다고 하였다. 또한 그는 아이들 방을 2층으로 배치하여 독립성을 살릴 것이라고 하였다. 이 타운하우스의 분양소장은 인터뷰에서 "그간 주택 유형이 (나) 구조였다면, 지금은 복합적이고 수직적인 구조로 변화하고 있어서 개개인별로 (다)인 공간 확보가 용이해져 앞으로 더욱 수요가 증가할 것"이라고 말하였다.

	(가)	(나)	(다)		(가)	(나)	(다)
①	가시화	일률적	기능적	②	가속화	평면적	합리적
③	가속화	수평적	창조적	④	가속화	일률적	평면적

02. 다음 글의 서술 방식으로 옳은 것은?

「춘향전」에서 이도령과 변학도는 아주 대조적인 사람이다. 흥부와 놀부가 대조적인 것도 물론이다. 한 사람은 하나부터 열까지가 다 좋고, 다른 사람은 모든 면에서 나쁘다. 적어도 이 이야기에 담긴 '권선징악'이라는 의도가 사람들로 하여금 그렇게 믿도록 한다.

소설만 그런 것이 아니다. 우리의 의식 속에는 은연중 이처럼 모든 사람을 좋은 사람과 나쁜 사람의 두 갈래로 나누고자 하는 버릇이 있다. 그래서인지 흔히 사건을 다루는 신문 보도는 모든 사람이 '경찰' 아니면 '도둑놈'인 것으로 단정한다. 죄를 저지른 사람에 관한 보도를 보면 마치 그 사람이 죄의 화신이고, 그 사람의 이력이 죄만으로 점철되었고, 그 사람의 인격에 바른 사람으로서의 흔적이 하나도 없는 것으로 착각하게 된다.

이처럼 우리는 부분만을 보고 전체에 대해 잘못된 판단을 내린다. 부분만을 제시하면서도 보는 이가 그것을 전체라고 잘못 믿게 만들 뿐만이 아니라, '말했다'를 '으스댔다', '우겼다', '푸념했다', '넋두리했다', '뇌까렸다', '잡아뗐다'와 같이 주관적으로 서술해 감정을 부추겨서 상대방으로 하여금 이성적인 사실 판단이 아닌 감정적인 심리 반응으로 얘기를 들을 수밖에 없도록 만든다.

이 세상에서 가장 결백하게 보이는 사람일망정 스스로나 남이 알아차리지 못하는 결함이 있을 수 있고, 이 세상에서 가장 못된 사람으로 낙인이 찍힌 사람일망정 결백한 사람에서도 찾지 못할 아름다운 인간성이 있을지도 모른다.

① 설의법을 적절히 활용하여 내용을 강조하고 있다.
② 열거법을 통해 말하고자 하는 바를 강조하고 있다.
③ 인용을 통해 주장을 뒷받침하고 있다.
④ 두 대상을 비교하여 자세히 설명하고 있다.

03. 다음 글의 주제로 알맞은 것은?

전쟁을 다룬 소설 중에는 실재했던 전쟁을 제재로 한 작품들이 있다. 이런 작품들은 허구를 매개로 실제로 발발했던 전쟁을 새롭게 조명하고 있다. 가령 『박씨전』은 패전했던 병자호란을 있는 그대로 받아들이고 싶지 않았던 조선 사람들의 욕망에 따라, 허구적 인물 박씨가 패전의 고통을 안겨 주었던 실존 인물인 용골대를 물리치는 장면을 중심으로 허구화되었다.

외적에 휘둘린 무능한 관군 탓에 병자호란 당시 여성은 전쟁의 큰 피해자였다. 『박씨전』에서는 이 비극적 체험을 재구성하여 전화를 피하기 위한 장소인 피화당(避禍堂)에서 여성 인물과 적군이 전투를 벌이는 장면을 설정하고 있다. 이들 간의 대립 구도에서 전개되는 이야기로 조선 사람들은 슬픔을 위로하고 희생자를 추모하며 공동체로서의 연대감을 강화하였다. 한편 『시장과 전장』은 한국 전쟁이 남긴 상흔을 직시하고 이에 좌절하지 않으려던 작가의 의지가 이념 간의 갈등에 노출되고 생존을 위해 몸부림치는 인물을 통해 허구화되었다. 이 소설에서는 전장을 재현하여 전쟁의 폭력에 노출된 개인의 연약함을 강조하고, 무고한 희생을 목도한 인물의 내면이 드러남으로써 개인의 존엄이 탐색되었다.

우리는 이런 작품들을 통해 전쟁의 성격을 탐색할 수 있다. 두 작품에서는 외적의 침략이나 이념 갈등과 같은 공동체 사이의 갈등이 드러나고 있다. 그런데 전쟁이 폭력적인 것은 이 과정에서 사람들이 죽기 때문만은 아니다. 전쟁의 명분은 폭력을 정당화하여 적의 죽음은 불가피한 것으로, 우리 편의 죽음은 불의한 적에 의한 희생으로 간주해 버린다. 전쟁은 냉혹하게도 아군, 적군 모두가 민간인의 죽음조차 외면하거나 자신의 명분에 따라 이를 이용하게 한다는 점에서 폭력성을 띠는 것이다.

두 작품 모두에서 사람들이 죽는 장소가 군사들이 대치하는 전선만이 아니라는 점에도 주목할 만하다. 전쟁터란 전장과 후방, 가해자와 피해자가 구분되지 않는 혼돈의 현장이다. 이 혼돈 속에서 사람들은 고통받으면서도 생의 의지를 추구해야 한다는 점에서 전쟁은 비극성을 띤다. 이처럼 전쟁의 허구화를 통해 우리는 전쟁에 대한 인식을 새롭게 할 수 있다.

① 문학에 반영되는 작가의 작품 세계
② 문학작품에 나타난 전쟁의 종류
③ 문학에서 허구화된 전쟁이 갖는 의미
④ 문학에 나타난 역사의 진위 여부 판단의 중요성

04. 다음 글의 내용과 일치하지 않는 것은?

12세기 이전까지 유럽에서의 독서는 신앙심을 고취하기 위하여 주로 성경이나 주석서를 천천히 반복해서 읽는 방식으로 이루어졌다. 그런데 12세기 들어 그리스 고전이 이슬람 세계로부터 대거 유입되고 학문적 저술의 양이 폭발적으로 늘어나게 되자 독서 문화에도 변화가 일어나기 시작했다.

이 시기의 독서는 폭넓고 풍부한 지식의 습득을 목적으로 삼게 되었다. 하지만 방대한 양의 저서를 두루 구해 읽는다는 것은 시간적으로나 경제적으로나 불가능한 일이었다. 이에 책의 중요한 내용을 뽑아 간략하게 정리한 요약집, 백과사전과 같은 다양한 참고 도서의 발행이 성행하였다. 이러한 책들은 텍스트가 장, 절로 나누어져 있고 중요한 구절에 표시가 있으며, 차례나 찾아보기 같은 보조 장치가 마련되어 있는 등 이전과 다른 새로운 방식으로 편집되었다. 이를 활용하여 독자들은 다양한 정보와 해석을 편리하고 빠르게 찾고, 이렇게 얻은 지식들을 논증의 도구로 활용할 수 있게 되었다.

그러나 이와 같은 참고 도서를 위주로 한 독서가 유행하면서 사람들은 점차 원전 독서를 등한시하여 원전이 담고 있는 풍부함을 맛볼 수 없게 되었다. 주요 부분을 발췌하여 읽는 것은 텍스트의 의미를 효율적으로 파악하게 하는 이점은 있었지만 그 속에 담긴 깊은 뜻을 이해하는 데에는 방해가 되었다.

① 12세기 이후에는 독서가 목적을 성취하기 위한 도구로 전락했다.
② 12세기 이후의 독서는 효율성을 극대화하는 방식으로 이루어졌다.
③ 12세기 이전에는 차례나 찾아보기 같은 보조 장치가 존재하지 않았다.
④ 12세기 이후 유행한 참고 도서는 원전의 깊고 풍부함을 담아낼 수 없었다.

[05~06] 다음 글을 읽고 이어지는 질문에 답하시오.

지구를 비추고 있는 태양은 지구에 계속 에너지를 공급하고 있는데도 그 에너지가 줄어들지 않는 것처럼 보인다. 태양이 공급하는 끊임없는 에너지는 어떻게 생성되는 것일까?

(가) 태양의 핵융합은 계속되지만 태양의 온도가 계속 올라가지는 않는다. 태양에는 자체적으로 온도를 제어할 수 있는 메커니즘이 있기 때문이다. 핵융합이 일어나 점점 온도가 올라가서 중심부의 압력이 높아지면 비교적 압력이 높지 않은 주변부로 원자들을 밀어내면서 온도를 떨어트리고 압력을 낮춘다. 그렇게 되면 이전보다 온도가 낮아져 활발하게 핵융합이 일어나지 않는다. 그러다가 어느 순간 압력과 온도가 충분히 낮아지면 주변부로 원자들을 밀어내지 않고, 다시 핵융합을 통해 온도를 올린다. 이러한 방식으로 태양은 항상 적절한 온도를 유지해 왔고, 앞으로도 오랫동안 지구에 적절한 에너지를 제공할 것이다.

(나) 시간이 더 지난 후, 과학자들은 태양의 에너지원이 수소와 헬륨이 하나로 결합하면서 생기는 핵융합 에너지라는 것을 알아냈다. 태양은 많은 양의 수소가 강한 중력에 의해 뭉쳐진 존재인데 태양의 중심부로 갈수록 온도가 점점 더 높아지고 수소와 헬륨의 핵융합이 일어난다. 왜냐하면 온도가 높을수록 원자의 운동에너지가 높아지기 때문이다. 즉, 원자들이 자체적으로 가지는 반발력보다 운동에너지가 더 높아져 비교적 낮은 온도일 때보다 더 가까워짐으로 인해 핵융합이 가능해진다. 이때 수소와 헬륨의 핵융합으로 줄어드는 질량은 질량에너지보존법칙에 따라 에너지로 바뀐다.

(다) 마리 퀴리에 의해 방사능의 존재가 발견되면서 과학자들은 태양의 에너지를 핵분열 에너지라고 추측하였다. 하지만 태양의 스펙트럼을 분석해 본 결과 방사능은 태양의 에너지원이 아니라는 사실을 발견하였다. 태양의 스펙트럼에서는 방사능 물질이 아닌 수소와 헬륨이 발견되었기 때문이다.

05. 글의 흐름에 따라 (가) ~ (다)를 순서대로 바르게 나열한 것은?

① (가) - (나) - (다)
② (가) - (다) - (나)
③ (다) - (가) - (나)
④ (다) - (나) - (가)

06. 제시된 글을 통해 추론할 수 없는 것은?

① 핵융합 과정에서 만들어지는 방사능 오염 물질은 사라지기까지 많은 시간이 걸린다.
② 광선의 스펙트럼을 분석하면 광선을 발산하는 물체의 구성 성분을 어느 정도 알 수 있다.
③ 원자들 사이에서는 반발력이 작용하지만 어떤 임계점을 넘는 운동에너지는 이를 무력화한다.
④ 태양에서 핵융합 이전 수소, 헬륨 각자의 질량 합계는 핵융합 이후 결과물의 질량보다 크다.

07. 다음 (가), (나)를 읽고 도출할 수 있는 결론으로 적절한 것은?

(가) 지난해 정부에서는 정보격차 해소를 위해 저소득층 가정의 아이들에게 컴퓨터 등의 정보통신기기를 보급하였다. 이를 통해 정보의 접근성 및 활용능력이 향상되었고 이는 학업성적의 향상에도 도움이 될 것으로 전망되었다. 그런데 올해 정보통신기기를 지원받은 가정의 아이들의 학업성적을 살펴본 결과, 성적이 오른 아이들은 소수에 불과하고 대부분이 전과 유사한 성적에 머물거나 오히려 하락한 경우도 나타났다.

(나) 정보통신기기의 보급은 아이들로 하여금 다양한 지식을 쉽게 얻을 수 있도록 한다는 점에서 도움이 된다. 하지만, 수업에 대한 흥미와 집중력이 낮아지고 공부를 소홀히 하는 행동 등을 유발하여 학업성적이 떨어지는 이유가 되기도 한다. 그런데 정보통신기기로 인한 학업성적의 하락은 저소득층 가정의 아이들에게서 더 큰 폭으로 나타난다. 이러한 결과는 부모들의 관리에서 비롯된다고 보는 견해가 있다. 대부분 고소득층의 부모들은 자녀의 기기 활용에 대해 관리와 통제를 가하지만, 저소득층의 부모들은 이러한 관리에 대해 소홀한 경향이 있다는 것이다.

① 정보통신기기의 보급은 정보격차 해소에는 도움이 되지만 아이들의 학업수준에는 부정적인 영향을 미친다.
② 정보통신기기의 보급을 통하여 부모들의 소득수준과 아이들의 학업수준과의 관련성을 찾아볼 수 있다.
③ 저소득층 아이들의 학업성적은 정보통신기기의 보급에 따라 영향을 받으므로 적절한 조절을 통해 아이들의 성적향상을 도울 수 있다.
④ 아이들의 학업성적에는 정보통신기기의 보급보다 기기에 대한 관리와 통제가 더 중요하게 작용한다.

08. 다음 글의 내용과 일치하는 것은?

> 도시의 존재를 지탱하는 기본적인 힘은 토지와 공간에 기초한 권력 의지나 그 공동체에 대한 의향에서 나온다. 또 다른 요소로는 자본의 역학과 관련 있는 화폐에 대한 욕망이 있다. 공동체에 대한 의향과 화폐에 대한 욕망은 종종 모순된다. 전자는 도시를 공간으로 보고 닫으려 하고, 후자는 도시를 게임의 영역으로 보고 개방하려 하기 때문이다. 그런데 문제는 오늘날 권력의 형식이 공동체의 공간에서 자본의 영역으로 주요 준거점을 옮기고 있다는 점이다. 도시가 계획되는 단계에서부터 자본의 역학과 그 욕망이 혼합되며, 도시가 어느 정도 구축되고 사람들이 살기 시작한 후에도 이러한 욕망은 미세하게 나뉜 상태로 도시에 침투하게 된다.
>
> 도시가 불가사의하면서도 매력적인 이유 중 하나는 화폐에 대한 욕망을 긍정하고 있기 때문일 것이다. 즉 도시는 자본의 무한함이 내재된 활동 형식을 배제하지 않는다. 일반적으로 공동체는 토지나 혈연이라는 망 속에서 개인의 존재를 그 유한함 속에서 취급한다. 하지만 화폐나 자본의 작용은 이러한 개인 존재의 무게를 버리고, 개인의 윤곽을 욕망의 다양한 선에 의해 일반화하고 추상화한다. 공동체의 역학에서는 이러한 화폐나 자본의 힘에 사로잡힌 개인을 '귀신이 씌었다'라거나 '이방인 죽이기' 등으로 몰아가 엄격한 배제의 대상이나 저주받은 존재로 삼는다.
>
> 하지만 도시에서 사람들의 욕망은 그러한 공동체의 역학으로부터 자유로워진다. 그와 동시에 욕망에는 새로운 규율 훈련의 메커니즘, 즉 무한한 소비의 주체가 되길 요구한다. 그러한 공간에서 창문에 놓인 귀여운 봉제 인형이나 마당에 놓인 강아지나 어린아이 인형은 그야말로 보여 주기 위한 것이며, 그곳에 사는 사람보다는 방문객이나 구매자 등 외부에서 그곳을 바라보는 사람의 시선에 대응하고 있다. 이렇게 외부의 시선을 끊임없이 내면화함으로써 그곳에서의 생활이 주체적인 현실로 구성되며 영위하게 된다.

① 오늘날의 권력은 도시에서의 공동체 역학을 배제함으로써 개인이 가진 속박을 풀고 자유롭고 쾌적한 생활을 보장하려 하고 있다.
② 도시에서는 공동체의 역학이 미치지 못하게 되어 사람들의 욕망이 증식되는데, 새로운 규율 훈련의 메커니즘은 개인 존재의 무게를 회복시킨다.
③ 화폐나 자본의 힘에 의존하는 개인은 공동체로부터 엄격하게 배제되어 교외로 쫓겨나게 되는데, 그곳에서는 외부로부터 기묘한 시선을 받게 된다.
④ 도시에서 화폐에 대한 욕망이 긍정됨에 따라 개인이 그 유한함을 통해 취급되는 힘은 점차 약해졌으며 그 존재는 추상화되어 가고 있다.

09. 다음 ㉠～㉣ 중 맞춤법이 틀린 것을 모두 고르면?

사람이 잠을 안 자고 계속 깨어 있으면서 ㉠끊임없이 일을 할 수 있는가? 경제학자들은 잠을 시간과 생산성 낭비로 간주한다. 각성제와 스테로이드를 투입하면서 어떻게든 우리가 잠을 자지 않고 계속 생산성을 발휘하도록 만들려고 한다. 이런 것이 어떤 결과를 가져올까? 이런 방법을 얼마간 계속 사용하면 우리는 온갖 각성제에도 불구하고 잠에 빠져들기 ㉡십상이다. 유기체적 프로세서는 잠을 회복과 재조정, 정화, 혁신, 창조적 해결방법으로 본다.

궁극적으로 어떤 기업과 사람이 성공할까? 내 경험, 특히 ㉢기업가로써의 경력을 돌아보건대 큰 리스크를 짊어지는 사람, 역설적이지만 성공과 실패를 가장 많이 해 본 사람이다. 우리는 성공과 성장을 통해서만 배우는 것이 아니다. 그런 사람이나 기업들은 점점 더 자기 과신에 빠지게 되어 엄청난 실수를 ㉣저질르거나 위험과 기회를 직시하지 못하게 된다. 파괴적인 혁신과 기업가 정신, 경제적 도전이 없으면 어떤 기업, 국가, 사람도 어떤 생물의 종도 효과적으로 성장하고 진화할 수 없다.

① ㉠, ㉡
② ㉡, ㉢
③ ㉢, ㉣
④ ㉡, ㉢, ㉣

10. 다음 기사문의 제목으로 가장 적절한 것은?

10대는 니코틴 중독에 성인보다 더욱 취약하고, 금연을 하지 못하고 평생 흡연으로 이어질 가능성이 높아 청소년 흡연에 대한 경각심이 높아지고 있다. 하지만 미질병통제예방센터(CDC)가 2018년 2월에 발표한 청소년 흡연 실태 보고서에 따르면 고등학생의 27.1%, 중학생의 7.1%가 최근 30일 내에 담배 제품을 흡입한 적이 있고, 최근 30일 내에 흡연 경험이 있는 10대는 2017년 360만 명에서 2018년 470만 명으로 증가했다. 한편 미국에서는 18세 이상이면 담배를 구입할 수 있는 현행법이 청소년 흡연율과 연관성이 있다는 주장이 지속적으로 제기되면서 담배 구입 가능 연령의 상향 조정에 대한 필요성이 제기되고 있다. 이에 하와이, 캘리포니아, 뉴저지, 오리건, 메인, 매사추세츠, 아칸소 주 등은 21세부터 담배 구매가 가능하도록 현행법을 바꾸었고, 2019년 7월 1일부터 일리노이 주와 버지니아 주를 시작으로 워싱턴, 유타 주에서도 담배 구매 가능 연령을 향후 상향할 것이라고 발표했다.

① 미국, 청소년 흡연 실태 조사 결과 대다수의 중·고등학생이 흡연 유경험자로 나타나
② 미국, 심각한 청소년 흡연율로 인한 미 전역 담배 구입 연령 상향 조정
③ 흡연 연령과 청소년 흡연율의 관계가 밝혀짐에 따라 담배 구입 연령 상향 조정
④ 미국, 심각한 청소년 흡연율에 다수의 주들 담배 구입 연령 21세로 상향 조정

[대졸직] 인적성검사

[11 ~ 12] 다음 글을 읽고 이어지는 질문에 답하시오.

복합매체는 인류의 삶을 새롭게 변화시킬 수 있으리라는 꿈을 갖게 하였다. 그러나 복합매체의 초월적 특성이 초래하는 파괴성, 가변적 특성이 낳은 불안의식, 통합적 특성으로 인한 주체 상실 등의 측면 또한 존재한다.

초월성이 초래하는 파괴성은 채팅의 은어와 선정성에서 가장 뚜렷하게 드러난다. 복합매체에서는 사람을 직접 만나는 대신 시간과 공간을 초월해서 만나기 때문에 자기를 드러내지 않아도 되고, 실제 이름 대신 통신 ID로만 교류한다. 그래서 빚어지는 결과는 언어의 폭력성과 국어 규범의 파괴다. 언어가 사회적 약속이라는 점에 비추어 볼 때 이러한 언어의 무책임한 사용은 심각한 파괴 현상을 낳는다.

가변성이 낳은 불안의식은 이 세상에 확실한 것은 없다는 기준의 부재 현상과 새로운 정보에서 나만 소외되고 있는지도 모른다는 불안감에서 오는 부정적 측면이다. 새로운 것이 좋은 것이라는 점은 인정하지만 어디까지나 정도 문제이다. 어제 알고 있던 정보가 오늘 낡은 것이 되고, 수정된 새 정보를 자신이 놓치고 있는지 모른다고 생각하면 불안에 빠질 수밖에 없게 된다.

통합성에서 초래되는 주체 상실의 경향은 (　　　　　㉠　　　　　)에서 잘 드러난다. 이러한 정보 활용의 태도가 실생활로 이어지면 그 결과는 주체의 상실로 나타난다. 자기 생각은 없이 남의 생각에 따라 결정하고 행동한다는 것은 위험한 수준을 넘어서 비극적인 것이다. 대중문화나 타인의 생각에 대한 무비판적인 쏠림, 일시적인 유행에 대한 판단 없는 참여 등의 주체 상실 현상은 진정한 민주 사회의 성립과 유지를 어렵게 할 수 있다.

따라서 복합매체의 세계에서 의사소통을 하되 다음과 같은 세 가지 원칙이 필요하다. 첫째, 파괴성에 빠지지 않도록 규칙과 책임의 룰을 지키는 규범성의 원칙, 둘째, 극도의 불안 의식에 사로잡히지 않도록 무한정하게 새로움을 추구하지 않는 절제성의 원칙, 셋째, 주체 상실을 초래하지 않기 위해서 자신의 생각과 판단을 바탕으로 참여하는 주체성의 원칙이 그것이다.

11. 글에서 글쓴이가 제시한 과제는 무엇인가?

① 복합매체의 초월성, 가변성, 통합성을 정확히 파악하는 일
② 복합매체를 통한 활동에서 준수해야 하는 규칙을 아는 일
③ 복합매체 사용이 파괴성, 불안의식, 주체 상실 등의 부작용을 유발할 수 있음을 아는 일
④ 복합매체 사용에 따른 부작용의 원인이 무엇인지 아는 일

12. 문맥상 ㉠에 들어갈 수 있는 적절한 사례를 모두 고르면?

> A : 자신이 친밀감을 느낄 정도로 자주 방문하는 인터넷 커뮤니티 사이트의 글은 출처를 따지지 않고 우선적으로 받아들이는 경우
> B : 신속하게 결정을 내리고자 특정 집단 내에서 유행하는 논리를 판단하기보다는 일단 자신의 의견인 것처럼 응답하는 경우
> C : 진짜 이름이 아닌 통신 ID로 글을 쓸 때 타인의 생각을 논리적으로 판단하지 않고 일단 공격적으로 비난하고 보는 경우
> D : 주류의 흐름에서 벗어나는 것을 두려워해 인터넷을 통한 정보 습득에 집착하는 경우

① A, B
② A, C
③ A, D
④ B, C

[13 ~ 14] 다음 글을 읽고 이어지는 질문에 답하시오.

한국어 사용자들은 사람을 만날 때 대화에 앞서 상대를 높여야 하는지 낮춰도 되는지를 먼저 고민한다. 언어가 그걸 요구하기 때문이다. 한 문장을 말할 때마다 그렇게 상대와 자신의 지위를 확인한다. 상대방은 나에게 반말과 존댓말을 마음대로 쓸 수 있지만 나는 상대방에게 존댓말밖에 쓰지 못할 때 나는 금방 무력해진다. 순종적인 자세가 되고 만다. 이때 존댓말은 어떤 내용을 제대로 실어 나르지 못한다. 세상을 바꿀 수도 있을 도전적인 아이디어들이 그렇게 한 사람의 머리 안에 갇혀 사라진다.

이 언어의 문제를 해결하지 못하면 상호 존중 문화를 만들 수 없고, 그 문화가 없으면 시민사회도, 민주주의도 이룰 수 없다고 믿는다. 이 적폐가 끊이지 않고 유전병처럼 후대로 이어질 것 같아 두렵다.

내가 제안하는 해결책은 가족이나 친구가 아닌 모든 성인, 예를 들면 점원, 후배, 부하 직원에게 존댓말을 쓰자는 것이다. 언어가 바뀌면 몸가짐도 바뀐다. 사회적 약자는 존댓말을 듣는 동안에는 자기 앞에 최소한의 존엄을 지키는 방어선이 있다고 느낀다. 그 선을 넘는 폭력의 언어를 공적인 장소에서 몰아내자는 것이다. 고객이 반말을 하는 순간 콜센터 상담사들이 바로 전화를 끊을 수 있게 하자는 것이다.

그리고 반말은 가족과 친구끼리, 쌍방향으로 쓰는 언어로 그 영역을 축소하자는 것이다. '직장 후배지만, 정말 가족이나 친구처럼 친한 관계'라면 상대가 나에게 반말을 쓰는 것도 괜찮은지 스스로 물어보자. 상대가 입원했을 때 병원비를 내줄 수 있는지도 따져보자. 그럴 수 없다면 존댓말을 쓰자.

나는 몇 년 전부터 새로 알게 되는 사람에게는 무조건 존댓말을 쓰려 한다. 그럼에도 불구하고 앞서 말했듯이 상대의 나이를 여전히 살피게 된다. 반말을 쓰던 지인에게 갑자기 존댓말을 쓰는 것도 영 쑥스러워 하지 못한다. 존댓말과 반말이라는 감옥의 죄수라서 그렇다. 그러나 다음 세대를 위해 창살 몇 개 정도는 부러뜨리고 싶다. 다음 세대는 벽을 부수고, 다음다음 세대는 문을 열고, 그렇게 ㉠새 시대를 꿈꾸고 싶다.

13. 다음 중 제시된 글의 내용 및 글쓴이의 의도를 바르게 이해하지 못한 사람은?

① 아름 : 한국어는 상대와 자신의 지위를 확인할 수 있는 언어이군.
② 다운 : 상대에게 반말을 하면 그 사람이 입원했을 때 병원비를 내줘야 한다는 말이네.
③ 우리 : 상호 간의 존댓말은 서로 존중받는다는 느낌을 줄 수 있군.
④ 나라 : 일부 고객에게 반말을 듣는 콜센터 상담사들은 무력감을 느낄 수 있겠어.

14. 밑줄 친 ㉠의 의미로 적절한 것을 모두 고르면?

(가) 자신의 생각을 제대로 말하는 시대
(나) 도전적인 아이디어를 창출하는 시대
(다) 상호 존중하는 시대
(라) 직장 동료를 가족처럼 친근하게 대하는 시대

① (가)
② (가), (다)
③ (가), (나), (다)
④ (가), (나), (라)

15. 다음 글을 통해 추론할 수 있는 내용으로 적절하지 않은 것은?

> 우리가 기억하는 것들은 크게 서술 정보와 비서술 정보로 나뉜다. 서술 정보란 학교 공부, 영화 줄거리, 장소나 위치, 사람 얼굴처럼 말로 표현할 수 있는 정보이다. 반면 비서술 정보는 몸으로 습득하는 운동 기술, 습관, 버릇, 반사적 행동 등과 같이 말로 표현할 수 없는 정보이다. 이 중에서 서술 정보를 처리하는 중요한 기능을 담당하는 것은 뇌의 내측두엽에 있는 해마로 알려져 있다. 교통사고를 당해 해마 부위가 손상된 이후 서술 기억 능력이 손상된 사람의 예가 그 사실을 뒷받침한다. 그렇지만 그는 교통사고 이전의 오래된 기억은 모두 떠올렸다. 해마가 장기 기억을 저장하는 장소가 아니라는 증거다. 많은 학자들은 서술 정보가 오랫동안 저장되는 곳으로 대뇌피질을 지목하고 있다.
>
> 그러면 비서술 정보는 어디에 저장될까? 운동 기술은 대뇌의 선조체나 소뇌에 저장되며, 계속적인 자극에 둔감해지는 '습관화'나 한번 자극을 받은 뒤 그와 비슷한 자극에 계속 반응하는 '민감화' 기억은 감각이나 운동 체계를 관장하는 신경망에 저장된다고 알려져 있다. 감정이나 공포와 관련된 기억은 편도체에 저장된다.

① 서술 정보와 비서술 정보는 말로 표현할 수 있느냐의 여부에 따라 구분된다.
② 장기 기억되는 서술 정보는 대뇌피질에 분산되어 저장된다.
③ 뇌가 받아들인 기억 정보는 유형에 따라 각각 다른 장소에 저장된다.
④ 비서술 정보는 자극의 횟수에 의해 기억 여부가 결정된다.

영역 2 자료해석

15문항

01. 다음 자료에 대한 설명으로 옳지 않은 것은?

〈S사 연구기관 직종별 인력 현황〉

구분		20X5년	20X6년	20X7년	20X8년	20X9년
정원(명)	연구 인력	80	80	85	90	95
	지원 인력	15	15	19	20	25
	계	95	95	103	110	120
현원(명)	연구 인력	79	79	77	75	72
	지원 인력	12	14	17	21	25
	계	91	93	94	96	97
박사학위 소지자(명)	연구 인력	52	53	51	52	55
	지원 인력	3	3	3	3	3
	계	55	56	54	55	58
평균 연령 (세)	연구 인력	42.1	43.1	41.2	42.2	39.8
	지원 인력	43.8	45.1	46.1	47.1	45.5
평균 연봉 지급액(만 원)	연구 인력	4,705	5,120	4,998	5,212	5,430
	지원 인력	4,954	5,045	4,725	4,615	4,540

※ 충원율(%) = $\frac{현원}{정원}$ × 100

① 지원 인력의 충원율이 100을 초과하는 해가 있다.
② 연구 인력과 지원 인력의 평균 연령 차이는 전년 대비 계속해서 커지고 있다.
③ 지원 인력 가운데 박사학위 소지자의 비율은 매년 줄어들고 있다.
④ 20X6년 이후로 지원 인력의 평균 연봉 지급액이 연구 인력을 앞지른 해는 없다.

[02 ~ 03] 다음의 자료를 보고 이어지는 질문에 답하시오.

〈20X2 ~ 20X9년 기금조성현황〉

(단위 : 억 원)

구분	정부출연금(a)	공자예수금(b)	공자예수원금상환(c)	재정운영결과(d)	계(a+b-c-d)
20X2년	2,990	1,500	70	1,147	3,273
20X3년	3,100	1,621	70	2,088	㉠
20X4년	4,590	–	70	2,076	㉡
20X5년	7,664	–	70	2,188	5,406
20X6년	6,100	–	70	1,678	4,352
20X7년	5,900	–	23	1,899	3,978
20X8년	6,713	120	–	2,015	4,818
20X9년	7,800	2,720	1,500	246	8,774
누계	44,857	5,961	1,873	13,337	35,608

※ 1억 원 미만으로 집계된 경우 –로 표시하며, 계산 시 0으로 간주함.

02. 위 자료를 그래프로 나타내고자 한다. 다음 그래프로 나타낼 수 있는 항목으로 가장 적절한 것은?

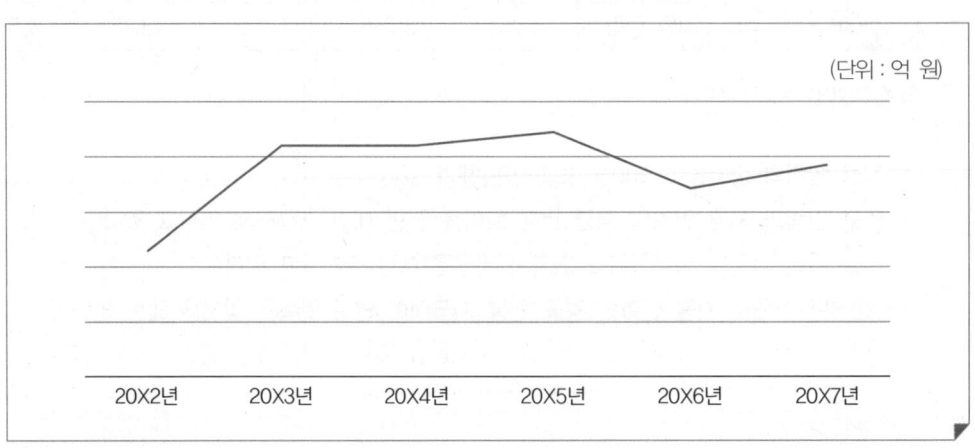

① 정부출연금　　　　　　　　② 공자예수금
③ 공자예수원금상환　　　　　④ 재정운영결과

03. 다음 중 제시된 자료에 대한 설명으로 적절하지 않은 것은?

① 공사예수원금상환이 가장 적은 해에는 공자예수금 역시 가장 적다.
② 전년 대비 정부출연금의 감소액이 가장 큰 해는 20X6년이다.
③ 전년 대비 정부출연금의 증가액이 가장 큰 해의 전년 대비 재정운영결과 증가액은 20X2 ~ 20X9년 중 가장 적다.
④ ㉠의 값이 ㉡의 값보다 크다.

04. 다음은 인접한 4개 국가의 상호 전력 수출입 현황을 표로 나타낸 것이다. 이에 대한 내용 중 올바른 것을 〈보기〉에서 모두 고르면?

(단위 : 천 kW)

수출국 \ 수입국	N국	K국	S국	E국
N국	-	420	234	270
K국	153	-	552	635
S국	277	432	-	405
E국	105	215	330	-

| 보기 |

가. 전력의 수출량이 수입량보다 많은 국가는 2개이다.
나. 전력의 무역수지가 0에 가장 가까운 국가는 S국이다.
다. N국의 총합 전력 수입량의 2배가 넘는 전력량을 수출하는 국가는 2개이다.
라. N국이 모든 국가로의 수출량을 절반으로 줄이면 나머지 3개국의 수입량은 모두 1,000천 kW 이하로 줄어든다.

① 나, 다, 라
② 가, 다, 라
③ 가, 나, 라
④ 가, 나, 다

05. 다음은 우리나라 가구 수에 관한 자료이다. 〈보기〉 중 자료에 대한 해석으로 적절한 것은 모두 몇 개인가?

〈자료 1〉 우리나라 평균가구원 수 및 1인 가구 비율

(단위 : 명, %)

구분	1980년	1985년	1990년	1995년	2000년	2005년	2010년
평균가구원 수	4.47	4.08	2.74	3.42	3.12	2.88	2.76
1인 가구 비율	4.5	6.7	9.1	12.9	16.3	20.4	23.8

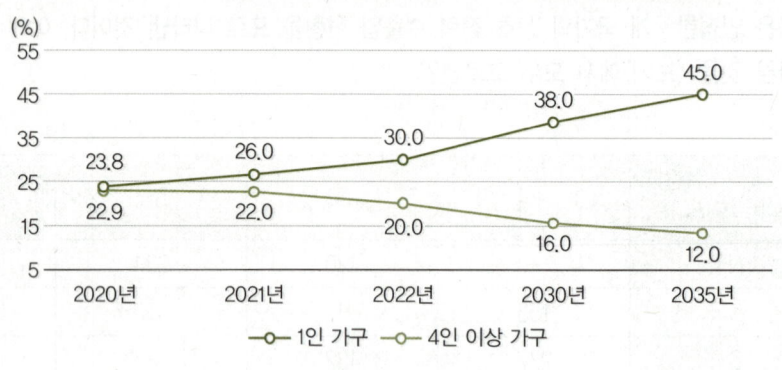

〈자료 2〉 1인 가구와 4인 가구의 비율 예상 추이(2025년은 예측치)

| 보기 |

㉠ 2021년 평균가구원 수는 최소 2.13명이다.
㉡ 1980년 이후 평균가구원 수는 5년마다 꾸준히 감소하였다.
㉢ 2022년 2~3인 가구의 비율은 전체 가구에서 절반 이하이다.
㉣ 1995년 1인 가구 비율은 1990년 대비 50% 이상 증가하였다.

① 0개 ② 1개 ③ 2개 ④ 3개

06. 다음 중 〈자료 1, 2〉에 대한 설명으로 옳지 않은 것은?

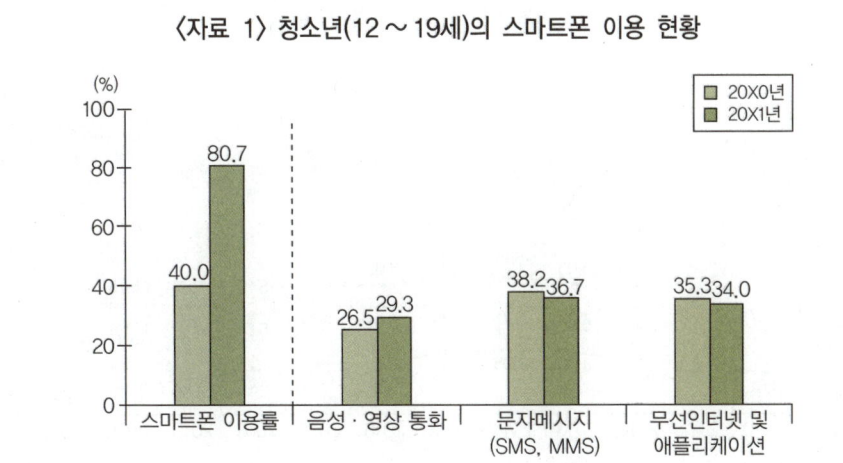

〈자료 2〉 청소년(12~19세)의 스마트폰 이용 시간

(단위 : 시간, %)

구분	일평균 이용 시간	시간별 이용률				
		계	1시간 미만	1시간 이상~2시간 미만	2시간 이상~3시간 미만	3시간 이상
20X0년	2.7	100.0	16.0	24.3	18.0	41.7
20X1년	2.6	100.0	7.7	28.9	27.0	36.4

① 청소년들은 스마트폰으로 음성·영상 통화보다 문자메시지를 더 많이 사용한다.
② 20X1년 청소년의 스마트폰 일평균 이용 시간은 전년과 비슷한 수준이다.
③ 청소년의 스마트폰 일평균 이용 시간은 시간별 이용률에서 가장 많은 비중을 차지하는 이용 시간보다 많다.
④ 20X1년 청소년의 스마트폰 이용률은 전년에 비해 40%p 이상 증가하였다.

[07 ~ 08] 다음은 소득 5분위 배율에 대한 자료이다. 이어지는 질문에 답하시오.

〈기준소득별 소득 5분위 배율〉

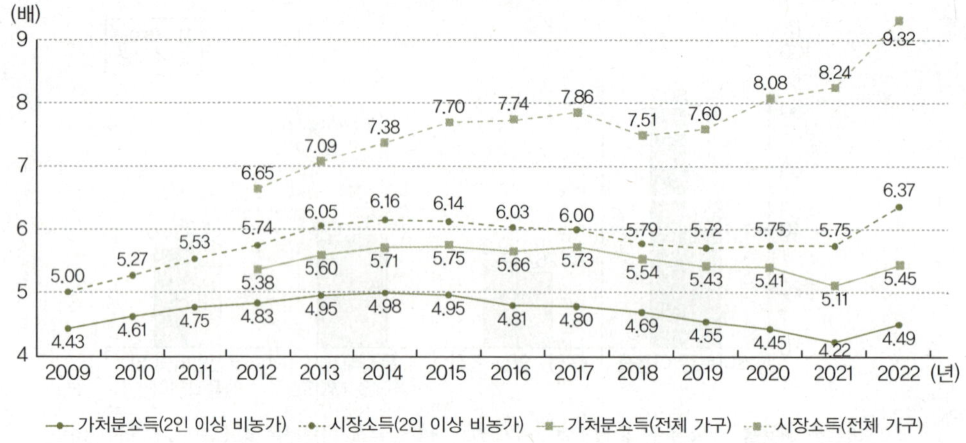

연도	가처분소득(2인 이상 비농가)	시장소득(2인 이상 비농가)	가처분소득(전체 가구)	시장소득(전체 가구)
2009	4.43	5.00		
2010	4.61	5.27		
2011	4.75	5.53		
2012	4.83	5.74	5.38	6.65
2013	4.95	6.05	5.60	7.09
2014	4.98	6.16	5.71	7.38
2015	4.95	6.14	5.75	7.70
2016	4.81	6.03	5.66	7.74
2017	4.80	6.00	5.73	7.86
2018	4.69	5.79	5.54	7.51
2019	4.55	5.72	5.43	7.60
2020	4.45	5.75	5.41	8.08
2021	4.22	5.75	5.11	8.24
2022	4.49	6.37	5.45	9.32

〈OECD 국가 가처분소득 기준 소득 5분위 배율 비교(2020년)〉

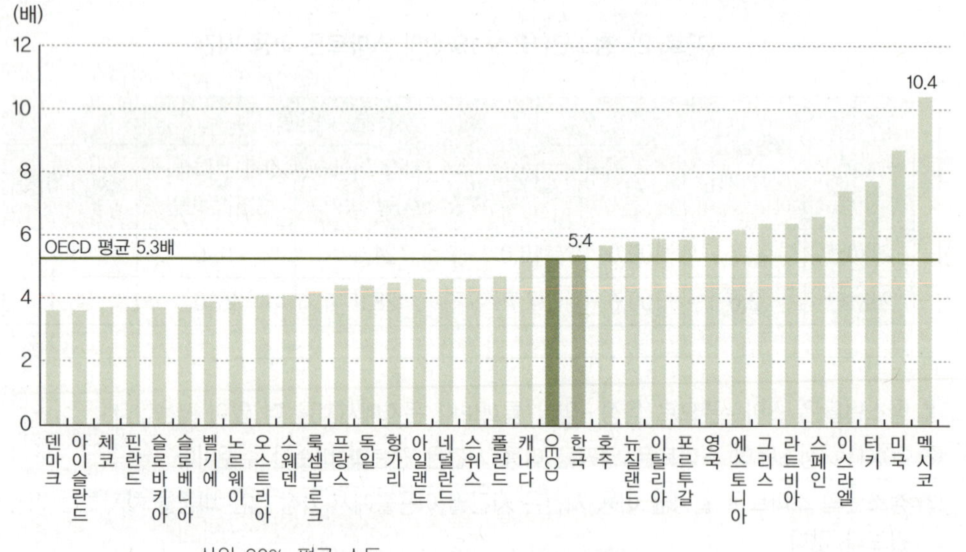

OECD 평균 5.3배
한국 5.4
멕시코 10.4

국가 순서: 덴마크, 아이슬란드, 체코, 핀란드, 슬로바키아, 슬로베니아, 벨기에, 노르웨이, 오스트리아, 스웨덴, 룩셈부르크, 프랑스, 독일, 헝가리, 아일랜드, 네덜란드, 스위스, 폴란드, 캐나다, OECD, 한국, 호주, 뉴질랜드, 이탈리아, 포르투갈, 영국, 에스토니아, 그리스, 라트비아, 스페인, 이스라엘, 터키, 미국, 멕시코

※ 소득 5분위 배율 = $\dfrac{\text{상위 20\% 평균 소득}}{\text{하위 20\% 평균 소득}}$

07. 다음 중 제시된 자료에 대한 설명으로 적절하지 않은 것은?

① 가처분소득 기준 2018 ~ 2021년까지는 빈부격차가 지속적으로 감소하였다.
② 가처분소득 기준 빈부격차는 감소했지만 시장소득 기준 빈부격차는 증가한 해가 있다.
③ 시장소득 기준 2인 이상 비농가와 전체 가구의 소득 5분위 배율 격차는 2019년 이후 지속적으로 증가하고 있다.
④ 2020년 멕시코의 경우, 상위 20%의 가처분소득 평균이 미국보다 더 많다.

08. 2012년 대비 2022년의 우리나라 전체 가구의 가처분소득과 시장소득의 소득 5분위 배율 증가율은 순서대로 각각 몇 %인가? (단, 소수점 아래 둘째 자리에서 내림한다)

① 0.6%, 38.5%
② 1.3%, 40.1%
③ 1.3%, 41.2%
④ 2.3%, 40.1%

09. 다음 자료에 대한 설명으로 옳은 것은?

〈한국, 중국, 일본의 배타적 경제수역(EEZ) 내 조업현황〉

(단위: 척, 일, 톤)

해역	어선 국적	구분	20X8년 12월	20X9년 11월	20X9년 12월
한국 EEZ	일본	입어척수	30	70	57
		조업일수	166	1,061	277
		어획량	338	2,176	1,177
	중국	입어척수	1,556	1,468	1,536
		조업일수	27,070	28,454	27,946
		어획량	18,911	9,445	21,230
중국 EEZ	한국	입어척수	68	58	62
		조업일수	1,211	789	1,122
		어획량	463	64	401
일본 EEZ	한국	입어척수	335	242	368
		조업일수	3,992	1,340	3,236
		어획량	5,949	500	8,233

① 20X9년 12월 중국 EEZ 내 한국어선 조업일수는 전월 대비 감소하였다.
② 20X9년 11월 한국어선의 일본 EEZ 입어척수는 전년 동월 대비 감소하였다.
③ 20X9년 12월 일본 EEZ 내 한국어선의 조업일수는 같은 기간 중국 EEZ 내 한국어선 조업일수의 3배 이상이다.
④ 20X9년 11월 일본어선과 중국어선의 한국 EEZ 내 어획량 합은 같은 기간 중국 EEZ와 일본 EEZ 내 한국어선 어획량 합의 20배 이상이다.

10. 다음 연도별 재건축 추진현황 자료에 대한 분석으로 옳지 않은 것은?

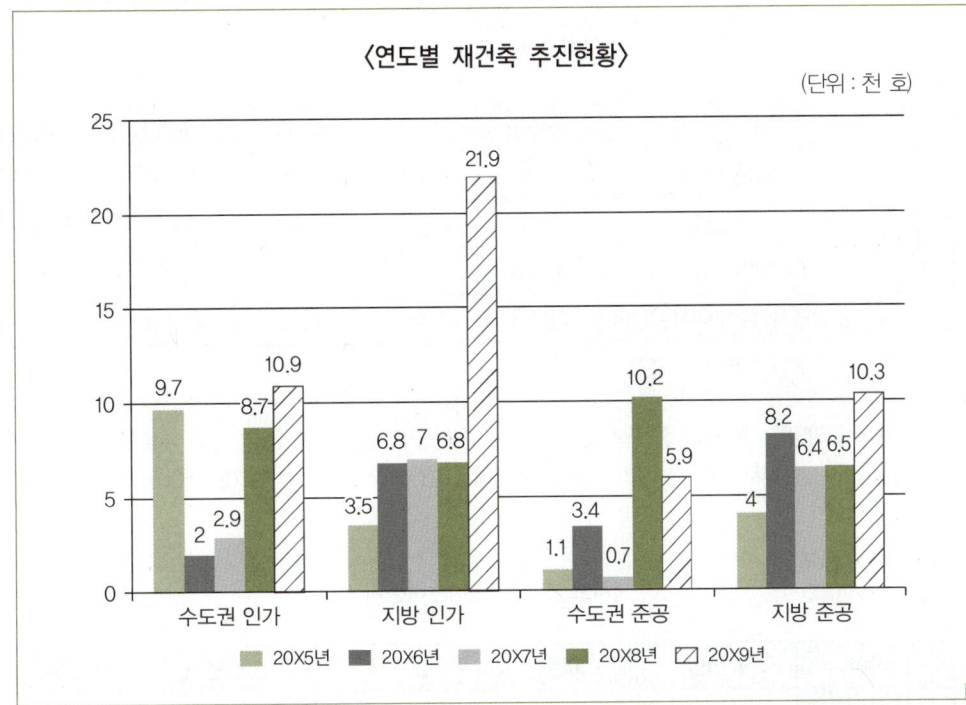

① 20X5 ~ 20X9년 동안 수도권의 평균 재건축 인가 호수는 준공 호수보다 많다.
② 재건축 인가 호수가 전년 대비 가장 큰 폭으로 변동한 것은 20X9년 지방의 경우이다.
③ 수도권이 지방보다 더 많은 재건축 인가/준공 호수를 보인 해는 각각 2개씩이다.
④ 지방의 재건축 준공 호수와 연도별 증감 추이가 동일한 항목은 없다.

[11 ~ 12] 다음은 국내 인구이동 현황이다. 이어지는 질문에 답하시오.

〈자료 1〉 국내 인구이동

(단위 : 천 명, %, 건)

구분		2019년	2020년	2021년	2022년	2023년
총이동	이동자 수	7,412	7,629	7,755	7,378	7,154
	이동률	14.7	15.0	15.2	14.0	13.8
	전입신고건수	4,505	4,657	4,761	4,570	4,570
	이동자 성비(여자=100)	102.3	102.9	103.2	103.9	104.1

※ 이동률(%) : $\frac{\text{연간 이동자 수}}{\text{주민등록 연앙인구}} \times 100$

※ 주민등록 연앙인구 : 한 해의 중앙일(7월 1일)에 해당하는 인구로 당해년 평균인구의 개념

※ 전입신고건수 : 동일시점에 동일세대 구성원이 동시에 전입신고한 경우 함께 신고한 세대원수에 상관없이 1건으로 집계

〈자료 2〉 권역별 순이동자 수

(단위 : 천 명)

구분	2019년	2020년	2021년	2022년	2023년
수도권	-4	-21	-33	-1	16
중부권	28	39	49	41	42
호남권	-7	-6	-8	-16	-18
영남권	-25	-23	-22	-40	-54

※ 순이동=전입-전출
※ 전입 : 행정 읍면동 경계를 넘어 다른 지역에서 특정 지역으로 이동해 온 경우
※ 전출 : 행정 읍면동 경계를 넘어 특정 지역에서 다른 지역으로 이동해 간 경우

11. 다음 중 자료에 대한 설명으로 옳지 않은 것은?

① 2020년에는 여자 100명이 이동할 때 남자 102.9명이 이동했다.
② 국내 인구 이동률은 2021년 이후 계속해서 감소하고 있는 추세이다.
③ 2019 ~ 2022년까지 수도권으로 전입한 인구가 전출한 인구보다 많다.
④ 2019 ~ 2023년까지 중부권은 전입이 전출보다 많다.

12. 2022년의 주민등록 연앙인구는 몇 명인가?

① 48,145,000명
② 50,860,000명
③ 52,700,000명
④ 54,380,000명

13. 다음 자료에 대한 해석으로 적절한 것은?

〈201X년 주택형태별 에너지 소비 현황〉

(단위 : 천 TOE)

구분	연탄	석유	도시가스	전력	열에너지	기타	합계
단독주택	411.8	2,051.8	2,662.1	2,118.0	–	110.3	7,354
아파트	–	111.4	5,609.3	2,551.5	1,852.9	–	10,125
연립주택	1.4	33.0	1,024.6	371.7	4.3	–	1,435
다세대주택	–	19.7	1,192.6	432.6	–	–	1,645
상가주택	–	10.2	115.8	77.6	15.0	2.4	221
총합	413.2	2,226.1	10,604.4	5,551.4	1,872.2	112.7	20,780

※ 전력 : 전기에너지와 심야전력에너지 포함
※ 기타 : 장작 등 임산 연료

① 단독주택에서 소비한 전력 에너지량은 단독주택 전체 에너지 소비량의 30% 이상을 차지한다.
② 모든 주택형태에서 가장 많이 소비한 에너지 유형은 도시가스 에너지이다.
③ 아파트는 다른 주택형태에 비해 가구당 에너지 소비량이 많다.
④ 모든 주택형태에서 소비되는 에너지 유형은 4가지이다.

[14 ~ 15] 다음 그래프를 보고 이어지는 질문에 답하시오.

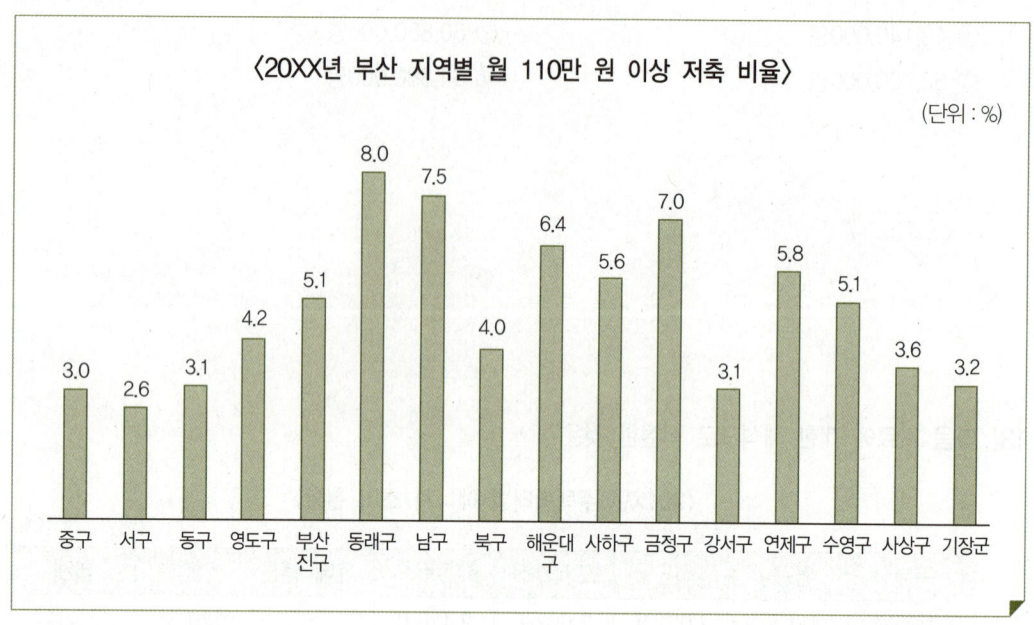

14. 비율이 두 번째로 높은 지역과 가장 낮은 지역의 비율을 합한 값은?

① 8.1%p ② 9.6%p
③ 10.1%p ④ 11.6%p

15. 연제구의 총인구수가 20만 명일 때, 월 110만 원 이상 저축하는 인구수는?

① 8,600명 ② 9,600명
③ 10,600명 ④ 11,600명

영역 3 문제해결

15문항

[01 ~ 02] 다음은 도형 변환 버튼과 그 기능을 정리한 표이다. 이어지는 질문에 답하시오.

버튼	기능
○	1번, 2번 연산을 순방향으로 1회 진행
●	3번, 4번 연산을 순방향으로 1회 진행
◇	1번, 4번 연산을 역방향으로 1회 진행
◆	2번, 3번 연산을 역방향으로 1회 진행
□	모든 연산을 순방향으로 1회 진행
■	모든 연산을 역방향으로 1회 진행

순방향 : + − × ÷ / 역방향 : ÷ × − +

01. 처음 상태에서 두 번의 버튼을 눌렀더니 다음과 같은 모양의 변화가 일어났다. 어떤 버튼을 눌렀는가?

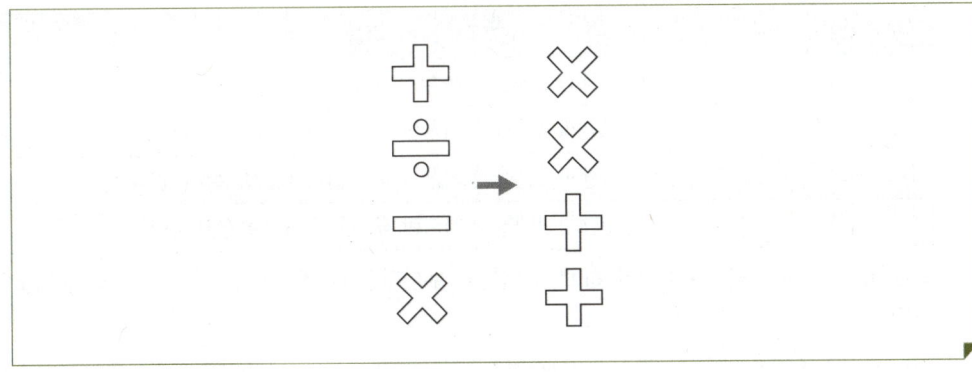

① ○, ■
② ■, ◇
③ □, ●
④ ○, ◆

02. 처음 상태에서 세 번의 버튼을 눌렀더니 다음과 같은 모양의 변화가 일어났다. 어떤 버튼을 눌렀는가?

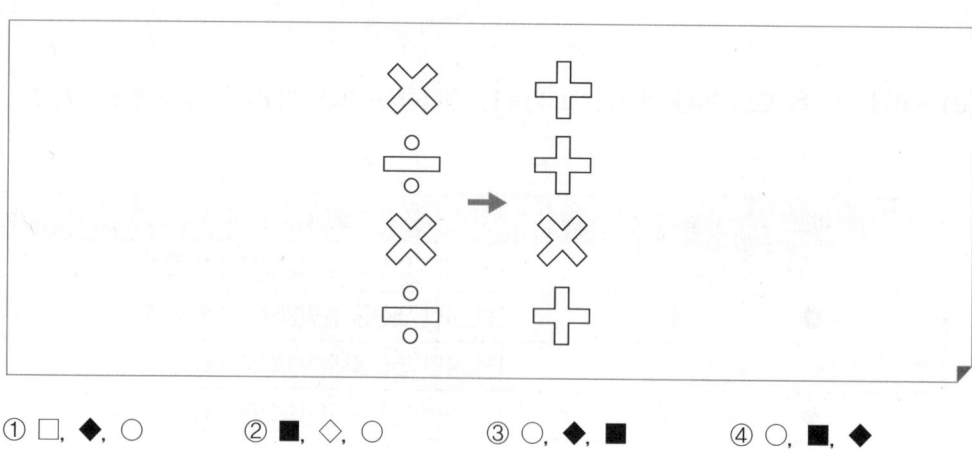

① □, ◆, ○　　② ■, ◇, ○　　③ ○, ◆, ■　　④ ○, ■, ◆

[03 ~ 04] 다음 〈조건〉을 참고하여 이어지는 질문에 답하시오.

―| 조건 |―

- 4개의 행과 열로 이루어진 격자가 존재한다.
- 각각의 칸은 흰색 혹은 검은색으로 칠해져 있다.
- 행바꿈이란 각 행에 해당하는 모든 칸을 서로 바꾸어 주는 것이다. 마찬가지로 열바꿈이란 각 열에 해당하는 모든 칸을 서로 바꾸어 주는 것이다.

버튼	기능
A	1행과 2행을 행바꿈한 후 3열과 4열을 열바꿈한다.
B	3행과 4행을 행바꿈한 후 1열과 2열을 열바꿈한다.
C	1행과 3행을 행바꿈한 후 2열과 4열을 열바꿈한다.
D	2행과 4행을 행바꿈한 후 1열과 3열을 열바꿈한다.

- 예를 들어 기존 그림을 (ㄱ)이라 하고 A 버튼을 누른다면 (ㄴ)의 과정을 거쳐 (ㄷ)의 결과물이 된다.

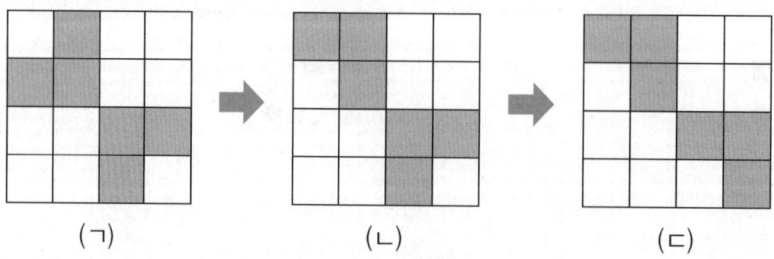

(ㄱ)　　(ㄴ)　　(ㄷ)

03. 다음의 그림을 오른쪽 그림과 같이 만들기 위해서는 어떤 버튼을 눌러야 하는가?

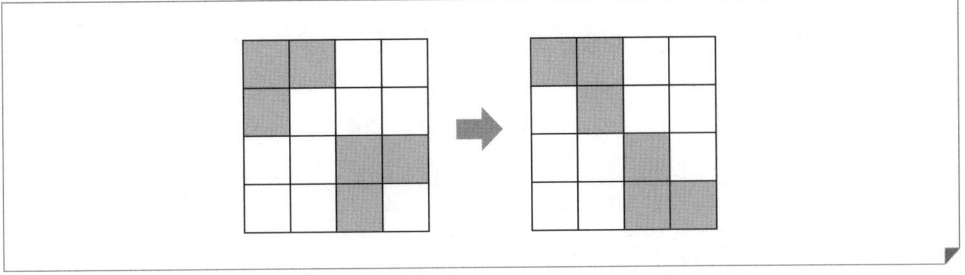

① A 버튼 ② B 버튼
③ C 버튼 ④ D 버튼

04. 버튼을 세 번 눌렀더니 그림이 다음과 같이 바뀌었다. 어떤 순서로 버튼을 눌렀는가?

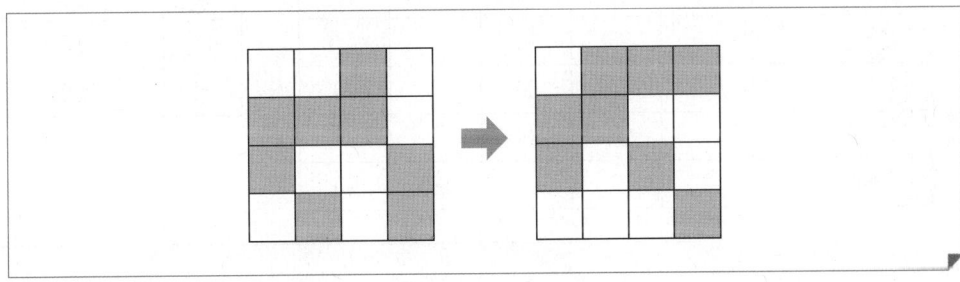

① A → B → B ② D → C → B
③ A → B → D ④ D → C → A

[05 ~ 06] 다음 자료를 참고하여 이어지는 질문에 답하시오.

운송회사에 근무 중인 M은 배송할 화물의 운송 계획을 세우고 있다.

〈자료 1〉 노선별 경로

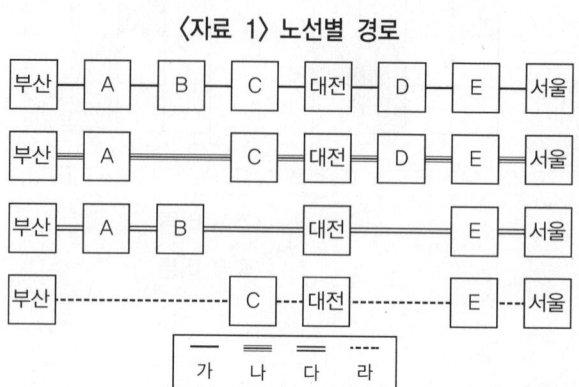

※ 단, 각 역을 거칠 때, 10분씩 정차한다.

〈자료 2〉 역 간 거리

(단위 : km)

구분	A	B	C	대전	D	E
A		90	180			
B			90	180		
C				90		
D				90		90
E				180		
서울					180	90

〈자료 3〉 평균 속력

구분	평균 속력(km/h)
가	90
나	120
다	180
라	360

05. A 역에서 대전역까지 화물을 실어 배송할 때, 가장 빨리 도착하는 노선과 가장 늦게 도착하는 노선의 배송시간 차이는?

① 1시간 40분
② 2시간
③ 2시간 20분
④ 2시간 50분

06. 부산역에서 화물을 싣고 출발하여 C 역에 화물을 배송하고, C 역에서 다시 화물을 싣고 출발하여 D 역까지 화물을 운송할 때, 화물을 가장 빨리 배송하는 방법은?

구분	①	②	③	④
부산역 … C 역	가	라	나	다
C 역 … D 역	나	나	다	라

[07 ~ 09] 박 사원은 클라우드 서비스 업체를 선정하기 위해 다음과 같이 업체별 특성과 환산표를 정리하였다. 이어지는 질문에 답하시오.

〈업체별 점수표〉

구분	인지도	가격	A/S 및 서비스	사용 만족도	품질 및 성능 (100점 만점)
A	최하	중간	★★☆☆☆	★★★★☆	70점
B	상	매우 낮음	★★★★☆	★☆☆☆☆	80점
C	중	높음	★★★★★	★★★★★	50점
D	최상	낮음	★☆☆☆☆	★★☆☆☆	90점

〈순위 · 점수 환산표〉

순위	1	2	3	4
점수	5	4	3	2

※ 기준에 따라 업체의 순위를 매기고, 순위에 따라 환산표에 의한 점수를 부여함.
※ 인지도, AS 및 서비스, 사용 만족도, 품질 및 성능은 높을수록, 가격은 낮을수록 높은 순위를 부여함.

07. 가격 조건에 다른 조건보다 두 배의 가중치를 두고 점수 환산을 할 때, 선정되는 업체는?

① A   ② B
③ C   ④ D

08. 박 사원은 E 업체의 정보가 누락된 것을 알게 되어 다음과 같이 추가하였다. 이때 합산 점수가 가장 낮은 업체는? (단, 순위를 점수로 환산할 때 5위 업체는 1점을 부여한다)

구분	인지도	가격	A/S 및 서비스	사용 만족도	품질 및 성능
E	하	매우 높음	★★★☆☆	★★★☆☆	95점

① A ② B
③ D ④ E

09. (08번과 이어짐) 박 사원이 업체를 선정하는 중 상사로부터 다음과 같은 지시를 받았다. 상사의 지시에 따라 다시 점수를 매길 때 선정될 업체는?

정부의 지침에 따르면 클라우드 업체 중 정부로부터 클라우드 보안 인증을 받은 업체만 사용할 수 있습니다. 늦어도 올해 8월 안에는 사용을 시작할 수 있도록 업체를 선정해 주시기 바랍니다.

〈클라우드 보안 인증 여부〉

① A	② B	C	③ D	④ E
올해 6월 인증 완료	올해 9월 인증 예정	내년 2월 인증 예정	올해 2월 인증 완료	올해 7월 인증 완료

[10 ~ 11] 다음은 같은 제품을 판매하는 A 업체와 B 업체의 제품을 동시에 광고할 때 나타나는 월 수익을 표로 정리한 것이다. 이어지는 질문에 답하시오.

〈제품별 월 수익〉

(단위 : 억 원)

업체		B 업체		
		L 제품	M 제품	N 제품
A 업체	L 제품	(4, 3)	(-1, 2)	(5, 3)
	M 제품	(13, -2)	(11, -5)	(-9, 16)
	N 제품	(-4, 9)	(-5, 13)	(5, -9)

- 괄호 안의 숫자는 (A 업체의 월 수익, B 업체의 월 수익)으로 A 업체와 B 업체의 광고로 인한 월 수익(억 원)을 뜻한다.
  - 예) A 업체가 L 제품을 광고하고 B 업체가 M 제품을 광고하였을 때, A 업체의 월 손해는 1억 원이고, B 업체의 월 이익은 2억 원이다.
- 각 업체는 각 홍보 제품을 선택할 때 기대되는 수익이 가장 큰 방향으로 선택한다.

〈명절별 소비자 선호 제품〉

구분	새해	설날	추석
선호 제품	L 제품	L 제품, N 제품	M 제품

- 소비자 선호 제품은 명절별로 다르며 각 명절에 해당하는 선호 제품을 홍보 시, 수익은 50% 증가하고 손해는 50% 감소한다.

10. 다음 중 각 제품을 동시에 광고할 때, A 업체와 B 업체가 얻게 되는 수익의 합이 가장 큰 경우는?
   (단, 시기는 고려하지 않는다)

	A 업체	B 업체		A 업체	B 업체
①	L 제품	N 제품	②	M 제품	N 제품
③	L 제품	L 제품	④	M 제품	L 제품

11. 다음 중 설날에 각 제품을 광고할 때, A 업체와 B 업체가 얻게 되는 수익의 합이 가장 큰 경우는?

	A 업체	B 업체		A 업체	B 업체
①	M 제품	L 제품	②	L 제품	L 제품
③	M 제품	N 제품	④	L 제품	N 제품

[대졸직] 인적성검사

12. 김 씨가 지하철을 타고 A 역에서 출발하여 B 역과 C 역에서 순서대로 내려 일을 처리하고 D 역에 가려고 한다. A~D 역이 일직선상에 위치한다고 할 때 지하철 운임은 총 얼마인가?

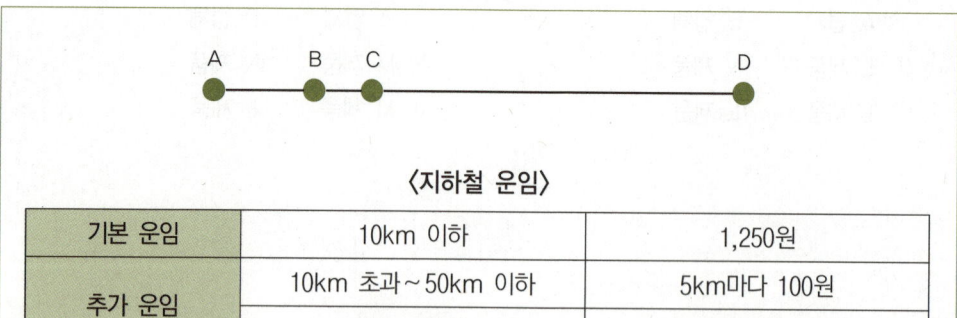

기본 운임	10km 이하	1,250원
추가 운임	10km 초과~50km 이하	5km마다 100원
	50km 초과	8km마다 100원

※ 지하철 운임은 거리에 비례하여 부과된다.
※ 지하철을 다시 이용할 때는 운임이 새로 부과된다.

| 조건 |

- A 역에서 B 역까지의 거리는 13km이며 운임은 1,350원이다.
- A 역에서 C 역까지의 거리는 17km이며 운임은 1,450원이다.
- A 역에서 D 역까지의 거리는 52km이며 운임은 2,150원이다.

① 4,050원 ② 4,150원
③ 4,250원 ④ 4,350원

13. 다음은 명령어와 그에 따른 그래프의 출력 결과이다. 이에 따라 〈보기〉의 그래프와 이를 토대로 재구성한 명령어를 볼 때, 〈명령문〉에서 잘못 구성된 부분은?

R : W(0, 5) / H(0, 5)
G : B(2, 1)a / E(2, 3)b / D(1, 4)a / C(4, 4)c

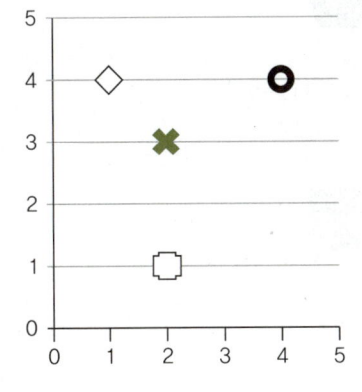

R : W(−3, 2) / H(1, 6)
G : C(−2, 5)a / D(−1, 2)b / B(1, 6)c / E(2, 1)a

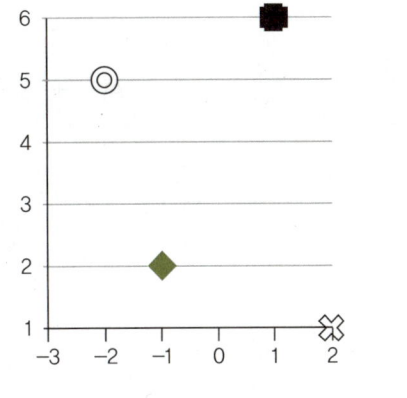

| 보기 |

〈명령문〉
R : W(0, 3) / H(0, 4)
G : C(0, 3)b / D(2, 1)a / E(2, 4)c / B(3, 2)a

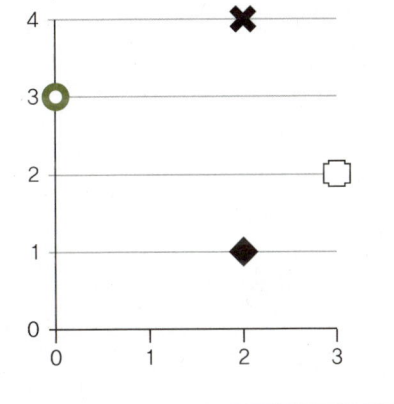

① H(0, 4)
② D(2, 1)a
③ E(2, 4)c
④ B(3, 2)a

[14 ~ 15] 다음은 명령어와 그에 따른 그래프의 출력 결과이다. 이어지는 질문에 답하시오.

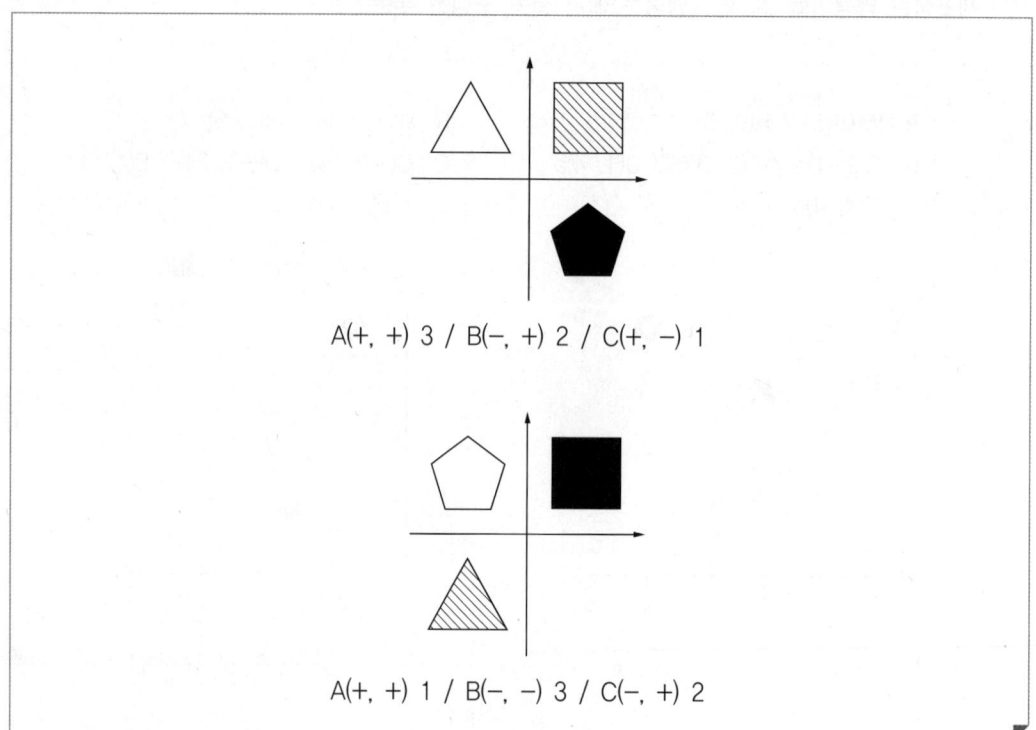

14. 다음 그래프에 알맞은 명령어는 어느 것인가?

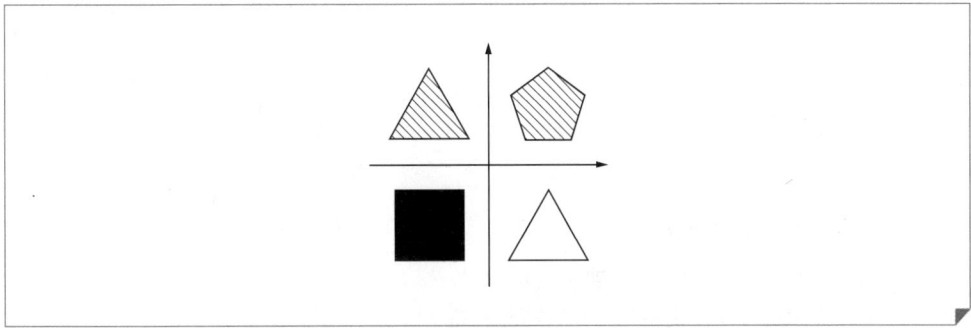

① C(+, +) 3 / B(−, +) 3 / A(−, +) 2 / B(+, −) 1
② C(+, +) 3 / B(−, +) 3 / A(−, −) 1 / B(+, −) 2
③ C(+, +) 3 / A(−, +) 3 / B(−, +) 2 / B(+, −) 1
④ C(+, +) 1 / B(−, −) 3 / B(−, +) 2 / B(+, −) 1

15. 다음 중 명령어 C(−, +) 1 / B(−, −) 3을 올바르게 나타낸 것은 무엇인가?

① 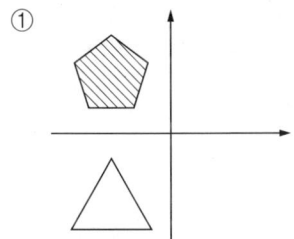   ②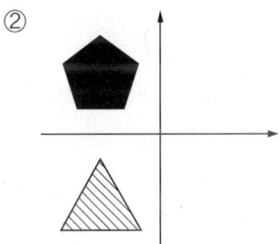

③ 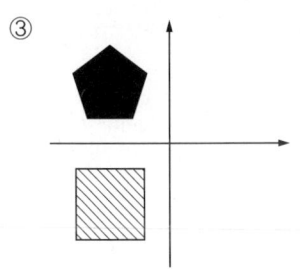   ④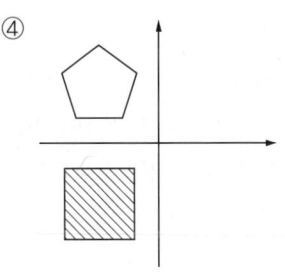

영역 4 추리

15문항

01. 다음 명제들이 모두 참일 때 금요일에 은행에 가는 고객은?

- J는 금요일에 은행에 간다.
- Y는 화요일과 목요일에 은행에 간다.
- K가 은행에 가지 않으면 S가 은행에 간다.
- S가 은행에 가면 M도 은행에 간다.
- Y가 은행에 가지 않으면 J는 은행에 간다.
- J가 은행에 가면 K는 은행에 가지 않는다.

① J, S, M
② J, Y, K
③ J, S, Y
④ J, Y, M

02. ○○회사 직원이 다음 조건을 만족할 때 대출이 없는 김 사원에 대한 설명으로 옳은 것은?

- 자동차가 있는 사람은 대출이 있다.
- 아파트에 살면서 자동차가 없는 직원은 모두 여자다.
- 아파트에 살면서 자동차가 있는 직원은 모두 기혼이다.
- 오피스텔에 살면서 자동차가 없는 직원은 미혼이다.
- 모든 ○○회사 직원은 오피스텔과 아파트 중 한 곳에서만 산다.

① 김 사원은 기혼이다.
② 김 사원이 오피스텔에 산다면 미혼이다.
③ 김 사원이 아파트에 산다면 기혼이다.
④ 김 사원은 자동차를 가지고 있다.

03. 다음 〈사실〉에 근거하여 추론한 내용으로 옳지 않은 것은?

| 사실 |

- a, b, c, d, e 다섯 명이 아파트에 입주를 시작한다.
- e는 세 번째 입주자이며, b가 그 바로 다음으로 입주한다.
- c는 b보다 먼저 입주한다.
- a와 d 사이에는 두 명의 입주자가 있다.
- d와 e는 연달아 입주하지 않는다.

① a는 e보다 먼저 입주한다.
② b는 d보다 먼저 입주한다.
③ d는 마지막 입주자이다.
④ a는 첫 번째 입주자이다.

04. 최 사원은 졸업하는 후배 12명에게 다음과 같이 장미꽃 한 송이씩을 전달하였다. 〈보기〉 중 옳은 것을 모두 고르면?

- 꽃은 붉은색, 노란색, 하얀색, 하늘색 4종류로 각각 한 송이 이상 있고 총 12송이이다.
- 하얀 장미를 받은 사람은 노란 장미를 받은 사람보다 적다.
- 붉은 장미를 받은 사람은 하얀 장미를 받은 사람보다 적다.
- 하늘색 장미는 붉은 장미보다 많고, 하얀 장미보다는 적다.

| 보기 |

㉠ 노란 장미를 받은 사람은 5명 이상이다.
㉡ 붉은 장미를 받은 사람이 1명이면, 하얀 장미를 받은 사람은 4명이다.
㉢ 노란 장미를 받은 사람이 6명이라면, 하늘색 장미를 받은 사람은 2명이다.

① ㉠
② ㉢
③ ㉠, ㉡
④ ㉠, ㉢

05. 다음 전제를 바탕으로 했을 때 참이 되는 결론은?

[전제] • 케이크가 설탕이면 박하사탕은 소금이 아니다.
　　　• 박하사탕은 소금이다.
[결론] • _____

① 케이크는 설탕이다.　　　　② 설탕은 박하사탕이다.
③ 케이크는 설탕이 아니다.　　④ 소금은 케이크이다.

06. 총무팀 사원 중 사내 운동 동호회 활동을 하는 사람은 총 13명이다. 다음 운동 동호회 활동에 대한 〈정보〉가 모두 참일 때, 항상 참인 진술이 아닌 것을 〈보기〉에서 모두 고르면?

| 정보 |

• 총무팀 사원이 활동하는 운동 동호회는 마라톤부, 산악회, 축구부 총 세 개다.
• 모든 총무팀 사원은 1개의 운동 동호회 활동만 해야 한다.
• 마라톤부 활동을 하는 총무팀 사원 수는 산악회 활동을 하는 총무팀 사원 수보다 많다.
• 축구부 활동을 하는 총무팀 사원 수는 마라톤부 활동을 하는 총무팀 사원 수보다 많다.
• 각 운동 동호회에는 최소 1명 이상의 사람이 활동하고 있다.

| 보기 |

A : 마라톤부 활동을 하는 총무팀 사원이 4명이라면, 축구부 활동을 하는 총무팀 사원은 7명이다.
B : 산악회 활동을 하는 총무팀 사원이 3명이라면, 축구부 활동을 하는 총무팀 사원은 6명이다.
C : 축구부 활동을 하는 총무팀 사원이 9명이라면, 산악회 활동을 하는 총무팀 사원은 1명이다.

① A　　　　　　　　　　　② B
③ A, C　　　　　　　　　　④ B, C

07. 다음 명제에서 밑줄 친 부분에 들어갈 말로 알맞은 것은?

> - 진달래를 좋아하는 사람은 감성적이다.
> - 백합을 좋아하는 사람은 보라색을 좋아하지 않는다.
> - 감성적인 사람은 보라색을 좋아한다.
> - 그러므로 _____

① 감성적인 사람은 백합을 좋아한다.
② 백합을 좋아하는 사람은 감성적이다.
③ 진달래를 좋아하는 사람은 보라색을 좋아한다.
④ 보라색을 좋아하는 사람은 감성적이다.

08. 다음 〈조건〉이 모두 성립할 때, 반드시 참인 명제는?

> |조건|
> - 영화를 좋아하면 감수성이 풍부하다.
> - 꼼꼼한 성격이면 편집을 잘한다.
> - 영화를 좋아하면 꼼꼼한 성격이다.

① 편집을 잘하지 못하면 영화를 좋아하지 않는다.
② 꼼꼼한 성격이면 감수성이 풍부하다.
③ 편집을 잘하면 영화를 좋아한다.
④ 꼼꼼한 성격이면 영화를 좋아한다.

[09 ~ 15] 다음 숫자들의 배열 규칙을 찾아 '?'에 들어갈 알맞은 수를 고르시오.

09.

| 2 | 4 | 12 | 48 | (?) |

① 48
② 60
③ 120
④ 240

10.

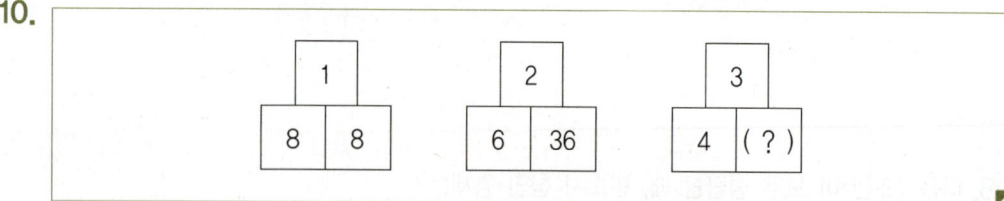

① 4
② 16
③ 48
④ 64

11.

| | 2 | 6 | 3 | 2 | 8 | 4 |
| | | 49 | (?) | 77 | 84 | |

① 24
② 31
③ 49
④ 54

12.

8 6 6　4 1 9　3 2 (?)

① 1　　　　② 2
③ 3　　　　④ 4

13.

1.2　2　1.5　5　2.1　11　2.4　14　(?)　20

① 2.7　　　② 3
③ 3.2　　　④ 4

14.

−73	−66
−50	−42

149	135
103	(?)

① 66　　　② 77
③ 87　　　④ 100

15.

7	(?)
−11	−5

121	115
103	109

① 0　　　② 1
③ 2　　　④ 3

PAT 5회 기출유형문제

문항수 | 60문항
시험시간 | 60분

▶ 정답과 해설 60쪽

영역 1 언어이해

15문항

01. 다음 (가) ~ (마) 문단을 문맥에 따라 순서대로 나열한 것은?

(가) 멜라민을 다량 섭취할 경우, 멜라민으로 이루어진 작은 결정체들은 신장에 존재하는 소변이 지나가는 작은 관을 막게 되는데, 이것이 소변의 생성을 막아 신장 기능을 악화시켜 요로 결석, 급성신부전 등의 신장 질환을 일으킨다.

(나) 이번에 문제가 된 것은 중국 공장에서 우유에 멜라민을 첨가한 것이다. 우유의 부피를 증가시키기 위해 우유에 물을 섞어 우유에 포함된 단백질이 묽어졌는데 이럴 경우 우유의 단백질 농도를 측정하는 질소의 함량이 기준치보다 낮아지므로 이를 방지하기 위해서 멜라민을 첨가한 것이다.

(다) 미국 FDA에서는 유해 기준으로 멜라민 및 관련 화합물에 대한 식품 및 사료의 내용 일일 섭취량(TDI)을 일일 체중 1kg당 0.63mg으로 적용할 것을 권고하고 있다.

(라) 이로 인해 중국에서 분유를 주식으로 하는 유아가 최고 2,563mg/kg 고농도의 멜라민 독성에 노출되어 신장 질환으로 사망한 바 있다.

(마) 멜라민은 질소 함량이 풍부한 흰 결정체의 유기물로 주로 플라스틱, 접착제, 접시류, 화이트보드, 화학 비료, 주방용 조리대 등에 사용되는 공업용 화학 물질이다.

① (나)-(라)-(마)-(가)-(다)
② (나)-(마)-(다)-(가)-(라)
③ (마)-(가)-(다)-(나)-(라)
④ (마)-(나)-(다)-(가)-(라)

02. 다음 글의 주제로 적절한 것은?

> 　원시공동체의 수렵채취 활동은 그 집단이 소비해 낼 수 있는 만큼의 식품을 얻는 선에서 그친다. 당장 생존에 필요한 만큼만 채취할 뿐 결코 자연을 과다하게 훼손하지 않는 행태는 포악한 맹수나 원시 인류나 서로 다를 바 없었다. 이미 포식한 뒤에는 더 사냥하더라도 당장 먹을 수 없고, 나중에 먹으려고 남기면 곧 부패되므로 욕심을 부릴 까닭이 없기 때문이었다. 또 각자 가진 것이라고는 하루 분 식품 정도로 강탈해도 얻는 것이 별로 없으니 목숨을 걸고 다툴 일도 없었다. 더 탐해도 이익이 없으므로 욕심내지 않기 때문에 원시공동체의 사람이나 맹수는 마치 스스로 탐욕을 절제하는 것처럼 보인다.
>
> 　신석기시대에 이르면 인류는 수렵채취 중심의 생활을 탈피하고 목축과 농사를 주업으로 삼기 시작한다. 목축과 농사의 생산물인 가축과 곡물은 저장 가능한 내구적 생산물이다. 당장 먹는 데 필요한 것보다 더 많이 거두어도 남는 것은 저장해 두었다가 뒷날 쓸 수 있다. 따라서 본격적인 잉여의 축적도 이 시기부터 일어나기 시작하였다. 그리고 축적이 늘어나면서 약탈로부터 얻는 이익도 커지기 시작했다. 많이 생산하고 비축하려면 그만큼 힘을 더 많이 들여야 한다. 그런데 그 주인만 제압해 버리면 토지와 비축물을 간단히 빼앗을 수 있다. 내 힘만 충분하면 토지를 빼앗고 원래의 주인을 노예로 부리면서 장기간 착취할 수도 있으니 가장 수익성 높은 '생산' 활동은 약탈과 전쟁이다. 이렇게 순수하고 인간미 넘치던 원시 인류도 드디어 탐욕으로 오염되었고 강한 자는 거리낌 없이 약한 자의 것을 빼앗기 시작하였다.

① 잉여의 축적과 약탈의 시작
② 인류에게 내재된 탐욕의 기원
③ 목축과 농사의 인류학적 가치
④ 사적 소유의 필요성

03. 다음 ㉠ ~ ㉢ 중에서 가리키는 것이 다른 하나는?

로빈슨은 '상응하는 신체기관을 가지지 않는다고 알려진 ㉠능동적 지성'에 주목하여 아리스토텔레스가 신체로부터 독립되어 존재할 수 있는 ㉡비물질적인 지성을 인정한다고 주장한다. 아리스토텔레스 이전에 이러한 이론의 대표자는 오르페우스교와 피타고라스 학파의 이론을 수용한 플라톤이다. 근대에 들어와 데카르트가 이 같은 이론을 재조명해 많은 영향을 미쳤다. 이 이론은 영혼(정신, 마음 또는 지성)과 신체는 같은 속성들을 전혀 공유하지 않는 두 개의 실체들이며, 따라서 신체로부터 독립되어 정신만이 존재하는 것은 논리적으로 가능하다고 보는 입장이다. 로빈슨은 아리스토텔레스가 '능동적 지성'을 신체로부터 단지 논리적으로 분리할 수 있는 것이 아니라 실제로 분리할 수 있는 것으로 본다고 여긴다.

아리스토텔레스의 심신론에 대해 다른 입장도 존재한다. 코드는 아리스토텔레스의 심신론은 몸과 마음을 이원론적으로 분리하는 것이 아니라고 지적한다. 살아 있는 생물 자체는 자연적 또는 본질적으로 ㉢심신의 유기체인 것이다. 코드에 따르면 물질적 신체와 ㉣비물질적 영혼을 구분하는 것은 데카르트 이후의 근대적인 구분법이며, 아리스토텔레스는 그러한 구분을 생각조차 할 수 없었다는 것이다. 또한 그는 '환원' 개념도 아리스토텔레스에게는 적용될 수 없다고 주장한다. '환원'은 생명이 없는 물질을 인정할 때 사용하는 반면에, 아리스토텔레스가 논의했던 물질은 생명이 있는 물질이기 때문이다

① ㉠
② ㉡
③ ㉢
④ ㉣

04. 다음 글의 중심 내용으로 적절한 것은?

우리의 생각과 판단은 언어에 의해 결정되는가 아니면 경험에 의해 결정되는가? 즉 언어결정론이 옳은가 아니면 경험결정론이 옳은가? 언어결정론자들은 우리의 생각과 판단이 언어를 반영하고 있고 실제로 언어에 의해 결정된다고 주장한다. 눈에 관한 에스키모인들의 언어를 생각해 보자. 언어결정론자들의 주장에 따르면 에스키모인들은 눈에 관한 다양한 언어 표현들을 갖고 있어서 눈이 올 때 우리가 미처 파악하지 못한 미묘한 차이점들을 찾아낼 수 있다. 또한, 언어결정론자들은 '노랗다', '샛노랗다', '누르스름하다' 등 노랑에 대한 다양한 우리말 표현들이 있어서 노란색들의 미묘한 차이가 구분되고 그 덕분에 색에 관한 우리의 인지 능력이 다른 언어 사용자들보다 뛰어나다고 본다. 이렇듯 언어결정론자들은 사용하는 언어에 의해서 우리의 사고 능력이 결정된다고 말한다.

하지만 정말 그럴까? 모든 색은 명도와 채도에 따라 구성된 스펙트럼 속에 놓이고, 각각의 색은 여러 언어로 표현될 수 있다. 이러한 사실에 비추어 보면 우리말이 다른 언어에 비해 보다 풍부한 색 표현을 갖고 있다고 볼 수 없다. 나아가 더 풍부한 표현을 가진 언어를 사용함에도 불구하고 인지 능력이 뛰어나지 못한 경우들도 발견할 수 있다. 따라서 우리의 생각과 판단은 언어가 아닌 경험에 의해 결정된다고 보는 것이 옳으며 언어결정론자들의 주장과 달리, 다양한 언어적 표현은 다양한 경험에서 비롯된다고 보는 것이 더 적절하다.

① 우리말은 다른 언어들에 비해 색깔 사이의 미묘한 느낌을 잘 표현할 수 있다.
② 인간의 인지 능력은 언어 표현이 풍부해질수록 발달하는 경향을 보인다.
③ 언어와 경험 외에도 우리의 생각과 판단을 결정할 수 있는 다른 요인들이 많이 있다.
④ 언어결정론자들의 의견과 달리 인간의 사고는 다양한 경험에 의해 영향을 받는다.

05. 다음 글을 통해 유추한 내용으로 적절하지 않은 것은?

> 한 마리의 개미가 모래 위를 기어가고 있다. 개미가 기어감에 따라 모래 위에는 하나의 선이 생긴다. 개미가 모래 위에서 방향을 이리저리 틀기도 하고 가로지르기도 하여 형성된 모양이 아주 우연히도 이순신 장군의 모습과 유사한 그림같이 되었다고 하자. 이 경우, 그 개미가 이순신 장군의 그림을 그렸다고 할 수 있는가? 개미는 단순히 어떤 모양의 자국을 남긴 것이다. 우리가 그 자국을 이순신 장군의 그림으로 보는 것은 우리 스스로가 그렇게 보기 때문이다. 선 그 자체는 어떠한 것도 표상하지 않는다. 이순신 장군의 모습과 단순히 유사하다고 해서 그것이 바로 이순신 장군을 표상하거나 지시한다고 할 수 없다.
> 반대로 어떤 것이 이순신 장군을 표상하거나 지시한다고 해서 반드시 이순신 장군의 모습과 유사하다고 할 수도 없다. 이순신 장군의 모습을 본뜨지도 않았으면서 이순신 장군을 가리키는 데에 사용되는 것은 활자화된 '이순신 장군'과 입으로 말해진 '이순신 장군' 등 수없이 많다.
> 개미가 그린 선이 만약 이순신 장군의 모습이 아니라 '이순신 장군'이란 글자 모양이라고 가정해 보자. 그것은 분명히 아주 우연히 그렇게 된 것이므로, 개미가 그리게 된 모래 위의 '이순신 장군'은 이순신 장군을 표상한다고 할 수 없다. 활자화된 모양인 '이순신 장군'이 어느 책이나 신문에 나온 것이라면 그것은 이순신 장군을 표상하겠지만 말이다. '이순신'이란 이름을 책에서 본다면 그 이름을 활자화한 사람이 있을 것이고, 그 사람은 개미와 달리 이순신 장군의 모습을 생각하고 있었으며, 그를 지시하려는 의도를 분명히 가졌을 것이기 때문이다.

① 이름이 어떤 것을 표상하기 위해 의도는 필요조건이다.
② 어떤 것을 표상하기 위해 유사성은 충분조건이 아니다.
③ 이순신 장군을 그리고자 그린 그림이라도 이순신 장군과 닮지 않았다면 그를 표상하는 그림이라고 볼 수 없다.
④ 이름이 어떤 대상을 표상하기 위해서는 그 이름을 사용한 사람이 그 대상에 대해서 생각할 수 있는 능력이 있어야 한다.

06. 다음 글의 빈칸에 들어갈 문장으로 가장 적절한 것은?

> 노예들이 저항의 깃발을 들고 일어설 때는 그들의 굴종과 인내가 한계에 이르렀을 때이다. 그러나 분노와 원한이 폭발하더라도 그것이 개인의 행위로 발생할 경우에는 개인적 복수극에 그치고 만다. 저항의 본질은 억압하는 자에 대한 분노와 원한이 확산되어 가치를 공유하게 되는 데 있다. 스파르타쿠스가 저항의 깃발을 들어 올렸을 때, 수십만 명의 노예와 농민이 그 깃발 아래로 모여든 원동력은 바로 이러한 공통의 분노, 공통의 원한, 공통의 가치에 있었다.
> 프로메테우스의 신화에서도 저항의 본질을 엿볼 수 있다. 프로메테우스는 제우스가 인간에게 불을 보내 주지 않자, 인간의 고통에 공감하여 '하늘의 바퀴'에서 불을 훔쳐 지상으로 내려가 인간에게 주었다. 프로메테우스의 저항에 격노한 제우스는 인간과 프로메테우스에게 벌을 내렸다. 인간에게는 불행의 씨앗이 들어 있는 '판도라의 상자'를 보냈고 프로메테우스에게는 쇠줄로 코카서스 산 위에 묶인 채 독수리에게 간을 쪼아 먹히는 벌을 내린 것이다.
> (　　　　　　　　　　　　　　　　) 그리스도교의 정신과 의식을 원용하여 권력의 신성화에 성공한 중세의 지배체제는 너무도 견고하여 농민들의 눈물과 원한이 저항의 형태로 폭발하지 못했다. 반면 산업사회의 시민이나 노동자들은 평균적이고 안락한 생활이 위협받을 때에만 '저항의 광장'으로 나가는 모험을 감행했다. 그들이 바라고 지키려던 것은 가족, 주택, 자동차, 휴가였다.
> 저항이 폭발하여 기존의 지배체제를 무너뜨리고 새로운 왕조나 국가를 세우고 나면 그 저항의 힘은 시들어 버린다. 원한에 사무친 민중들의 함성이야말로 저항의 원동력이기 때문이다. 저항의 형태를 취하고 있으면서도 권력 쟁탈을 목적으로 한 쿠데타와 같은 적대 행위는, 그 본질에 있어서 지배와 피지배의 관계에서 발생하는 저항과는 다르다. 권력의 성채 속에서 벌어지는 음모, 암살, 배신은 이들 민중의 원한과 분노에서 비롯된 것이 아니기 때문이다.

① 시대의 흐름에 따라 저항은 여러 가지 모습으로 그 형태를 달리하였다.
② 저항에 나선 사람들이 느끼는 굴종과 인내의 한계는 시대와 그들이 처한 상황에 따라 다르게 나타난다.
③ 굴종과 인내의 한계는 시대가 변화힘에 따라 달리졌고, 저항을 보는 사회저 시선도 그에 따라 변화됐다.
④ 사회와 시대가 발전되어 감에 따라 저항이 표출되는 행태 또한 예전과 달라졌지만 변함없이 우리 사회에 존재하여 왔다.

[대졸직] 인적성검사

[07 ~ 08] 다음 글을 읽고 이어지는 질문에 답하시오.

'오컴의 면도날'이라는 표현이 있다. '경제성의 원리'라고도 불리는 이 용어는 14세기 영국의 논리학자였던 오컴의 이름에서 탄생하였으며, 어떤 현상을 설명할 때 필요 이상의 가정과 개념들은 면도날로 베어낼 필요가 있다는 권고로 쓰인다.

인간의 욕구에 대한 대표적인 이론에는 20세기 미국의 심리학자인 매슬로우의 욕구 단계설이 있다. 인간의 다양한 욕구들은 강도와 중요성에 따라 피라미드 모양의 다섯 단계로 이루어진다는 것이다. 이 이론의 전제는 아래 단계의 기본적인 하위 욕구들이 채워져야 자아 성취와 같은 보다 고차원적인 상위 욕구에 관심이 생긴다는 것이다. 하지만 매슬로우의 이론에 의문을 제기해 볼 수 있다. 왜 사람은 세상에서 가장 뛰어난 피아니스트가 되려 하고, 가장 빠른 기록을 가지려고 할까? 즉, 왜 자아 성취를 하려고 할까? 그동안 심리학자들은 장황한 이유를 들어 설명하려 했다. 그러나 진화 생물학적 관점에서는 모든 것을 간명하게 설명한다. 자아 성취를 위해 생리적 욕구를 채우는 것이 아니라, 식욕이나 성욕과 같은 인간의 본질적 욕구를 채우는 데 도움이 되기 때문에 자아 성취를 한다는 것이다.

행복도 오컴의 면도날로 정리할 필요가 있다. 행복은 가치나 이상, 혹은 도덕적 지침과 같은 거창한 관념이 아닌 레몬의 신맛처럼 매우 구체적인 경험이다. 그것은 쾌락에 뿌리를 둔, 기쁨과 즐거움 같은 긍정적 정서들이다. 쾌락이 행복의 전부는 아니지만, 이것을 뒷전에 두고 행복을 논하는 것은 (㉠)이다.

07. 윗글에 대한 이해로 적절하지 않은 것은?

① 진화 생물학적 견해는 불필요한 사고의 절약에 도움을 준다.
② '오컴의 면도날'은 어떤 현상을 설명할 때 경제성의 측면에서 권고 사항으로 쓰인다.
③ 매슬로우와 진화 생물학적 관점은 인간의 본질에 대한 해석이 근본적으로 같다.
④ 매슬로우는 하위 욕구가 전제되지 않으면 고차원적 욕구에 관심이 생기지 않는다고 본다.

08. ㉠에 들어갈 사자성어로 적절한 것은?

① 중언부언(重言復言)   ② 어불성설(語不成說)
③ 교언영색(巧言令色)   ④ 유구무언(有口無言)

09. 다음 글에서 추론한 내용으로 적절한 것은?

> 우리 민족은 활에 대해 각별한 관심을 가지고 있었으며, 활을 중요한 무기로 여겼다. 이에 따라 활 제작 기술도 발달했는데, 특히 조선시대의 활인 각궁(角弓)은 매우 뛰어난 성능과 품질을 지니고 있었다. 그렇다면 무엇이 각궁을 최고의 활로 만들었을까?
> 활은 복원력을 이용한 무기이다. 복원력은 탄성이 있는 물체가 힘을 받아 휘어졌을 때 원래대로 돌아가는 힘으로, 물체의 재질과 변형 정도에 따라 힘의 크기가 변한다. 이를 활에 적용해 보자. 활의 시위를 당기면 당기는 만큼의 복원력이 발생한다. 복원력은 물리학적인 에너지의 전환 과정이기도 하다. 사람이 시위를 당기면 원래의 위치에서 당긴 거리만큼의 위치 에너지가 화살에 작용하게 된다. 따라서 시위를 활대에서 멀리 당기면 당길수록 더 큰 위치 에너지가 발생하게 된다. 이때 시위를 놓으면 화살은 날아가게 되는데, 바로 이 과정에서 위치 에너지가 운동 에너지로 전환된다. 즉 시위를 당긴 거리만큼 발생한 위치 에너지가 운동 에너지로 바뀌어 화살을 날아가게 하는 것이다.
> 또한 복원력은 활대가 휘는 정도와 관련이 있다. 일반적으로 활대가 휘면 휠수록 복원력은 더 커지게 된다. 따라서 좋은 활이 되기 위해서는 더 큰 위치 에너지를 만들어 낼 수 있는 탄성이 좋은 활대가 필요하다. 각궁은 복원력이 뛰어난 활이다. 그 이유는 각궁이 동물의 뿔이나 뼈, 힘줄, 탄성 좋은 나무 등 다양한 재료를 조합해서 만든 합성궁이기 때문이다. 합성궁은 대나무와 같은 한 가지 재료로 만든 활보다 탄력이 좋아서 시위를 풀었을 때 활이 반대 방향으로 굽는 것이 특징이다. 바로 이러한 특성으로 인해 각궁은 뛰어난 사거리와 관통력을 갖게 되었다.

① 고려시대 때의 활은 여러 재료의 조합이 아닌 한 가지 재료로만 만들어졌다.
② 위치 에너지가 운동 에너지로 전환되는 힘의 크기는 활의 사거리와 관통력을 결정한다.
③ 활대가 많이 휠수록 복원력은 더 커지므로, 활이 많이 휠 수 있다면 가격은 비싸진다.
④ 각궁이 나무로만 만들어진 활보다 탄력이 좋은 이유는 다양한 재료의 조합과 시위를 풀었을 때 활이 반대 방향으로 굽도록 설계된 모양 덕분이다.

[대졸직] 인적성검사

[10 ~ 11] 다음 글을 읽고 이어지는 질문에 답하시오.

> 　편의점은 도시 문화의 산물이다. 도시인, 특히 젊은이들의 인간관계 감각과 잘 맞아떨어진다. 구멍가게의 경우 단순히 물건을 사고파는 장소가 아니라 주민들이 교류하는 사랑방이요, 이런저런 소식이나 소문들이 모여들고 퍼져나가는 허브 역할을 한다. 주인이 늘 지키고 앉아 있다가 들어오는 손님들을 예외 없이 '맞이'한다. (㉠) 무엇을 살 것인지 확실하게 정하고 들어가야 한다. (㉡) 편의점의 경우 점원은 출입할 때 간단한 인사만 건넬 뿐 손님이 말을 걸기 전에는 입을 열지도 않을뿐더러 시선도 건네지 않는다. 그 '무관심'의 배려가 손님의 기분을 홀가분하게 만들어 준다. (㉢) 특별히 살 물건이 없어도 부담 없이 들어가 둘러볼 수도 있고, 더운 여름날 에어컨 바람을 쐬며 잡지들을 한없이 들춰보아도 별로 눈치 보이지 않는다. 그런 점에서 편의점은 인간관계의 번거로움을 꺼려하는 도시인들에게 잘 어울리는 상업 공간이다. 대형 할인점이 백화점보다 매력적인 것 중에 한 가지도 점원이 '귀찮게' 굴지 않는다는 점이 아닐까.
> 　(㉣) 주인과 고객 사이에 인간관계가 형성되지 않는 편의점은 역설적으로 고객에 대한 정보를 매우 상세하게 입수한다. 소비자들은 잘 모르지만, 일부 편의점에서 점원들은 물건 값을 계산할 때마다 구매자의 성별과 연령대를 계산기에 붙어 있는 버튼으로 입력한다. 그 정보는 곧바로 본사에 송출된다. 또 한 가지로 편의점 천장에 붙어 있는 CCTV가 있는데, 그 용도는 도난 방지만이 아니다. 연령대와 성별에 따라서 어느 제품 코너에 오래 머물러 있는지를 모니터링하려는 목적도 있다. 녹화된 화면은 주기적으로 본사로 보내져 분석된다. 어떤 편의점에서는 삼각김밥 진열대에 초소형 카메라를 설치해 손님들의 구매 형태를 기록한다. 먼저 살 물건의 종류를 정한 뒤에 선택하는지, 이것저것 보고 살펴 가면서 고르는지, 유통 기한까지 확인하는지, 한 번에 평균 몇 개를 구입하는지 등을 통계 처리하는 것이다. 그렇듯 정교하게 파악된 자료는 본사의 영업 전략에 활용된다. 편의점이 급성장해 온 이면에는 이렇듯 치밀하게 가동되고 있는 정보 시스템이 존재한다.

10. 윗글에 대한 이해로 적절하지 않은 것은?

① 도시인들은 복잡한 인간관계를 좋아하지 않는다.
② 편의점에 있는 CCTV는 그 용도가 다양하다.
③ 편의점 본사는 일부 지점에서 받은 정보를 활용하여 영업 전략을 수립한다.
④ 구멍가게는 편의점과 마찬가지로 손님들에게 '무관심'의 배려를 제공하는 공간이다.

11. 빈칸 ㉠ ~ ㉣에 들어갈 접속어를 순서대로 나열한 것은?

	㉠	㉡	㉢	㉣
①	따라서	그러나	그래서	그런데
②	따라서	그런데	그리고	또한
③	그러므로	하지만	그러므로	또한
④	예를 들어	따라서	그래서	하지만

12. 다음 글을 읽고 제기할 수 있는 질문으로 적절하지 않은 것은?

> 과연 실학을 근대정신이라 부를 수 있는 것인가? 현재와 동일한 생활 및 시대 형태를 가진 시대를 근대라 한다면, 실학은 결코 근대의 의식도 근대의 정신도 아니다. 실학은 그 비판적인 입장에서 봉건사회의 본질을 해부하고 노동하지 않는 계급을 비방했을 뿐만 아니라 신분 세습과 대토지 사유화를 비판·부인하였다. 그러나 그 비판의 기조는 중국 고대의 태평성대였던 당우삼대에 기반한 것이었으며 비판의 입장도 역사적 한계를 넘어설 만큼 질적으로 다르지 않았다. 이에 반해 서양의 르네상스는 고대 그리스에서 확립되었던 시민의 자유를 이상으로 하고, 강제·숙명·신비·인습 등의 봉건적 가치를 완전히 척결하였다. 이것은 실학과 좋은 대조를 이룬다. 실학은 봉건사회의 제 현상에 대한 회의와 반항이기는 하였다. 그러나 실학은 여전히 유교를 근저로 하는 봉건사회의 규범 안에서 생겨난 산물이었기에 사실상 보수적 행동으로 이를 따랐던 것이다. 다만 실학은 이러한 정체된 봉건사회를 극복하고 근대라는 별개의 역사와의 접촉을 준비하는 한 시기의 사상이었다. 실학은 근대정신의 내재적인 태반(胎盤) 역할을 담당하였던 것이다.

① 실학이 근대사회의 성립에 끼친 영향은 전혀 없는가?
② 실학이 중국의 고대 사상과 상통한다는 증거는 무엇인가?
③ 과연 서양의 르네상스가 봉건적 가치를 완전히 척결했는가?
④ 동양과 서양에서 봉건사회를 바라보는 관점의 차이는 없는가?

[13 ~ 14] 다음 글을 읽고 이어지는 질문에 답하시오.

부자들은 일반 대중들이 자신의 소비 행태를 따라 하는 것을 싫어한다. 이를 '스놉 효과(Snob Effect)'라고 하는데, 스놉 효과는 물건을 살 때 남과 다르게 나만의 개성을 추구하는 의사 결정 현상을 말한다. 스놉이란 잘난 척하는 사람을 비꼬는 말인데, 자신이 줄곧 사용하던 물건이라 하더라도 그것이 대중화가 되면 사람들이 잘 모르는 상품으로 소비 대상을 바꾸는 것이다. 우리나라 말로는 왜가릿과에 속하는 새 이름을 따서 '백로 효과'라고 한다. 마치 까마귀들이 몰려들면 백로가 멀리 떨어지려 하는 것과 같아 보여서 이러한 이름을 얻게 되었다.

1950년 미국 경제학자 하비 레이번슈타인(Harvey Leibenstein)은 타인의 사용 여부에 따라 구매 의도가 증가하는 효과인 '밴드왜건 효과(Bandwagon Effect)'와 함께 타인의 사용 여부에 따라 구매 의도가 감소하는 효과인 스놉 효과도 같이 발표했다. 어떤 상품이 인기 있는 상품이라고 알려지면 사람들이 너도나도 사려고 하는데 이런 현상을 밴드왜건 효과라고 한다. 밴드왜건은 길거리 행사 대열에서 앞서서 행렬을 주도하는 악대차를 말하는데 보통 길거리에서 사람들이 밴드왜건을 보면 무슨 재미있는 일이 있는 줄 알고 무작정 따라가 보는 데서 유래한 용어이다. 즉, 무작정 남을 따라 하는 소비 행태를 말한다. 스놉 효과는 이러한 밴드왜건 효과와 반대 현상이다.

그러나 스놉 효과의 진정한 의미는 대중적으로 소비하는 제품을 사지 않는다는 것에 그치지 않는다. 스놉 효과는 비대중적인 제품에 대한 구매 효과로도 해석되기 때문이다. 간단히 말해 스놉 효과는 고급 지향적 개성 추구 경향이라고 할 수 있다.

스놉 효과는 두 가지 상황에서 발생한다. 첫째, 무언가 고급스러운 제품이 시장에 처음 나왔을 때 그 제품을 신속하게 구매하는 형식으로 나타난다. 그 순간에는 해당 제품을 소비하는 '영광'을 아무나 누릴 수 없기 때문이다. 둘째, 아무리 열광적으로 '찬양'하던 제품이라도 그 제품의 시장점유율이 어느 수준 이상으로 늘어나서 일반 대중이 아무나 다 사용하는 제품이 돼 버리면 그 제품을 더 이상 구매하지 않는 모습으로 나타난다. '아무나 다' 사용할 수 있는 제품을 사용하는 것은 영광스럽지도, 고급스럽지도 않게 느껴지기 때문이다.

13. 윗글을 읽고 알 수 있는 스놉 효과에 대한 설명으로 적절하지 않은 것은?

① 개성적일수록 잘 팔린다.
② 신제품일수록 잘 팔린다.
③ 대중적이지 않을수록 잘 팔린다.
④ 한정 수량일수록 잘 팔린다.

14. 제시된 글을 바탕으로 스놉 효과를 활용한 마케팅 전략을 세우고자 할 때, 그 내용으로 적절하지 않은 것은?

① 제품을 고급화, 차별화시키고 다품종을 소량 생산한다.
② 고객 수의 확대보다는 기존 고객의 유지에 초점을 맞춘다.
③ 가격을 낮추는 것은 그 제품의 희소성을 낮추어 기존의 소비자를 잃을 수 있으므로 피해야 한다.
④ 고급스러운 이미지의 유명 연예인을 모델로 하여 제품을 적극적으로 홍보한다.

15. 다음 ㉠ ~ ㉣ 중 〈보기〉의 문장이 들어가기에 적절한 곳은?

　　나만 그런 것은 아니겠지만 1987년 민주화 이후 30년, 외환위기 이후 20년은 1987년 이전에 열망했던 만큼의 행복한 시간이 아니었다. (㉠) 아니 차라리 투쟁해야 할 이유가 있었고, 희망을 논할 수 있었으며, 주변 모든 사람이 함께 힘들었던 시절이 그리울 정도로 우리 사회는 완전히 양극화되었고 주변을 돌아봐도 고통 속에 보내는 사람의 수는 줄어들지 않았다. (㉡) 1970년대 말부터 1980년대 중반까지의 엄혹한 시절을 생각해보면, 당시의 내 또래 청년들이 기껏 이런 나라를 만들기 위해 그렇게 날밤을 지샜나 하는 자괴감도 든다. (㉢)
　　나는 청소년들이 입시의 중압감에서 해방되는 행복한 세상에서 살기를 원한다. (㉣) 그런 세상이 쉬이 오지 않는다는 것을 알고 있지만 이들 모두를 고통스럽게 만드는 현실은 학교나 기업 자체에 있지 않고, 한국 자본주의 사회경제 시스템, 더 거슬러 올라가면 남북한의 전쟁/분단체제와 깊이 연관되어 있다는 것이 내 생각이다.

| 보기 |

　　그리고 비정규 청년 노동자들이 극히 위험한 작업장에서 죽음을 무릅쓰고 불안한 고용 조건, 장시간 저임 노동에 시달리지 않는 그런 세상에 살기를 원한다.

① ㉠　　　　　　　　　　　② ㉡
③ ㉢　　　　　　　　　　　④ ㉣

 [대졸직] 인적성검사

영역 2 자료해석

◯ 15문항

01. 다음 자료에 대한 설명으로 옳지 않은 것은?

〈수도권 5대 대형병원 의료 통계 자료〉

(단위 : 억 원, %, 명)

순위	병원명	의료수익	의료이익	의료이익률	의사 수	의사 1인당 의료수익
1	A 병원	13,423	825	6.1	1,625	8.3
2	B 병원	10,612	-463	-4.4	1,230	8.6
3	C 병원	10,244	1,640	16.0	1,240	8.3
4	D 병원	8,715	-41	-0.5	1,208	7.2
5	E 병원	6,296	399	6.3	830	7.6
5대 대형병원 평균		9,858	472	4.7	1,227	8.0

※ 의료이익률(%) = $\dfrac{\text{의료이익}}{\text{의료수익}} \times 100$

※ 의사 1인당 의료수익 = $\dfrac{\text{의료수익}}{\text{의사 수}}$

① 의사 수가 가장 많은 병원은 의료수익도 가장 많다.
② 의사 1인당 의료수익이 가장 큰 병원은 B 병원이다.
③ 5대 대형병원 의료수익 평균에 미치지 못하는 대형병원은 2개이다.
④ E 병원의 의사 1인당 의료이익은 A 병원의 의사 1인당 의료이익보다 크다.

02. 다음 자료에 대한 분석으로 옳지 않은 것은?

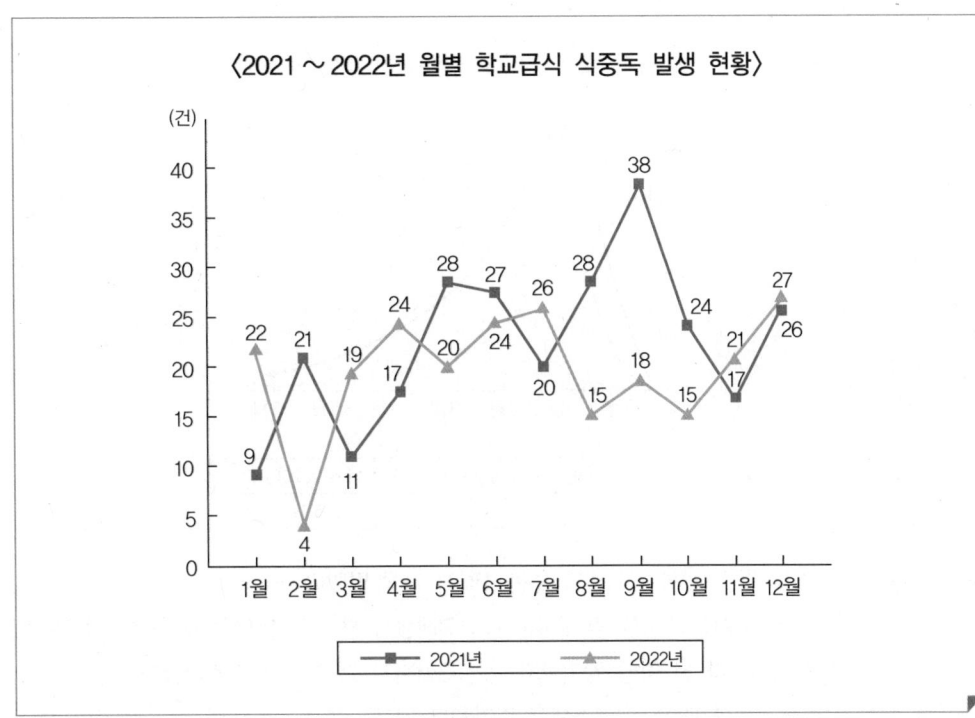

① 2021 ~ 2022년 사이에 식중독이 가장 많이 발생한 달은 9월이다.
② 2022년의 월별 식중독 평균 발생 건수는 약 19.6건이다.
③ 2021년에 식중독이 가장 많이 발생한 달과 가장 적게 발생한 달의 건수 차이는 29건이다.
④ 2021년과 2022년 모두 봄(3 ~ 5월)보다 가을(9 ~ 11월)에 식중독이 더 많이 발생하였다.

03. 다음 그래프에 대한 설명으로 옳은 것은?

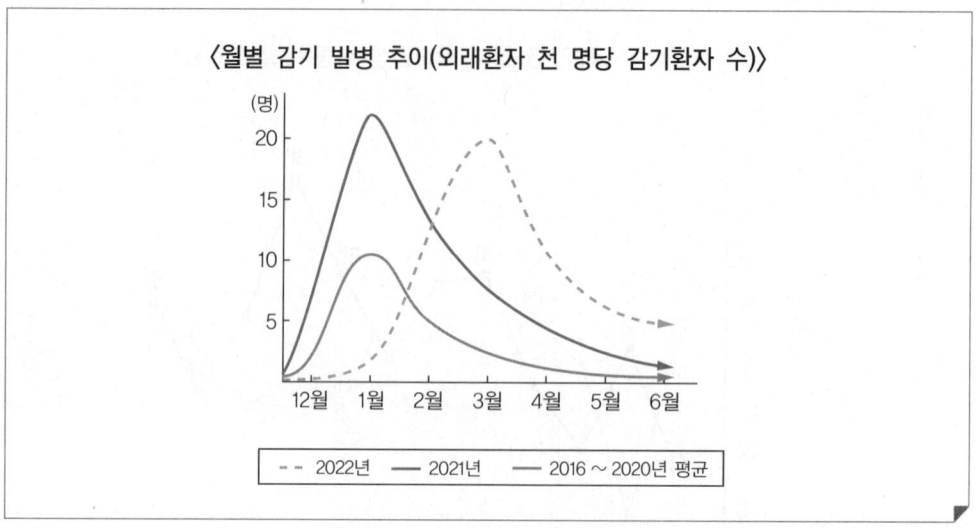

① 2016년 이후 월별 전체 감기환자 수는 1월에 가장 많았다.
② 2016 ~ 2020년 사이의 월별 감기환자 수가 외래환자 천 명당 15명을 초과하는 경우는 없었다.
③ 2022년의 외래환자 천 명당 감기환자 수는 3월까지 증가한 후 감소하였다.
④ 해가 갈수록 감기환자 수는 계속해서 증가하고 있다.

04. 다음은 20X5 ~ 20X9년의 아르바이트 동향에 관한 자료이다. 이에 대한 설명으로 옳은 것은?

〈아르바이트 동향 자료〉

(단위 : 원, 시간)

구분	20X5년	20X6년	20X7년	20X8년	20X9년
월 평균 소득	642,000	671,000	668,000	726,000	723,000
평균 시급	6,210	6,950	7,100	7,100	9,100
주간 평균 근로시간	24.5	24	22	21	19.5

① 5년 동안 월 평균 소득은 꾸준히 증가하였다.
② 20X9년 평균 시급은 20X5년의 1.4배 이상이다.
③ 20X7년 월 평균 근로시간은 100시간을 초과한다.
④ 5년 동안 월 평균 소득이 증가하면 평균 시급도 증가하는 양상을 보이고 있다.

05. 다음 자료에 대한 설명으로 옳지 않은 것은?

〈12월 직업별 취업자 수〉

(단위 : 천 명, %)

구분	20X8년 12월		20X9년 12월			
	취업자 수	구성비	취업자 수	구성비	전년 동월 대비	
					증감	증감률
합계	26,639	100.0	27,155	100.0	516	1.9
관리자	414	1.6	387	1.4	-27	-6.5
전문가 및 관련 종사자	5,511	20.7	5,594	20.6	83	1.5
사무종사자	4,765	17.9	4,763	17.5	-2	0.0
서비스종사자	2,995	11.2	3,233	11.9	238	7.9
판매종사자	3,048	11.4	2,998	11.0	-50	-1.6
농림어업숙련종사자	1,108	4.2	1,178	4.3	70	6.3
기능원 및 관련 기능종사자	2,401	9.0	2,405	8.9	4	0.2
장치, 기계조작 및 조립종사자	3,047	11.4	3,051	11.2	4	0.1
단순노무종사자	3,350	12.6	3,546	13.1	196	5.9

① 20X9년 12월의 취업자 수는 단순노무종사자가 서비스종사자보다 많다.
② 20X9년 12월의 사무종사자와 판매종사자의 취업자 수는 전년 동월 대비 감소하였다.
③ 20X9년 12월 취업자 수가 전년 동월 대비 가장 많이 증가한 직업은 서비스종사자이다.
④ 20X9년 12월의 전년 동월 대비 취업자 수의 증감을 살펴보면, 7종류의 직업에서 취업자 수가 증가하였다.

06. <보기>는 다음의 자료를 바탕으로 만든 그래프이다. 빈칸 ⓐ ~ ⓓ에 들어갈 내용으로 가장 적절한 것은?

〈최근 1년간 원자력 발전소 이용률 및 가동률〉

• A 원자력본부

발전소	A1	A2	A3	A4	A5
발전량(GWh)	5,841	5,783	5,858	7,209	7,722
이용률(%)	97.9	63.2	63.9	78.7	85.0
가동률(%)	98.0	63.7	64.5	79.3	86.0

• B 원자력본부

발전소	B1	B2	B3	B4	B5	B6
발전량(GWh)	8,829	6,528	9,213	0	1,721	5,760
이용률(%)	98.2	72.6	100.0	0	18.7	62.4
가동률(%)	99.3	73.2	100.0	0	18.9	63.2

• C 원자력본부

발전소	C1	C2	C3	C4	C5	C6
발전량(GWh)	8,426	6,545	6,094	6,530	7,793	9,197
이용률(%)	95.2	74.0	66.2	70.9	84.9	100.0
가동률(%)	95.5	75.4	97.0	71.4	85.4	100.0

※ 이용률 : 설비용량 대비 실제 발전량
※ 가동률 : 전체 시간 대비 실제 가동시간

| 보기 |

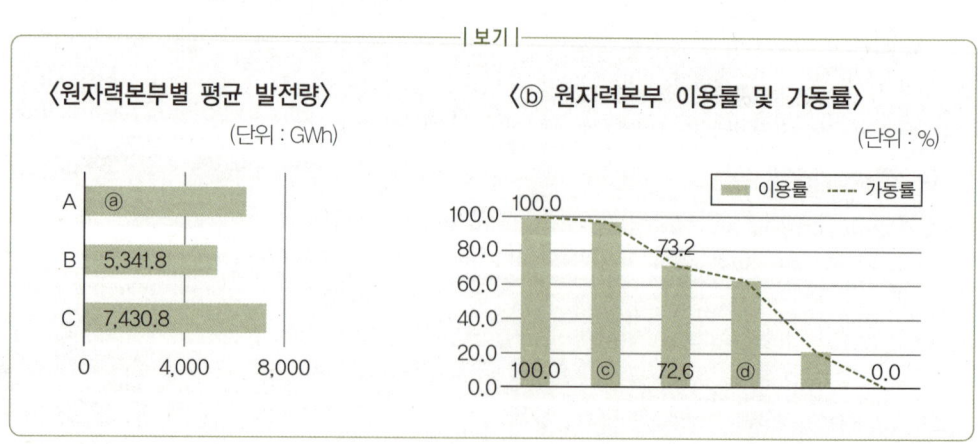

〈원자력본부별 평균 발전량〉 (단위 : GWh)
- A: ⓐ
- B: 5,341.8
- C: 7,430.8

〈ⓑ 원자력본부 이용률 및 가동률〉 (단위 : %)
이용률 100.0, ⓒ, 72.6, ⓓ, ..., 0.0
가동률 (선): 100.0, 73.2, ..., 0.0

① ⓐ 6,482.6　　　　　　　② ⓑ C
③ ⓒ 81　　　　　　　　　④ ⓓ 63.2

07. 청년들의 주택 점유형태를 나타내는 자료에 대한 설명으로 옳지 않은 것은?

〈청년(20 ~ 39세)의 연령계층별 주택 점유형태 비율〉

(단위 : %)

구분	자가	임차			무상
		전세	보증부월세	순수월세	
20 ~ 24세	5.1	11.9	62.7	15.4	4.9
25 ~ 29세	13.6	24.7	47.7	6.5	7.5
30 ~ 34세	31.9	30.5	28.4	3.2	6.0
35 ~ 39세	45.0	24.6	22.5	2.7	5.2

① 20 ~ 24세 청년의 약 78.1%가 월세 형태로 거주하고 있으며 자가 비율은 5.1%이다.
② 20 ~ 24세 청년을 제외한 연령계층별 무상 거주 비율은 순수월세 비율보다 항상 높다.
③ 20 ~ 39세 전체 청년의 자가 거주 비중은 약 31.1%이나 이 중 20대 청년의 자가 거주 비중은 약 9.4%로 매우 낮은 수준이다.
④ 연령계층이 높아질수록 자가 비율이 높아지고 월세 비율은 낮아지는 것으로 나타났다.

[08 ~ 09] 다음은 우리나라 도시와 농촌 간 소득격차에 관한 자료이다. 이어지는 질문에 답하시오.

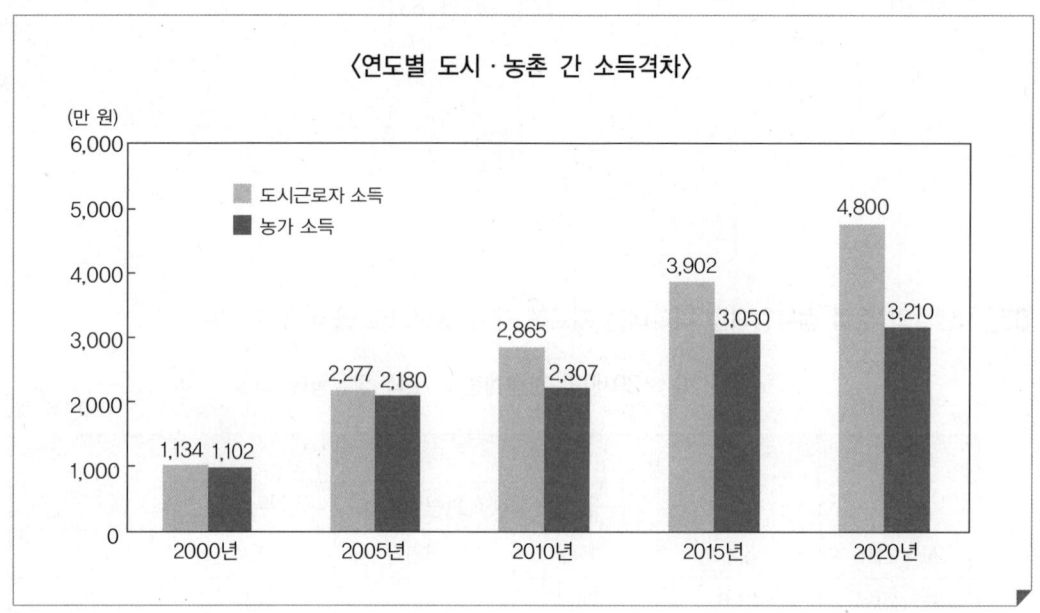

08. 도시와 농촌 간 소득격차가 가장 큰 해의 농가 소득은 그 해 도시와 농촌 전체 소득의 몇 %인가? (단, 소수점 아래 둘째 자리에서 반올림한다)

① 약 39.6% ② 약 39.8%
③ 약 40.1% ④ 약 40.2%

09. 2010년 대비 2020년의 도시근로자 소득과 농가 소득의 증가분은 각각 얼마인가?

① 1,835만 원, 801만 원 ② 1,844만 원, 805만 원
③ 1,930만 원, 901만 원 ④ 1,935만 원, 903만 원

[10 ~ 11] 다음 J 시의 고용 지표 자료를 보고 이어지는 질문에 답하시오.

〈3월 기준 J 시 경제활동인구 현황〉

(단위 : %, 명)

구분	20X1년	20X2년	20X3년	20X4년	20X5년
고용률	39.8	40.5	41.4	42.0	42.5
실업률	10.7	11.8	11.3	11.6	10.0
실업자 수	445,000	510,000	489,000	507,000	480,000

〈12월 기준 J 시 경제활동인구 현황〉

(단위 : %, 명)

구분	20X1년	20X2년	20X3년	20X4년	20X5년
고용률	41.2	41.7	42.1	42.7	-
실업률	9.1	9.8	10.0	9.5	-
실업자 수	389,000	426,000	430,000	408,000	-

※ 경제활동인구＝취업자＋실업자

※ 고용률＝$\frac{취업자}{총인구}×100$, 실업률＝$\frac{실업자}{경제활동인구}×100$

10. 위의 자료에 대한 설명으로 옳은 것을 〈보기〉에서 모두 고르면?

| 보기 |

㉠ 20X5년 3월 경제활동인구는 480만 명이다.
㉡ 20X5년 3월 실업자 수는 20X4년 12월 실업자 수와 같다.
㉢ 20X2년 12월 실업자 중 4천 명은 20X3년 12월까지 취업자가 되었다.
㉣ 위의 자료에서 고용률이 가장 낮은 해와 실업률이 가장 낮은 해가 동일하다.
㉤ 위의 자료에서 20X1년부터 20X4년까지 J 시의 고용률과 실업률은 모두 증가 추세를 보였다.

① 1개　　② 2개　　③ 3개　　④ 4개

11. 위의 자료에서 20X3년 12월 기준 J 시의 총인구수는? (단, 천 단위에서 반올림한다)

① 919만 명　　② 986만 명　　③ 1,119만 명　　④ 1,206만 명

12. 우리나라 에너지부문의 온실가스 배출량에 관한 자료를 통해서 알 수 있는 사실을 〈보기〉에서 모두 고른 것은?

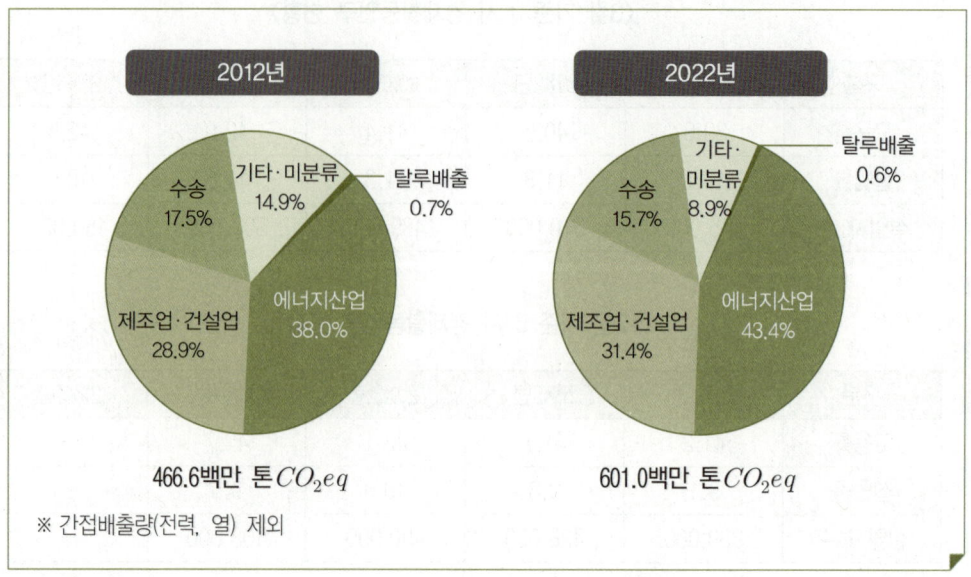

| 보기 |

㉠ 우리나라 온실가스 전체 배출량은 2012년과 2022년이 같다.
㉡ 에너지부문의 온실가스는 에너지를 많이 사용하는 에너지산업, 제조업·건설업, 수송 부문에서 주로 배출된다.
㉢ 2012년에 비해 2022년의 에너지산업 부문 배출비중은 5.4%p, 제조업·건설업 부문의 배출 비중은 2.5%p 늘어났다.
㉣ 2012년에 비해 2022년의 수송 부문의 배출비중은 1.8%p, 기타 부문(미분류 포함)의 배출비중은 6.0%p 감소했다.

① ㉠, ㉢   ② ㉡, ㉣
③ ㉠, ㉡, ㉢   ④ ㉡, ㉢, ㉣

[13 ~ 14] 다음은 2012년 런던 올림픽 메달 획득 결과를 정리한 자료이다. 이어지는 질문에 답하시오.

〈2012 런던 올림픽 메달 획득 결과〉

(단위 : 개)

순위	국가	금메달	은메달	동메달	합계
1위	미국	46	29	29	104
2위	중국	38	27	22	87
3위	영국	29	17	19	65
4위	러시아	24	25	33	(㉠)
5위	대한민국	13	(㉡)	8	(㉢)
6위	독일	11	19	14	44
7위	프랑스	11	11	12	34
8위	이탈리아	8	9	12	29
9위	헝가리	8	4	5	17
10위	호주	7	16	12	35
그 외		105	135	184	424
합계		300	300	350	950

※ 금메달 획득수와 합계 메달 수 중 금메달 획득수를 기준으로 상위 10개국을 표시함.

13. 위 자료에 대한 설명으로 옳은 것은?

① 대한민국은 합계 메달 수 기준으로 이탈리아와 공동 9위이다.
② 금메달 획득 기준으로 1등인 국가는 합계 메달 수 기준에서도 1등이다.
③ 금메달 획득 기준 상위 10개국의 순위는 합계 메달 수 기준일 때의 순위와 일치한다.
④ 금메달 획득 기준 상위 10개국 중 1등인 국가는 합계 메달 수 기준에서도 1등이다.

14. 러시아의 메달 합계(㉠)와 대한민국의 은메달 수(㉡)는 각각 몇 개인가?

① ㉠ 72개, ㉡ 6개
② ㉠ 72개, ㉡ 7개
③ ㉠ 82개, ㉡ 7개
④ ㉠ 82개, ㉡ 8개

15. 다음은 영업팀의 지역(담당자)별 매출 비율을 나타낸 그래프이다. 이에 대한 설명으로 옳은 것을 〈보기〉에서 모두 고르면?

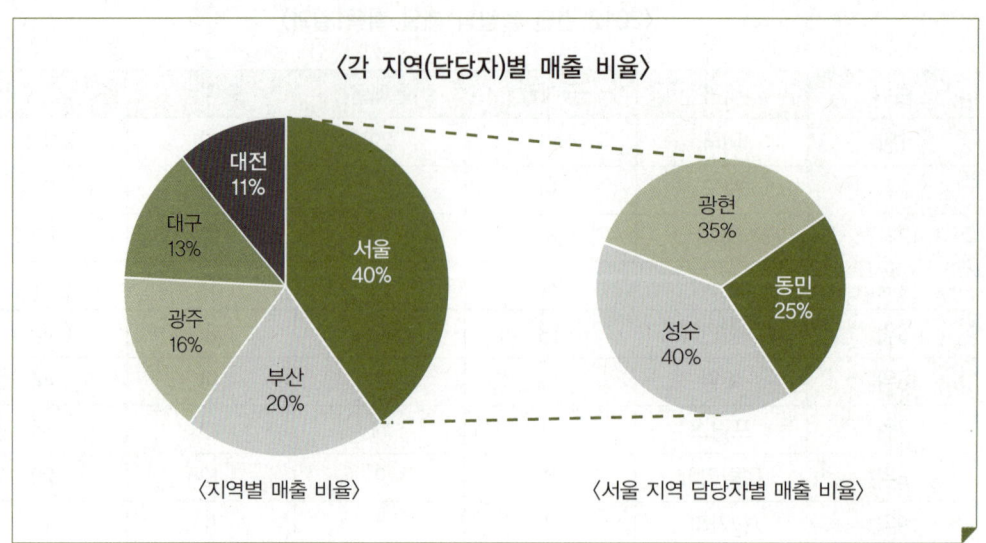

| 보기 |

ㄱ. 전체 매출 중 광현이가 차지하는 비중은 13% 미만이다.
ㄴ. 전체 매출 중 동민이가 차지하는 비중은 10% 이상이다.
ㄷ. 전체 매출 중 광현이와 동민이가 차지하는 비중은 대구와 대전의 매출 비중의 합보다 작다.
ㄹ. 전체 매출 중 성수가 차지하는 비중은 대구의 비중보다 많다.

① ㄱ, ㄴ   ② ㄱ, ㄷ
③ ㄴ, ㄷ   ④ ㄴ, ㄹ

영역 3 문제해결

15문항

[01 ~ 02] 버튼을 두 번 누르자 다음과 같이 바뀌었다. 아래 표를 참고하여 누른 버튼을 순서대로 고르시오.

버튼	기능
1	모든 기호 시계 방향으로 한 칸 이동
2	모든 기호 시계 방향으로 두 칸 이동
3	모든 기호 시계 방향으로 세 칸 이동
4	곱하기 · 나누기 색 반전
5	더하기 · 빼기 색 반전
6	모든 기호 색 반전
7	더하기 · 나누기 위치 변경

01.

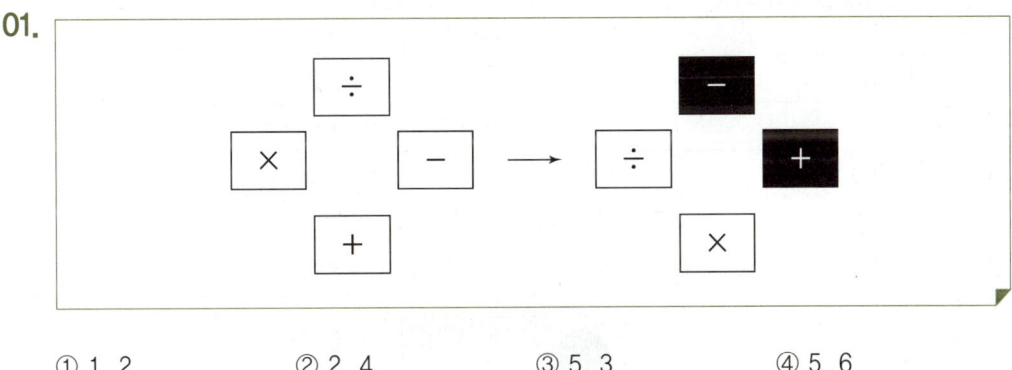

① 1, 2   ② 2, 4   ③ 5, 3   ④ 5, 6

02.

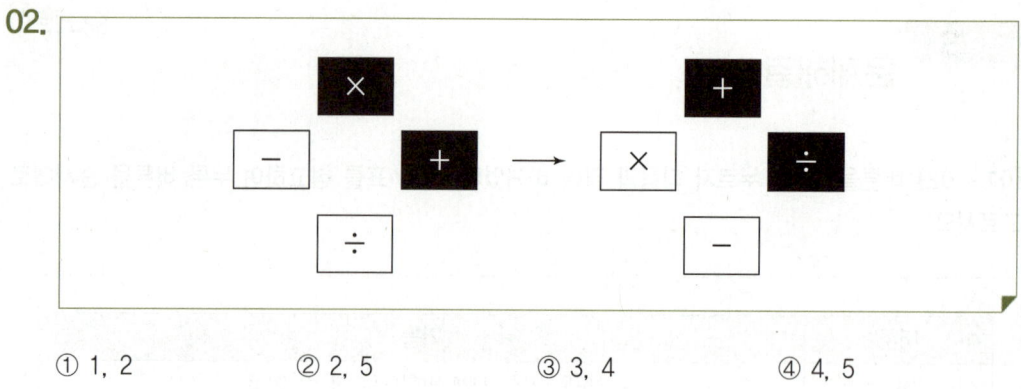

① 1, 2　　　② 2, 5　　　③ 3, 4　　　④ 4, 5

[03 ~ 04] 다음 표를 참고하여 이어지는 질문에 답하시오.

버튼	기능
1번	R과 G 라이트 → ON
2번	Y와 P 라이트 → 반투명
3번	R과 P 라이트 → ON
4번	Y와 G 라이트 → OFF
5번	모든 ON → 반투명
6번	모든 OFF → ON

OFF　ON　반투명

03. 처음 상태에서 버튼을 두 번 눌렀더니 화살표 이후와 같은 상태로 바뀌었다. 어떤 버튼을 눌렀는가?

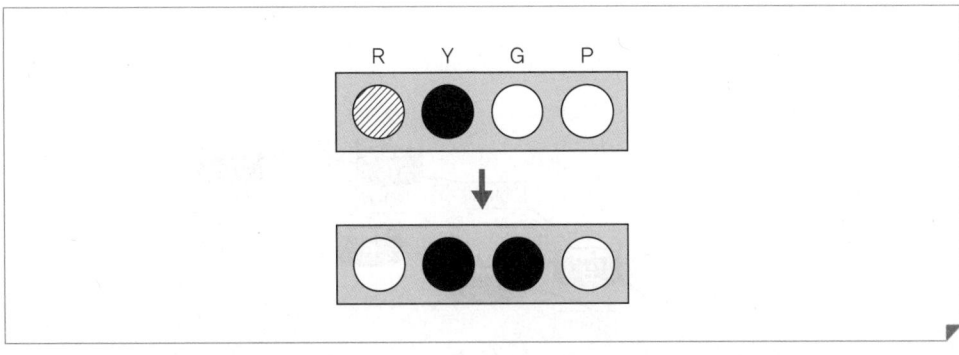

① 1, 4번
② 2, 4번
③ 3, 5번
④ 4, 6번

04. 처음 상태에서 버튼 세 번 눌렀더니 화살표 이후와 같은 상태로 바뀌었다. 어떤 버튼을 눌렀는가?

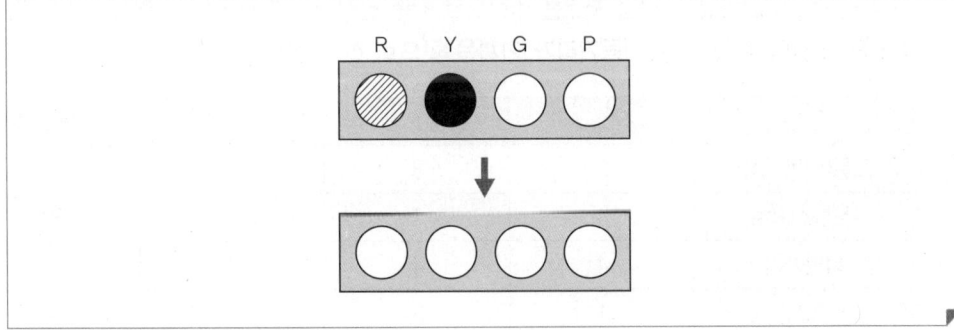

① 1, 3, 5번
② 2, 3, 4번
③ 2, 4, 5번
④ 3, 4, 6번

05. ○○기업 제주지사에 근무 중인 백 주임은 A 경기장에서부터 출발하여 모든 경기장을 한 번씩 들러서 다시 A 경기장으로 돌아오는 순환버스의 경로를 정하려고 한다. 운행 거리가 가장 짧은 경로를 택하려고 할 때, 백 주임이 선택할 경로는?

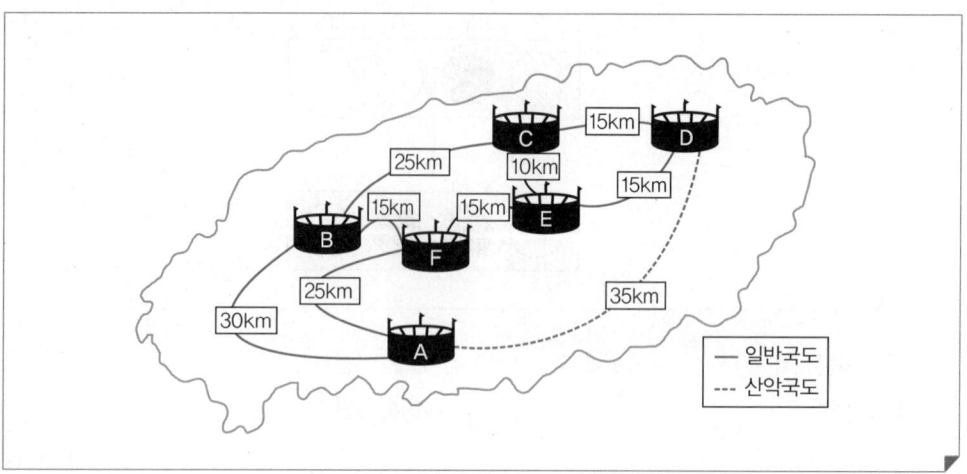

① A-D-E-C-B-F-A
② A-D-C-E-F-B-A
③ A-F-D-C-E-B-A
④ A-F-E-D-C-B-A

06. ○○사 영업팀은 이번 워크숍 장소 선정에 있어 회의공간과 편의시설의 점수 합계가 가장 높은 곳을 선정하기로 하였다. 다음 자료를 바탕으로 최종 선정된 워크숍 장소는 어디인가? (단, 여러 장소의 조건이 같을 경우 이동거리가 가까운 곳으로 선정한다)

구분	장소 A	장소 B	장소 C	장소 D
교통(이동거리)	3	3	3	5
주변 산책로	4	1	1	2
회의공간	4	4	4	5
숙소(방)	1	3	3	4
편의시설(노래방)	5	3	3	4

※ 점수 1점 미흡-5점 매우 우수
※ 교통은 거리가 가까울수록 점수가 높다.

① 장소 A
② 장소 B
③ 장소 C
④ 장소 D

07. 이사를 계획하고 있는 조 사원은 출근 시간을 고려하여 집 A ~ D 중 한 곳을 선택해야 한다. 집과 회사와의 거리, 교통수단 등의 정보가 다음과 같을 때, 동일한 시각에 출발하여 회사에 가장 빨리 도착할 수 있는 곳은? (단, 모든 계산은 소수점 아래 둘째 자리에서 반올림한다)

〈회사와의 거리〉

A	10km
B	12km
C	14km
D	16km

〈구간별 이용 교통수단〉

집	버스	전철	택시
A	집 ~ 7km 지점	–	7km 지점 ~ 회사
B	10km 지점 ~ 회사	집 ~ 10km 지점	–
C	–	집 ~ 4km 지점	4km 지점 ~ 회사
D	–	–	전 구간

〈교통수단별 평균 속력〉

버스	전철	택시
40km/h	100km/h	70km/h

※ 환승 포함 언급되지 않은 사항은 고려하지 않으며, 다른 교통수단은 이용할 수 없는 것으로 가정한다.

① A
② B
③ C
④ D

08. K 기업은 직원 휴게실에 전자피아노 3대를 배치하기로 하였다. 다음 대화를 바탕으로 할 때, 조건에 적합한 모델은 무엇인가?

〈전자피아노 모델〉

모델명	센서	동시발음수	음색수	블루투스	건반	가격(원)
CB-340	2	128	120	O	목건반	450,000
ZL-810	2	256	250	O	플라스틱	1,200,000
SS-110	1	64	60	O	플라스틱	350,000
AE-400	1	88	98	X	목건반	550,000

김 사원 : 전자피아노를 3대 구입하고 싶습니다.
상담원 : 피아노를 연주하는 사람은 누구인가요?
김 사원 : 회사 휴게실에 전자피아노를 설치하려고 합니다. 회사 직원들이기 때문에 능숙한 사람은 적습니다.
상담원 : 보통 전공자들은 동시발음수와 음색수를 중요하게 여기는데, 숫자가 높을수록 좋은 음질을 가지고 있습니다. 전공자들이 아니라면 100 이하의 동시발음수와 음색수면 충분합니다. 가격은 어느 정도로 생각하시고 계신가요?
김 사원 : 총구매액 300만 원 이하로 구매하길 원합니다. 또 블루투스로 연결할 수 있는 피아노였으면 좋겠군요. 센서의 차이는 무엇인가요?
상담원 : 센서는 한 건반을 연달아 칠 때 반응하는 속도를 뜻합니다. 3센서가 가장 좋지만 비전공자에게는 크게 상관이 없습니다. 건반 종류도 비전공자에게는 큰 차이가 없기 때문에 플라스틱 건반으로 구매하시는 것이 효율적입니다.
김 사원 : 알겠습니다. 비전공자들에게 적합한 모델로 구매하는 것이 좋겠네요.

① CB-340　　　　　　　　　　② ZL-810
③ SS-110　　　　　　　　　　④ AE-400

[09 ~ 10] 다음은 경쟁관계인 A 항공사와 B 항공사의 신규 취항 가능 노선을 도시별로 나누었을 때 벌어들일 수 있는 수익체계를 정리한 표이다. 이어지는 질문에 답하시오.

		B 항공사			
		방콕	세부	교토	삿포로
A 항공사	방콕	(−2, 4)	(4, 8)	(7, −1)	(0, 2)
	세부	(6, 5)	(0, 3)	(2, 6)	(−1, −3)
	교토	(7, 0)	(3, −2)	(4, −1)	(−1, 7)
	삿포로	(3, 1)	(2, 2)	(−4, 3)	(6, 2)

- 괄호 안의 숫자는 A 항공사와 B 항공사가 각 도시에 신규 취항한다고 하였을 때 얻을 수 있는 월간 부가수익(천만 원)을 의미한다(A 항공사 월간 부가수익, B 항공사 월간 부가수익).
  ㉠ A 항공사와 B 항공사가 각각 세부, 교토에 취항하는 경우 A 항공사는 2천만 원, B 항공사는 6천만 원의 월간 부가수익을 얻게 된다.
- 표에 나타난 수익 이외의 수익은 고려하지 않는다.

09. 다음 중 B 항공사가 가장 큰 부가수익을 기대할 수 있는 신규 취항 도시는 어디인가?

① 방콕 ② 세부
③ 교토 ④ 삿포로

10. 각 항공사가 경쟁사와의 수익 격차를 최대화할 수 있는 신규 취항지를 정할 때, 선택할 가능성이 가장 높은 도시를 순서대로 짝지은 것은? (단, 경쟁 항공사의 취항 선택 확률은 각 도시마다 동일하다고 가정한다)

	A 항공사	B 항공사		A 항공사	B 항공사
①	교토	세부	②	교토	삿포로
③	삿포로	교토	④	방콕	삿포로

[11 ~ 12] 다음은 ○○기업에서 부서배치를 위해 신입사원 A ~ D를 대상으로 실시한 시험의 결과이다. 이어지는 질문에 답하시오.

〈시험 결과〉

구분	정보능력	문제해결능력	대인관계능력	희망 부서
A	84	80	92	경영지원팀
B	85	90	87	미래전략팀
C	93	88	85	홍보기획팀
D	91	94	80	미래전략팀

※ 평가점수의 총점은 각 평가항목 점수에 해당 가중치를 곱한 것을 합산하여 구한다.
 (평가항목별 가중치 : 정보능력=0.3, 문제해결능력=0.3, 대인관계능력=0.4)

〈부서별 결원 현황〉
• 경영지원팀 : 1명   • 전산관리팀 : 1명
• 홍보기획팀 : 1명   • 미래전략팀 : 1명

11. A ~ D 중 평가점수의 총점이 가장 높은 1명을 우수 인재로 선발한다고 할 때, 적절한 사원은?

① A ② B
③ C ④ D

12. 시험 결과에 따라 총점이 높은 순서대로 희망 부서에 배치된다고 할 때, 다음 중 자신의 희망 부서에 배치되지 못하는 사원은?

① A ② B
③ C ④ D

13. 다음 〈보기〉는 명령어와 그에 따른 그래프 출력 결과이다. 명령어 DD(-, +)1, A(+, -)3을 올바르게 나타낸 것은 무엇인가?

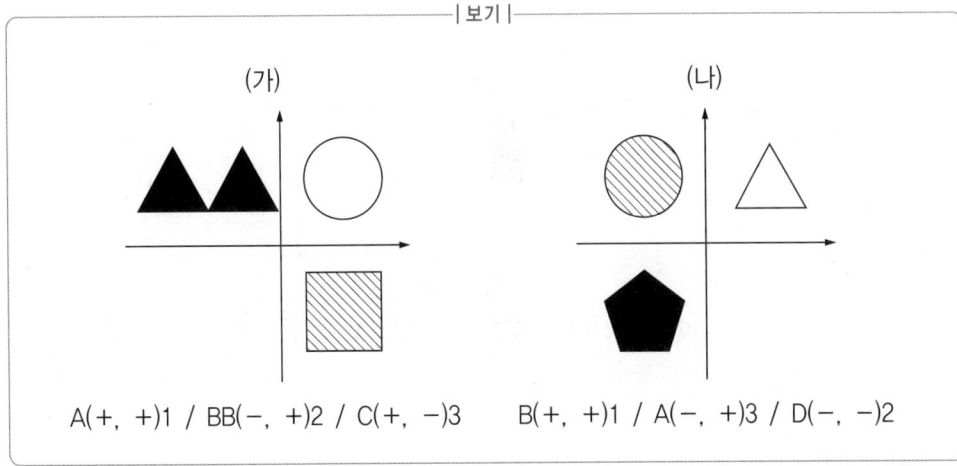

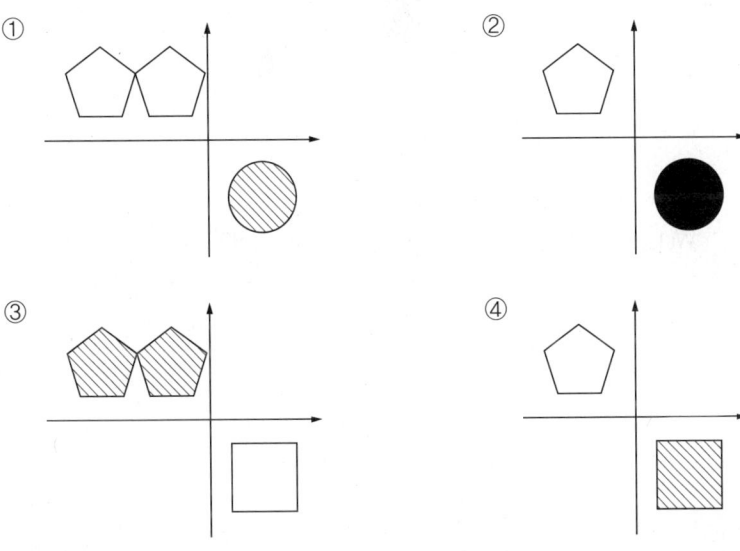

[14 ~ 15] 다음 〈자료〉는 명령어와 그에 따른 그래프 출력 결과이다. 이어지는 질문에 답하시오.

| 자료 |

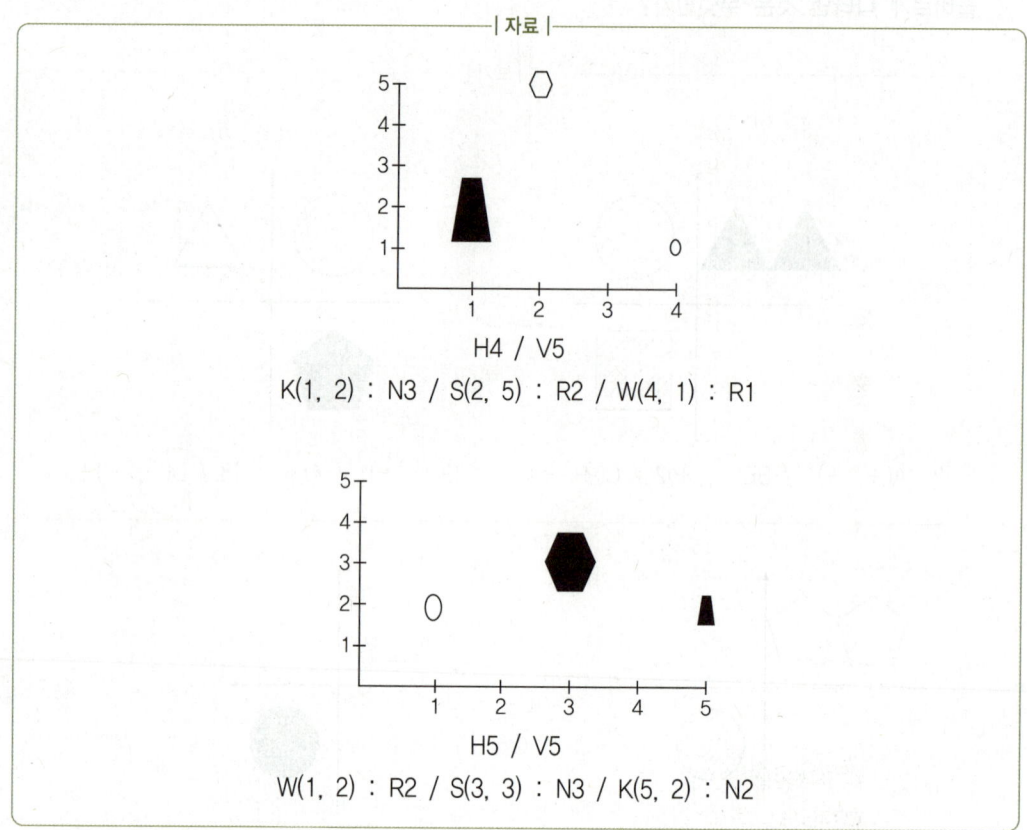

H4 / V5
K(1, 2) : N3 / S(2, 5) : R2 / W(4, 1) : R1

H5 / V5
W(1, 2) : R2 / S(3, 3) : N3 / K(5, 2) : N2

14. 다음 그래프에 알맞은 명령어는 어느 것인가?

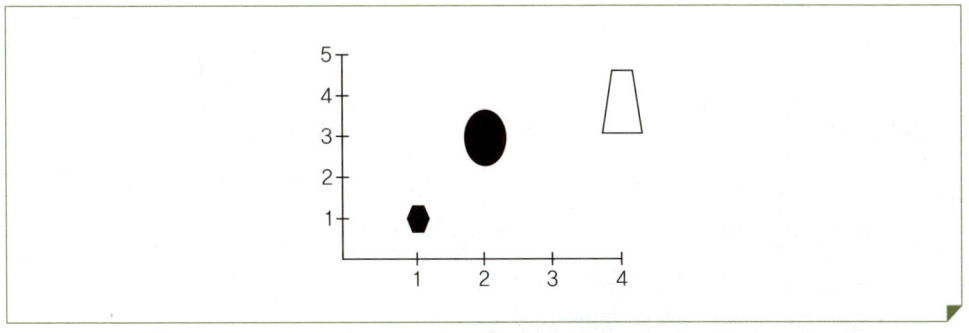

① H4 / V5
   S(1, 1) : N2 / W(2, 3) : N3 / K(4, 4) : R3
② H4 / V5
   S(1, 1) : N3 / W(2, 3) : N3 / K(4, 4) : R3
③ H4 / V5
   S(1, 1) : N2 / W(2, 3) : N2 / K(4, 4) : R3
④ H4 / V5
   S(1, 1) : R2 / W(2, 3) : N3 / K(4, 4) : R3

15. H5 / V5 S(1, 4) : R3 / W(2, 1) : N2 / W(3, 1) : N1 / K(5, 2) : N3의 그래프를 산출할 때 오류가 발생하여 다음과 같은 결과가 산출되었다. 다음 중 오류가 발생한 값은?

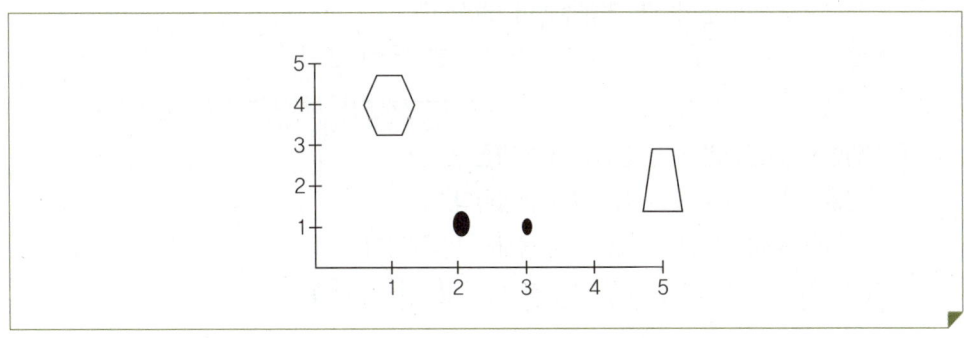

① H5 / V5   ② S(1, 4) : R3
③ W(2, 1) : N2   ④ K(5, 2) : N3

영역 4 추리

15문항

01. 다음 내용이 모두 참일 때, 반드시 참이라고 추론할 수 없는 것은?

- 클라이밍을 좋아하는 사람은 고양이를 좋아하지 않는다.
- 루지를 좋아하는 사람은 달리기를 잘한다.
- 달리기를 잘하는 사람은 클라이밍을 좋아한다.
- 고양이를 좋아하는 사람은 서핑을 할 수 있다.

① 고양이를 좋아하는 사람은 클라이밍을 좋아하지 않는다.
② 서핑을 할 수 없는 사람은 달리기를 잘하지 않는다.
③ 달리기를 잘하지 않는 사람은 루지를 좋아하지 않는다.
④ 루지를 좋아하는 사람은 고양이를 좋아하지 않는다.

02. 다음 명제들이 모두 참일 때, 항상 참인 것은?

- 성인병이 발병하면 기대수명이 낮아진다.
- 계단을 이용하면 성인병이 발병하지 않는다.
- 각종 합병증이 발병하면 기대수명이 낮아진다.
- 성인병이 발병하지 않으면 각종 합병증이 발병하지 않는다.

① 성인병이 발병하면 각종 합병증이 발병한다.
② 계단을 이용하지 않으면 성인병이 발병한다.
③ 각종 합병증이 발병하면 계단을 이용하지 않은 것이다.
④ 기대수명이 낮아지지 않으면 성인병이나 각종 합병증이 발병한 것이다.

03. 다음 명제를 바탕으로 추론할 때 밑줄 친 부분에 들어갈 문장으로 알맞은 것은?

- 의류를 판매하지 않으면 핸드백을 팔 수 있다.
- 핸드백을 팔 경우에는 구두를 판매할 수 없다.
- _____
- 그러므로 의류를 판매하려고 한다.

① 핸드백을 팔기로 했다.
② 구두를 팔지 않고 핸드백을 판매한다.
③ 핸드백과 구두를 팔지 않기로 했다.
④ 구두를 판매하기로 했다.

04. ○○기업 윤리감사팀은 영업팀원 A, B, C, D 네 명 중 한 명이 거래처로부터 금품을 제공받았다는 신고가 들어와 네 명의 직원을 불러 조사한 결과, 다음과 같은 사실이 확인되었다. 네 명 중 금품을 반드시 수수한 사람은?

- A는 어떠한 금품도 받지 않았다.
- B가 금품을 받았다면 또 다른 한 명도 금품을 받았다.
- C가 금품을 받았다면 또 다른 두 명도 금품을 받았다.
- A, B, C, D 중 최소 한 명은 금품을 수수했다.

① A
② B
③ C
④ D

05. 사내 체육대회에서 각 부서별 대표 7명(A, B, C, D, E, F, G)이 달리기 시합을 진행하였다. 시합 결과가 다음과 같다면 첫 번째로 결승점에 들어온 직원은 누구인가?

- 네 번째로 들어온 사람은 D이다.
- F보다 나중에 D가 들어왔다.
- G보다 나중에 F가 들어왔다.
- B보다 나중에 E가 들어왔다.
- D보다 나중에 E가 들어왔다.
- G보다 나중에 B가 들어왔다.
- A보다 나중에 F가 들어왔으나 A가 1등은 아니다.

① A ② B
③ E ④ G

06. 다음 〈정보〉를 근거로 할 때 7개 부서의 예산을 바르게 비교한 것은?

―| 정보 |―

- G 부서의 예산은 F 부서 예산의 3배이다.
- A 부서의 예산과 C 부서의 예산은 같다.
- B 부서의 예산은 F 부서의 예산과 G 부서의 예산을 합한 것과 같다.
- D 부서의 예산은 A 부서의 예산과 B 부서의 예산을 합한 것과 같다.
- E 부서의 예산은 B 부서, C 부서, F 부서의 예산을 모두 합한 것과 같다.
- A 부서의 예산은 B 부서 예산과 G 부서 예산을 합한 것과 같다.

① F<G<A=C<B<E<D ② F<G<A=C<B<D<E
③ F<G<B<A=C<D<E ④ F<G=B=A<C<E<D

07. 다음은 A 애견카페를 이용한 손님에 대한 정보이다. 제시된 정보에 대한 진위여부는 확실하지 않을 때, 〈보기〉 중 반드시 참인 것은? (단, 반려견을 동반하지 않은 반려인 출입은 불가능하다)

[정보 1] 총 3명의 손님이 방문했다.
[정보 2] 손님은 각각 최소 2마리 이상의 반려견과 함께 방문했다.
[정보 3] 이날 방문한 반려견의 수는 최소 6마리이다.
[정보 4] 이날 방문한 반려견의 수는 짝수이다.

| 보기 |

(가) [정보 1]과 [정보 2]가 참이면 [정보 3]도 참이다.
(나) [정보 2]가 참이면 [정보 4]도 참이다.
(다) [정보 1]과 [정보 3]이 참이면 [정보 2]도 참이다.

① (가) ② (나)
③ (다) ④ (가), (다)

[08 ~ 15] 다음 숫자들의 배열 규칙을 찾아 '?'에 들어갈 알맞은 수를 고르시오.

08.

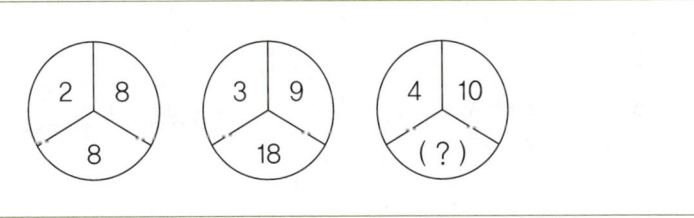

① 20 ② 28
③ 30 ④ 38

09.

3	15
	5
	8

1	9
	9
	10

5	10
	2
	7

2	6
	(?)
	5

① 0 ② 1
③ 2 ④ 3

10.

1　3　4　−1　3　−4　−1　−3　(?)

① 4　② 2
③ −5　④ −4

11.

2　1　3　$\frac{3}{2}$　$\frac{7}{2}$　$\frac{7}{4}$　$\frac{15}{4}$　(?)

① $\frac{15}{6}$　② $\frac{15}{8}$
③ $\frac{18}{4}$　④ $\frac{31}{4}$

12.

1　2　4　7　13　17　40　(?)　121

① 37　② 42
③ 84　④ 115

13.

3 2 6 12   2 2 5 9   12 3 10 (?)

① 25
② 26
③ 42
④ 46

14.

1	3
27	9

2	(?)
54	18

① 3
② 4
③ 5
④ 6

15.

5	7
8	9

16	23
27	(?)

① 28
② 29
③ 30
④ 31

고시넷 포스코그룹(PAT) 대졸직 인적성검사 최신기출유형모의고사

포스코그룹(PAT) 대졸직 인적성검사

파트 3 인성검사

01 인성검사의 이해
02 인성검사 연습

01 인성검사의 이해

1 인성검사, 왜 필요한가?

채용기업은 지원자가 '직무적합성'을 지닌 사람인지를 인성검사와 직무적성검사를 통해 판단한다. 인성검사에서 말하는 인성(人性)이란 그 사람의 성품, 즉 각 개인이 가지는 사고와 태도 및 행동 특성을 의미한다. 인성은 사람의 생김새처럼 사람마다 다르기 때문에 몇 가지 유형으로 분류하고 이에 맞추어 판단한다는 것 자체가 억지스럽고 어불성설일지 모른다. 그럼에도 불구하고 기업들의 입장에서는 입사를 희망하는 사람이 어떤 성품을 가졌는지 정보가 필요하다. 그래야 해당 기업의 인재상에 적합하고 담당할 업무에 적격한 인재를 채용할 수 있기 때문이다.

지원자의 성격이 외향적인지 아니면 내향적인지, 어떤 직무와 어울리는지, 조직에서 다른 사람과 원만하게 생활할 수 있는지, 업무 수행 중 문제가 생겼을 때 어떻게 대처하고 해결할 수 있는지에 대한 전반적인 개성은 자기소개서를 통해서나 면접을 통해서도 어느 정도 파악할 수 있다. 그러나 이것들만으로 인성을 충분히 파악할 수 없기 때문에 객관화되고 정형화된 인성검사로 지원자의 성격을 판단하고 있다.

채용기업은 필기시험을 높은 점수로 통과한 지원자라 하더라도 해당 기업과 거리가 있는 성품을 가졌다면 탈락시키게 된다. 일반적으로 필기시험 통과자 중 인성검사로 탈락하는 비율이 10% 내외가 된다고 알려져 있다. 물론 인성검사를 탈락하였다 하더라도 특별히 인성에 문제가 있는 사람이 아니라면 절망할 필요는 없다. 자신을 되돌아보고 다음 기회를 대비하면 되기 때문이다. 탈락한 기업이 원하는 인재상이 아니었다면 맞는 기업을 찾으면 되고, 경쟁자가 많았기 때문이라면 자신을 다듬어 경쟁력을 높이면 될 것이다.

2 인성검사의 특징

우리나라 대다수의 채용기업은 인재개발 및 인적자원을 연구하는 한국행동과학연구소(KIRBS), 에스에이치알(SHR), 한국사회적성개발원(KSAD), 한국인재개발진흥원(KPDI) 등 전문기관에 인성검사를 의뢰하고 있다.

이 기관들의 인성검사 개발 목적은 비슷하지만 기관마다 검사 유형이나 평가 척도는 약간의 차이가 있다. 또 지원하는 기업이 어느 기관에서 개발한 검사지로 인성검사를 시행하는지는 사전에 알 수 없다. 그렇지만 공통으로 적용하는 척도와 기준에 따라 구성된 여러 형태의 인성검사지로 사전 테스트를 해 보고 자신의 인성이 어떻게 평가되는가를 미리 알아보는 것은 가능하다.

인성검사는 필기시험 당일 직무능력평가와 함께 실시하는 경우와 직무능력평가 합격자에 한하여 면접과 함께 실시하는 경우가 있다. 인성검사의 문항은 100문항 내외에서부터 최대 500문항까지 다양하다. 인성검사에 주어지는 시간은 문항 수에 비례하여 30~100분 정도가 된다.

문항 자체는 단순한 질문으로 어려울 것은 없지만 제시된 상황에서 본인의 행동을 정하는 것이 쉽지만은 않다. 문항 수가 많을 경우 이에 비례하여 시간도 길게 주어지지만 단순하고 유사하며 반복되는 질문에 방심하여 집중하지 못하고 실수하는 경우가 있으므로 컨디션 관리와 집중력 유지에 노력하여야 한다. 특히 같거나 유사한 물음에 다른 답을 하는 경우가 가장 위험하다.

3 인성검사 척도 및 구성

1 미네소타 다면적 인성검사(MMPI)

MMPI(Minnesota Multiphasic Personality Inventory)는 1943년 미국 미네소타 대학교수인 해서웨이와 매킨리가 개발한 대표적인 자기 보고형 성향 검사로서 오늘날 가장 대표적으로 사용되는 객관적 심리검사 중 하나이다. MMPI는 약 550여 개의 문항으로 구성되며 각 문항을 읽고 '예(YES)' 또는 '아니오(NO)'로 대답하게 되어 있다.

MMPI는 4개의 타당도 척도와 10개의 임상척도로 구분된다. 500개가 넘는 문항들 중 중복되는 문항들이 포함되어 있는데 내용이 똑같은 문항도 10문항 이상 포함되어 있다. 이 반복 문항들은 응시자가 얼마나 일관성 있게 검사에 임했는지를 판단하는 지표로 사용된다.

구분	척도명	약자	주요 내용
타당도 척도 (바른 태도로 임했는지, 신뢰할 수 있는 결론인지 등을 판단)	무응답 척도 (Can not say)	?	응답하지 않은 문항과 복수로 답한 문항들의 총합으로 빠진 문항을 최소한으로 줄이는 것이 중요하다.
	허구 척도 (Lie)	L	자신을 좋은 사람으로 보이게 하려고 고의적으로 정직하지 못한 답을 판단하는 척도이다. 허구 척도가 높으면 장점까지 인정받지 못하는 결과가 발생한다.
	신뢰 척도 (Frequency)	F	검사 문항에 빗나간 답을 한 경향을 평가하는 척도로 정상적인 집단의 10% 이하의 응답을 기준으로 일반적인 경향과 다른 정도를 측정한다.
	교정 척도 (Defensiveness)	K	정신적 장애가 있음에도 다른 척도에서 정상적인 면을 보이는 사람을 구별하는 척도로 허구 척도보다 높은 고차원으로 거짓 응답을 하는 경향이 나타난다.
임상척도 (정상적 행동과 그렇지 않은 행동의 종류를 구분하는 척도로, 척도마다 다른 기준으로 점수가 매겨짐)	건강염려증 (Hypochondriasis)	Hs	신체에 대한 지나친 집착이나 신경질적 혹은 병적 불안을 측정하는 척도로 이러한 건강염려증이 타인에게 어떤 영향을 미치는지도 측정한다.
	우울증 (Depression)	D	슬픔·비관 정도를 측정하는 척도로 타인과의 관계 또는 본인 상태에 대한 주관적 감정을 나타낸다.
	히스테리 (Hysteria)	Hy	갈등을 부정하는 정도를 측정하는 척도로 신체 증상을 호소하는 경우와 적대감을 부인하며 우회적인 방식으로 드러내는 경우 등이 있다.
	반사회성 (Psychopathic Deviate)	Pd	가정 및 사회에 대한 불신과 불만을 측정하는 척도로 비도덕적 혹은 반사회적 성향 등을 판단한다.
	남성-여성특성 (Masculinity-Feminity)	Mf	남녀가 보이는 흥미와 취향, 적극성과 수동성 등을 측정하는 척도로 성에 따른 유연한 사고와 융통성 등을 평가한다.

	편집증 (Paranoia)	Pa	과대 망상, 피해 망상, 의심 등 편집증에 대한 정도를 측정하는 척도로 열등감, 비사교적 행동, 타인에 대한 불만과 같은 내용을 질문한다.
	강박증 (Psychasthenia)	Pt	과대 근심, 강박관념, 죄책감, 공포, 불안감, 정리정돈 등을 측정하는 척도로 만성 불안 등을 나타낸다.
	정신분열증 (Schizophrenia)	Sc	정신적 혼란을 측정하는 척도로 자폐적 성향이나 타인과의 감정 교류, 충동 억제불능, 성적 관심, 사회적 고립 등을 평가한다.
	경조증 (Hypomania)	Ma	정신적 에너지를 측정하는 척도로 생각의 다양성 및 과장성, 행동의 불안정성, 흥분성 등을 나타낸다.
	사회적 내향성 (Social introversion)	Si	대인관계 기피, 사회적 접촉 회피, 비사회성 등의 요인을 측정하는 척도로 외향성 및 내향성을 구분한다.

2 캘리포니아 성격검사(CPI)

CPI(California Psychological Inventory)는 캘리포니아 대학의 연구팀이 개발한 성격검사로 MMPI와 함께 세계에서 가장 널리 사용되고 있는 인성검사 툴이다. CPI는 다양한 인성 요인을 통해 지원자가 답변한 응답 왜곡 가능성, 조직 역량 등을 측정한다. MMPI가 주로 정서적 측면을 진단하는 특징을 보인다면, CPI는 정상적인 사람의 심리적 특성을 주로 진단한다.

CPI는 약 480개 문항으로 구성되어 있으며 다음과 같은 18개의 척도로 구분된다.

구분	척도명	주요 내용
제1군 척도 (대인관계 적절성 측정)	지배성(Do)	리더십, 통솔력, 대인관계에서의 주도권을 측정한다.
	지위능력성(Cs)	내부에 잠재되어 있는 내적 포부, 자기 확신 등을 측정한다.
	사교성(Sy)	참여 기질이 활발한 사람과 그렇지 않은 사람을 구분한다.
	사회적 자발성(Sp)	사회 안에서의 안정감, 자발성, 사교성 등을 측정한다.
	자기 수용성(Sa)	개인적 가치관, 자기 확신, 자기 수용력 등을 측정한다.
	행복감(Wb)	생활의 만족감, 행복감을 측정하며 긍정적인 사람으로 보이고자 거짓 응답하는 사람을 구분하는 용도로도 사용된다.
제2군 척도 (성격과 사회화, 책임감 측정)	책임감(Re)	법과 질서에 대한 양심, 책임감, 신뢰성 등을 측정한다.
	사회성(So)	가치 내면화 정도, 사회 이탈 행동 가능성 등을 측정한다.
	자기 통제성(Sc)	자기조절, 자기통제의 적절성, 충동 억제력 등을 측정한다.
	관용성(To)	사회적 신념, 편견과 고정관념 등에 대한 태도를 측정한다.
	호감성(Gi)	타인이 자신을 어떻게 보는지에 대한 민감도를 측정하며, 좋은 사람으로 보이고자 거짓 응답하는 사람을 구분한다.
	임의성(Cm)	사회에 보수적 태도를 보이고 생각 없이 적당히 응답한 사람을 판단하는 척도로 사용된다.

제3군 척도 (인지적, 학업적 특성 측정)	순응적 성취(Ac)	성취동기, 내면의 인식, 조직 내 성취 욕구 등을 측정한다.
	독립적 성취(Ai)	독립적 사고, 창의성, 자기실현을 위한 능력 등을 측정한다.
	지적 효율성(Le)	지적 능률, 지능과 연관이 있는 성격 특성 등을 측정한다.
제4군 척도 (제1~3군과 무관한 척도의 혼합)	심리적 예민성(Py)	타인의 감정 및 경험에 대해 공감하는 정도를 측정한다.
	융통성(Fx)	개인적 사고와 사회적 행동에 대한 유연성을 측정한다.
	여향성(Fe)	남녀 비교에 따른 흥미의 남향성 및 여향성을 측정한다.

3 SHL 직업성격검사(OPQ)

OPQ(Occupational Personality Questionnaire)는 세계적으로 많은 외국 기업에서 널리 사용하는 CEB사의 SHL 직무능력검사에 포함된 직업성격검사이다. 4개의 질문이 한 세트로 되어 있고 총 68세트 정도 출제되고 있다. 4개의 질문 안에서 '자기에게 가장 잘 맞는 것'과 '자기에게 가장 맞지 않는 것'을 1개씩 골라 '예', '아니오'로 체크하는 방식이다. 단순하게 모든 척도가 높다고 좋은 것은 아니며, 척도가 낮은 편이 좋은 경우도 있다.

기업에 따라 척도의 평가 기준은 다르다. 희망하는 기업의 특성을 연구하고, 채용 기준을 예측하는 것이 중요하다.

척도	내용	질문 예
설득력	사람을 설득하는 것을 좋아하는 경향	- 새로운 것을 사람에게 권하는 것을 잘한다. - 교섭하는 것에 걱정이 없다. - 기획하고 판매하는 것에 자신이 있다.
지도력	사람을 지도하는 것을 좋아하는 경향	- 사람을 다루는 것을 잘한다. - 팀을 아우르는 것을 잘한다. - 사람에게 지시하는 것을 잘한다.
독자성	다른 사람의 영향을 받지 않고, 스스로 생각해서 행동하는 것을 좋아하는 경향	- 모든 것을 자신의 생각대로 하는 편이다. - 주변의 평가는 신경 쓰지 않는다. - 유혹에 강한 편이다.
외향성	외향적이고 사교적인 경향	- 다른 사람이 주목을 끄는 것을 좋아한다. - 사람들이 모인 곳에서 중심이 되는 편이다. - 담소를 나눌 때 주변을 즐겁게 해 준다.
우호성	친구가 많고, 대세의 사람이 되는 것을 좋아하는 경향	- 친구와 함께 있는 것을 좋아한다. - 무엇이라도 얘기할 수 있는 친구가 많다. - 친구와 함께 무언가를 하는 것이 많다.
사회성	세상 물정에 밝고 사람 앞에서도 낯을 가리지 않는 성격	- 자신감이 있고 유쾌하게 발표할 수 있다. - 공적인 곳에서 인사하는 것을 잘한다. - 사람들 앞에서 발표하는 것이 어렵지 않다.

겸손성	사람에 대해서 겸손하게 행동하고 누구라도 똑같이 사귀는 경향	- 자신의 성과를 그다지 내세우지 않는다. - 절제를 잘하는 편이다. - 사회적인 지위에 무관심하다.
협의성	사람들에게 의견을 물으면서 일을 진행하는 경향	- 사람들의 의견을 구하며 일하는 편이다. - 타인의 의견을 묻고 일을 진행시킨다. - 친구와 상담해서 계획을 세운다.
돌봄	측은해 하는 마음이 있고, 사람을 돌봐 주는 것을 좋아하는 경향	- 개인적인 상담에 친절하게 답해 준다. - 다른 사람의 상담을 진행하는 경우가 많다. - 후배의 어려움을 돌보는 것을 좋아한다.
구체적인 사물에 대한 관심	물건을 고치거나 만드는 것을 좋아하는 경향	- 고장 난 물건을 수리하는 것이 재미있다. - 상태가 안 좋은 기계도 잘 사용한다. - 말하기보다는 행동하기를 좋아한다.
데이터에 대한 관심	데이터를 정리해서 생각하는 것을 좋아하는 경향	- 통계 등의 데이터를 분석하는 것을 좋아한다. - 표를 만들거나 정리하는 것을 좋아한다. - 숫자를 다루는 것을 좋아한다.
미적가치에 대한 관심	미적인 것이나 예술적인 것을 좋아하는 경향	- 디자인에 관심이 있다. - 미술이나 음악을 좋아한다. - 미적인 감각에 자신이 있다.
인간에 대한 관심	사람의 행동에 동기나 배경을 분석하는 것을 좋아하는 경향	- 다른 사람을 분석하는 편이다. - 타인의 행동을 보면 동기를 알 수 있다. - 다른 사람의 행동을 잘 관찰한다.
정통성	이미 있는 가치관을 소중히 여기고, 익숙한 방법으로 사물을 대하는 것을 좋아하는 경향	- 실적이 보장되는 확실한 방법을 취한다. - 낡은 가치관을 존중하는 편이다. - 보수적인 편이다.
변화 지향	변화를 추구하고, 변화를 받아들이는 것을 좋아하는 경향	- 새로운 것을 하는 것을 좋아한다. - 해외여행을 좋아한다. - 경험이 없더라도 시도해 보는 것을 좋아한다.
개념성	지식에 대한 욕구가 있고, 논리적으로 생각하는 것을 좋아하는 경향	- 개념적인 사고가 가능하다. - 분석적인 사고를 좋아한다. - 순서를 만들고 단계에 따라 생각한다.
창조성	새로운 분야에 대한 공부를 하는 것을 좋아하는 경향	- 새로운 것을 추구한다. - 독창성이 있다. - 신선한 아이디어를 낸다.
계획성	앞을 생각해서 사물을 예상하고, 계획적으로 실행하는 것을 좋아하는 경향	- 과거를 돌이켜보며 계획을 세운다. - 앞날을 예상하며 행동한다. - 실수를 돌아보며 대책을 강구하는 편이다.

치밀함	정확한 순서를 세워 진행하는 것을 좋아하는 경향	- 사소한 실수는 거의 하지 않는다. - 정확하게 요구되는 것을 좋아한다. - 사소한 것에도 주의하는 편이다.
꼼꼼함	어떤 일이든 마지막까지 꼼꼼하게 마무리 짓는 경향	- 맡은 일을 마지막까지 해결한다. - 마감 시한은 반드시 지킨다. - 시작한 일은 중간에 그만두지 않는다.
여유	평소에 릴랙스하고, 스트레스에 잘 대처하는 경향	- 감정의 회복이 빠르다. - 분별없이 함부로 행동하지 않는다. - 스트레스에 잘 대처한다.
근심·걱정	어떤 일이 잘 진행되지 않으면 불안을 느끼고, 중요한 일을 앞두면 긴장하는 경향	- 예정대로 잘되지 않으면 근심·걱정이 많다. - 신경 쓰이는 일이 있으면 불안하다. - 중요한 만남 전에는 기분이 편하지 않다.
호방함	사람들이 자신을 어떻게 생각하는지를 신경 쓰지 않는 경향	- 사람들이 자신을 어떻게 생각하는지 그다지 신경 쓰지 않는다. - 상처받아도 동요하지 않고 아무렇지 않은 태도를 취한다. - 사람들의 비판에 크게 영향받지 않는다.
억제력	감정을 표현하지 않는 경향	- 쉽게 감정적으로 되지 않는다. - 분노를 억누른다. - 격분하지 않는다.
낙관적	사물을 낙관적으로 보는 경향	- 낙관적으로 생각하고 일을 진행시킨다. - 문제가 일어나도 낙관적으로 생각한다.
비판적	비판적으로 사물을 생각하고, 이론·문장 등의 오류에 신경 쓰는 경향	- 이론의 모순을 찾아낸다. - 계획이 갖춰지지 않은 것이 신경 쓰인다. - 누구도 신경 쓰지 않는 오류를 찾아낸다.
행동력	운동을 좋아하고, 민첩하게 행동하는 경향	- 동작이 날렵하다. - 여가를 활동적으로 보낸다. - 몸을 움직이는 것을 좋아한다.
경쟁성	지는 것을 싫어하는 경향	- 승부를 겨루게 되면 지는 것을 싫어한다. - 상대를 이기는 것을 좋아한다. - 싸워 보지 않고 포기하는 것을 싫어한다.
출세 지향	출세하는 것을 중요하게 생각하고, 야심적인 목표를 향해 노력하는 경향	- 출세 지향적인 성격이다. - 곤란한 목표도 달성할 수 있다. - 실력으로 평가받는 사회가 좋다.
결단력	빠르게 판단하는 경향	- 답을 빠르게 찾아낸다. - 문제에 대한 빠른 상황 파악이 가능하다. - 위험을 감수하고도 결단을 내리는 편이다.

4 인성검사 합격 전략

1 포장하지 않은 솔직한 답변

"다른 사람을 험담한 적이 한 번도 없다.", "물건을 훔치고 싶다고 생각해 본 적이 없다."

이 질문에 당신은 '그렇다', '아니다' 중 무엇을 선택할 것인가? 채용기업이 인성검사를 실시하는 가장 큰 이유는 '이 사람이 어떤 성향을 가진 사람인가'를 효율적으로 파악하기 위해서이다.

인성검사는 도덕적 가치가 빼어나게 높은 사람을 판별하려는 것도 아니고, 성인군자를 가려내기 위함도 아니다. 인간의 보편적 성향과 상식적 사고를 고려할 때, 도덕적 질문에 지나치게 겸손한 답변을 체크하면 오히려 솔직하지 못한 것으로 간주되거나 인성을 제대로 판단하지 못해 무효 처리가 되기도 한다. 자신의 성격을 포장하여 작위적인 답변을 하지 않도록 솔직하게 임하는 것이 예기치 않은 결과를 피하는 첫 번째 전략이 된다.

2 필터링 함정을 피하고 일관성 유지

앞서 강조한 솔직함은 일관성과 연결된다. 인성검사를 구성하는 많은 척도는 여러 형태의 문장 속에 동일한 요소를 적용해 반복되기도 한다. 예컨대 '나는 매우 활동적인 사람이다'와 '나는 운동을 매우 좋아한다'라는 질문에 '그렇다'고 체크한 사람이 '휴일에는 집에서 조용히 쉬며 독서하는 것이 좋다'에도 '그렇다'고 체크한다면 일관성이 없다고 평가될 수 있다.

그러나 일관성 있는 답변에만 매달리면 '이 사람이 같은 답변만 체크하기 위해 이 부분만 신경 썼구나'하는 필터링 함정에 빠질 수도 있다. 비슷하게 보이는 문장이 무조건 같은 내용이라고 판단하여 똑같이 답하는 것도 주의해야 한다. 일관성보다 중요한 것은 솔직함이다. 솔직함이 전제되지 않은 일관성은 허위 척도 필터링에서 드러나게 되어 있다. 유사한 질문의 응답이 터무니없이 다르거나 양극단에 치우치지 않는 정도라면 약간의 차이는 크게 문제되지 않는다. 중요한 것은 솔직함과 일관성이 하나의 연장선에 있다는 점을 명심하자.

3 지원한 직무와 연관성을 고려

다양한 분야의 많은 계열사와 큰 조직을 통솔하는 대기업은 여러 사람이 조직적으로 움직이는 만큼 각 직무에 걸맞은 능력을 갖춘 인재가 필요하다. 그래서 기업은 매년 신규채용으로 입사한 신입사원들의 젊은 패기와 참신한 능력을 성장 동력으로 활용한다.

기업은 사교성 있고 활달한 사람만을 원하지 않는다. 해당 직군과 직무에 따라 필요로 하는 사원의 능력과 개성이 다르기 때문에, 지원자가 희망하는 계열사나 부서의 직무가 무엇인지 제대로 파악하여 자신의 성향과 맞는지에 대한 고민은 반드시 필요하다. 같은 질문이라도 기업이 원하는 인재상이나 부서의 직무에 따라 판단 척도가 달라질 수 있다.

4 평상심 유지와 컨디션 관리

역시 솔직함과 연결된 내용이다. 한 질문에 오래 고민하고 신경 쓰면 불필요한 생각이 개입될 소지가 크다. 이는 직관을 떠나 이성적 판단에 따라 포장할 위험이 높아진다는 뜻이기도 하다. 긴 시간 생각하지 말고 자신의 평상시 생각과 감정대로 답하는 것이 중요하며, 가능한 건너뛰지 말고 모든 질문에 답하도록 한다. 300~400개 정도 문항을 출제하는 기업이 많기 때문에, 끝까지 집중하여 임하는 것이 중요하다.

특히 적성검사와 같은 날 실시하는 경우, 적성검사를 마친 후 연이어 보기 때문에 신체적·정신적으로 피로한 상태에서 자세가 흐트러질 수도 있다. 따라서 컨디션을 유지하면서 문항당 7~10초 이상 쓰지 않도록 하고, 문항 수가 많을 때는 답안지에 바로바로 표기하자.

02 인성검사 연습

인성검사 Tip

1. 응시 전 스스로를 돌아보며 나는 어떤 사람인가를 생각하는 시간을 가진다.
2. 지원한 분야의 직무에 적합한 요소에 대해 생각해 본다.
3. 많이 고민하기보다는 직관적으로 풀어 나간다.
4. 일관성을 유지하기 위해 노력한다.
5. 누가 보아도 비상식적인 답안을 선택하지 않도록 주의한다.

1 예 / 아니오 선택 유형

PAT 인성검사는 450문항에 50분이 배정된다. 제시된 질문을 읽고 '예' 또는 '아니오'에 자신의 성향에 더 가까운 것을 고르는 유형이다.

경우에 따라 적성검사에서 평균보다 높은 점수를 얻었음에도 불구하고 인성검사에서 불합격 처리되어 탈락한 지원자도 있으므로 성실하게 임하도록 한다. Yes/No 선택형이기 때문에 5점 척도 혹은 6점 척도 유형으로 실시하는 기업에 비해 시간이 오래 걸리지는 않지만 같은 문항이 여러 번 반복된다는 평이 있었던 만큼 일관성을 유지할 수 있도록 유의한다. 다만 회사 인재상에만 초점을 맞추면 자칫 신뢰도가 하락할 수 있으므로 솔직하게 답할 수 있도록 한다.

| 1~450 | 인성검사는 모두 450문항으로 구성되어 있으며 소요 시간은 약 50분 입니다. 주어진 문항의 내용이 본인에게 해당되는 경우에는 "Y", 해당되지 않는 경우에는 "N"에 응답하는 형식입니다. 문항을 읽으면서 빠른 속도로 솔직하게 응답하는 것이 중요하며, 솔직하게 응답하지 않을 경우 검사가 무효 처리될 수 있습니다.

번호	질문	응답	
		예	아니오
1	어두운 곳을 무서워하는 편이다. 2019. PAT	Ⓨ	Ⓝ
2	국회의원이 되고 싶다. 2019. PAT	Ⓨ	Ⓝ
3	작은 일에는 별로 관심을 갖지 않는다.	Ⓨ	Ⓝ
4	규칙이나 환경이 바뀌는 것을 싫어한다.	Ⓨ	Ⓝ
5	수리영역보다 언어영역이 더 좋다.	Ⓨ	Ⓝ
6	상대가 약속을 어겨도 이해하는 편이다.	Ⓨ	Ⓝ
7	지나간 일을 쉽게 잊어버리지 못한다.	Ⓨ	Ⓝ
8	주변 사람들에게 배려심이 많다는 말을 자주 듣는다.	Ⓨ	Ⓝ
9	모든 상황을 긍정적으로 인식한다.	Ⓨ	Ⓝ

10	분위기에 쉽게 동화된다.	Ⓨ	Ⓝ
11	남의 의견에 좌우되어서 쉽게 의견이 바뀐다.	Ⓨ	Ⓝ
12	허세를 부린 적이 한 번도 없다.	Ⓨ	Ⓝ
13	모든 일을 계획적으로 처리한다.	Ⓨ	Ⓝ
14	질서보다는 자유를 존중한다.	Ⓨ	Ⓝ
15	스포츠를 매우 좋아한다.	Ⓨ	Ⓝ
16	사람들과 만나면 이야기를 주도하는 편이다.	Ⓨ	Ⓝ
17	화가 나면 마음에 오래 담아 두는 편이다.	Ⓨ	Ⓝ
18	주변 사람들의 생일이나 경조사를 잘 챙긴다.	Ⓨ	Ⓝ
19	한 번도 법을 위반한 적이 없다.	Ⓨ	Ⓝ
20	법도 사회의 변화에 따라 달라져야 한다고 생각한다.	Ⓨ	Ⓝ
21	가끔 색다른 음식을 의도적으로 먹는다.	Ⓨ	Ⓝ
22	복잡한 곳보다 조용한 곳이 좋다.	Ⓨ	Ⓝ
23	친구가 많지 않다.	Ⓨ	Ⓝ
24	다른 사람을 가르치는 일을 좋아한다.	Ⓨ	Ⓝ
25	술을 자주 마시는 편이다.	Ⓨ	Ⓝ
26	자신감이 없는 편이다.	Ⓨ	Ⓝ
27	창의성을 발휘하는 업무가 적성에 맞는다.	Ⓨ	Ⓝ
28	어떤 일을 결심하기까지 시간이 걸리는 편이다.	Ⓨ	Ⓝ
29	쉬운 문제보다 어려운 문제를 더 좋아한다.	Ⓨ	Ⓝ
30	쉽게 좌절하거나 의기소침해지지 않는다.	Ⓨ	Ⓝ
31	짜여진 틀에 얽매이는 것을 싫어한다.	Ⓨ	Ⓝ
32	일을 주도하는 것보다 따르는 것이 좋다.	Ⓨ	Ⓝ
33	다른 사람의 마음을 잘 읽는 편이다.	Ⓨ	Ⓝ
34	신중하다는 말을 자주 듣는다.	Ⓨ	Ⓝ
35	맡은 일은 무슨 일이 생겨도 끝까지 완수한다.	Ⓨ	Ⓝ
36	계산 문제를 다루는 것이 좋다.	Ⓨ	Ⓝ
37	우리 가족은 항상 화목하다.	Ⓨ	Ⓝ
38	아침에 일어났을 때가 하루 중 가장 기분이 좋다.	Ⓨ	Ⓝ
39	어떤 문제가 생기면 그 원인부터 따져 보는 편이다.	Ⓨ	Ⓝ
40	상상력이 풍부한 편이다.	Ⓨ	Ⓝ
41	다른 사람에게 명령이나 지시하는 것을 좋아한다.	Ⓨ	Ⓝ
42	끈기가 있고 성실하다.	Ⓨ	Ⓝ

43	새로운 학문을 배우는 것을 좋아한다.	Ⓨ	Ⓝ
44	여러 가지 일을 동시에 하지 못한다.	Ⓨ	Ⓝ
45	가끔 지저분한 농담을 듣고 웃는다.	Ⓨ	Ⓝ
46	긴박한 상황에서도 차분함을 잃지 않으며 상황 판단이 빠르다.	Ⓨ	Ⓝ
47	어떤 상황에서든 빠르게 결정하고 과감하게 행동한다.	Ⓨ	Ⓝ
48	성공하고 싶은 욕망이 매우 강하다.	Ⓨ	Ⓝ
49	가끔 사물을 때려 부수고 싶은 충동을 느낄 때가 있다.	Ⓨ	Ⓝ
50	무슨 일이든 도전하는 편이다.	Ⓨ	Ⓝ
51	사람들과 어울릴 수 있는 모임을 좋아한다.	Ⓨ	Ⓝ
52	다른 사람이 한 행동의 이유를 잘 파악하는 편이다.	Ⓨ	Ⓝ
53	조직적으로 행동하는 것을 좋아한다.	Ⓨ	Ⓝ
54	실질도 중요하지만 형식을 갖추는 사람이 더 좋다.	Ⓨ	Ⓝ
55	나도 모르게 끙끙 앓고 고민하는 편이다.	Ⓨ	Ⓝ
56	지진이 일어날까 봐 불안해서 안절부절못한다.	Ⓨ	Ⓝ
57	나의 가치관은 확고부동하여 잘 변하지 않는다.	Ⓨ	Ⓝ
58	다른 사람들의 행동을 주의 깊게 관찰하는 경향이 있다.	Ⓨ	Ⓝ
59	주변 사람들에게 독특한 사람으로 통한다.	Ⓨ	Ⓝ
60	다른 사람들의 이야기를 귀담아듣는다.	Ⓨ	Ⓝ
61	동창 모임이나 동기 모임에 자주 참석한다.	Ⓨ	Ⓝ
62	다소 무리를 해도 쉽게 지치지 않는 편이다.	Ⓨ	Ⓝ
63	논리가 뛰어나다는 말을 듣는 편이다.	Ⓨ	Ⓝ
64	현실적인 사람보다 이상적인 사람을 더 좋아한다.	Ⓨ	Ⓝ
65	비교적 금방 마음이 바뀌는 편이다.	Ⓨ	Ⓝ
66	쓸데없는 고생을 하는 타입이다.	Ⓨ	Ⓝ
67	아무리 힘들더라도 힘든 내색을 하지 않는다.	Ⓨ	Ⓝ
68	주어진 시간 내에 맡겨진 과제를 마칠 수 있다.	Ⓨ	Ⓝ
69	임기응변으로 대응하는 것에 능숙하다.	Ⓨ	Ⓝ
70	항상 일에 대한 결과를 얻고자 한다.	Ⓨ	Ⓝ
71	가끔 의지가 약하다는 말을 듣는다.	Ⓨ	Ⓝ
72	처음 보는 사람에게도 내 의견을 자신 있게 말할 수 있다.	Ⓨ	Ⓝ
73	내향적이며 조용한 편이다.	Ⓨ	Ⓝ
74	남이 나를 어떻게 생각하는지 신경이 쓰인다.	Ⓨ	Ⓝ
75	나도 모르게 충동구매를 하는 경우가 많다.	Ⓨ	Ⓝ

[대졸직] 인적성검사

76	비교적 상처받기 쉬운 타입이다.	Ⓨ	Ⓝ
77	낯선 사람과 대화하는 데 어려움이 있다.	Ⓨ	Ⓝ
78	사람들의 부탁을 잘 거절하지 못한다.	Ⓨ	Ⓝ
79	융통성이 없는 편이다.	Ⓨ	Ⓝ
80	세상에는 바보 같은 사람이 너무 많다고 생각한다.	Ⓨ	Ⓝ
81	스포츠 경기를 관람하다가 금방 흥분한다.	Ⓨ	Ⓝ
82	약속을 어긴 적이 한 번도 없다.	Ⓨ	Ⓝ
83	신경과민적인 면이 있다고 생각한다.	Ⓨ	Ⓝ
84	새로운 분야에 도전하는 것을 좋아한다.	Ⓨ	Ⓝ
85	다른 사람의 실수를 용납하지 않는다.	Ⓨ	Ⓝ
86	마감시간을 매우 잘 지킨다.	Ⓨ	Ⓝ
87	나와 다른 의견을 가진 사람을 설득할 수 있다.	Ⓨ	Ⓝ
88	모든 일에 대해 분석적으로 생각하는 편이다.	Ⓨ	Ⓝ
89	문화생활을 좋아한다.	Ⓨ	Ⓝ
90	무슨 일이 있더라도 상대방을 이겨야 직성이 풀린다.	Ⓨ	Ⓝ
91	다른 사람의 말에 쉽게 흔들린다.	Ⓨ	Ⓝ
92	감정을 쉽게 드러내지 않는다.	Ⓨ	Ⓝ
93	어떤 일에든 적극적으로 임하는 편이다.	Ⓨ	Ⓝ
94	팀을 위해 희생하는 편이다.	Ⓨ	Ⓝ
95	타인의 잘못을 잘 지적한다.	Ⓨ	Ⓝ
96	수업시간에 발표하는 것을 즐기는 편이다.	Ⓨ	Ⓝ
97	내가 모르는 분야라도 금세 배울 자신이 있다.	Ⓨ	Ⓝ
98	내 전공 분야와 상관없는 분야의 지식에도 관심이 많다.	Ⓨ	Ⓝ
99	통계적으로 분석된 자료를 좋아한다.	Ⓨ	Ⓝ
100	낙천적인 편이다.	Ⓨ	Ⓝ
101	어렸을 적에 때때로 영문도 모르는 채로 부모님께 혼나곤 했다.	Ⓨ	Ⓝ
102	다른 문화권의 사람들에게 개방적이다.	Ⓨ	Ⓝ
103	가끔씩 자극적이고 스릴 있는 놀이를 즐긴다.	Ⓨ	Ⓝ
104	우리 가정은 보통의 가정들에 비해 서로에게 무관심하고 불친절하다.	Ⓨ	Ⓝ
105	즉흥적으로 선택하는 경우가 거의 없다.	Ⓨ	Ⓝ
106	오늘 할 일을 내일로 미루지 않는다.	Ⓨ	Ⓝ
107	변화가 많으면 혼란스럽다.	Ⓨ	Ⓝ
108	가끔씩 누군가에 대한 증오심을 느낀다.	Ⓨ	Ⓝ

109	요즘 같은 세상에서는 누구든 믿을 수 없다.		Y	N
110	단둘이 만나는 것보다 여러 명이 함께 보는 자리를 더 선호한다.		Y	N
111	사람을 가리지 않고 잘 사귄다.		Y	N
112	충분히 생각하고 결정을 내릴 때에도 놓친 부분은 없는지 다시 확인한다.		Y	N
113	울고 있는 사람을 보면 슬퍼진다.		Y	N
114	나는 근심걱정이 많다.		Y	N
115	사람들이 듣고 싶어하는 말을 곧잘 한다.		Y	N
116	주기적으로 앞으로의 일정을 점검한다.		Y	N
117	일을 벌여 놓고 수습하지 못하는 경우가 있다.		Y	N
118	같은 일을 해도 늘 새로운 방식을 추구한다.		Y	N
119	어렸을 때부터 사물들이 작동하는 원리에 관심이 많았다.		Y	N
120	불의를 보면 참지 않는다.		Y	N
121	내 지시대로 일이 처리되는 것이 좋다.		Y	N
122	낯선 사람들과 같이 있는 것은 어색하고 불편하다.		Y	N
123	기존 방식대로 문제를 해결한다.		Y	N
124	겉으로는 화해해도 속으로는 용서가 잘 안 된다.		Y	N
125	항상 남들보다 높은 지위에 있고 싶다.		Y	N
126	사람들의 시선이 내게 집중되는 것을 원치 않는다.		Y	N
127	모임이나 파티에 참여하는 것보다 혼자 시간을 보내는 것이 좋다.		Y	N
128	전에 해 보지 않았던 일을 하고 싶다.		Y	N
129	어렸을 적에 부모님을 종종 원망했었다.		Y	N
130	여러 사람들이 이미 모여서 대화하고 있을 때 끼어드는 것이 두렵지 않다.		Y	N
131	믿었던 사람에게 배신을 당한 적이 있다.		Y	N
132	평소 이런저런 이유로 인해 당황하는 일이 많다.		Y	N
133	대화할 때 상대방의 말하는 의도를 적극적으로 파악하며 듣는다.		Y	N
134	논쟁할 기회를 놓치고 싶지 않다.		Y	N
135	모험을 즐긴다.		Y	N
136	담당을 정해야 할 때 먼저 나서는 편이다.		Y	N
137	친구가 자신이 겪었던 안 좋은 일에 대해 이야기하면 같이 화를 낸다.		Y	N
138	한 가지 일을 오래하는 것을 잘하지 못한다.		Y	N
139	일 때문에 다른 것을 포기할 때가 있다.		Y	N
140	계획을 세우는 것이 즐겁다.		Y	N
141	불안할 때가 많다.		Y	N

142	다른 사람이 나의 외모 얘기를 하는 것이 싫다.	Ⓨ	Ⓝ
143	별다른 이유 없이도 누군가에 대한 질투심을 느낀다.	Ⓨ	Ⓝ
144	무슨 일이든 자신 있게 한다.	Ⓨ	Ⓝ
145	대체로 다른 사람들이 화가 난 것을 잘 알아차린다.	Ⓨ	Ⓝ
146	우리 가족들은 서로 다투는 일이 자주 있다.	Ⓨ	Ⓝ
147	상대가 고집불통일 때는 모욕을 주어서라도 고집을 꺾는다.	Ⓨ	Ⓝ
148	내가 아무리 열심히 노력하더라도 그 노력을 모두 인정받지는 못할 것이다.	Ⓨ	Ⓝ
149	사람들은 나를 활력 넘치는 사람이라고 생각하는 것 같다.	Ⓨ	Ⓝ
150	활동적인 사람이다.	Ⓨ	Ⓝ
151	프로젝트 팀을 구성할 때 같은 조건이라면 외국인 팀원을 선택할 것이다.	Ⓨ	Ⓝ
152	한 달에 한 권 이상 책을 읽는다.	Ⓨ	Ⓝ
153	자기 소신이 뚜렷한 사람이다.	Ⓨ	Ⓝ
154	내가 거짓말을 하면 사람들이 쉽게 알아차린다.	Ⓨ	Ⓝ
155	물질적인 가치에 큰 비중을 두지 않는다.	Ⓨ	Ⓝ
156	경쟁을 강조하는 분위기가 싫다.	Ⓨ	Ⓝ
157	내 인생 전반에 걸쳐 이루고자 하는 목표가 분명하다.	Ⓨ	Ⓝ
158	주변 사람들이 나에 대해 너무 많이 아는 것이 불편하다.	Ⓨ	Ⓝ
159	여행지에 가면 이곳저곳을 쉬지 않고 돌아다닌다.	Ⓨ	Ⓝ
160	궁금하면 못 참는다.	Ⓨ	Ⓝ
161	종종 정해진 원칙을 벗어나 행동하는 것을 즐긴다.	Ⓨ	Ⓝ
162	다른 사람을 속이려는 마음을 먹는다고 해도 그것을 차마 실행에 옮기지는 못한다.	Ⓨ	Ⓝ
163	비싼 귀금속을 많이 가지고 싶다.	Ⓨ	Ⓝ
164	승부나 시험에서 지면 쉽게 잊지 못한다.	Ⓨ	Ⓝ
165	처음 하는 일도 잘 해낼 수 있다.	Ⓨ	Ⓝ
166	긴 글의 내용에서 핵심 내용만 뽑아 요약하는 습관이 있다.	Ⓨ	Ⓝ
167	비효율적인 규칙은 꼭 지킬 필요가 없다.	Ⓨ	Ⓝ
168	문제가 생기면 오히려 더 침착해진다.	Ⓨ	Ⓝ
169	아는 사람에게 특혜를 준 적이 있다.	Ⓨ	Ⓝ
170	나 자신에게 돈을 쓰는 일에는 별로 관심이 없다.	Ⓨ	Ⓝ
171	내가 하기 어려운 과제를 해결하기 위해 다른 사람에게 부탁을 한 적이 있다.	Ⓨ	Ⓝ
172	승부에서 진 뒤 이기기 위해 이를 악물고 연습한 적이 있다.	Ⓨ	Ⓝ
173	어떤 사람이 되고 싶은지 아직 잘 모르겠다.	Ⓨ	Ⓝ
174	어떠한 어려움도 극복할 자신이 있다.	Ⓨ	Ⓝ

175	가까운 친지나 친구가 국제결혼을 한다면 적극적으로 권장하겠다.	Y	N
176	항상 무엇이든 배우려고 노력한다.	Y	N
177	내 인생에서 궁극적으로 무엇을 이룰 것인지 확실치 않다.	Y	N
178	누구에게나 내 이야기를 허물없이 다 할 수 있다.	Y	N
179	모르는 것이 있어도 별로 궁금하지 않다.	Y	N
180	이야기를 하려다가 상대방의 표정을 보고 말하지 못하는 경우가 많다.	Y	N
181	나에게 주변 사람들이 자신의 짜증을 분출하는 경우가 종종 있다.	Y	N
182	지금 나의 친한 친구들 중 과거에 크게 다툰 적이 있는 친구들이 있다.	Y	N
183	자신의 잘못에 대해 제대로 된 사과를 하지 않는 사람과는 친하게 지낼 수 없다.	Y	N
184	지나치게 원칙을 고수하는 사람과 일하기 어렵다.	Y	N
185	다른 사람의 반대에도 불구하고 나의 소신을 고수하여 일을 성공적으로 이끈 적이 종종 있다.	Y	N
186	해야 하는 일을 했을 뿐인데, 선물을 받는 경우가 종종 있다.	Y	N
187	이유 없는 호의나 선물은 없다고 생각한다.	Y	N
188	매일 아침 그날의 할 일을 정리해 본다.	Y	N
189	운동, 공부 등 자기관리를 위해 6개월 이상 꾸준히 해 본 활동이 있다.	Y	N
190	목표가 없으면 열심히 하지 않는다.	Y	N
191	작은 일이라도 의미를 찾으려고 노력한다.	Y	N
192	내가 하는 일에 몰입하려 한다.	Y	N
193	낯선 곳에 가게 되면 걱정이 많다.	Y	N
194	새로운 조직에 들어가도 금방 사람들과 잘 어울린다.	Y	N
195	대화 시 재미있는 표현을 잘 사용한다.	Y	N
196	경험해 보고 싶은 다른 나라의 전통 문화가 많다.	Y	N
197	최근 트렌드를 따라가는 것을 좋아하지 않는다.	Y	N
198	궁금한 것은 누구에게 묻기보다 직접 해결하는 것을 좋아한다.	Y	N
199	감동이나 재미보다 지식을 얻기 위한 독서를 선호한다.	Y	N
200	관심사가 적은 편이다.	Y	N
201	남의 물건을 함부로 다루는 사람에게는 내 물건을 빌려주고 싶지 않다.	Y	N
202	나는 항상 진실만을 말하지는 않는다.	Y	N
203	어떤 사람들은 동정을 얻기 위하여 그들의 고통을 과장한다.	Y	N
204	정직한 사람이 성공하기란 불가능하다.	Y	N
205	나의 말이나 행동에 누군가 상처를 받는다면, 그건 상대방이 여린 탓이다.	Y	N
206	화가 나서 물건을 파손한 적이 있다.	Y	N

207	기회만 주어진다면, 나는 훌륭한 지도자가 될 것이다.	Ⓨ	Ⓝ
208	나는 예민하다는 말을 자주 듣는다.	Ⓨ	Ⓝ
209	한 가지 일에 정신을 집중하기가 힘들다.	Ⓨ	Ⓝ
210	모임에서 취할 때까지 술을 마시는 것을 못마땅하게 여긴다.	Ⓨ	Ⓝ
211	아무도 나를 이해하지 못하는 것 같다.	Ⓨ	Ⓝ
212	돈 내기를 하면 경기나 게임이 더 즐겁다.	Ⓨ	Ⓝ
213	나는 사람들을 강화시키는 재능을 타고났다.	Ⓨ	Ⓝ
214	수단과 방법을 가리지 않고 목표를 달성하고 싶다.	Ⓨ	Ⓝ
215	낯선 사람들을 만나면 무슨 이야기를 해야 할지 몰라 어려움을 겪는다.	Ⓨ	Ⓝ
216	곤경을 모면하기 위해 꾀병을 부린 적이 있다.	Ⓨ	Ⓝ
217	다른 사람의 슬픔에 대해 공감하는 척할 때가 많다.	Ⓨ	Ⓝ
218	결정을 내리기 전에 다양한 관점에서 신중하게 생각한다.	Ⓨ	Ⓝ
219	체면 차릴 만큼은 일한다.	Ⓨ	Ⓝ
220	스릴을 느끼기 위해 위험한 일을 한 적이 있다.	Ⓨ	Ⓝ
221	나는 기분이 쉽게 변한다.	Ⓨ	Ⓝ
222	엄격한 규율과 규칙에 따라 일하기가 어렵다.	Ⓨ	Ⓝ
223	우리 가족은 항상 가깝게 지낸다.	Ⓨ	Ⓝ
224	나는 자주 무력감을 느낀다.	Ⓨ	Ⓝ
225	때때로 나의 업적을 자랑하고 싶어진다.	Ⓨ	Ⓝ
226	일단 화가 나면 냉정을 잃는다.	Ⓨ	Ⓝ
227	지나치게 생각해서 기회를 놓치는 편이다.	Ⓨ	Ⓝ
228	꾸준히 하는 일이 적성에 맞는다.	Ⓨ	Ⓝ
229	지는 것을 싫어하는 편이다.	Ⓨ	Ⓝ
230	휴식시간 정도는 혼자 있고 싶다.	Ⓨ	Ⓝ
231	자신만만한 영업맨 타입이다.	Ⓨ	Ⓝ
232	잘 흥분하는 편이라고 생각한다.	Ⓨ	Ⓝ
233	한 번도 거짓말을 한 적이 없다.	Ⓨ	Ⓝ
234	실패하면 내 책임이라고 생각한다.	Ⓨ	Ⓝ
235	개성적인 편이라고 생각한다.	Ⓨ	Ⓝ
236	나는 항상 활기차게 일하는 사람이다.	Ⓨ	Ⓝ
237	인상이 좋다는 말을 자주 듣는다.	Ⓨ	Ⓝ
238	나와 다른 관점이 있다는 것을 인정한다.	Ⓨ	Ⓝ
239	일에 우선순위를 잘 파악하여 행동하는 편이다.	Ⓨ	Ⓝ

240	약속 장소에 가기 위한 가장 빠른 교통수단을 미리 알아보고 출발한다.	Ⓨ	Ⓝ
241	친절하다는 말을 종종 듣는다.	Ⓨ	Ⓝ
242	팀으로 일하는 것이 좋다.	Ⓨ	Ⓝ
243	돈 관리를 잘하는 편이어서 적자가 나는 법이 없다.	Ⓨ	Ⓝ
244	내 감정이나 행동의 근본적인 이유를 찾기 위해서 노력한다.	Ⓨ	Ⓝ
245	호기심이 풍부한 편이다.	Ⓨ	Ⓝ
246	나는 좀 어려운 과제도 내가 할 수 있다는 긍정적인 생각을 많이 한다.	Ⓨ	Ⓝ
247	절대 새치기는 하지 않는다.	Ⓨ	Ⓝ
248	일단 일을 맡게 되면 책임지고 해낸다.	Ⓨ	Ⓝ
249	나는 신뢰감을 주는 편이다.	Ⓨ	Ⓝ
250	자료를 찾는 시간에 사람을 만나 물어보는 방식이 더 잘 맞는다.	Ⓨ	Ⓝ
251	새로운 일을 직접 기획해보고 기획안을 만드는 것을 좋아한다.	Ⓨ	Ⓝ
252	무책임한 사람을 보면 짜증이 난다.	Ⓨ	Ⓝ
253	나는 항상 솔직하고 정직하다.	Ⓨ	Ⓝ
254	권위적인 방식으로 나를 대하면 반항한다.	Ⓨ	Ⓝ
255	안정적인 직장보다 창의적인 직장을 원한다.	Ⓨ	Ⓝ
256	계획을 세울 때 세부일정까지 구체적으로 짜는 편이다.	Ⓨ	Ⓝ
257	주로 남의 의견을 듣는 편이다.	Ⓨ	Ⓝ
258	업무를 통한 정보 교환을 중심으로 상호작용이 활발한 조직을 좋아한다.	Ⓨ	Ⓝ
259	내가 왜 이러는지 모를 때가 자주 있다.	Ⓨ	Ⓝ
260	내가 한 행동에 대해 절대 후회하지 않는다.	Ⓨ	Ⓝ
261	사소한 절차를 어기더라도 일을 빨리 진행하는 것이 우선이다.	Ⓨ	Ⓝ
262	나는 많은 것을 성취하고 싶다.	Ⓨ	Ⓝ
263	나는 내가 하고 싶은 일과 해야 할 일이 무엇인지 명확히 알고 있다.	Ⓨ	Ⓝ
264	내가 원하는 대로 일이 되지 않을 때 화가 많이 난다.	Ⓨ	Ⓝ
265	나는 할 말은 반드시 하고 사는 사람이다.	Ⓨ	Ⓝ
266	나는 새로운 아이디어를 내는 것이 어렵다.	Ⓨ	Ⓝ
267	나는 자꾸만 생각나는 과거의 실수가 있다.	Ⓨ	Ⓝ
268	나는 일이 잘못되었을 때 변명이나 불평을 하지 않는다.	Ⓨ	Ⓝ
269	나는 스트레스를 받으면 몸에 이상이 온다.	Ⓨ	Ⓝ
270	나는 재치 있다는 소리를 많이 듣는다.	Ⓨ	Ⓝ
271	많은 사람들은 잘 보이기 위해 마음에도 없는 거짓말을 한다.	Ⓨ	Ⓝ
272	다른 사람들을 위협적으로 대한 적이 있다.	Ⓨ	Ⓝ

273	나는 학창시절에 부지런하다는 이야기를 자주 들었다.	Ⓨ	Ⓝ
274	나는 내 스스로에게 항상 솔직하다.	Ⓨ	Ⓝ
275	나는 의견충돌이 있을 때 목소리가 점점 커지는 경향이 있다.	Ⓨ	Ⓝ
276	나는 웬만하면 위험한 일은 피하고 싶다.	Ⓨ	Ⓝ
277	나는 어떤 문제를 바로잡기 위해 주도적으로 나서곤 한다.	Ⓨ	Ⓝ
278	나는 계산이 틀리지 않았는지 여러 번 확인한다.	Ⓨ	Ⓝ
279	나의 능력과 무관하게 불이익을 받은 적이 있다.	Ⓨ	Ⓝ
280	누군가 내 의견을 반박하면 물러서지 않고 논쟁을 벌인다.	Ⓨ	Ⓝ
281	나는 항상 겸손하려 노력한다.	Ⓨ	Ⓝ
282	나는 다른 사람들을 잘 웃긴다.	Ⓨ	Ⓝ
283	나는 늘 다니던 길로만 다닌다.	Ⓨ	Ⓝ
284	나는 사람들 앞에서 발표하는 것이 두렵지 않다.	Ⓨ	Ⓝ
285	나는 과거의 일로 죄책감이 들곤 한다.	Ⓨ	Ⓝ
286	나는 다른 사람들 문제에 신경 쓰고 싶지 않다.	Ⓨ	Ⓝ
287	나는 내 일에 대한 중장기적인 비전과 그에 맞는 계획을 가지고 있다.	Ⓨ	Ⓝ
288	나는 힘들어 하는 사람을 보면 격려의 말을 해 준다.	Ⓨ	Ⓝ
289	나는 다른 사람들의 화젯거리가 되는 것이 좋다	Ⓨ	Ⓝ
290	나는 내가 맡은 역할을 잃게 될까 봐 두렵다.	Ⓨ	Ⓝ
291	나는 친구를 오래 사귀지 못하는 편이다.	Ⓨ	Ⓝ
292	언제나 모두의 이익을 생각하면서 일한다.	Ⓨ	Ⓝ
293	"악법도 법이다."라는 말을 이해할 수 없다.	Ⓨ	Ⓝ
294	제품별로 선호하는 브랜드가 있다.	Ⓨ	Ⓝ
295	갈등은 부정적인 결과를 초래하기 때문에 피하는 것이 좋다.	Ⓨ	Ⓝ
296	실패가 예상되는 일은 시작하지 않는다.	Ⓨ	Ⓝ
297	조직은 개인의 성장을 위해 물질적인 보상을 아낌없이 해주어야 한다.	Ⓨ	Ⓝ
298	나는 돈보다는 시간이 중요하다.	Ⓨ	Ⓝ
299	일을 통해 나의 지식과 기술로 후대에 기여하고 싶다.	Ⓨ	Ⓝ
300	내가 잘한 일은 남들이 꼭 알아줬으면 한다.	Ⓨ	Ⓝ
301	나와 다른 의견도 끝까지 듣는다.	Ⓨ	Ⓝ
302	싸운 후 다시 화해하는 데까지 시간이 많이 걸린다.	Ⓨ	Ⓝ
303	나만의 공간에 다른 사람이 침범하는 것을 싫어한다.	Ⓨ	Ⓝ
304	주변에는 감사할 일들이 별로 없다.	Ⓨ	Ⓝ
305	미래를 예측하거나 추상적인 개념 정립을 좋아한다.	Ⓨ	Ⓝ

306	회사의 일거리를 집에까지 가져가서 일하고 싶지는 않다.	Y	N
307	지루하거나 심심한 것은 잘 못 참는다.	Y	N
308	지인이나 친구의 부탁을 쉽게 거절하지 못한다.	Y	N
309	새로운 유행이 시작되면 먼저 시도해 본다.	Y	N
310	타인이 나를 비판하는 것을 견디지 못한다.	Y	N
311	다른 사람의 일에는 절대 참견하지 않는다.	Y	N
312	경제적 이득이 없더라도 인맥 구축을 위해 모임에 참석한다.	Y	N
313	많은 사람의 도움이 없었다면 지금의 나도 없었을 것이다.	Y	N
314	상대방이 불편해 하면 비위를 맞추려고 노력한다.	Y	N
315	관심 있는 세미나나 강연회가 있으면 열심히 찾아가서 듣는다.	Y	N
316	눈치가 빠르며 상황을 빨리 파악하는 편이다.	Y	N
317	자존심이 상하면 화를 잘 참지 못한다.	Y	N
318	부담을 주는 상대는 되도록 피한다.	Y	N
319	공정과 정의보다 사랑과 용서가 더 중요하다.	Y	N
320	쓸데없는 잔걱정이 끊이질 않는다.	Y	N
321	궂은일이나 애로사항이 생기면 도맡아서 처리한다.	Y	N
322	나와 맞지 않다고 생각되는 사람하고는 굳이 친해지려고 하지 않는다.	Y	N
323	남들이 당연하게 여기는 것도 의문을 품는 경향이 있다.	Y	N
324	주변 환경이나 사물에 별로 관심이 없다.	Y	N
325	나는 모든 사람으로부터 사랑받고 인정받아야 한다.	Y	N
326	마음이 안심될 때까지 확인한다	Y	N
327	세세한 것에 신경 쓰다 큰 그림을 놓치는 경향이 있다.	Y	N
328	사정에 따라 우선순위를 자주 바꾸는 경향이 있다.	Y	N
329	내 근심을 덜어 줄 사람은 아무도 없다.	Y	N
330	분노를 표현하는 데 주저하지 않는다.	Y	N
331	나에 대한 가치는 다른 사람의 평가에 달려 있다.	Y	N
332	내키지 않는 하찮은 일을 하기가 어렵다.	Y	N
333	다른 사람의 좋은 점을 말하고 칭찬하기를 좋아한다.	Y	N
334	일과 사람(공과 사)의 구분이 명확하다.	Y	N
335	건물에 들어가면 비상구를 항상 확인해 둔다.	Y	N
336	사소한 잘못은 지혜롭게 변명하고 넘어간다.	Y	N
337	나에게는 좋지 못한 습관이 있다.	Y	N
338	어떤 현상에 대해 비판적 시각으로 접근한다.	Y	N

[대졸직] 인적성검사

339	다소 원칙을 벗어나도 결과가 좋으면 다 해결된다.	Ⓨ	Ⓝ
340	좋아하는 사람과 싫은 사람의 경계가 분명하다.	Ⓨ	Ⓝ
341	내 자신이 초라하게 느껴질 때가 종종 있다.	Ⓨ	Ⓝ
342	나는 절대로 욕을 하지 않는다.	Ⓨ	Ⓝ
343	흥정이나 협상하는 일을 잘한다.	Ⓨ	Ⓝ
344	평소 이미지 관리에 신경을 많이 쓴다.	Ⓨ	Ⓝ
345	현재보다 미래가 중요하다.	Ⓨ	Ⓝ
346	다른 사람의 충고를 기분 좋게 받아들이는 편이다.	Ⓨ	Ⓝ
347	조용하고 차분하다는 말을 자주 듣는다.	Ⓨ	Ⓝ
348	나 스스로에 대해서 높은 기준을 제시하는 편이다.	Ⓨ	Ⓝ
349	나는 설득을 잘하는 사람이다.	Ⓨ	Ⓝ
350	내 분야에 관한 한 전문가가 되기 위해 따로 시간투자를 한다.	Ⓨ	Ⓝ
351	모임을 주선하게 되는 경우가 자주 있다.	Ⓨ	Ⓝ
352	주변으로부터 자신감 넘친다는 평가를 듣는다.	Ⓨ	Ⓝ
353	내가 한 행동이 가져올 결과를 잘 알고 있다.	Ⓨ	Ⓝ
354	항상 일을 할 때 개선점을 찾으려고 한다.	Ⓨ	Ⓝ
355	사적인 스트레스로 일을 망치는 일은 없다.	Ⓨ	Ⓝ
356	내가 잘하는 일과 못하는 일을 정확하게 알고 있다.	Ⓨ	Ⓝ
357	남들보다 특별히 더 우월하다고 생각하지 않는다.	Ⓨ	Ⓝ
358	잘못을 숨기기보다는 솔직히 말하고 질타를 받는 것이 낫다.	Ⓨ	Ⓝ
359	문제를 해결할 때 내가 현재 아는 것과 모르는 것을 구분하여 정리한다.	Ⓨ	Ⓝ
360	나는 다른 사람들과 공감대 형성을 잘 하는 편이다.	Ⓨ	Ⓝ
361	내가 알게 된 새로운 정보나 노하우를 남에게 공유하고 싶지 않다.	Ⓨ	Ⓝ
362	모르는 내용이 있으면 확실히 이해하고 넘어가야 한다.	Ⓨ	Ⓝ
363	나의 부족한 점을 남들에게 숨기지 않는다.	Ⓨ	Ⓝ
364	나는 일할 때 구체적인 기록을 하거나 리스트를 작성한다.	Ⓨ	Ⓝ
365	나 자신에게는 엄격한 기준이 있지만 다른 사람에게는 너그러운 편이다.	Ⓨ	Ⓝ
366	나는 가족, 친구들과 사이가 아주 가깝다.	Ⓨ	Ⓝ
367	상대방의 행동이 내 마음에 들지 않더라도 어느 정도 참을 수 있다.	Ⓨ	Ⓝ
368	선택지가 많은 경우에 결정을 내리기가 어렵다.	Ⓨ	Ⓝ
369	이왕 해야 하는 일이라면 즐길 수 있도록 노력한다.	Ⓨ	Ⓝ
370	비록 작은 도움일지라도 받았을 때 언제나 잊지 않고 갚는다.	Ⓨ	Ⓝ
371	이전에 알지 못했던 것을 알게 될 때 뿌듯함을 느낀다.	Ⓨ	Ⓝ

372	나는 대부분의 집단에 제대로 끼지 못한다는 느낌을 받는다.	Y	N
373	나에게 약간의 물질적 여유가 생기면 전부 다른 사람에게 베푼다.	Y	N
374	다른 사람이 잘되는 것에 대해 시샘한 적이 없다.	Y	N
375	나의 답이나 의견이 틀려서 창피 당할까봐 나서서 말하지는 않는다.	Y	N
376	나는 여러 방법들을 조합하여 새로운 방법을 제시할 수 있다.	Y	N
377	나는 권위적이지 않다.	Y	N
378	나는 난이도가 높은 일을 해냈을 때 더 큰 목표가 생긴다.	Y	N
379	기회가 생기면 나중에 필요할 수도 있는 것들을 미리 배워두는 편이다.	Y	N
380	내 몸의 컨디션이 좋지 않아도 계획한 일은 예정대로 하는 편이다.	Y	N
381	내가 공금을 맡으면 사람들이 안심하고 맡기는 편이다.	Y	N
382	정리정돈을 좋아한다.	Y	N
383	다른 사람들로부터 논리적이라는 평가를 듣는 편이다.	Y	N
384	나에게 정확한 일처리는 중요하다.	Y	N
385	나에게 의도적으로 피해를 입힌 사람은 용서할 수 없다.	Y	N
386	많은 사람들이 모인 자리에 가면 대개 혼자 앉아 있거나 단둘이 얘기하는 경우가 많다.	Y	N
387	나는 집요한 사람이다.	Y	N
388	요리하는 TV프로그램을 즐겨 시청한다.	Y	N
389	내 삶을 향상시키기 위한 방법을 찾는다.	Y	N
390	스스로를 평범한 사람이라고 생각한다.	Y	N
391	속이 거북할 정도로 많이 먹을 때가 있다.	Y	N
392	차근차근 하나씩 일을 마무리한다.	Y	N
393	창이 있는 레스토랑에 가면 창가에 자리를 잡는다.	Y	N
394	내 친구들은 은근히 뒤에서 나를 비웃는다.	Y	N
395	나는 주변에서 일어나는 일들에 민감한 편이다.	Y	N
396	나는 내 주장을 펴지 않으면 손해를 본다고 생각한다.	Y	N
397	나는 내 일을 별로 남과 상의하지 않는다.	Y	N
398	나는 전통에 얽매일 필요는 없다고 생각한다.	Y	N
399	비리를 발견하면 회사를 위해 신고해야 한다.	Y	N
400	나는 자원봉사 활동을 자주 해 왔다.	Y	N
401	나는 상대를 포용하는 능력이 뛰어나다.	Y	N
402	때때로 홀로 여행을 떠나고 싶다.	Y	N
403	나는 변덕이 심하다는 말을 듣는 편이다.	Y	N

404	진행하던 일을 홧김에 그만둔 적이 있다.	Y	N
405	사람을 차별하지 않는다.	Y	N
406	무단횡단을 한 번도 해 본 적이 없다.	Y	N
407	서두르지 않고 순서대로 일을 마무한다.	Y	N
408	점이나 사주를 믿는 편이다.	Y	N
409	화가 나면 언성이 높아진다.	Y	N
410	착한 사람은 항상 손해를 보게 되어 있다.	Y	N
411	가까운 사람과 사소한 일로 다투었을 때 먼저 화해를 청하는 편이다.	Y	N
412	상황이 변해도 유연하게 대처한다.	Y	N
413	시비가 붙더라도 침착하게 대응한다.	Y	N
414	내게 모욕을 준 사람들을 절대 잊지 않는다.	Y	N
415	웬만한 일을 겪어도 마음의 평정을 유지하는 편이다.	Y	N
416	가급적 여러 가지 대안을 고민하는 것이 좋다.	Y	N
417	남들이 실패한 일도 나는 해낼 수 있다.	Y	N
418	우리가 사는 세상은 살 만한 곳이라고 생각한다.	Y	N
419	일은 내 삶의 중심에 있다.	Y	N
420	내가 열심히 노력한다고 해서 나의 주변 환경에 어떤 바람직한 변화가 일어나는 것은 아니다.	Y	N
421	어려운 목표라도 어떻게 해서든 실현 가능한 해결책을 만든다.	Y	N
422	나는 보통사람들보다 더 존경받을 만하다고 생각한다.	Y	N
423	어떤 일에 실패했어도 반드시 다시 도전한다.	Y	N
424	나는 적응력이 뛰어나다.	Y	N
425	나도 남들처럼 든든한 배경이 있었다면 지금보다 훨씬 나은 위치에 있었을 것이다.	Y	N
426	나는 혼자 살고 싶다고 생각할 때가 많다.	Y	N
427	나는 가치관이 달라도 친하게 지내는 친구들이 많다.	Y	N
428	나는 여행할 때 남들보다 짐이 많은 편이다.	Y	N
429	나는 상대방이 화를 내면 더욱 화가 난다.	Y	N
430	나는 학창시절 내가 속한 동아리에서 누구보다 충성도가 높은 사람이었다.	Y	N
431	나는 따뜻하고 부드러운 마음을 가지고 있다.	Y	N
432	미래는 불확실하기 때문에 결과를 예측하는 것은 무의미하다.	Y	N
433	매일 긍정적인 감정만 느낀다.	Y	N
434	쉬는 날 가급적이면 집 밖으로 나가지 않는다.	Y	N
435	아무리 계획을 잘 세워도 결국 일정에 쫓기게 된다.	Y	N

436	생소한 문제를 접하면 해결해 보고 싶다는 생각보다 귀찮다는 생각이 먼저 든다.	Ⓨ	Ⓝ
437	일을 할 때 필요한 나의 능력에 대해 정확하게 알고 있다.	Ⓨ	Ⓝ
438	나는 질문을 많이 하는 편이다.	Ⓨ	Ⓝ
439	나는 성인이 된 이후로 하루도 빠짐없이 똑같은 시간에 일어났다.	Ⓨ	Ⓝ
440	남의 눈치를 보며 나의 성격을 포장할 때가 있다.	Ⓨ	Ⓝ
441	조원들의 과오를 감싸 줄 수 있다.	Ⓨ	Ⓝ
442	내 분야의 최신 동향 혹은 이론을 알고 있으며, 항상 업데이트하려고 노력한다.	Ⓨ	Ⓝ
443	새로운 기회를 만들기 위해서 다방면으로 노력을 기울인다.	Ⓨ	Ⓝ
444	나와 함께 일하는 사람들을 적재적소에서 잘 이용한다.	Ⓨ	Ⓝ
445	휴가를 가게 되면 새로운 장소에서 재미있는 놀잇감을 금방 찾아내곤 했다.	Ⓨ	Ⓝ
446	직장생활에서 도덕성은 갈수록 중요한 덕목이 될 것이라고 생각한다.	Ⓨ	Ⓝ
447	당장 눈앞의 일을 하기 보다는 일의 추이에 대한 예상을 하고 방향성을 가지고 일을 한다.	Ⓨ	Ⓝ
448	어디에 떨어트려 놓아도 죽진 않을 것 같다는 소리를 자주 듣는다.	Ⓨ	Ⓝ
449	상대방의 욕구를 중요하게 생각하며 그에 맞추어 주려고 한다.	Ⓨ	Ⓝ
450	나는 본 검사에 성실하게 응답하였다.	Ⓨ	Ⓝ

고시넷 포스코그룹(PAT) 대졸직 인적성검사 **최신기출유형모의고사**

포스코그룹(PAT) 대졸직 인적성검사

파트 4 면접가이드

- **01** 면접의 이해
- **02** 구조화 면접 기법
- **03** 면접 최신 기출 주제

면접의 이해

※ 능력중심 채용에서는 타당도가 높은 구조화 면접을 적용한다.

1 면접이란?

일을 하는 데 필요한 능력(직무역량, 직무지식, 인재상 등)을 지원자가 보유하고 있는지를 다양한 면접기법을 활용하여 확인하는 절차이다. 자신의 환경, 성취, 관심사, 경험 등에 대해 이야기하여 본인이 적합하다는 것을 보여 줄 기회를 제공하고, 면접관은 평가에 필요한 정보를 수집하고 평가하는 것이다.

- 지원자의 태도, 적성, 능력에 대한 정보를 심층적으로 파악하기 위한 선발 방법
- 선발의 최종 의사결정에 주로 사용되는 선발 방법
- 전 세계적으로 선발에서 가장 많이 사용되는 핵심적이고 중요한 방법

2 면접의 특징

서류전형이나 인적성검사에서 드러나지 않는 것들을 볼 수 있는 기회를 제공한다.

- 직무수행과 관련된 다양한 지원자 행동에 대한 관찰이 가능하다.
- 면접관이 알고자 하는 정보를 심층적으로 파악할 수 있다.
- 서류상의 미비한 사항과 의심스러운 부분을 확인할 수 있다.
- 커뮤니케이션, 대인관계행동 등 행동·언어적 정보도 얻을 수 있다.

3 면접의 평가요소

1 인재적합도
해당 기관이나 기업별 인재상에 대한 인성 평가

2 조직적합도
조직에 대한 이해와 관련 상황에 대한 평가

3 직무적합도
직무에 대한 지식과 기술, 태도에 대한 평가

4 면접의 유형

구조화된 정도에 따른 분류

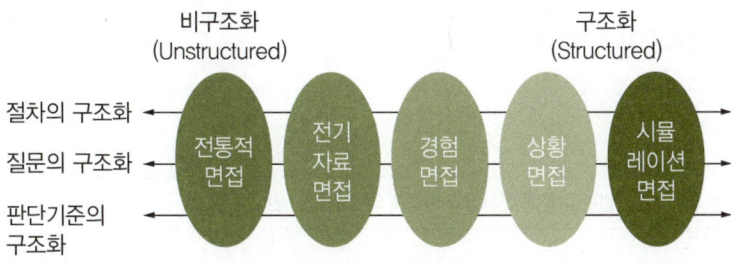

1 구조화 면접(Structured Interview)

사전에 계획을 세워 질문의 내용과 방법, 지원자의 답변 유형에 따른 추가 질문과 그에 대한 평가역량이 정해져 있는 면접 방식(표준화 면접)

- 표준화된 질문이나 평가요소가 면접 전 확정되며, 지원자는 편성된 조나 면접관에 영향을 받지 않고 동일한 질문과 시간을 부여받을 수 있음.
- 조직 또는 직무별로 주요하게 도출된 역량을 기반으로 평가요소가 구성되어, 조직 또는 직무에서 필요한 역량을 가진 지원자를 선발할 수 있음.
- 표준화된 형식을 사용하는 특성 때문에 비구조화 면접에 비해 신뢰성과 타당성, 객관성이 높음.

2 비구조화 면접(Unstructured Interview)

면접 계획을 세울 때 면접 목적만 명시하고 내용이나 방법은 면접관에게 전적으로 일임하는 방식(비표준화 면접)

- 표준화된 질문이나 평가요소 없이 면접이 진행되며, 편성된 조나 면접관에 따라 지원자에게 주어지는 질문이나 시간이 다름.
- 면접관의 주관적인 판단에 따라 평가가 이루어져 평가 오류가 빈번히 일어남.
- 상황 대처나 언변이 뛰어난 지원자에게 유리한 면접이 될 수 있음.

02 구조화 면접 기법

※ 능력중심 채용에서는 타당도가 높은 구조화 면접을 적용한다.

1 경험면접(Behavioral Event Interview)

면접 프로세스

- **안내**: 지원자는 입실 후, 면접관을 통해 인사말과 면접에 대한 간단한 안내를 받음.
- **질문**: 지원자는 면접관에게 평가요소(직업기초능력, 직무수행능력 등)와 관련된 주요 질문을 받게 되며, 질문에서 의도하는 평가요소를 고려하여 응답할 수 있도록 함.
- **세부질문**:
  - 지원자가 응답한 내용을 토대로 해당 평가기준들을 충족시키는지 파악하기 위한 세부질문이 이루어짐.
  - 구체적인 행동·생각 등에 대해 응답할수록 높은 점수를 얻을 수 있음.

- **방식**
  해당 역량의 발휘가 요구되는 일반적인 상황을 제시하고, 그러한 상황에서 어떻게 행동했었는지(과거경험)를 이야기하도록 함.
- **판단기준**
  해당 역량의 수준, 경험 자체의 구체성, 진실성 등
- **특징**
  추상적인 생각이나 의견 제시가 아닌 과거 경험 및 행동 중심의 질의가 이루어지므로 지원자는 사전에 본인의 과거 경험 및 사례를 정리하여 면접에 대비할 수 있음.
- **예시**

지원분야		지원자		면접관	(인)
경영자원관리 조직이 보유한 인적자원을 효율적으로 활용하여, 조직 내 유·무형 자산 및 재무자원을 효율적으로 관리한다.					
주질문					
A. 어떤 과제를 처리할 때 기존에 팀이 사용했던 방식의 문제점을 찾아내 이를 보완하여 과제를 더욱 효율적으로 처리했던 경험에 대해 이야기해 주시기 바랍니다.					
세부질문					
[상황 및 과제] 사례와 관련해 당시 상황에 대해 이야기해 주시기 바랍니다. [역할] 당시 지원자께서 맡았던 역할은 무엇이었습니까? [행동] 사례와 관련해 구성원들의 설득을 이끌어 내기 위해 어떤 노력을 하였습니까? [결과] 결과는 어땠습니까?					

기대행동	평점
업무진행에 있어 한정된 자원을 효율적으로 활용한다.	① - ② - ③ - ④ - ⑤
구성원들의 능력과 성향을 파악해 효율적으로 업무를 배분한다.	① - ② - ③ - ④ - ⑤
효과적 인적/물적 자원관리를 통해 맡은 일을 무리 없이 잘 마무리한다.	① - ② - ③ - ④ - ⑤

척도해설

1 : 행동증거가 거의 드러나지 않음	2 : 행동증거가 미약하게 드러남	3 : 행동증거가 어느 정도 드러남	4 : 행동증거가 명확하게 드러남	5 : 뛰어난 수준의 행동증거가 드러남

관찰기록 :

총평 :

※ 실제 적용되는 평가지는 기업/기관마다 다름.

2 상황면접(Situational Interview)

면접 프로세스

안내
지원자는 입실 후, 면접관을 통해 인사말과 면접에 대한 간단한 안내를 받음.

▼

질문
- 지원자는 상황질문지를 검토하거나 면접관을 통해 상황 및 질문을 제공받음.
- 면접관의 질문이나 질문지의 의도를 파악하여 응답할 수 있도록 함.

▼

세부질문
- 지원자가 응답한 내용을 토대로 해당 평가기준들을 충족시키는지 파악하기 위한 세부질문이 이루어짐.
- 구체적인 행동·생각 등에 대해 응답할수록 높은 점수를 얻을 수 있음.

- **방식**
  직무 수행 시 접할 수 있는 상황들을 제시하고, 그러한 상황에서 어떻게 행동할 것인지(행동의도)를 이야기하도록 함.

- **판단기준**
  해당 상황에 맞는 해당 역량의 구체적 행동지표

- **특징**
  지원자의 가치관, 태도, 사고방식 등의 요소를 평가하는 데 용이함.

• 예시

지원분야		지원자		면접관	(인)

유관부서협업
타 부서의 업무협조요청 등에 적극적으로 협력하고 갈등 상황이 발생하지 않도록 이해관계를 조율하며 관련 부서의 협업을 효과적으로 이끌어 낸다.

주질문

당신은 생산관리팀의 팀원으로, 2개월 뒤에 제품 A를 출시하기 위해 생산팀의 생산 계획을 수립한 상황입니다. 그러나 원가가 곧 실적으로 이어지는 구매팀에서는 최대한 원가를 줄여 전반적 단가를 낮추려고 원가절감을 위한 제안을 하였으나, 연구개발팀에서는 구매팀이 제안한 방식으로 제품을 생산할 경우 대부분이 구매팀의 실적으로 산정될 것이므로 제대로 확인도 해보지 않은 채 적합하지 않은 방식이라고 판단하고 있습니다. 당신은 어떻게 하겠습니까?

세부질문

[상황 및 과제] 이 상황의 핵심적인 이슈는 무엇이라고 생각합니까?
[역할] 당신의 역할을 더 잘 수행하기 위해서는 어떤 점을 고려해야 하겠습니까? 왜 그렇게 생각합니까?
[행동] 당면한 과제를 해결하기 위해서 구체적으로 어떤 조치를 취하겠습니까? 그 이유는 무엇입니까?
[결과] 그 결과는 어떻게 될 것이라고 생각합니까? 그 이유는 무엇입니까?

척도해설

1 : 행동증거가 거의 드러나지 않음	2 : 행동증거가 미약하게 드러남	3 : 행동증거가 어느 정도 드러남	4 : 행동증거가 명확하게 드러남	5 : 뛰어난 수준의 행동증거가 드러남

관찰기록 :

총평 :

※ 실제 적용되는 평가지는 기업/기관마다 다름.

3 발표면접(Presentation)

면접 프로세스

안내
- 입실 후 지원자는 면접관으로부터 인사말과 발표면접에 대해 간략히 안내받음.
- 면접 전 지원자는 과제 검토 및 발표 준비시간을 가짐.

발표
- 지원자들이 과제 주제와 관련하여 정해진 시간 동안 발표를 실시함.
- 면접관은 발표내용 중 평가요소와 관련해 나타난 가점 및 감점요소들을 평가하게 됨.

질문응답
- 발표 종료 후 면접관은 정해진 시간 동안 지원자의 발표내용과 관련해 구체적인 내용을 확인하기 위한 질문을 함.
- 지원자는 면접관의 질문의도를 정확히 파악하여 적절히 응답할 수 있도록 함.
- 응답 시 명확하고 자신있게 전달할 수 있도록 함.

- 방식
  지원자가 특정 주제와 관련된 자료(신문기사, 그래프 등)를 검토하고, 그에 대한 자신의 생각을 면접관 앞에서 발표하며, 추가 질의응답이 이루어짐.
- 판단기준
  지원자의 사고력, 논리력, 문제해결능력 등
- 특징
  과제를 부여한 후, 지원자들이 과제를 수행하는 과정과 결과를 관찰·평가함. 과제수행의 결과뿐 아니라 과제수행 과정에서의 행동을 모두 평가함.

4 토론면접(Group Discussion)

면접 프로세스

안내
- 입실 후, 지원자들은 면접관으로부터 토론 면접의 전반적인 과정에 대해 안내받음.
- 지원자는 정해진 자리에 착석함.

토론
- 지원자들이 과제 주제와 관련하여 정해진 시간 동안 토론을 실시함(시간은 기관별 상이).
- 지원자들은 면접 전 과제 검토 및 토론 준비시간을 가짐.
- 토론이 진행되는 동안, 지원자들은 다른 토론자들의 발언을 경청하여 적절히 본인의 의사를 전달할 수 있도록 함. 더불어 적극적인 태도로 토론면접에 임하는 것도 중요함.

마무리 (5분 이내)
- 면접 종료 전, 지원자들은 토론을 통해 도출한 결론에 대해 첨언하고 적절히 마무리 지음.
- 본인의 의견을 전달하는 것과 동시에 다른 토론자를 배려하는 모습도 중요함.

- 방식
  상호갈등적 요소를 가진 과제 또는 공통의 과제를 해결하는 내용의 토론 과제(신문기사, 그래프 등)를 제시하고, 그 과정에서의 개인 간의 상호작용 행동을 관찰함.
- 판단기준
  팀워크, 갈등 조정, 의사소통능력 등
- 특징
  면접에서 최종안을 도출하는 것도 중요하나 주장의 옳고 그름이 아닌 결론을 도출하는 과정과 말하는 자세 등도 중요함.

[대졸직] 인적성검사

5 역할연기면접(Role Play Interview)

- 방식
  기업 내 발생 가능한 상황에서 부딪히게 되는 문제와 역할을 가상적으로 설정하여 특정 역할을 맡은 사람과 상호작용하고 문제를 해결해 나가도록 함.
- 판단기준
  대처능력, 대인관계능력, 의사소통능력 등
- 특징
  실제 상황과 유사한 가상 상황에서 지원자의 성격이나 대처 행동 등을 관찰할 수 있음.

6 조별활동(GA : Group Activity)

- 방식
  지원자들이 팀(집단)으로 협력하여 정해진 시간 안에 활동 또는 게임을 하며 면접관들은 지원자들의 행동을 관찰함.
- 판단기준
  대인관계능력, 팀워크, 창의성 등
- 특징
  기존 면접보다 오랜 시간 관찰을 하여 지원자들의 평소 습관이나 행동들을 관찰하려는 데 목적이 있음.

7 역사에세이

역사에세이 대책

1 논점에 대한 정확한 이해

에세이를 대비하는 많은 사람들이 일반적으로 범하는 실수 중 하나는 에세이를 단순히 글쓰기로 생각하고 글의 구성이나 수식 또는 개요짜기를 우선시한다는 점이다. 그러나 가장 중요한 것은 논점에서 벗어나는 잘못을 범하지 않기 위해서 문제를 올바르게 이해하고 그 핵심을 정확하게 파악해서 논점을 파악하는 것이다. 이를 위해서는 주어진 문제의 의도와 과제의 성격을 정확히 파악할 수 있는 능력이 필요하다.

2 논지 전개와 글감의 배열

먼저 논점에 따른 글감을 나열한다. 그리고 글감 자체의 모순이나 통일성을 해치는 것은 없는지, 중복된 내용이나 같은 범주에 든 것을 부연한 것은 없는지를 점검한 후 가치가 높고 효용성이 높은 것부터 배열하도록 한다.

3 개략적인 개요짜기

개요짜기가 글의 뼈대를 세우는 작업이기는 하나 2,500자 이하의 글에서는 크게 중요하지 않을뿐더러 시간만 낭비되는 경우가 될 수도 있다. 포스코그룹에서 요구하는 역사에세이는 700자 내외의 비교적 짧은 글이므로 개요짜기에 너무 많은 시간을 쓰기보다는 글을 어떻게 전개해 가며 어떤 논거를 들고 어떻게 결론을 내려야 하겠다는 개략적인 개요만 생각해 놓는 연습이 필요하다.

만일 생각해 놓은 개요대로 글이 잘 써지지 않는다면 개략적인 개요를 문제지나 연습지에 기록해 놓고 그에 따라 구상한 뒤 글을 쓰는 연습을 하는 것도 한 방법이다.

4 서술하기

서론은 크게 직접적인 방법과 우회적인 방법 두 가지가 있는데 1,500자 이하의 짧은 글에서는 직접적인 방법으로 작성하는 것이 효율적이다.

본론은 서론에서 든 논점을 심화시켜서 문제의 해결을 모색하는 과정으로, 서론에서 든 논점을 전개하면서 논지의 방향을 정립하고 그에 따른 논거를 제시하며 그 과정을 통해 해결방안을 모색하도록 한다.

결론에서는 본론에 따른 대안이나 해결책을 제시하며 글을 마무리한다.

> **TiP**
> 1. 올바른 역사 인식이 핵심이므로 평소 한국사 학습이 선행되어야 함은 물론 역사와 관련된 사회적 이슈들을 읽고 자신의 생각과 논거들을 정리하는 습관이 필요하다. 즉, 역사 지식을 평가하는 것이 아닌 사실에 대한 각자의 견해와 역사관을 평가하는 것임에 유의한다.
> 2. 사고능력을 기르기 위해서는 글쓰기 연습이 필요하다. 설득력 있는 글을 위해서는 주장이 명쾌해야 하고 그것을 뒷받침해 주는 타당한 논증이 필요한데, 이때 글쓰기를 통해 논증에 문제가 없는지 서술 과정을 확인하고 개선하는 능력이 길러진다. 역사에세이는 역사적 사실을 통해 추론하여 쓰는 글이므로, 주장과 논거를 치밀하게 설계하는 훈련의 반복을 통해 글쓰기에 대한 부담감을 경감해야 한다.
> 3. 답안을 지루하지 않게 써야 한다. 이는 논술형 답안의 채점 기준에서 높은 배점을 차지하고 있는 창의성 항목을 강조하는 것이기도 하지만 한편으로는 이해력이나 분석력 항목과 직결되는 것이기도 하다. 글을 지루하지 않게 하는 데는 두 가지 방법이 있는데, 하나는 상대방이 모르는 것을 이야기하거나 알고 있는 것이더라도 새롭게 이야기하여 신선하게 보이는 것이며, 다른 하나는 상대방이 알고 있는 것을 잘 이야기하여 노련함을 드러내는 것이다. 고득점을 받기 위해서는 이러한 요소들도 세심하게 파악해야 한다.

[대졸직] 인적성검사

포스코그룹의 면접은 1차 면접과 2차 면접으로 진행된다. 포스코그룹의 1차면접인 직무역량평가는 인성/직무/분석발표 면접 등 다양한 형태로 운영되며, 지원자의 직무역량을 집중적으로 평가하는 단계로 다음과 같은 것들이 있다.

- HR면접(ST1 ; Specialty Test 1) : 지원동기, 회사 정착성 및 적응력, 성장잠재력 등을 평가하며, HR분야 면접관이 참여한다.
- 직무면접(ST2 ; Specialty Test 2) : 직무에 적합한 지식, 스킬, 태도 등 역량 보유수준을 평가하며, 직무의 현업 면접관이 참여한다. 특히, 이공계는 직무지식과 더불어 물리, 수학, 화학 등 공학기초지식도 평가한다.
- 분석발표면접(AP ; Analysis&Presentation) : 과제에 대해 분석 및 발표하며 전략적 사고, 창의적 문제해결력 등을 평가한다.
- 그룹활동(GA ; Group Activity) : 6 ~ 7명 내외의 지원자로 조를 구성하여 협업과제를 진행하며, 완성도, 팀워크, 커뮤니케이션 역량 등을 평가한다.
- 역사에세이 : 역사 관련 주제에 대해 의견을 서술하여 역사이해도와 인문학적 소양 등을 평가한다.
- 독서퀴즈 : 회사 관련 도서를 읽고 책 내용에 대한 이해도를 평가한다. 책은 인적성검사 응시자를 대상으로 미리 배부한다.

특히 구조적 선발기법을 활용, 정해진 평가기준과 절차에 따라 다양한 면접을 체계적으로 운영함으로써 평가자 간 차이를 최소화하고 목적에 적합한 인재를 선발하는 데 초점을 둔다.

입사 최종관문인 2차면접은 포스코그룹이 추구하는 인재상에 얼마나 부합한지를 확인하는 가치적합성평가 단계이다. 본 단계에서는 지원자가 입사지원서에 작성한 내용을 바탕으로 성장과정, 직무전문성, 가치관, 직업관 등 다양한 주제의 질의응답이 이루어지며 도전정신, 창의력, 조직적응성, 윤리성 등을 종합적으로 평가한다.

03 면접 최신 기출 주제

1 포스코그룹 면접 기출 질문

1 분석발표면접(AP)

기출문제

1. 조별활동 과제의 주제를 심화시켜 표현하고 그에 대해 발표하시오.
2. 대형마트와 시장을 동시에 활성화시킬 수 있는 방안에 대하여 말해 보시오.
3. 후판 제품 수요 증가에 대하여 고객, 불량률, 피로도의 3가지 관점에서 제시된 대안들 중 하나를 선택하고 이유를 설명하시오.
4. 제품의 공급을 증가하기 위해 3가지 안(자사 개발, 기존 공급처 유지, 해외 기업과 관계 협정)들 중 회사가 취할 전략을 선택하여 발표하시오.

예상문제

1. Self Service의 장단점에 대하여 설명하고 바람직한 도입 방안을 말해 보시오.
2. 졸업 논문이나 가장 좋아했던 전공 분야에 대하여 발표하고 공부한 내용을 포스코에서 어떻게 활용할 수 있을지 설명하시오.
3. 포스코에서 현재 보유하고 있는 인프라를 활용하여 새로운 사업 분야에 진입한다고 할 때 어느 분야가 가장 적절할지 사업계획서를 세워 발표하시오.
4. 본인의 지난 10년을 되돌아보고 앞으로 다가올 5년을 예측하여 인생 그래프를 작성해 보시오.
5. '포스코에 입사하면 이것만은 꼭 바꾸고 싶다'라는 주제를 가지고 발표해 보시오.
6. 중국 업체와 협력하여 박람회에 참여한다고 할 때 기획안을 만들어 발표하시오.
7. 신생 결혼정보 회사에서 회사의 인지도를 높이려고 한다면 어떤 이벤트를 할지 기획안을 수립하시오.

2 그룹활동(GA)

기출문제

1. 주어진 사진들을 모두 활용하여 사진의 주제에 맞는 건축적 이야기를 만들어 보시오.
2. 주어진 자료들을 참고하여 6개의 기업 중 어떤 기업과 계약을 할 것인지 결정하시오.
3. 노후 대책으로 커피숍을 차린다고 할 때, 다음 자료를 참고하여 개업 위치 1, 2, 3순위를 결정하고 인테리어, 가격 등 영업 전략을 세우시오.
4. 경영, 사회, 사람이라는 주제 중 하나를 선택하여 포스코그룹이 기업시민의 정신을 수행할 수 있는 방안을 제시해 보시오.
5. 쇳물을 옮기는 트럭(토페도카)을 수수깡, 나무젓가락, 종이컵, 테이프, 빨대 등의 재료로 만들어 주어진 시간 동안 최대한 많은 물을 옮겨보시오.

[대졸직] 인적성검사

예상문제

1. 주어진 레고 블록을 사용하여 고객의 요청에 맞는 제품을 만들어 보시오.
2. 주어진 자료에 해당하는 섬이 있다고 할 때, 그 섬의 개발 방안에 대하여 토론하시오.
3. 고객들의 요청을 고려하여 인터넷 웹 사이트 제작 방안을 수립하시오.
4. 신약을 개발한 제약사의 입장에서 경제 상황과 약제청의 권고 등을 고려하여 신약의 출시 가격을 정하시오.
5. 사막에서 비행기가 추락하여 조난을 당하였을 때 가지고 나갈 수 있는 물건의 개수가 정해져 있다면 어떤 물건을 먼저 챙길 것인지 우선순위를 결정하시오.
6. 주어진 자료를 활용하여 제한 시간 내에 포스코 제품의 TV 광고 콘티를 완성하시오.
7. 공장을 건립한 지역사회에 기업이익을 환원하기 위한 사회공한 방안에 대하여 토론하시오.
8. 부품별 원가와 기능을 참고하여 이미 존재하는 제품에 독창적인 기능이 첨가된 제품을 만들어 보시오.

3 그 외 면접 기출 질문

포스코에 지원한 이유는 무엇인가?

자신이 꿈꾸는 10년 뒤 모습에 대하여 말해 보시오.

남들보다 뛰어나게 잘할 수 있다고 생각하는 것은 무엇인가?

현재 서울에 살고 있는데 채용된 후 지방으로 발령이 난다면 어떻게 하겠는가?

받고 싶은 연봉은 얼마 정도인가? 그렇게 생각하는 이유는 무엇인가?

제선, 제강 공정의 흐름에 대해 설명해 보시오.

철을 사용하지 않은 물건 가운데 철로 대체할 수 있는 것을 두 가지 말해 보시오.

독도 문제와 관련하여 일본과 바람직한 관계를 유지할 수 있는 방법에 대해 말해 보시오.

파이넥스 공정은 무엇인가?

물, 태양, 석유, 바람 등 여러 자원 가운데 가장 소중한 것은 무엇이라고 하는가?

실질 GDP와 명목 GDP의 차이점에 대해 설명해 보시오.

영업인에게 가장 중요한 덕목은 무엇이라고 생각하는가?

IRR(내부수익률)은 무엇의 약자이며, 어떻게 계산하는지 설명해 보시오.

헤일로 효과(halo effect)에 대해 설명해 보시오.

간단하게 자기소개를 해 보시오.

정의와 의리의 차이점이 무엇인지 말해 보시오.

행복이란 무엇이라고 생각하는가?

전에 있던 회사에서 이직을 결심하게 된 계기는 무엇인가?

포스코에 관심을 가지게 된 계기는 무엇인가?

휴학을 한 번도 하지 않고 바로 졸업했는데 특별한 이유가 있는가?

- 지방 근무가 가능한가?
- 일상생활을 하다가 바꾸고 싶었던 것이 있었는가?
- 이곳의 근무환경이 어떤지 아는가?
- 포스코에 대해 아는 대로 말해 보시오.
- 포스코에 입사하여 하고 싶은 일이 무엇인가?
- 대학생활 가운데 가장 기억에 남는 경험에 대해 말해 보시오.
- 팀워크를 유지하기 위한 본인만의 방법이 있는가?
- 조직생활을 할 때 자신은 주로 어떠한 역할을 하는 편인가?
- 본인의 성격을 한마디로 표현해 보시오.
- 자신의 인생에 가장 큰 영향을 끼친 사람은 누구인가?
- 성격 좋고 일 못하는 상사와 성격 안 좋고 일 잘 하는 상사 중 누구와 일하고 싶은가?
- 자신이 해 온 프로젝트 하나를 설명하시오.
- AI 기술 트렌드가 빠르게 변화하는데 이에 어떻게 대처해야 하는가?
- 디지털 트윈과 관련하여 포스코가 업무에 적용할 만한 방안을 말해 보시오.
- AI가 다시 주목받은 이유에 대해 설명해 보시오.
- 타인이 평가하는 성격의 장단점은 무엇인가?
- 직무 순환에 대하여 어떻게 생각하는가?
- 자신의 좌우명이 무엇인지 말해 보시오.
- 노사갈등을 줄이기 위해 회사가 나아가야 하는 방향에 대해 말해 보시오.
- 인턴 경험을 통해 향상한 능력은 무엇인가?
- AI와 관련하여 어떠한 경험을 해 보았는가?
- 자신과 포스코가 잘 맞는다고 생각하는 이유를 말해 보시오.
- 포스코 입사를 위해 어떠한 역량을 강화해 왔는가?
- 해외 경험이 있는가?
- 취미와 특기는 무엇인가?
- 좋아하는 영화는 무엇인가?
- 하청업체 등에서 상생을 외치며 단가 인상을 요구한다면 어떻게 대처하겠는가?
- 전공과 직무가 연관이 없는데 지원한 이유가 무엇인가?
- 상사가 비윤리적인 일을 시킨다면 어떻게 대응할 것인가?
- 앞으로 어떤 제품들이 영향력 있고 혁신적인 제품이 될 것 같은가?
- 졸업한 지 1년이 지났는데 그동안 무엇을 했고, 계속 구직활동을 했는지 말해 보시오.

[대졸직] 인적성검사

2 면접 예상 질문

1 인성

포스코에 지원한 이유는 무엇인가?

주변 사람들과 트러블이 생기면 어떻게 해결하는가?

본인 성격의 장단점에 대해 말해 보시오.

포스코에 입사하기 위해 어떠한 노력을 하였는가?

지금까지 살면서 가장 힘들었던 경험은 무엇인가?

포스코에 입사한 후 어떠한 자기계발을 할 생각인가?

자신이 취업할 기업을 선정함에 있어 기준이 되는 것은 무엇인가?

자신의 창의적인 아이디어가 조직에 도움이 되었던 경험이 있는가?

기존의 방식과는 다른 새로운 방식으로 일을 해 본 경험이 있는가?

다른 사람에게 도움을 주고, 도움을 받았던 경험에 대해 말해 보시오.

회사에서 부당한 업무를 시킨다면 어떻게 하겠는가?

리더십을 발휘했던 경험을 말해 보시오.

가장 최근에 읽은 책은 무엇인가?

10년 후 자신의 모습을 상상하여 말해 보시오.

어학연수 경험을 통해 무엇을 배웠는가?

자신이 지휘관과 참모 가운데 어떤 역할에 더 어울리는지 말하고, 그 이유에 대해 설명해 보시오.

자신이 성공했던 경험과 이를 통해 깨달은 점을 말해 보시오.

공동의 목표를 위해 내가 희생한 경험을 말해 보시오.

개인 휴식 시간에는 주로 무엇을 하는가?

직장 동료가 들어주기 난감한 부탁을 한다면 어떻게 대처하겠는가?

포스코는 윤리경영을 실천하고 있다. 만약, 중국 바이어가 주말 골프를 가자고 한다면 어떻게 대응할 것인가?

원하는 부서에 배치되지 않는다면 어떻게 하겠는가?

성공의 요소에는 무엇이 있다고 생각하고 그 이유는 무엇인가?

2 학업

영어 성적이 좋지 않은데 글로벌 시대에 뒤떨어진다고 생각하지 않는가?

학창시절 가장 좋아했던 과목은 무엇인가?

학교 성적이 매우 좋은데 특별한 비결이 있는가?

동아리 활동을 통해 가장 크게 얻은 점은 무엇인가?

가장 기억에 남는 선생님은 누구인가?

검정고시 출신인데, 자퇴를 한 이유가 무엇인가?

편입을 한 이유는 무엇인가?

전공공부는 어떠한 방식으로 하였는가?

관련 전공을 선택한 이유는 무엇인가?

공부하기 가장 힘들었던 전공 과목과 그에 대한 대처 방법은 무엇인가?

3 포스코 관련

포스코를 생각하면 떠오르는 이미지는 무엇인가?

포스코의 장단점을 말해 보시오.

포스코에서 생산하고 있는 제품에 대해 말해 보시오.

포스코의 사업 분야에 대해 얼마나 알고 있는가?

포스코에서 자신을 채용해야 하는 이유는 무엇인가?

포스코에서 요구하는 인재의 조건은 무엇이라고 생각하는가?

최근 읽은 신문기사 중에서 포스코와 관련된 것을 말해 보시오.

포스코의 발전을 위해 자신이 기여할 수 있는 방안을 말해 보시오.

생소할 수 있는 철강산업에 지원한 이유는 무엇인가?

다른 회사에 지원한 곳이 있는가?

포스코의 사업 중 맡아 진행해 보고 싶은 것은 무엇인가?

포스코에 대하여 SWOT 분석을 해 보시오.

포스코의 주요 제품과 그 성과에 대해 말해 보시오.

남북이 통일된다면 포스코는 어떠한 일을 할 수 있겠는가?

[대졸직] 인적성검사

4 시사 및 전공

북한의 핵문제에 대한 자신의 생각을 말해 보시오.

철강 제조 공정을 순서대로 설명해 보시오.

관성모멘트란 무엇이며, 원통에서 관성모멘트를 줄일 수 있는 방법을 설명해 보시오.

서징(surging), 캐비태이션(cavitation, 공동현상), 워터 해머(water hammer, 수격작용) 현상에 대해 간단히 설명해 보시오.

현재 국방부에서 진행하고 있는 사업에 대해 아는 대로 말해 보시오.

가상 화폐에 대한 자신의 생각을 말해 보시오.

신재생에너지의 종류에는 어떠한 것들이 있는가?

우리나라가 향후 FTA를 체결해야 할 국가나 지역은 어디이며, 그 이유는 무엇인가?

최근에 가장 관심 있었던 사회 이슈는 무엇인가?

베르누이의 법칙에 대해 설명해 보시오.

금속이 갖는 결함의 종류에 대해 말해 보시오.

깁스 프리에너지(Gibb's free energy)란 무엇인가?

대기업의 사회 공헌에 대한 자신의 생각을 말해 보시오.

진정한 남녀평등이란 무엇이라고 생각하는가?

우리나라 청년실업자 문제의 원인은 무엇이고, 정부는 이를 해결하기 위해 어떻게 해야 하는지 말해 보시오.

제대군인 가산점 제도에 대해 어떻게 생각하는가?

저출산 문제의 근본적인 원인은 무엇이라고 생각하는가?

액티브하우스와 패시브하우스의 차이를 설명해 보시오.

비행기의 원리에 대해 설명해 보시오.

Overfitting이 무엇인지 설명해 보시오.

Supervised와 Unsupervised의 차이를 설명해 보시오.

재결정온도의 정의에 대해 말해 보시오.

강의 열처리방법에 대해 설명해 보시오.

재료공학이란 무엇인지 설명해 보시오.

BCC와 FCC의 구조의 차이점을 설명해 보시오.

포스코 관련 산업과 연관된 최근의 사회 이슈와 그에 대한 생각을 말해 보시오.

응력집중계수에 대해 설명해 보시오.

열전달의 세 가지 방법에 대해 말해 보시오.

설비관리기법을 아는 대로 말해 보시오.

후크의 법칙에 대해 설명해 보시오.

3 역사에세이 출제예상문제

01 화약, 나침반, 종이는 근대 과학혁명을 이끈 혁신적인 발명품이었다. 이러한 발명품들이 어떻게 인류사 전체의 변화를 이끌었는지를 서술하시오.

02 4차 산업 혁명으로 인한 가장 큰 변화는 무엇이며, 그 변화가 기업과 개인에게 어떠한 영향을 미치는지를 서술하시오.

03 콜럼버스의 신대륙 발견은 미국 탄생의 토대라는 긍정적인 부분도 있지만 원주민 약탈, 노예 문제 등의 부정적인 부분도 있다. 이에 대한 자신의 견해를 서술하시오.

04 몽골제국과 로마제국이 번성할 수 있었던 이유를 서술하고, 그것이 포스코그룹의 글로벌 시장 확대 및 지속적인 성장에 시사하는 점은 무엇인지 쓰시오.

05 신사임당은 아들 율곡 이이의 사후, 율곡을 따르던 제자들이 율곡의 어머니인 신사임당까지 존숭하기 시작하면서부터 비로소 이름을 알리고 업적이 재평가되었다. 이와 같이 역사 속에서 실제 업적에 비해 과소평가되었다고 생각하는 인물 1명을 제시하고, 그 인물을 평가하시오.

06 세종대왕이 과거시험에 출제한 바 있는 '현명한 사람과 어리석은 사람의 구별법'이라는 문제가 21세기에 다시 출제된다면 어떻게 답할지 서술하시오.

07 포스코의 브랜드 아이덴티티와 관련이 있다고 생각하는 역사적 사건을 선택하여 포스코의 브랜드 아이덴티티와 연관 지어 설명하시오.

08 현재 우리가 살아가는 삶 속에서 직면한 문제들을 광복 이전의 사건을 토대로 해결방안을 모색하여 서술하시오.

09 제너럴 셔먼호 사건 등 개항을 절대 반대하는 조선의 모습에 대한 견해를 서술하시오.

10 대한민국의 국경일 중 하나를 골라 역사적 의의에 대해 서술하시오.

11 현재 한, 중, 미 간의 외교관계와 서희의 외교를 연결 지어 생각을 서술하시오.

12 영조의 탕평책에 대해 서술하고 현대의 자신의 관점에서 의견을 제시하시오.

13 다음 중 공학도의 자질과 가장 연관 있는 발명품을 선택하고 그 이유를 서술하시오.

> 이순신의 거북선, 세종대왕의 한글, 정약용의 거중기, 김정호의 대동여지도

14 다음 유네스코 세계유산으로 지정된 우리나라의 문화유산 중 두 개를 골라 설명하고 그 두 개를 선택한 이유에 대하여 서술하시오.

> 해인사 장경판전, 종묘, 석굴암·불국사, 창덕궁, 수원 화성, 경주 역사지구, 고창·화순·강화 고인돌 유적, 제주 화산섬과 용암동굴, 조선왕릉, 한국의 역사마을(하회와 양동), 남한산성, 백제역사유적지구

Memo

미래를 창조하기에 꿈만큼 좋은 것은 없다.
오늘의 유토피아가 내일 현실이 될 수 있다.
There is nothing like dream to create the future.
Utopia today, flesh and blood tomorrow.
빅토르 위고 Victor Hugo

포스코그룹(PAT) 대졸직 기출유형문제_연습용

감독관 확인란

성명표기란

수험번호

수험생 규의사항

※ 답안은 반드시 컴퓨터용 사인펜으로 보기와 같이 바르게 표기해야 합니다.
  〈보기〉 ① ② ③ ● ⑤
※ 성명표기란 위 칸에는 성명을 한글로 쓰고 아래 칸에는 성명을 정확하게 표기하십시오. (맨 왼쪽 칸부터 성과 이름을 붙여 씁니다)
※ 수험번호/월일 위 칸에는 아라비아 숫자로 쓰고 아래 칸에는 숫자와 일치하게 표기하십시오.
※ 월일은 반드시 본인 주민등록번호의 생년을 제외한 월 두 자리, 일 두 자리를 표기하십시오. (예) 1994년 1월 12일 → 0112

인적성검사

언어이해

문번	답란
1	① ② ③ ④
2	① ② ③ ④
3	① ② ③ ④
4	① ② ③ ④
5	① ② ③ ④
6	① ② ③ ④
7	① ② ③ ④
8	① ② ③ ④
9	① ② ③ ④
10	① ② ③ ④
11	① ② ③ ④
12	① ② ③ ④
13	① ② ③ ④
14	① ② ③ ④
15	① ② ③ ④

자료해석

문번	답란
1	① ② ③ ④
2	① ② ③ ④
3	① ② ③ ④
4	① ② ③ ④
5	① ② ③ ④
6	① ② ③ ④
7	① ② ③ ④
8	① ② ③ ④
9	① ② ③ ④
10	① ② ③ ④
11	① ② ③ ④
12	① ② ③ ④
13	① ② ③ ④
14	① ② ③ ④
15	① ② ③ ④

문제해결

문번	답란
1	① ② ③ ④
2	① ② ③ ④
3	① ② ③ ④
4	① ② ③ ④
5	① ② ③ ④
6	① ② ③ ④
7	① ② ③ ④
8	① ② ③ ④
9	① ② ③ ④
10	① ② ③ ④
11	① ② ③ ④
12	① ② ③ ④
13	① ② ③ ④
14	① ② ③ ④
15	① ② ③ ④

추리

문번	답란
1	① ② ③ ④
2	① ② ③ ④
3	① ② ③ ④
4	① ② ③ ④
5	① ② ③ ④
6	① ② ③ ④
7	① ② ③ ④
8	① ② ③ ④
9	① ② ③ ④
10	① ② ③ ④
11	① ② ③ ④
12	① ② ③ ④
13	① ② ③ ④
14	① ② ③ ④
15	① ② ③ ④

포스코그룹(PAT) 답안지

기출유형문제_연습용

인적성검사

언어이해

문번	답란				문번	답란			
1	①	②	③	④	9	①	②	③	④
2	①	②	③	④	10	①	②	③	④
3	①	②	③	④	11	①	②	③	④
4	①	②	③	④	12	①	②	③	④
5	①	②	③	④	13	①	②	③	④
6	①	②	③	④	14	①	②	③	④
7	①	②	③	④	15	①	②	③	④
8	①	②	③	④					

자료해석

문번	답란				문번	답란			
1	①	②	③	④	9	①	②	③	④
2	①	②	③	④	10	①	②	③	④
3	①	②	③	④	11	①	②	③	④
4	①	②	③	④	12	①	②	③	④
5	①	②	③	④	13	①	②	③	④
6	①	②	③	④	14	①	②	③	④
7	①	②	③	④	15	①	②	③	④
8	①	②	③	④					

문제해결

문번	답란				문번	답란			
1	①	②	③	④	9	①	②	③	④
2	①	②	③	④	10	①	②	③	④
3	①	②	③	④	11	①	②	③	④
4	①	②	③	④	12	①	②	③	④
5	①	②	③	④	13	①	②	③	④
6	①	②	③	④	14	①	②	③	④
7	①	②	③	④	15	①	②	③	④
8	①	②	③	④					

추리

문번	답란				문번	답란			
1	①	②	③	④	9	①	②	③	④
2	①	②	③	④	10	①	②	③	④
3	①	②	③	④	11	①	②	③	④
4	①	②	③	④	12	①	②	③	④
5	①	②	③	④	13	①	②	③	④
6	①	②	③	④	14	①	②	③	④
7	①	②	③	④	15	①	②	③	④
8	①	②	③	④					

수험생 유의사항

※ 답안은 반드시 컴퓨터용 사인펜으로 보기와 같이 바르게 표기해야 합니다.
〈보기〉 ① ② ③ ● ⑤

※ 성명표기란 위 칸에는 성명을 한글로 쓰고 아래 칸에는 성명을 정확하게 표기하십시오. (맨 왼쪽 칸부터 성과 이름은 붙여 씁니다)

※ 수험번호/월일 위 칸에는 아라비아 숫자로 쓰고 아래 칸에는 숫자와 일치하게 표기하십시오.

※ 월일은 반드시 본인 주민등록번호의 생년월일을 제외한 월 두 자리, 일 두 자리를 표기하십시오.
(예) 1994년 1월 12일 → 0112

포스코그룹(PAT) 대졸직 기출유형문제_연습용

인적성검사

언어이해
문번	답란
1	① ② ③ ④
2	① ② ③ ④
3	① ② ③ ④
4	① ② ③ ④
5	① ② ③ ④
6	① ② ③ ④
7	① ② ③ ④
8	① ② ③ ④
9	① ② ③ ④
10	① ② ③ ④
11	① ② ③ ④
12	① ② ③ ④
13	① ② ③ ④
14	① ② ③ ④
15	① ② ③ ④

자료해석
문번	답란
1	① ② ③ ④
2	① ② ③ ④
3	① ② ③ ④
4	① ② ③ ④
5	① ② ③ ④
6	① ② ③ ④
7	① ② ③ ④
8	① ② ③ ④
9	① ② ③ ④
10	① ② ③ ④
11	① ② ③ ④
12	① ② ③ ④
13	① ② ③ ④
14	① ② ③ ④
15	① ② ③ ④

문제해결
문번	답란
1	① ② ③ ④
2	① ② ③ ④
3	① ② ③ ④
4	① ② ③ ④
5	① ② ③ ④
6	① ② ③ ④
7	① ② ③ ④
8	① ② ③ ④
9	① ② ③ ④
10	① ② ③ ④
11	① ② ③ ④
12	① ② ③ ④
13	① ② ③ ④
14	① ② ③ ④
15	① ② ③ ④

추리
문번	답란
1	① ② ③ ④
2	① ② ③ ④
3	① ② ③ ④
4	① ② ③ ④
5	① ② ③ ④
6	① ② ③ ④
7	① ② ③ ④
8	① ② ③ ④
9	① ② ③ ④
10	① ② ③ ④
11	① ② ③ ④
12	① ② ③ ④
13	① ② ③ ④
14	① ② ③ ④
15	① ② ③ ④

감독관 확인란

수험생 유의사항
※ 답안은 반드시 컴퓨터용 사인펜으로 보기와 같이 바르게 표기해야 합니다.
   〈보기〉 ① ② ③ ● ⑤
※ 성명표기란 위 칸에는 성명을 한글로 쓰고 아래 칸에는 성명을 정확하게 표기하십시오. (맨 왼쪽 컴퓨터 성과 이름은 붙여 씁니다)
※ 수험번호/월일 위 칸에는 아라비아 숫자로 쓰고 아래 칸에는 숫자와 일치하게 표기하십시오.
※ 월일은 반드시 본인 주민등록번호의 생년을 제외한 월 두 자리, 일 두 자리를 표기하십시오. (예) 1994년 1월 12일 → 0112

대기업·금융

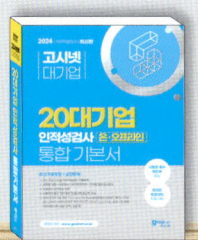    

저마다의 일생에는,
특히 그 일생이 동터 오르는 여명기에는
모든 것을 결정짓는 한 순간이 있다.
그 순간을 다시 찾아내는 것은 어렵다.
그것은 다른 수많은 순간들의 퇴적 속에
깊이 묻혀있다.

- 장 그르니에, 섬 LES ILES

인·적성검사

2025
고시넷
대기업

포스코
온라인 PAT
대비

新출제영역과
문제유형
완벽반영

포스코그룹
온라인 인적성검사
최신 기출유형 모의고사

정답과 해설

고시넷 WWW.GOSINET.CO.KR

gosinet
(주)고시넷

최신 대기업 인적성검사

20대기업
온·오프라인 인적성검사
통합기본서

핵심정리_핸드북 제공

최신기출유형+실전문제

파트 1 언어능력

파트 2 수리능력

파트 3 추리능력

파트 4 공간지각능력

파트 5 사무지각능력

파트 6 인성검사

• 핵심정리[핸드북]

www.gosinet.co.kr

인·적성검사

2025
고시넷
대기업

포스코
온라인 PAT
대비

新출제영역과
문제유형
완벽반영

고시넷 WWW.GOSINET.CO.KR

포스코그룹
온라인 인적성검사
최신 기출유형 모의고사

정답과 해설

gosinet
(주)고시넷

PAT 정답과 해설

권두부록 최신기출유형

유형 1 언어이해

▶ 문제 22쪽

| 01 | ③ | 02 | ② | 03 | ③ | 04 | ② | 05 | ③ |
| 06 | ① | 07 | ④ | 08 | ② | 09 | ③ | 10 | ① |

01

| 정답 | ③

| 해설 | 우버 CEO 칼라닉이 반이민정책을 표방한 트럼프 행정부의 경제 자문위원을 맡은 것은 정치적인 해석의 문제이므로 이를 기업 경영상의 문제점으로 볼 수 없다.

| 오답풀이 |
① 2017년 연말에 영국대사관 여직원이 우버 택시 운전기사에 의해 살해당하는 사건이 발생하자 우버 서비스의 고객 안전에 대한 문제가 제기되었다.
②, ④ 우버 소프트웨어 엔지니어 파울러가 성희롱 사실을 인사부에 내부고발 했지만 관리자는 잘못된 사내 문제를 해결하는 대신 오히려 파울러를 회유, 협박하였다.

02

| 정답 | ②

| 해설 | 인사부는 소속 팀장의 성희롱 사실을 내부고발한 파울러에게 적반하장으로 대응했고 이후 우버 사가 언론의 비판을 받고 핵심 인력들이 회사를 떠나기 시작한 것에서 '사면초가'와 '설상가상', '전호후랑'의 처지에 놓였음을 알 수 있다.
'烏飛梨落(오비이락)'은 까마귀 날자 배 떨어진다는 뜻으로 아무 관계도 없이 한 일이 공교롭게도 때가 같아 억울하게 의심을 받거나 난처한 위치에 서게 됨을 이르는 말이다. 제시된 상황은 '오비이락'과는 관련이 없다.

| 오답풀이 |
① 雪上加霜(설상가상) : 눈 위에 서리가 덮인다는 뜻으로, 난처한 일이나 불행한 일이 잇따라 일어남을 이르는 말
③ 前虎後狼(전호후랑) : 앞문에서 호랑이를 막고 있으려니까 뒷문으로 이리가 들어온다는 뜻으로, 재앙이 끊일 사이 없이 닥침을 비유적으로 이르는 말
④ 四面楚歌(사면초가) : 사방에서 들리는 초나라의 노래라는 뜻으로 어느 누구의 도움도 받을 수 없고 곤란한 상황에 빠진 형편을 이르는 말

03

| 정답 | ③

| 해설 | 제시된 글은 경영의 개념을 통해 복지경영의 의미를 설명하며 사회복지 분야에서도 경영의 요소들을 행정에 도입할 필요가 있다고 주장하고 있다. 따라서 결론으로 ③이 가장 적절하다.

| 오답풀이 |
①, ② 제시된 글을 통해 알 수 있는 내용이지만 결론이라고 할 수는 없다.

04

| 정답 | ②

| 해설 | ㉠ '복지경영'이 낯설게 느껴지는 이유를 설명하면서도 사회복지 분야에서 이를 이전부터 적용하고 있다고 설명하고 있으므로, 역접의 의미를 나타내는 '그러나'나 '그렇지만'과 같은 접속어가 들어가야 한다.
㉡ 청소년 상담기관과 같은 사회복지센터에서도 조직의 효율적인 운영을 위해 경영적 요소를 도입해야 한다고 설명하고 있으므로, 강조의 의미를 나타내는 '특히'가 들어가야 한다.

05

|정답| ③

|해설| D는 앞서 말한 C의 의견에 동의하며 자신의 의견을 피력하고 있으므로 D의 의견과 비슷한 내용인 ③이 ㉠에 들어가기에 적절하다.

|오답풀이|

①, ④ D의 의견과는 상관이 없는 내용이므로 ㉠에 들어가기에 적절하지 않다.

② 제시된 글을 통해 알 수 있거나 추론할 수 있는 내용이 아니므로 ㉠에 들어가기에 적절하지 않다.

06

|정답| ①

|해설| 제시된 글은 정보의 비대칭성(Asymmetric Information)을 설명하기 위해 중고차 거래 시 구매자와 판매자의 관계, 생명보험회사와 가입자 관계라는 구체적인 예시를 들고 있다.

07

|정답| ④

|해설| 향신료가 음식에 향미를 더해 주거나 생선만 먹을 때의 단조로움을 없애주는 등의 역할을 하였음을 알 수 있으나 음식 자체를 대신하였다는 언급은 없다.

|오답풀이|

① 첫 번째 문단에서 '중세 말 이탈리아 상인들이 일상적으로 취급했던 품목은 대략 2백 개 정도'라고 하였다.

② 첫 번째 문단에서 '같은 종류의 상품들이 생산지, 가공 상태, 품질 등에 따라 중복된 것을 제외하면'을 통해 일정 기준에 따라 물품이 분류되어 기록되었음을 알 수 있다.

③ 두 번째 문단을 통해 설탕, 후추와 같은 양념류와 쌀, 오렌지, 대추 등의 식품들도 향신료로 분류하였음을 알 수 있다.

08

|정답| ②

|해설| 제시된 글에서는 한양도성에 대한 간단한 설명과 수백 년에 걸친 개축 과정을 설명하고 있다. 따라서 중심 내용으로는 ②가 적절하다.

|오답풀이|

①, ③ 제시된 글에 언급되어 있지만 중심 내용이라고는 할 수 없다.

④ 제시된 글을 통해서는 알 수 없다.

09

|정답| ③

|해설| 마지막 문단을 통해 도성이 세월의 흐름에 따라 자연의 일부가 되고 그 이후에 문학적·예술적 대상이 된 것을 알 수 있다. 따라서 오랫동안 도성의 기능을 수행해서 문화적 가치가 높아진 것이라는 설명은 적절하지 않다.

|오답풀이|

① 첫 번째 문단을 통해 도성이 도읍의 경계를 표시하고 있었음을 알 수 있다.

② 세 번째와 네 번째 문단에서 시간이 지나면서 도성 축조 기술이 달라졌고 성벽을 보면 이를 알 수 있다고 언급하고 있다.

④ 첫 번째 문단을 통해 한양도성이 한양 주위 4개의 산 능선을 따라 지어진 것을 알 수 있다.

10

|정답| ①

|해설| 네 번째 문단을 통해 축성 시기에 어떠한 형태의 성돌을 썼는지 추측할 수 있는데 태조(가) 때는 자연석을 거칠게 다듬어 쌓았다고 했으므로 ㉡과 같은 모습으로 성벽을 쌓았다고 볼 수 있다. 세종(나) 때는 성돌을 옥수수알 모양으로 다듬어 사용했으므로 ㉠과 같은 모습일 것으로 예측할 수 있다. 숙종(다) 때는 성돌 크기가 가로·세로 40~45cm 내외이므로 ㉣과 같은 형태를, 순조(라) 때는 성돌 크기가 가로·세로 60cm 정도의 정방형 돌을 사용했다고 했으므로 ㉢과 같은 형태의 성벽일 것으로 추론할 수 있다. 따라서 축성 시기와 그 모습이 바르게 짝지어진 것은 ①이다.

영역 2 자료해석

▶ 문제 30쪽

| 01 | ③ | 02 | ① | 03 | ④ | 04 | ② | 05 | ③ |
| 06 | ③ | 07 | ② | 08 | ① | 09 | ④ | 10 | ② |

01

|정답| ③

|해설| 2013년에 한 달에 1회 이상 음주한 여성의 수는 $1,160 \times \dfrac{45}{100} = 522$(만 명)이다.

|오답풀이|

① 모든 해에서 남성의 월간음주율은 여성의 월간음주율의 1.4배를 초과한다. 2022년 여성의 월간음주율의 1.4배는 $50.5 \times 1.4 = 70.7(\%)$이다.

② 2022년 남성의 월간음주율은 지난해에 비해 1.3%p 감소하였다.

④ 2015년 만 19세 이상 남성인구 중 $1,390 \times \dfrac{100-77.8}{100}$ ≒309(만 명)은 한 번도 음주하지 않은 달이 있는 남성이다. 그러나 매달 한 번도 음주하지 않은 남성의 수는 알 수 없다.

02

|정답| ①

|해설| ㄱ. 누적치이므로 2023년의 누적치에서 2018년의 누적치를 빼면 된다. 따라서 16.7-8.7=8(만 명) 늘어났다.

ㄹ. 2018년 대비 2023년 전체 신용불량자 중 은퇴연령 신용불량자 비중은 16.4-13.8=2.6(%p) 증가하였다.

|오답풀이|

ㄴ. 두 항목의 증감폭이 가장 큰 시기는 2020년과 2021년 사이로, 그 수치는 차례대로 15.2-14.4=0.8(%p), 13.1-11.1=2(만 명)이다.

ㄷ. 연도별 50세 이상 개인 워크아웃 신청자 누적치의 전년 대비 증가율을 구하면 다음과 같다.

• 2019년 : $\dfrac{9.7-8.7}{8.7} \times 100 ≒ 11.5(\%)$

• 2020년 : $\dfrac{11.1-9.7}{9.7} \times 100 ≒ 14.4(\%)$

• 2021년 : $\dfrac{13.1-11.1}{11.1} \times 100 ≒ 18.0(\%)$

• 2022년 : $\dfrac{14.9-13.1}{13.1} \times 100 ≒ 13.7(\%)$

• 2023년 : $\dfrac{16.7-14.9}{14.9} \times 100 ≒ 12.1(\%)$

따라서 전년 대비 증가율은 지속적으로 늘어나고 있지 않다.

03

|정답| ④

|해설| 가전·전자·통신기기는 매 분기, 사무·문구는 4/4분기에 인터넷쇼핑 매출액보다 모바일쇼핑 매출액이 더 크며, 서적은 매 분기 인터넷쇼핑 매출액이 모바일쇼핑 매출액보다 크다.

|오답풀이|

① 1/4분기보다 4/4분기의 매출 총액이 더 작은 상품군은 컴퓨터 및 주변기기, 서적으로 2개다.

② 2/4분기 상품군별 인터넷쇼핑과 모바일쇼핑의 매출액 차이는 다음과 같다.

• 컴퓨터 및 주변기기 : 777,618-512,905=264,713 (백만 원)

• 가전·전자·통신기기 : 2,069,556-1,611,034= 458,522(백만 원)

• 서적 : 237,084-169,021=68,063(백만 원)

• 사무·문구 : 118,702-101,747=16,955(백만 원)

• 의류 : 2,213,029-1,345,136=867,893(백만 원)

따라서 의류의 매출액 차이가 가장 크다.

③ 의류의 20X1년 4/4분기 인터넷쇼핑 매출액의 전 분기 대비 증가액은 1,541,271-1,184,433=356,838(백만 원)이므로, 20X2년 1/4분기 인터넷쇼핑 매출액의 전 분기 대비 감소액은 356,838÷2=178,419(백만 원)이다. 따라서 20X2년 1/4분기 인터넷쇼핑 매출액은 1,541,271-178,419=1,362,852(백만 원)이다.

04

|정답| ②

|해설| 인터넷쇼핑과 모바일쇼핑의 증감 추이가 동일하지 않는 상품군과 각 매체별 증감 추이는 다음과 같다.
- 가전·전자·통신기기
  인터넷쇼핑 : 증가 – 감소 – 증가 / 모바일쇼핑 : 증가 – 증가 – 증가
- 서적
  인터넷쇼핑 : 감소 – 증가 – 감소 / 모바일쇼핑 : 감소 – 증가 – 증가

따라서 모두 2개이다.

05

|정답| ③

|해설| 동일 품목인 경우 분기별 지수를 비교할 수 있다. 총지수를 제외한 20X3년 3분기 대비 4분기 증감폭을 구하면 다음과 같다.
- 신선식품 : 118.87 – 109.86 = 9.01
- 신선채소 : 126.41 – 107.99 = 18.42
- 신선과실 : 121.26 – 112.59 = 8.67
- 신선어패 : 103.61 – 109.00 = –5.39
- 신선식품제외 : 108.32 – 109.17 = –0.85
- 생활물가지수 : 110.76 – 110.89 = –0.13

따라서 결과의 절댓값이 가장 작은 생활물가지수의 증감폭이 가장 작다.

|오답풀이|

① 지수가 기준시점 20X1년의 값인 100보다 작으면 물가수준이 낮은 것인데, 20X3년 2분기 신선채소의 지수가 99.28이므로 신선채소의 물가수준이 20X1년보다 낮았던 분기가 한 번 있음을 알 수 있다.

② 분기별로 지수가 계속 증가하는 총지수와 증감 추이가 동일한 항목은 신선식품제외와 생활물가지수로 2개다.

④ 지수는 어느 시점의 수량을 기준 100으로 하고 그것에 대한 다른 시점의 수량을 비율로 나타낸 수치이다. 따라서 20X3년 1분기 신선과실의 지수가 120.55이므로 기준시점인 20X1년보다 20.55% 증가하였다.

06

|정답| ③

|해설| ㉠ 자료를 통하여 학년이 높아질수록 장학금을 받는 학생들의 1인당 평균 교내 특별활동 수가 증가한다는 사실은 알 수 있지만, 장학금을 받는 학생 수에 대한 정보는 알 수 없다.

㉡ 장학금을 받지 못하는 4학년생이 참가한 1인당 평균 교내 특별활동 수는 0.5개 정도고, 장학금을 받는 4학년생이 참가한 1인당 평균 교내 특별활동 수는 2.5개 이상이므로 5배 이상이다.

㉣ 자료는 각각 장학금을 받는 학생과 받지 못하는 학생의 1인당 평균 교내 특별활동 수를 비교하고 있으므로 각 학년 전체의 1인당 평균 교내 특별활동 수는 알 수 없다.

|오답풀이|

㉢ 그래프를 통해 확인할 수 있다.

07

|정답| ②

|해설| 중국의 전력 소비량 증가값은 1,073 – 478 = 595(TWh)이고 미국의 전력 소비량 증가값은 3,500 – 2,634 = 866(TWh)으로, 중국보다 미국의 증가값이 더 크다.

|오답풀이|

① 제시된 국가들 중 2020년 전력 소비량이 가장 많은 중국(5,582TWh)과 가장 적은 이탈리아(292TWh)의 전력소비량 차이는 5,582 – 292 = 5,290(TWh)이다.

③ 2000년 대비 2010년의 전력 소비량은 변화가 없는 영국을 제외한 모든 국가가 증가했다.

④ 제시된 10개 국가들 중 2010년 대비 2020년 전력 소비량이 감소한 국가는 미국, 일본, 독일, 프랑스, 영국, 이탈리아로 총 6개로 전력 소비량이 감소한 국가 수가 증가한 국가 수보다 더 많다.

08

|정답| ①

|해설| 화살표가 굵을수록 이동한 인구가 많다고 하였으므로, 각 광역시에서 서울특별시로 전입한 인구가 많을수록

화살표가 굵은 것이다. 제시된 산식에 따라 '전입 인구=전출 인구-순이동자 수'이므로 2023년 광역시별 서울특별시로의 전입 인구를 구하면 다음과 같다.

- 인천광역시 : 49,640-17,424=32,216(명)
- 부산광역시 : 16,135-(-5,728)=21,863(명)
- 대전광역시 : 14,080-(-490)=14,570(명)
- 광주광역시 : 10,154-(-1,657)=11,811(명)
- 대구광역시 : 10,135-(-3,703)=13,838(명)
- 울산광역시 : 5,691-(-1,108)=6,799(명)

따라서 ⓐ 화살표가 가장 굵고 ⓑ 화살표는 다섯 번째로 굵으므로, 전입 인구가 가장 많은 인천광역시가 ⓐ, 다섯 번째로 많은 광주광역시가 ⓑ이다.

09

|정답| ④

|해설| 〈전입지별 서울특별시 전출 인구 현황〉에서 연도별 순이동자 수와 그 추이를 통해 알 수 있다. 제시된 그래프의 이동자 수가 모두 0보다 작으므로 2021~2023년의 순이동자 수가 모두 양수인 인천광역시는 제외된다.
또한 순이동자 수 추이는 증가했다가 감소하고 2021년보다 2023년의 수가 더 커야 한다. 따라서 제시된 그래프는 -1,742명→-1,090명→-1,108명으로 순이동자 수가 변화한 울산광역시를 나타낸 그래프가 된다.

|오답풀이|
①, ②, ③ 2021년보다 2023년의 순이동자 수가 더 작다.

10

|정답| ②

|해설| 사교육비 총액은 20X5년부터 점점 감소하는 추세인데 20X9년에 유일하게 증가하였다. 그러므로 20X9년에 전년 대비 최고 증가폭을 보였음을 알 수 있다.

|오답풀이|
① 20X6~20X8년에는 중학교가 가장 크고 20X9년에는 고등학교가 가장 크다.
③ 20X8년 대비 20X9년에 중학교 학생 수가 줄어들었으므로 사교육비 감소를 비용의 순수 경감 효과라고 볼 수 없다.

④ 20X9년에는 중학교를 제외하고 사교육비가 증가하였다. 그러므로 시간의 흐름에 따라 사교육비가 감소했다고 볼 수 없다.

영역 3 문제해결

▶ 문제 38쪽

| 01 | ④ | 02 | ① | 03 | ① | 04 | ③ | 05 | ④ |
| 06 | ② | 07 | ① | 08 | ② | 09 | ④ | 10 | ② |

01

|정답| ④

|해설| '?'에 들어갈 버튼을 알기 위해서 ◎의 결과와 ◐을 누르기 이전 모양을 비교한다. ◎을 누르면 왼쪽 모양에서 3번만 켜진 모양이 된다. ◐은 1번과 2번 스위치를 반대로 바꾸는 버튼이므로 ◐을 누르기 이전 모양은 1, 5번이 켜지고 2, 3, 4번이 꺼진 모양이 된다. ◎의 결과와 ◐을 누르기 이전 모양을 비교하였을 때, 1, 3, 5번 스위치가 반대로 바뀌었음을 알 수 있다. 따라서 '?'에는 1, 3, 5번 스위치를 반대로 바꾸는 ■이 들어가야 한다.

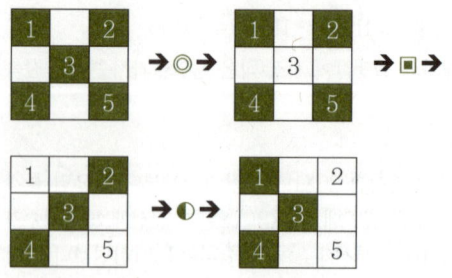

02

|정답| ①

|해설| '?'에 들어갈 버튼을 알기 위해서 ■의 결과와 ◐을 누르기 이전 모양을 비교한다. ■을 누르면 왼쪽 모양에서

1, 3, 5번이 꺼진 모양이 된다. ◐은 4, 5번 스위치를 반대로 바꾸는 버튼이므로 ◐을 누르기 이전 모양은 2, 3, 5번이 꺼진 모양이 된다. ■의 결과와 ◐을 누르기 이전 모양을 비교하였을 때, 1, 2번 스위치가 반대로 바뀌었음을 알 수 있다. 따라서 '?'에는 1, 2번 스위치를 반대로 바꾸는 ◐이 들어가야 한다.

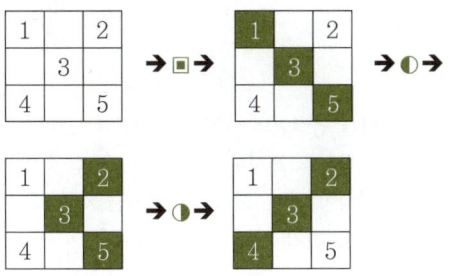

03

| 정답 | ①

| 해설 | 왼쪽 행렬과 오른쪽 행렬을 비교하였을 때, F 열 두 번째 칸의 1이 0으로 바뀌었음을 알 수 있다. F 열의 숫자를 바꾸는 버튼은 ♤뿐이므로 '?'에 ♤이 들어가는 것을 유추할 수 있다. ♤을 거쳐 B 행에 (1, 1, 0)이 적힌 행렬은 모든 빈칸에 0을 적는 ◇을 거치면서 오른쪽 행렬이 된다. 따라서 '?'에는 A 행과 F 열의 모든 0을 1로, 1을 0으로 바꾸는 ♤이 들어가야 한다.

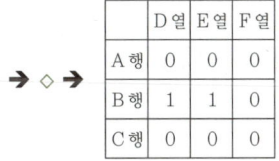

04

| 정답 | ③

| 해설 | 공장에서 물류창고 E, G, I의 최단거리를 구하면 다음과 같다.

• 공장에서 물류창고 E까지의 거리는 A-B-E 또는 C-B-E를 거치면 6km이다.
• 공장에서 물류창고 G까지의 거리는 C-H-G를 거치면 8km이다.
• 공장에서 물류창고 I까지의 거리는 C-H-I를 거치면 7km이다.

따라서 각 물류창고의 최단 거리의 합은 21km이다.

05

| 정답 | ④

| 해설 | 은행별로 각 교통수단에 따른 은행까지의 이동 시간과 걸어서 회사로 돌아올 때의 이동시간을 구하면 다음과 같다.

• A 은행 : $\dfrac{2}{30} + \dfrac{2}{6} = \dfrac{12}{30} = 0.4$(시간)

• B 은행 : $\dfrac{3.5}{40} + \dfrac{3.5}{6} = \dfrac{80.5}{120} ≒ 0.67$(시간)

• C 은행 : $\dfrac{3}{40} + \dfrac{3}{6} = \dfrac{69}{120} = 0.575$(시간)

• D 은행 : $\dfrac{1}{6} + \dfrac{1}{6} = \dfrac{2}{6} ≒ 0.33$(시간)

따라서 회사에서 최단 시간으로 왕복할 수 있는 은행은 D이다.

06

| 정답 | ②

| 해설 | 학교에서 집을 경유하여 병원으로 가는 경로와 학교에서 식당을 경유하여 병원으로 가는 경로의 거리는 모두 16km로 동일하므로, A가 학교에서 병원을 왕복하여 이동하는 거리는 총 32km이다.

택시의 이동 속도는 60km/h, 자전거의 이동 속도는 24km/h이므로 택시를 이용하였을 때의 이동 시간은 총 $\dfrac{32}{60}$시간으로 32분이 걸리며, 자전거를 이용하였을 때의 이동 시간은 총 $\dfrac{32}{24}$시간으로 80분이 걸려 자전거로 이동하게 되면 택시로 이동할 때보다 80-32=48(분)이 더 소요된다.

07

|정답| ②

|해설| 〈보기〉에서 명령어의 첫 번째 줄인 L : 에서의 좌표는 그래프의 y축(H)과 x축(W)의 숫자 표기의 범위를 정의하고, 두 번째 줄인 C : 에서의 좌표는 해당 그래프에 들어가는 동그라미(C), 사각형(S), 삼각형(T)의 위치를 표시하는 좌표(가로, 세로)에 해당한다.

제시된 그래프의 y축은 0에서 4까지를 표시하므로 이에 해당하는 명령어는 H(0, 4), x축은 0에서 3까지를 표시하므로 이에 해당하는 명령어는 W(0, 3)이므로 명령어의 첫 번째 줄은 L : H(0, 4) / W(0, 3)이 된다.

또한 해당 그래프에서 동그라미의 위치좌표는 (1, 1), 사각형의 위치좌표는 (0, 0), 삼각형의 위치좌표는 (2, 3)이므로 명령어의 두 번째 줄은 C : C(1, 1) / S(0, 0) / T(2, 3)이 된다.

08

|정답| ②

|해설| 07에 정리된 명령어의 규칙을 참고한다. 제시된 그래프의 y축은 −1부터 3까지를 표시하므로 이에 해당하는 명령어는 H(−1, 3), x축은 −2부터 5까지를 표시하므로 이에 해당하는 명령어는 W(−2, 5)이다. 따라서 명령어의 첫 번째 줄은 L : H(−1, 3) / W(−2, 5)가 된다.

또한 해당 그래프에서 동그라미의 위치좌표는 (3, −1), 사각형의 위치좌표는 (0, 2), 삼각형의 위치좌표는 (−1, 1)이므로 명령어의 두 번째 줄은 C : C(3, −1) / S(0, 2) / T(−1, 1)이 된다.

09

|정답| ④

|해설| 07에 정리된 명령어의 규칙을 참고한다. 그래프에서 사각형의 위치좌표는 (2, 3)으로 표시되어 있으나, 〈명령어〉에는 S(1, 3)으로 표시되어 있다. 출력된 그래프를 기준으로는 해당 부분이 S(2, 3)이 되는 것이 적절하다.

|오답풀이|

① 그래프의 y축은 0부터 4까지를 표시하고 있으므로 명령어로 H(0, 4)는 적절하다.

② 그래프의 x축은 0부터 3까지를 표시하고 있으므로 명령어로 W(0, 3)은 적절하다.

③ 그래프에서 동그라미의 위치좌표는 (1, 4)이므로 명령어로 T(0, 3)은 적절하다.

10

|정답| ②

|해설| 07에 정리된 명령어의 규칙을 참고한다. 그래프의 x축은 −1부터 3까지를 표시하고 있으나, 〈명령어〉에는 W(−1, 2)로 표시되어 있다. 출력된 그래프를 기준으로는 해당 부분이 W(−1, 3)이 되는 것이 적절하다.

|오답풀이|

① 그래프의 y축은 −3부터 2까지를 표시하고 있으므로 명령어로 H(−3, 2)는 적절하다.

③ 그래프에서 사각형의 위치좌표는 (1, −1)이므로 명령어로 S(1, −1)은 적절하다.

④ 그래프에서 삼각형의 위치좌표는 (−1, −2)이므로 명령어로 T(−1, −2)는 적절하다.

영역 4 추리

▶ 문제 46쪽

| 01 | ① | 02 | ④ | 03 | ① | 04 | ② | 05 | ④ |
| 06 | ④ | 07 | ② | 08 | ① | 09 | ① | 10 | ② |

01

|정답| ①

|해설| 제시된 명제를 정리하면 다음과 같다.
- 지윤 창측 → 지인 내측
- 지현 내측 → 지인 창측
- 지은 창측 → 지숙 내측 and 지윤 창측
- 지한 내측 → 지은 창측

두 번째 명제와 첫 번째 명제의 대우의 삼단논법에 의해 '지현 내측 → 지인 창측 → 지윤 내측'이 성립한다. 따라서 지현이가 내측에 앉으면 지윤이는 내측에 앉음을 알 수 있다.

|오답풀이|
② 첫 번째 명제의 대우와 세 번째 명제의 대우, 네 번째 명제의 대우를 연결하면 '지인 창측 → 지윤 내측 → 지은 내측 → 지한 창측'이 성립한다.
③ 세 번째 명제의 대우에 의하면 지숙이가 창측에 앉거나 지윤이가 내측에 앉으면 지은이는 내측에 앉는다.
④ 네 번째 명제와 세 번째 명제, 첫 번째 명제를 연결하면 '지한 내측 → 지은 창측 → 지윤 창측 → 지인 내측'이 성립한다.

02

|정답| ④

|해설| 제시된 명제를 정리하면 다음과 같다.
- 책 읽기 → 영화 감상
- ~ 여행 가기 → ~ 책 읽기
- 산책 → ~ 게임하기
- 영화 감상 → 산책

'여행 가기를 좋아하는 사람은 책 읽기를 좋아한다'는 두 번째 명제의 이에 해당한다. 따라서 반드시 참이라고 할 수 없다.

|오답풀이|
① 첫 번째 명제와 네 번째 명제의 삼단논법에 따라 참이다.
② 첫 번째 명제와 네 번째 명제 그리고 세 번째 명제의 삼단논법에 따라 참이다.
③ 세 번째 명제의 대우와 네 번째 명제의 대우의 삼단논법에 따라 참이다.

03

|정답| ①

|해설| C가 제일 마지막에 서는 것은 F보다 C가 나중에 서는 경우로, 네 번째 조건에 따라 맨 마지막에 B가 서야 하므로 가능하지 않다.

|오답풀이|
③ A-E-F-C-D-B 순으로 설 수 있다.
④ A-E-F-D-C-B 순으로 설 수 있다.

04

|정답| ②

|해설| 만약 무가 배낭여행을 가지 않는다면 갑과 을이 남게 되는데, 이는 을은 갑과 배낭여행을 갈 수 없다는 세 번째 조건에 어긋나게 된다. 따라서 무는 반드시 배낭여행을 가야 한다.

만약 갑이 여행을 가지 않는다면 남은 사람은 을, 병이다. 이때 을은 세 번째 조건에서 무와 함께 배낭여행을 갈 수 없다고 했으므로 제외된다. 그리고 네 번째 조건에 따라 병이 배낭여행을 간다면 을도 배낭여행을 가야 하므로 이는 2명만 배낭여행을 가야 한다는 조건에 어긋나게 된다. 따라서 배낭여행을 가는 사람은 갑과 무이다.

|오답풀이|
① 두 번째 조건과 네 번째 조건에 어긋난다.
③ 두 번째 조건에 어긋난다.
④ 네 번째 조건에 어긋난다.

05

| 정답 | ④

| 해설 | 제시된 명제와 그 대우를 정리하면 다음과 같다.
- 트랙터 → 2인 가구(~ 2인 가구 → ~ 트랙터)
- 사과 → ~ 2인 가구(2인 가구 → ~ 사과)
- 복숭아 → 노인(~ 노인 → ~ 복숭아)
- ~ 노인 → ~ 트랙터(트랙터 → 노인)

따라서 복숭아를 재배하는 갑 마을 농민들이 트랙터를 갖고 있는지는 파악할 수 없다.

| 오답풀이 |

① 갑 마을의 농민들은 모두 사과 또는 복숭아를 재배하므로 세 번째 명제의 대우를 통해 반드시 사과를 재배함을 알 수 있다.
② 네 번째 명제의 대우를 통해 트랙터를 가진 갑 마을 농민들은 노인과 함께 산다는 것을 알 수 있다.
③ 두 번째 명제의 대우를 통해 2인 가구는 모두 복숭아를 재배함을 알 수 있고, 세 번째 명제를 통해 복숭아를 재배하는 갑 마을 농민들은 노인과 함께 산다는 것을 알 수 있다.

06

| 정답 | ④

| 해설 | 〈보기〉의 설명이 진실일 경우를 나누어 추론하면 다음과 같다.

ⅰ) ㉠이 진실일 경우
   ㉡에 따라 갑은 고양이를 키워야 하는데, ㉢에 따라 병도 고양이를 키워야 하므로 서로 상충한다.

ⅱ) ㉡이 진실일 경우
   ㉠에 따라 갑은 강아지를, ㉢에 따라 병은 고양이를 키우고 을은 토끼를 키우고 있음을 추론할 수 있다.

ⅲ) ㉢이 진실일 경우
   ㉠에 따라 갑은 강아지를 키워야 하는데, ㉡을 보면 갑은 고양이를 키워야 하므로 서로 상충한다.

ⅳ) ㉣이 진실일 경우
   ㉠에 따라 갑은 강아지를 키워야 하는데, ㉡으로 갑은 고양이를 키워야 하므로 서로 상충한다.

따라서 ㉡만 진실이고 옳은 것은 ④이다.

07

| 정답 | ②

| 해설 |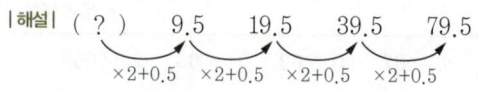

따라서 '?'에 들어갈 숫자는 $(9.5-0.5) \div 2 = 4.5$이다.

08

| 정답 | ①

| 해설 | 아래 칸의 두 수를 더하고 4를 곱한 값이 위 칸의 숫자가 된다.
- 36 3 6 → $(3+6) \times 4 = 36$
- 44 7 4 → $(7+4) \times 4 = 44$
- 32 5 (?) → $(5+?) \times 4 = 32$

따라서 '?'에 들어갈 숫자는 $32 \div 4 - 5 = 3$이다.

09

| 정답 | ①

| 해설 | 주어진 숫자는 다음과 같은 규칙이 있다.

13	16
17	100

각 숫자에 ×3-3 →

36	45
(?)	297

따라서 '?'에 들어갈 숫자는 $17 \times 3 - 3 = 48$이다.

10

| 정답 | ②

| 해설 | 한 사각형을 기준으로 보았을 때, 그 사각형 속 숫자는 아래쪽 두 사각형의 숫자를 더한 값이다.

$30 = 14 + 16$
$14 = 5 + 9$
$16 = 9 + 7$

이 규칙을 이용하면 $1+4=5$, $4+5=9$, $5+2=7$이므로 맨 아래 '?'에 들어갈 숫자는 '1, 4, 5, 2'가 된다.

파트2 기출유형모의고사

1회 언어이해

▶ 문제 106쪽

01	④	02	④	03	④	04	②	05	③
06	①	07	④	08	①	09	②	10	④
11	②	12	②	13	①	14	④	15	③

01

|정답| ④

|해설| 제시된 글은 경제와 환경이 상호 영향을 주고받는 불가분의 관계에 있으며 양자 간에 순환하는 구조를 갖고 있다고 설명하고 있다. 그러므로 경제활동에 공급되는 자연자원은 가급적 효율적으로 사용되어야 하며, 배출되는 잔여물의 재활용 기능을 강화한 자원순환형 경제 구조를 요구해야 한다고 하였다. 따라서 글의 제목으로 적절한 것은 '자원순환형 경제의 필요성'이다.

02

|정답| ④

|해설| 〈보기〉의 '일어난 일에 대한 묘사는 본 사람이 무엇을 중요하게 판단하고, 무엇에 흥미를 가졌느냐에 따라 크게 다르다'는 내용의 예시가 (라) 뒤에 있으므로 (라)에 들어가는 것이 적절하다.

03

|정답| ④

|해설| 우선 (나)에는 '이에 따라'라는 지시어가 나오므로, (나)는 '자신의 아이덴티티를 형성한다'라는 글이 포함되는 (라) 뒤에 오게 된다. 또한, (라)에는 '그 문화적 풍토'라는 지시어가 있고, 이는 (마)의 '각각의 형태를 갖고 있다'와 연결되기 때문에 (마)-(라)-(나)가 된다.
그리고 (가)와 (바)는 '가치의 상대성이 만드는 함정'에 대해 논하고 있는데, (가)는 '그런데'라는 역접 관계의 접속사로 시작하므로 (바) 뒤에 (가)가 올 수 없으므로 (가)-(바)가 되어야 한다. 마지막으로 '따라서'에 이어 결론을 제시하는 (다)가 온다.
따라서 (마)-(라)-(나)-(가)-(바)-(다) 순이 적절하다.

04

|정답| ②

|해설| '나 만큼'의 '만큼'은 앞말과 비슷한 정도나 한도임을 나타내는 조사로 쓰였으므로 앞말과 붙여 써야 한다. '만큼'이 의존명사로 쓰일 때에는 주로 어미 '-은, -는, -을' 또는 '-은, -는, -던' 뒤에 쓰인다.

05

|정답| ③

|해설| 검색사이트에 검색한 내용을 보고 독감에 걸린 환자들을 추측하는 것은 독감에 걸렸을 경우에 검색을 할 것이라는 전제로 예측한 결과이다. 하지만 독감에 걸리지 않고도 검색을 해 볼 수 있다는 것을 가정하면 이러한 예측은 정확성이 떨어질 수 있다. 따라서 ③은 적절한 의문사항이다.

06

|정답| ①

|해설| 세 번째 문단에서 인간이 생산적인 사회에서 살 수 있을 경우에만 사회로부터 지식 교환의 가치를 얻을 수 있다고 하였다. 따라서 인간이 지식 교환의 가치를 얻을 수 없는 사회는 생산적인 사회가 아님을 알 수 있다.

|오답풀이|
② 첫 번째 문장에서 인간은 누구나 생산적인 사회에서 평화롭게 살기를 원한다고 하였다.
③ 두 번째 문단에서 물리적 힘의 사용이 허용되는 경우 개인의 권리가 침해당한다고 하였다.
④ 두 번째 문단에서 이성적인 수단의 예시인 토론과 설득을 언급했을 뿐, 토론과 설득 이외에 이성적인 수단이 있는지에 대해서는 알 수 없다.

07

| 정답 | ④

| 해설 | 존재 양식의 삶에는 상실의 위험에서 오는 걱정과 불안은 없으나 존재 양식의 삶을 살 때 유일한 위험은 내 자신 속에 있다고 하였다.

| 오답풀이 |

① 더 많이 소유하려는 욕망 때문에 방어적이게 되고 경직되며 의심이 많아지고 외로워진다고 하였다.
② 소유하고 있는 것은 잃어버릴 수 있기 때문에 필연적으로 가지고 있는 것을 잃어버릴까 봐 항상 걱정하게 된다고 하였다. 즉, 소유 양식의 삶에는 상실의 위험이 늘 있다고 볼 수 있다.
③ 존재 양식의 삶에서 나는 '존재하는 나'이며, 나의 중심은 나 자신 안에 있으며, 나의 존재 능력과 나의 기본적 힘의 발현 능력은 내 성격 구조의 일부로서 나에 근거하고 있다고 하였다. 이를 통하여 볼 때 존재 양식의 삶은 소유 양식의 삶보다 주체성이 있다고 볼 수 있다.

08

| 정답 | ①

| 해설 | 소유 양식의 삶에는 상실의 위험이 늘 있다고 하였으므로 소유는 사용함으로써 '감소'되는 어떤 것에 바탕을 두고 있다. 반면, 존재는 상실의 위험에서 오는 걱정과 불안이 없고 나의 중심은 나 자신 안에 있으며 나의 기본적 힘의 발현 능력은 나에 근거하고 있다고 하였다. 따라서 존재는 실천함으로써 '성장'한다.

09

| 정답 | ②

| 해설 | 제시된 글은 자연재해의 종류 중에서 물과 관련한 재해의 높은 발생 비중과 그에 의한 피해를 줄이기 위한 노력에도 불구하고 물과 관련한 재해가 감소하지 않고 있다는 점을 우려하고 있다. 따라서 글의 주제로는 ②가 가장 적절하다.

10

| 정답 | ④

| 해설 | 인간이 생각하고 말을 할 수 있는 복잡한 생물임에도 가지고 있는 유전자 중 의미 있는 유전자 수는 단순한 동물들의 유전자 수와 크게 다르지 않으며, 심지어 식물이 가진 유전자보다 그 수가 적다는 것이 확인되었으므로 복잡한 생물일수록 보유 유전자 수가 많다는 내용은 적절하지 않다.

| 오답풀이 |

① 생명공학 기술의 발달로 기존에 15년으로 예상되었던 인간 게놈 프로젝트가 13년 만에 완료되었다.
② 염기서열의 수가 워낙 방대하여 세계 각국의 유전자 센터와 대학 등에서 나누어 실시되었다.
③ 염기서열이 모두 밝혀지는 것의 단점으로 태아의 염기서열에서 유전병 요인이 발견될 경우 아이를 포기하는 일이 생길 수 있다는 내용을 통해 추론할 수 있다.

11

| 정답 | ②

| 해설 | ㉠ 다음으로 '당시로서는 터무니없는 소리처럼 들리는 그 말'이라 했으므로, 인터뷰 당시 아놀드의 상황과 동떨어진 대답이 들어가야 한다. 따라서 ②가 적절하다.

12

| 정답 | ②

| 해설 | 네 번째 문단에 따르면 인류의 진화는 호모 하이델베르겐시스, 호모 네안데르탈렌시스, 호모 사피엔스의 순이다.

| 오답풀이 |

① 첫 번째 문단에 따르면 영장류는 6,500만 년 전에 다른 포유동물로부터 분화되었다.
③ 두 번째 문단에 따르면 유인원은 약 2,000만 년 전부터 등장하기 시작했다고 언급되어 있다.
④ 두 번째 문단에 따르면 해부학적 특징의 범주로는 인간과 유인원을 같은 선상으로 보고 있다.

13

|정답| ①

|해설| 첫 번째와 두 번째 문단에서 시간의 기준점이 통일되지 않아서 발생한 문제점들을 언급하며 표준시의 필요성에 대해 설명하였고, 세 번째와 네 번째 문단에서 그리니치 표준시의 도입과정을 설명하였다. 다섯 번째 문단에서 세계의 모든 인구가 하나의 표준시에 맞춰 일상을 살아감에 따라 세상이 완전히 열려 지구 곳곳에 파편처럼 흩어져 살아가던 인류가 하나의 세계로 통합될 수 있었다는 것을 언급하며 그 의의를 설명하고 있다.
따라서 ㉠의 설명방식으로 ①이 가장 적절하다.

14

|정답| ④

|해설| 마지막 문단을 보면 '바이오시밀러는 고가의 오리지널 바이오의약품에 비해 상대적으로 저렴한 장점이 있으며'라고 하였으나 바이오시밀러와 제네릭의 개발 비용을 비교한 내용은 찾을 수 없다.

15

|정답| ③

|해설| 두 번째 문단에 따르면 바이오시밀러는 오리지널 바이오의약품과 동등한 품목·품질을 지니며, 비임상·임상적 비교동등성이 입증된 의약품이라고 하였다.

1회 자료해석

▶문제 118쪽

01	②	02	②	03	③	04	③	05	④
06	②	07	③	08	④	09	③	10	④
11	③	12	①	13	②	14	④	15	④

01

|정답| ②

|해설| ㄷ. 20X9년 프랑스의 인구가 6,500만 명이라면 사망자는 $65,000,000 \times \frac{9}{1,000} = 585,000$(명)이다.

|오답풀이|
ㄱ. 유럽 5개 국가에 대한 자료만 제시되어 있으므로 유럽에서 기대수명이 가장 낮은 국가가 그리스인지는 알 수 없다.
ㄴ. 독일은 영국보다 인구 만 명당 의사 수가 많지만 영국보다 조사망률이 더 높다.

02

|정답| ②

|해설| (가) : 27, (나) : 65, (다) : 93, (라) : 85, (마) : 136, (바) : 169, (사) : 555
㉢, ㉣ 출발지를 기준으로 할 때 중국으로 표류한 횟수의 합이 많은 곳부터 나열해 보면 C>A>B>E>D>G>F로, 그 횟수가 가장 적은 출발지는 F이고 가장 많은 출발지는 C이다.

|오답풀이|
㉠ 목적지를 기준으로 할 때 중국으로 표류한 횟수의 합이 많은 곳부터 나열해 보면 B>C>D>A>E>F>G이므로, 세 번째로 많은 곳은 D이다.
㉡ 출발지와 목적지가 같은 선박이 중국으로 표류한 횟수를 모두 합하면 183회이고 출발지가 C인 선박이 중국으로 표류한 횟수는 169회이므로 옳다.

03

| 정답 | ③

| 해설 | 노르웨이와 한국을 비교해 보면 한국이 노르웨이보다 아빠전속 육아휴직 기간이 5배 이상 길지만 노르웨이의 소득대체율이 더 높은 것을 알 수 있다. 따라서 육아휴직 기간이 길수록 소득대체율이 높은 것은 아니다.

| 오답풀이 |

① 육아휴직 사용자 중 남성의 비중이 가장 큰 국가는 아이슬란드로 45.6%이고, 가장 작은 국가는 일본으로 2.3%이다. 두 국가의 차이는 45.6-2.3=43.3(%p)이다.

② 아이슬란드 남성의 육아휴직 사용 비중은 45.6%로 가장 높지만 아빠전속 육아휴직 기간은 13주로 일본, 포르투갈, 한국 등에 비해 짧다.

④ 일본의 아빠전속 육아휴직 기간은 52주로 포르투갈의 17.3주보다 3배 이상 길다.

04

| 정답 | ③

| 해설 | 2022 ~ 2023년 동안 밤 시간대 소음도가 소음환경 기준 55dB 이하를 기록한 도시는 대전뿐이다.

| 오답풀이 |

① 낮 시간대 소음환경기준을 만족한 도시는 광주와 대전이다.

② 대전의 밤 시간대 소음도는 2021년에서 2022년 사이 2dB이 감소하였다.

④ 밤 시간대 평균 소음도가 가장 높았던 해는 $\frac{66+62+63+62+58+55}{6}=61(dB)$인 2020년이다.

05

| 정답 | ④

| 해설 | 2013 ~ 2022년까지의 원자력 소비량을 보면 증감을 거듭하고 있다.

36.7 →(+) 37.2 →(-) 30.7 →(+) 32.4 →(-) 31.8 →(+) 31.9 →(+) 33.3 →(-) 31.7 →(-) 29.3 →(+) 33.0

| 오답풀이 |

① 모든 해에서 석유 소비량이 나머지 에너지 소비량의 합보다 적다.

② 석탄 소비량은 2013 ~ 2019년까지는 증가세를 띠고 있으며 2020년에 감소되었다가 이후에는 다시 증가세를 보이고 있다.

③ 기타 에너지는 2013 ~ 2022년까지 한 해도 감소하지 않고 지속적으로 증가하고 있다.

06

| 정답 | ②

| 해설 | 전년도와 비교하여 막대 그래프의 높이 차이가 가장 큰 해를 찾으면 된다. 따라서 1차 에너지 소비량의 증가가 가장 많은 해는 2018년이다.

※ 1차 에너지 소비량을 연도별로 살펴보면
2013년은 228.7, 2014년은 233.4, 2015년은 236.5, 2016년은 240.8, 2017년은 243.3, 2018년은 263.8, 2019년은 276.6, 2020년은 278.8, 2021년은 280.3, 2022년은 282.9백만 TOE이다. 따라서 1차 에너지 소비량의 증가가 가장 많은 연도는 2022(282.9-280.3=2.6)이 아니라 2018(263.8-243.3=20.5)이다.

| 오답풀이 |

① 막대그래프의 높이를 보면 1차 에너지 소비량은 꾸준한 증가세를 보이고 있다.

③ 기타 에너지에서 여러 에너지 간에 구분이 없어 재생에너지의 비중은 알 수 없다.

④ 석탄의 증가량을 보면 2014년 1.9백만 TOE, 2015년 3백만 TOE, 2016년 6.4백만 TOE, 2017년 2.5백만 TOE, 2018년 8.5백만 TOE, 2019년 6.5백만 TOE, 2020년 -2.6백만 TOE, 2021년 0.9백만 TOE, 2022년 2.7백만 TOE이다. 따라서 석탄 사용량의 증가폭이 가장 큰 연도는 2018년이다.

07

| 정답 | ③

| 해설 | 다른 도시에서 전입해 온 서울의 인구는 3,225+2,895+8,622+3,022=17,764(명)인데, 이는 서울로의

전체 전입 인구인 207,829명의 10% 이상이 아니므로 적절하지 않다.

08

| 정답 | ④

| 해설 | 제시된 그래프에서 △△시의 19세 이하 도서관 이용자 수가 가장 많은 해는 2018년이다. 그래프에 구체적인 수치가 제시되어 있지 않으므로 각 연령대별 대략적인 수치를 합산하면 118+70+45+30+5+6=274(만 명)이므로, 2018년의 19세 이하 도서관 이용자 수는 약 274만 명임을 알 수 있다. 모든 연령대별 이용자 수를 합산하지 않더라도, 2018년에 이용자 수가 많은 14~15세, 16~17세, 18~19세 세 연령대의 대략적인 이용자 수의 합계만으로도 118+70+45=233, 약 233만 명이므로 전체의 수는 반드시 220만 명 이상이다.

| 오답풀이 |

① 2023년과 2018년을 비교하면, 2023년에 12~13세 연령대의 도서관 이용자 수가 2018년보다 약 8만 명 증가하였으나, 다른 연령층은 모두 2018년 대비 2023년에 감소하였다. 그중 가장 큰 폭의 감소를 보이는 14~15세에서만 대략 118만 명에서 70만 명으로 40만 명 이상 감소하였으므로 2023년 19세 이하 도서관 이용자 수는 5년 전보다 감소하였다.

② 조사기간 동안 나타나는 규칙적인 추이가 없으므로 제시된 그래프만으로 2024년의 이용자 수 동향을 판단할 수 없다.

③ 제시된 그래프에서 조사기간 동안 매년 이용자 수가 가장 많은 연령대는 14~15세이지만, 그중 15세 이용자가 몇 명인지와 그 수가 가장 많은지는 알 수 없다.

09

| 정답 | ③

| 해설 | 30대의 해외여행 경험이 많은 것과 부모가 전문직 종사자인지 여부와의 연관은 제시된 자료를 통해서 알 수 없다.

| 오답풀이 |

① '가족의 사회·경제적 지위와 해외여행 경험' 그래프를 보면 20·30대 모두 가족의 사회·경제적 지위가 높을수록 해외경험이 많다.

② '가족의 사회·경제적 지위와 서울 소재 대학 졸업자 비율' 그래프를 보면 20대의 경우 지위 지수 20에서 잠시 낮아졌지만 대체로 지위 지수가 점점 높아질수록 서울 소재 대학 졸업자 비율이 많음을 알 수 있다.

④ 제시된 그래프를 바탕으로 보고서를 작성하고 있으므로 가족의 사회·경제적 지위가 낮은 사람을 대상으로 하는 사회공헌 활동이 더욱 확대되어야 한다는 결론을 낼 수도 있다.

10

| 정답 | ④

| 해설 | 제시된 표의 국가별 순위는 20XX년 1~3분기 수출액의 총합을 기준으로 했기 때문에, 1분기에 벨기에가 11위임을 의미하는 것이 아니다. 캐나다의 경우만 고려해도 벨기에보다 수출액이 많음을 알 수 있다. 따라서 1분기의 수치만을 비교하면 벨기에보다 수출액이 많은 국가는 11개이다.

| 오답풀이 |

② 독일, 일본, 네덜란드, 한국, 홍콩, 벨기에, 싱가포르, 러시아, 대만, 태국으로 총 10개국이다.

③ 단위가 억 $이므로 1조 $를 초과하는 국가는 중국, 미국, 독일 3개이다.

11

| 정답 | ③

| 해설 | 노로바이러스에 의한 식중독 발생 건수는 31건이며, 이 중 12~2월에 발생한 건수는 3+5+5=13(건)이다. 따라서 빈칸에 들어갈 내용은 $\frac{13}{31} \times 100 ≒ 41.9(\%)$이다.

12

| 정답 | ①

| 해설 | 인천의 남자고용률은 71.6%로 69.1%인 서울보다

높으나 인천의 여자 고용률은 47.4%로 서울의 49.2%보다 낮다.

|오답풀이|

② 6대 광역시 중 여성의 고용률이 가장 낮은 도시는 44.2%의 울산이다.

③ 그래프를 보면 6대 광역시 모두 여성의 경제활동참가율이 50% 미만인 것을 확인할 수 있다.

④ 남녀 간 경제활동참가율의 차이를 계산하면 다음과 같다.

- 부산광역시 : 67.7−45.6=22.1(%p)
- 대구광역시 : 70.2−49.3=20.9(%p)
- 인천광역시 : 75.4−49.9=25.5(%p)
- 광주광역시 : 68.9−49.8=19.1(%p)
- 대전광역시 : 71.5−47.2=24.3(%p)
- 울산광역시 : 75.0−45.7=29.3(%p)

따라서 남녀 간의 경제활동참가율 차이가 가장 큰 도시는 울산이다.

13

|정답| ②

|해설| 여성 경제활동참가율이 전국보다 높고 서울보다 낮은 수치는 49.4~51.2의 값이고 여기에 해당하는 도시는 인천, 광주이다.

14

|정답| ④

|해설| 수력 발전원의 발전전력양이 가장 적은 달은 425 GWh를 기록한 11월이다.

|오답풀이|

① 20X0년 8월 대체에너지 발전원의 전월 대비 증가폭은 2,693−2,153=540(GWh), 수력에너지의 증가폭은 1,074−612=462(GWh)로 대체에너지의 증가폭이 더 크다.

② 20X0년 4월 복합 발전원은 전년 동월 대비 증감률은 −21%로, 발전전력량이 감소하였다.

③ 20X0년 6월 발전원별 발전전력량의 순위는 기력(16,520 GWh)>원자력(14,069GWh)>복합(9,439GWh)>대체에너지(2,402GWh)>기타(882GWh)>수력(513GWh)이고, 9월은 기력(19,038GWh)>복합(11,966GWh)>원자력(9,293GWh)>대체에너지(2,718GWh)>수력(880GWh)>기타(705GWh)이다. 따라서 6월과 9월의 발전원별 발전전력량 순위는 같지 않다.

15

|정답| ④

|해설| ㉠ 복합 발전원의 발전량은 3월 13,477GWh에서 4월에 9,287GWh로, 5월에 7,555GWh까지 감소하였다가 6월에 9,439GWh, 7월에는 10,367GWh로 다시 10,000GWh 이상의 발전량을 기록하였다. 따라서 ㉠ 그래프는 왼쪽 세로축을 기준으로 볼 때 복합 발전원임을 알 수 있다.

㉡ 대체에너지의 발전량은 3월 2,904GWh로 시작하여 4월에 소폭 증가한 후 5월부터 7월까지 2,607GWh, 2,402GWh, 2,153GWh로 계속 하락하는 추세를 그린다. 따라서 ㉡ 그래프는 왼쪽 세로축을 기준으로 볼 때 대체에너지 발전원임을 알 수 있다.

㉢ 수력 발전원은 3월 534GWh부터 시작해서 7월까지 소폭 감소와 증가를 반복하다 7월에 612GWh를 기록하였다. 따라서 ㉢ 그래프는 오른쪽 세로축을 기준으로 볼 때 수력 발전원임을 알 수 있다.

㉣ 기타 발전원은 3월 738GWh로 시작하여 4월에 소폭 하락 후 6월까지 882GWh로 상승한 후 7월에 다시 788GWh로 소폭 하락하는 추세를 그린다. 따라서 ㉣ 그래프는 오른쪽 세로축을 기준으로 그래프가 인접한 기준선을 700~750GWh 사이로 해석하면 기타 발전원임을 알 수 있다.

1회 문제해결

▶문제 132쪽

01	③	02	②	03	②	04	③	05	①
06	④	07	③	08	①	09	②	10	④
11	③	12	①	13	④	14	②	15	④

01

| 정답 | ③

| 해설 | 제시된 〈규칙〉을 적용하면 다음과 같다.

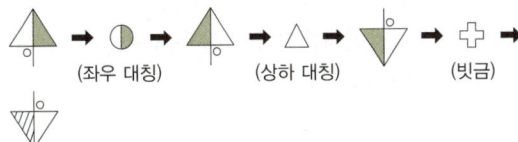

02

| 정답 | ②

| 해설 | 〈규칙〉에 따라 제시된 도형을 선택지 ①~④를 각각 적용하여 변환시키면 다음과 같다.

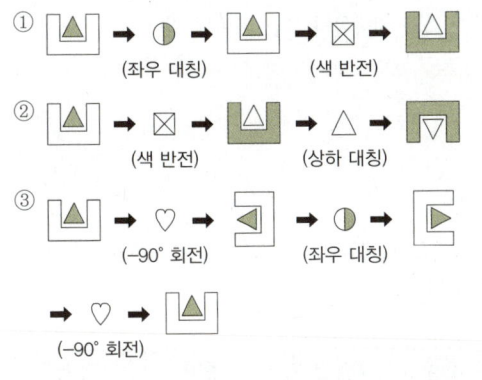

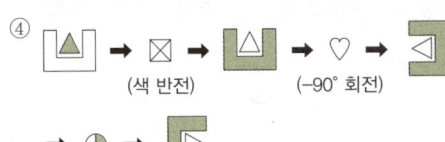

따라서 화살표 후 도형이 나오기 위해서는 ②와 같은 과정을 거쳐야 한다.

03

| 정답 | ②

| 해설 | 제시된 〈규칙〉을 적용하면 다음과 같다.

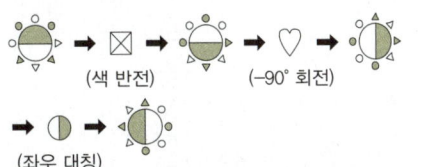

04

| 정답 | ③

| 해설 | 변환 조건에 따라 제시된 도형을 선택지 ①~④를 각각 적용하여 변환시키면 다음과 같다.

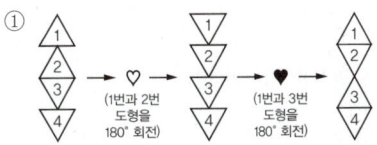

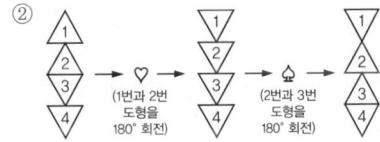

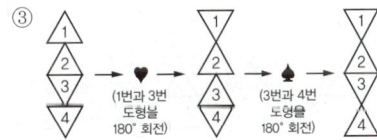

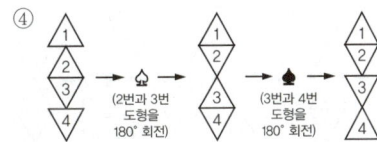

따라서 ③과 같은 과정을 거쳐야 한다.

05

| 정답 | ①

| 해설 | 변환 조건에 따라 제시된 도형을 선택지 ①~④를 각각 적용하여 변환시키면 다음과 같다.

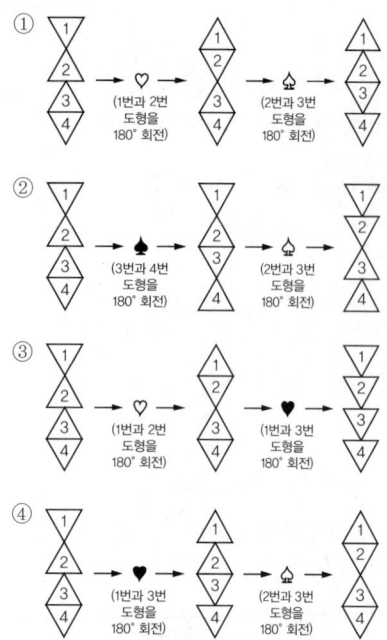

따라서 ①과 같은 과정을 거쳐야 한다.

06

|정답| ④

|해설| 변환 조건에 따라 제시된 도형을 선택지 ①∼④를 각각 적용하여 변환시키면 다음과 같다.

①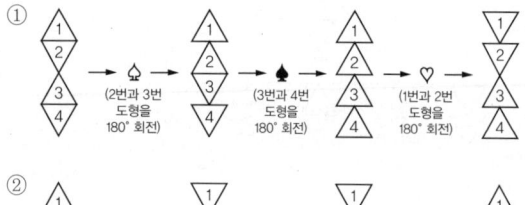

②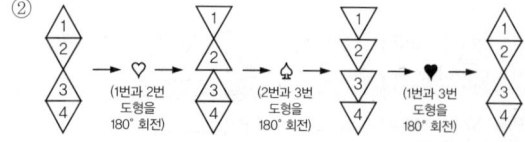

③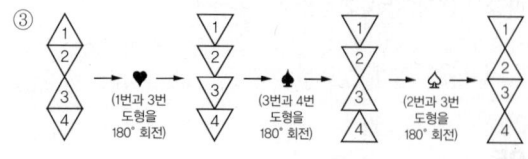

④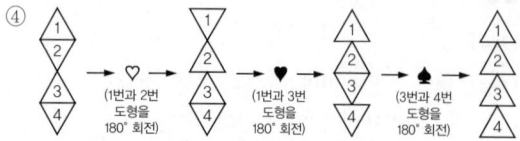

따라서 ④와 같은 과정을 거쳐야 한다.

07

|정답| ③

|해설| 교통수단별 최소 소요시간을 계산하면 다음과 같다.
- 지하철 : 도보 2km, 지하철 4km 이동하므로 $(2 \times 10) + (4 \div 15 \times 60) = 36$(분) 소요된다.
- 버스 : 도보 2km, 버스 4km 이동하므로 $(2 \times 10) + (4 \div 20 \times 60) = 32$(분) 소요된다.
- 택시 : 도보 3km, 택시 3km 이동하므로 $(3 \times 10) + (3 \div 30 \times 60) = 36$(분) 소요된다.

따라서 가장 빨리 도착할 수 있는 교통수단은 버스, 걸리는 시간은 32분이다.

08

|정답| ①

|해설| 최단거리로 이동할 때 버스와 지하철의 요금을 계산하면 다음과 같다.
- 버스 : 4km 이동하므로 $1,200 + (200 \times 3) = 1,800$(원)
- 지하철 : 4km 이동하므로 $1,500 + (100 \times 3) = 1,800$(원)

따라서 버스와 지하철의 요금 차이는 없다.

09

|정답| ②

|해설| A∼D의 책임감, 신중함 점수를 구하여 합산하면 다음과 같다.

(단위 : 점)

구분	책임감	신중함	합계
A	2	3	5
B	2	3	5
C	3	1	4
D	2	2	4

따라서 책임감과 신중함 점수가 가장 높은 A, B 중 실적이 더 높은 B가 선발된다.

10

|정답| ④

|해설| 각 후보지의 선정기준에 따라 순위를 점수로 환산하면 다음과 같다.

(단위 : 점)

구분	거리	비용	선호도	최소 수용인원	경영상태	총점
가	5	2	1	5	2	15
나	1	5	3	2	2	13
다	2	4	3	2	5	16
라	4	1	4	5	3	17
마	3	3	5	3	5	19

따라서 총점이 가장 높은 마 후보지가 워크숍 장소로 선정된다.

11

|정답| ③

|해설| 〈보기〉의 첫 번째 조건에 따라 워크숍 장소의 최대 수용 인원이 80명 미만인 나 후보지를 제외한다. 그리고 참여 인원 1명당 추가비용을 포함한 총비용을 구하고, 이를 기준으로 다시 순위를 점수로 환산하면 다음과 같다.

장소	가	다	라	마
초과 인원	0명	20명	0명	10명
추가 비용	0원	200,000원	0원	150,000원
총 비용	350,000원	450,000원	370,000원	450,000원

(단위 : 점)

구분	거리	비용	선호도	최소 수용인원	경영상태	총점
가	5	5	2	5	2	19
다	2	3	3	2	5	15
라	4	4	4	5	3	20
마	3	3	5	3	5	19

따라서 총점이 가장 높은 라 후보지가 워크숍 장소로 선정된다.

12

|정답| ①

|해설| 2월은 B 회사의 매출 감소율이 10% 이상이므로 수익이 20% 감소, 손해가 20% 증가한다. 이를 표로 나타내면 다음과 같다.

(단위 : 억 원)

		B 회사		
		S 제품	T 제품	U 제품
A 회사	S 제품	(3, 5.6)	(5, 3.2)	(4, −6)
	T 제품	(5, −2.4)	(−6, 5.6)	(3, 3.2)
	U 제품	(−1, 6.4)	(7, −7.2)	(10, 1.6)

기대수익은 S 제품이 $\frac{5.6-2.4+6.4}{3}=3.2$(억 원), T 제품이 $\frac{3.2+5.6-7.2}{3}≒0.53$(억 원), U 제품이 $\frac{-6+3.2+1.6}{3}=-0.4$(억 원)이므로 B 회사는 S 제품을 선택하게 된다. 따라서 수익의 최댓값은 6.4억 원, 최솟값은 −2.4억 원이다.

13

|정답| ④

|해설| 5월은 A, B 회사의 매출 증가율이 모두 15% 이상이므로 수익이 20% 증가, 손해가 20% 감소한다.

(단위 : 억 원)

		B 회사
		T 제품
A 회사	S 제품	(6, 4.8)
	T 제품	(−4.8, 8.4)
	U 제품	(8.4, −4.8)

따라서 A 회사가 선택할 제품은 U, 수익 차이는 13.2억 원이다.

14

|정답| ②

|해설| 〈자료〉의 명령어를 보고 그래프를 분석해보면 다음과 같다.

위쪽 그래프	명령어	도형
	T(2, 2) : W1	평행사변형
	P(4, 1) : W3	육각형
	H(2, 4) : G2	하트

아래쪽 그래프	명령어	도형
	T'(6, 2) : G3	사각형
	P'(3, 2) : W2	육각형
	H(2, 3) : G1	하트

이를 통해 괄호 앞에 있는 알파벳은 도형의 모양, 그 뒤에 있는 ' 표시는 도형의 회전, 괄호 뒤에 있는 알파벳은 도형의 색깔, 그 뒤에 있는 숫자는 도형의 크기를 의미함을 알 수 있다. 또한 규칙을 통해 괄호 안의 숫자가 좌표와 일치한다는 사실을 알 수 있다.

따라서 T는 사각형, P는 육각형, H는 하트 모양이며, ' 표시는 시계 방향으로 90° 회전, G는 초록색, W는 흰색이고, 숫자가 작을수록 큰 도형이다. 그리고 위쪽 그래프는 가로축이 4, 세로축이 4까지 있고, 아래쪽 그래프는 가로축이 6, 세로축이 4까지 있어 W는 가로축, H는 세로축을 의미하는 것임을 알 수 있다. 이와 같은 규칙을 통해 제시된 그래프를 명령어로 나타내면, W4 / H4 T'(1, 1) : W2 / P(3, 3) : G1 / H'(2, 2) : W3이 된다.

15

|정답| ④

|해설| **14**에 정리한 규칙에 따를 때, 명령어 W5 / H4 T(3, 3) : G1 / P'(1, 3) : G2 / H(3, 1) : W1에 오류가 발생하지 않았다면 아래와 같은 그래프가 나오게 된다.

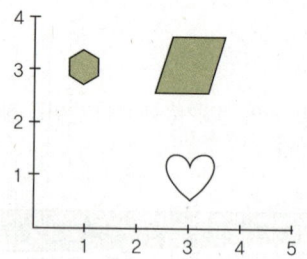

따라서 하트 모양의 크기에서 오류가 발생한 것을 알 수 있으며, 그 오룻값은 H(3, 1) : W1이다.

1회 추리

▶ 문제 144쪽

01	②	02	①	03	②	04	②	05	③
06	④	07	④	08	②	09	③	10	④
11	④	12	④	13	④	14	②	15	④

01

|정답| ②

|해설| B의 말이 거짓이므로 C는 검사가 아니다. A와 B 둘 중 한 명이 검사인데, 만약 A가 검사라면 A는 진실만 말한다는 조건과 검사는 거짓말을 한다는 A의 진술이 상충된다. 따라서 검사는 B가 되어 가능한 경우는 다음 표와 같고, B가 변호사라고 한 C의 진술은 거짓이다.

판사	검사	변호사
A	B	C
C	B	A

|오답풀이|

① 검사는 B이다.
③ 변호사가 A라면 진실을 말하고 있고 C라면 거짓을 말하고 있다.
④ 모든 경우의 수는 두 가지이다.

02

|정답| ①

|해설| A의 대우는 참이므로 '운동을 싫어하는 사람은 게으르다'는 참이다. B 명제와 A의 대우를 삼단논법으로 정리하면 ①의 '긍정적이지 않은 사람은 게으르다'라는 명제가 참임을 알 수 있다.

03

|정답| ②

|해설| 각 명제에 기호를 붙여 정리하면 다음과 같다.
- p : A 거래처에 발주
- q : B 거래처에 발주
- r : C 거래처에 발주
- s : D 거래처에 발주

제시된 세 가지 조건을 순서대로 정리해 보면 p → ~q, ~r → s, s → q이다. ②는 ~q → ~r로 나타낼 수 있는데, 제시된 조건과 그 대우를 통해 ~q → ~s → r이 참이므로 ②는 거짓임을 알 수 있다.

|오답풀이|
① 첫 번째 조건에 의해 p → ~q가 성립하며, 세 번째 조건의 대우에 의해 ~q → ~s로 이어진다. 이는 두 번째 조건의 대우인 ~s → r로 연계되므로 p → r이 성립함을 알 수 있다.
③ 두 번째 조건에 의해 ~r → s가 성립하며, 세 번째 조건에 의해 s → q로 이어진다. 이는 첫 번째 조건의 대우인 q → ~p로 이어지므로 ~r → ~p가 성립한다.
④ 세 번째 조건에 의해 s → q가 성립하며, 첫 번째 조건의 대우에 의해 q → ~p로 이어지므로 s → ~p는 참이다.

04

|정답| ②

|해설| 첫 번째 조건에 따라 법무팀은 303호에 위치함을 알 수 있다. 세 번째 조건에 따라 회계팀은 301호 또는 307호에 위치해야 하는데, 301호에 위치할 경우 홍보팀이 303호에 위치해야 하므로 조건과 상충한다. 따라서 회계팀은 307호, 홍보팀은 305호에 위치함을 알 수 있다. 네 번째 조건에 따라 기획팀과 인사팀은 나란히 배치되어야 하므로 301호 또는 302호에 각각 위치함을 알 수 있다. 마지막으로 두 번째 조건에 따라 생산팀은 304호에 위치할 수 없으므로 306호에 위치하게 된다. 이를 표로 정리하면 다음과 같다.

301호	302호	303호	304호	305호	306호	307호
기획팀 or 인사팀	인사팀 or 기획팀	법무팀	비서실	홍보팀	생산팀	회계팀

따라서 304호에는 비서실이 위치한다.

05

|정답| ③

|해설| 각 조건에 기호를 붙여 정리하면 다음과 같다.
- p : 팀장이 출장을 간다.
- q : 업무처리가 늦어진다.
- r : 고객의 항의 전화가 온다.
- s : 실적평가에서 불이익을 받는다.

기호에 따라 조건과 그 대우를 정리하면 다음과 같다.
- p → q(~q → ~p)
- r → s(~s → ~r)
- q → r(~r → ~q)

따라서 '~s → ~r', '~r → ~q', '~q → ~p' 세 명제의 삼단논법에 따라 '~s → ~p'가 성립한다. 즉, '실적평가에서 불이익을 받지 않으면 팀장이 출장을 가지 않은 것이다'는 참이다.

|오답풀이|
① 'p→q', 'q→r' 두 명제의 삼단논법에 따라 'p→r'이 성립한다. 따라서 '팀장이 출장을 간다면 고객의 항의 전화가 온다'는 것의 역으로 반드시 참은 아니다.
② 'p→q'의 역으로 반드시 참은 아니다.
④ 제시된 명제로는 알 수 없다.

06

| 정답 | ④

| 해설 | 각 조건에 기호를 붙여 정리하면 다음과 같다.
- p : 안경을 썼다.
- q : 가방을 들었다.
- r : 키가 크다.
- s : 스카프를 맸다.

기호에 따라 조건과 그 대우를 정리하면 다음과 같다.
- p → ~q(q → ~p)
- ~p → ~r(r → p)
- s → q(~q → ~s)

따라서 'r → p', 'p → ~q', '~q → ~s' 세 명제의 삼단논법에 따라 'r → ~s'가 성립한다. 즉, '키가 큰 사람은 스카프를 매지 않았다'는 참이다.

| 오답풀이 |
① 'p→~q'의 역으로 반드시 참은 아니다.
② 's→q', 'q→~p' 두 명제의 삼단논법에 따라 's→~p' 와 그 대우 'p→~s'가 성립한다. 따라서 'p→~s'의 이로 반드시 참은 아니다.
③ '~p→~r'의 이로 반드시 참은 아니다.

07

| 정답 | ④

| 해설 | 각 조건에 기호를 붙여 정리하면 다음과 같다.
- p : 나무를 좋아한다.
- q : 새를 좋아한다.
- r : 하늘을 좋아한다.
- s : 꽃을 좋아한다.
- t : 숲을 좋아한다.

기호에 따라 조건과 그 대우를 정리하면 다음과 같다.
- p → q(~q → ~p)
- r → s∩t(~s∪~t → ~r)
- t → p(~p → ~t)

따라서 'r → s∩t', 't → p', 'p → q' 세 명제의 삼단논법에 따라 'r → q'가 성립한다. 즉, '하늘을 좋아하는 사람은 새를 좋아한다'는 참이다.

| 오답풀이 |
①, ② 제시된 명제로는 알 수 없다.
③ 'r → q'의 역으로 반드시 참은 아니다.

08

| 정답 | ②

| 해설 | A : 닭 → 개∩고양이

이를 표로 정리하면 다음과 같다.

닭 → 개 (㉠) 닭 → 고양이 (㉡)	대우	개× → 닭× 고양이× → 닭×

B : 개∩고양이× → 닭∪물고기 (㉢)

C : 물고기×∪원숭이 → 고양이×

이를 표로 정리하면 다음과 같다.

물고기× → 고양이× (㉣) 원숭이 → 고양이× (㉤)	대우	고양이 → 물고기 고양이 → 원숭이×

이를 토대로 〈보기〉를 검토해 보면,
(가) 고양이 → 원숭이× : ㉤의 대우이므로 옳다.
(나) 원숭이 → 닭 : 원숭이 → 고양이× → 닭×, 원숭이 → 닭×이므로 옳지 않다.
(다) 닭 → 물고기 : 닭 → 고양이 → 물고기, 닭 → 물고기 이므로 옳다.

따라서 옳은 것은 (가)와 (다)이다.

09

| 정답 | ③

| 해설 |

$$7 \xrightarrow{\times 1+1} 8 \xrightarrow{\times 2+2} 18 \xrightarrow{\times 3+3} 57 \xrightarrow{\times 4+4} 232 \xrightarrow{\times 5+5} (\ ?\ )$$

따라서 '?'에 들어갈 숫자는 232×5+5=1,165이다.

10

| 정답 | ④

| 해설 |

$$2 \quad -1 \quad 2 \quad 1 \quad 4 \quad -2 \quad 12 \quad (\ ?\ )$$

(×1, ×2, ×3 위쪽 / ×(-1), ×(-2), ×(-3) 아래쪽)

따라서 '?'에 들어갈 숫자는 (-2)×(-3)=6이다.

11

| 정답 | ④

| 해설 |

$$\frac{2}{7} \xrightarrow{\times\frac{1}{2}} \frac{2}{14} = \frac{1}{7} \xrightarrow{\times\frac{2}{3}} \frac{2}{21} \xrightarrow{\times\frac{3}{4}} \frac{6}{84} = \frac{1}{14} \xrightarrow{\times\frac{4}{5}} \frac{4}{70} = \frac{2}{35}$$

$$\xrightarrow{\times\frac{5}{6}} \frac{10}{210} = \frac{1}{21} \xrightarrow{\times\frac{6}{7}} (\ ?\ ) \xrightarrow{\times\frac{7}{8}} \frac{14}{392} = \frac{1}{28}$$

따라서 '?'에 들어갈 숫자는 $\frac{1}{21} \times \frac{6}{7} = \frac{6}{147} = \frac{2}{49}$ 이다.

12

| 정답 | ③

| 해설 |

$$3.1 \xrightarrow{+2.1} 5.2 \xrightarrow{+3.2} 8.4 \xrightarrow{+4.3} 12.7 \xrightarrow{+5.4} 18.1 \xrightarrow{+6.5} (\ ?\ )$$

$$\underbrace{}_{+1.1} \underbrace{}_{+1.1} \underbrace{}_{+1.1} \underbrace{}_{+1.1}$$

따라서 '?'에 들어갈 숫자는 18.1+6.5=24.6이다.

13

| 정답 | ④

| 해설 |

$$5 \xrightarrow{\times 2} 10 \xrightarrow{-2} 8 \xrightarrow{\times 2} 16 \xrightarrow{-2} 14 \xrightarrow{\times 2} (\ ?\ )$$

따라서 '?'에 들어갈 숫자는 14×2=28이다.

14

| 정답 | ②

| 해설 | 'ㄴ'자를 이루는 세 개의 네모 칸을 기준으로 할 때, 모두 왼쪽 위의 숫자와 오른쪽 아래의 숫자를 더하면 왼쪽 아래 네모 안의 숫자가 된다.

10+7=17, 17+82=99, 99+182=281, 7+75=82, 82+100=182

따라서 75+(?)=100이므로 '?'에 들어갈 숫자는 100-75=25이다.

15

| 정답 | ④

| 해설 | 맨 위의 숫자를 왼쪽 아래의 숫자로 나눴을 때의 나머지가 오른쪽 아래의 숫자가 된다.

11÷2=5…1

25÷5=5…0

47÷4=11…3

따라서 '?'에 들어갈 숫자는 3이다.

2회 언어이해

▶문제 150쪽

01	02	03	04	05
④	②	④	③	②
06	07	08	09	10
③	②	②	④	④
11	12	13	14	15
①	①	③	③	③

01

| 정답 | ④

| 해설 | ⓐ의 앞 문장에서는 치아재식술의 장점에 대해 이야기하고, 뒤 문장에서는 치아재식술의 단점에 대해 이야기하고 있으므로 역접의 접속어가 들어가는 것이 적절하다.

ⓑ의 앞 문장에는 미세현미경술의 장점에 대해 이야기하고 있으며, 뒤 문장에는 동일한 치료를 시행하는 것의 경우를 제시하고 있다. 따라서 '예를 들어'를 의미하는 '가령'이 들어가는 것이 적절하다.

02

| 정답 | ②

| 해설 | 빈칸은 '왜냐하면'으로 이어지는 내용이므로, 영혼이 몸을 떠나면 몸은 더 이상 감각을 소유하지 않는다는 앞 문장에 대한 이유를 설명하는 내용이 들어가야 한다. 이와 관련하여 글을 살펴보면, 영혼과 몸의 관계에 대해 몸은

영혼에 감각의 원인을 제공하고 영혼으로부터 감각 속성의 몫을 얻는다고 하였다. 즉, 몸은 스스로 감각 능력을 가지는 것이 아니라 영혼을 통해 감각 능력을 얻게 되는 것이므로 이를 서술하는 ②가 들어가는 것이 가장 적절하다.

03

| 정답 | ④

| 해설 | 여성농민의 지위를 향상시킬 수 있는 공동경영주 등록이 간소화됨을 소개하는 글이므로 '여성농민의 지위 향상을 위한 제도 개선'이 주제로 적절하다.

04

| 정답 | ③

| 해설 | 우선 (나)에서 Z세대의 특징으로 화두를 던지며 글의 중심소재인 '하이퍼텍스트'를 언급한다. 이어 (가)에서는 '하이퍼텍스트'에 대해 정의하며 구체적으로 설명하고 있다. 다음으로 (라)가 이어져 하이퍼텍스트와 일반적인 문서의 차이를 제시하고 있으며, 마지막으로 (다)에서는 하이퍼텍스트가 등장함에 따라 생길 변화에 대해 설명하고 있다. 따라서 (나)-(가)-(라)-(다) 순이 적절하다.

05

| 정답 | ②

| 해설 | 제시된 자료에서는 합성고분자를 원료로 하는 섬유에서 발생하는 미세섬유로 인한 환경오염의 심각성을 제기하고 있다. 이 자료를 이용하여 판매 촉진 활동을 효과적으로 할 수 있는 기업은 미세섬유 필터와 관련된 산업이거나 합성섬유를 대체할 신소재 원료를 개발하는 업체, 의류를 재활용할 수 있는 업체 등이다. 따라서 양식에 사용하는 어구·부표 생산 공장은 적절하지 않다.

06

| 정답 | ③

| 해설 | 공동체주의는 공동선이 옳기 때문이 아니라 사람들이 좋아하고 그로 인해 행복할 수 있기 때문에 정의로서 자격을 갖춘다고 보므로, 공동체가 공유하는 가치가 변한다면 공동선 또한 변할 수 있다. 따라서 절대적으로 정의로운 공동선을 설정한다고 보는 것은 옳지 않다.

| 오답풀이 |

① 자유주의 윤리학과 공동체주의 윤리학은 동시에 대립하면서 발전한 것이 아니라 자유주의적 윤리학의 이론과 그 적용에 대한 반론을 제기하면서 공동체주의 윤리학의 발전이 이루어진 것이다. 이를 통해 자유주의 윤리학이 공동체주의 윤리학에 선행해 발생하였으며, 공동체주의 윤리학은 자유주의 윤리학을 반박하는 입장임을 추론할 수 있다.

② 현대 바이오테크놀로지가 내놓은 많은 생명윤리적 쟁점과 질문들을 해결하기 위해 공동체주의 관점의 생명윤리학이 출현하였다는 것에서 기존의 자유주의 윤리학적 관점만으로는 해결이 어려웠음을 추론할 수 있다.

④ 공동체주의 접근방법이 자유주의적 관점에 대하여 개인이 현실적으로 속해 있는 공동체와 대화할 수 있는 길을 열어 주었다는 점에서 자유주의적 관점은 인간을 추상화된 개념의 이상(理想) 속에 고립되고 한정된 존재로 보고 있음을 추론할 수 있다.

07

| 정답 | ②

| 해설 | 공동체주의적 생명윤리 사상은 환자 개인의 결정뿐 아니라 그로 인해 파생될 사회적인 영향까지 고려하므로 사회적 악용을 고려하고 있는 ②가 적절하다.

| 오답풀이 |

①, ③, ④ 개인의 결정에 초점을 두고 있다.

08

| 정답 | ②

| 해설 | 다양성이 사라진 자연 생태계인 양계장의 예를 통해 우리 사회집단에도 다양성 확보가 필요하다는 점을 서술하고 있다. 따라서 예시를 통해 논리를 전개하는 방식임을 알 수 있다.

09

|정답| ④

|해설| 두 번째 문단에서 정치세계라고 요구되는 리더십이 다 같은 것도 아니며, 그 나라의 상황에 따라 필요한 리더십이 달라진다고 하였으므로 ④는 글쓴이의 견해와 일치하지 않는다.

10

|정답| ④

|해설| 세 번째 문단을 보면 바닷새는 험악한 기상 환경과 척박한 환경에 노출되어 있지만 상대적으로 풍부한 먹이와 정보소통의 힘으로 멸종위기의 환경에서 버티며 살아갈 수 있다고 나와 있다. 따라서 부족한 먹이를 선점하기 위한 경쟁력을 확보했다는 설명은 적절하지 않다.

11

|정답| ①

|해설| 네 번째 문단을 보면 각종 쓰레기의 증가와 기후 변화에 따른 먹이 자원의 변화, 섬의 공생 시스템과 외래종의 침입 장벽 와해 등과 같은 문명 발전으로 인한 문제점들을 제시하고 있다. 마지막 줄에는 이러한 짧고 강력한 위협 요인들이 바닷새에게 적응할 시간을 주지 않고 있다고 언급하고 있다. 따라서 문명 발전에 대한 필자의 관점으로 ①이 가장 적절하다.

12

|정답| ①

|해설| 세 번째 문단에서 소비자가 기업이 제공하는 정보에 의존하던 예전과 달리 오늘날에는 간접적인 경험을 통해 구매를 결정하는 방향으로 진화했기 때문에 기업은 진정성을 보여 주는 것이 중요한 과제가 되었다고 설명하고 있다.

|오답풀이|

② 마지막 문단을 통해 광고로는 진정성을 효과적으로 전달할 수 없음을 알 수 있다.

③ 세 번째 문단의 '오늘날의 소비는 기업이 지닌 철학과 기업의 이미지를 고려하여 비록 가격이 조금 더 비싸더라도 사회적으로 긍정적인 효과를 주는 제품을 구매하기도 한다'라는 문장을 통해 진정성을 보여 주는 것이 단순한 이미지 개선뿐만 아니라 실질적인 매출 증대에도 영향을 줌을 알 수 있다.

④ 마지막 문단의 '기업은 제품 자체에 대해 진정성을 나타낼 수 있고 때로는 고객에 대해, 때로는 사회적 가치에 대해 진정성을 나타낼 수도 있다'라는 문장에 의하면 저소득층에게 옷을 기부하는 것은 사회적 가치에 대해 진정성을 나타내는 방법이다.

13

|정답| ③

|해설| 제시된 글은 도시공원의 역할과 중요성에 관해 설명하고 있으며 현재 도시공원의 문제점에 대해 언급하고 있다. 또한 도시공원의 문제점을 개선하여 모두가 동등하게 이용할 수 있게 해야 한다는 점을 강조하고 있다. 따라서 글의 제목으로 가장 적절한 것은 ③이다.

14

|정답| ③

|해설| 두 번째 문단의 서두에서 '소득, 지역 등 계층 간의 비만율 격차도 눈에 띄었다'고 언급한 뒤 두 번째, 세 번째 문단에서 소득 차이에 따른 비만율 격차에 대한 자료를 제시하였다. 따라서 지역 차이에 따른 비만율 격차에 대한 자료는 ⓒ에 제시되는 것이 가장 자연스럽다.

15

|정답| ③

|해설| 소득 분위별 비만율은 영유아의 경우 고소득층은 2.5%, 저소득층은 3.7%로 1.2%p의 격차를 보이고 있는 반면, 성인의 경우 2.3%와 4.8%로 2.5%p 차이를 보이고 있다. 따라서 성인이 영유아보다 더 큰 격차를 보이고 있음을 알 수 있다.

|오답풀이|

④ 여성 비만율의 최대 증가폭은 21.4%에서 23%로 1.6%p 증가이나 남성의 비만율은 34.1%에서 40.1%로 6%p 증가했으므로 여성의 비만율 증가폭보다 2배 이상 크다.

2회 자료해석

▶ 문제 164쪽

01	③	02	①	03	①	04	④	05	④
06	①	07	①	08	②	09	④	10	②
11	③	12	④	13	③	14	④	15	④

01

| 정답 | ③

| 해설 | 중소기업 CEO 400명 중 경공업 분야의 해외경기가 부진하다고 응답한 CEO는 37%이므로 $400 \times \frac{37}{100} = 148$(명)이다.

02

| 정답 | ①

| 해설 | 먼저 농수산업 분야의 해외경기가 부진하다고 응답한 CEO의 수를 구하면 $400 \times \frac{31}{100} = 124$(명)이다. 이 중에서 7%가 중남미 지역이라고 응답하였으므로 $124 \times \frac{7}{100} ≒ 9$(명)이다.

03

| 정답 | ①

| 해설 | Y 기업의 제품 중 20X0년 대비 20X6년 판매액 증가율이 가장 높은 제품은 G 제품으로, 14배 이상 증가하였다.

| 오답풀이 |
② 20X0년 대비 20X4년에 판매액이 감소한 제품은 E 제품 한 종류이다.
③ X 기업의 경우 판매액 총합이 매년 100억 원 미만이었던 반면, Y 기업의 판매액 총합은 매년 100억 원 이상이었다.
④ D 제품의 판매액이 전년 대비 감소한 해는 20X3년으로, E 제품의 판매액도 감소하였다.

04

| 정답 | ④

| 해설 | 일반제재업에 공급되는 양은 $4,000,000 \times 0.8 + 630,000 = 3,830,000(m^2)$로 전체 원목 공급량의 절반인 $4,500,000m^2$ 미만이다.

| 오답풀이 |
① 수입원목 중에서 방부처리업에 공급되는 양은 $4,000,000 \times 0.045 = 180,000(m^2)$이다.
② 국산원목 중에서 방부처리업에 공급되는 양은 $\frac{5,000}{5,000,000} \times 100 = 0.1(\%)$를 차지한다.
③ 수입원목과 국산원목의 특별목분제조업 공급량은 다음과 같다.
 • 수입원목 : $4,000,000 \times 0.005 = 20,000(m^2)$
 • 국산원목 : $250,000m^2$
따라서 전체 특별목분제조업 공급량 중에서 수입원목의 비율은 $\frac{20,000}{20,000 + 250,000} \times 100 ≒ 7.4(\%)$로 10% 미만이다.

05

| 정답 | ④

| 해설 | 2023년의 교통비는 전체의 24%이므로 $3,000 \times 0.24 = 720$(만 원)이다.

06

| 정답 | ①

| 해설 | 2022년의 교통비는 $2,500 \times 0.2 = 500$(만 원), 2023년의 저축비는 $3,000 \times 0.1 = 300$(만 원)이므로 $500 - 300 = 200$(만 원)이다.

07

| 정답 | ①

| 해설 | 2022년 생활비는 전체의 40%이므로 $2,800 \times 0.4 = 1,120$(만 원), 2023년 생활비는 전체의 34%이므로 $3,000 \times 0.34 = 1,020$(만 원)이다. 따라서 100만 원 감소하였다.

08

|정답| ②

|해설| 연령대별 참여도를 보면, 모든 연령대에서 '주변인과 대화' 유형의 참여도가 가장 높은 것을 알 수 있다.

|오답풀이|

① 정치참여 유형에서 여자보다 남자의 참여율이 더 높은 유형은 '주변인과 대화', '온라인상 의견피력', '탄원서 제출', '시위/집회 참여', '공무원에 민원전달' 총 5개로, 정치참여 유형의 과반수이다.

③ '공무원에 민원전달' 유형의 정치 참여도는 2023년에 5.6%, 2020년에 11.3%로, 2020년보다 5%p 이상 감소하였다.

④ 연령대별 참여도를 보면, '온라인상 의견피력', '서명운동 참여', '시위/집회 참여'는 연령대가 낮을수록 참여도가 높다.

09

|정답| ④

|해설| 대출 A의 금리는 4%대, 가계대출의 금리는 7%대를 계속 유지하면서 매년 2%p 이상의 차이를 계속 유지한다.

|오답풀이|

① 대출 A의 상반기 공급액은 2018년에 처음으로 연간 목표액의 50%를 초과했으나, 제시된 자료만으로는 2018년 하반기를 포함한 대출 A의 연간 공급액을 알 수 없다.

② 2012년 대출 A의 연간 목표액은 20,000천만 원을 초과하고, 2020년 대출 A의 상반기 공급액은 20,000천만 원 미만을 기록하였다.

③ 2015년 대출 A의 연 목표액은 약 30,000천만 원이며, 2015년 대출 A의 금리가 5% 미만이므로 2015년 대출 A의 연 목표 대출이자수익은 30,000×0.05=1,500(천만 원) 미만이었다.

10

|정답| ②

|해설| 20X6년 표본감리의 결과 위반 비율은 $\frac{43}{222} \times 100 ≒ 19.37(\%)$이다.

|오답풀이|

① 20X5년 회계감리 결과 위반 비율은 약 $\frac{54}{245} \times 100 ≒ 22(\%)$이므로 나머지 결과인 종결 비율은 약 $100-22=78(\%)$가 된다.

③ 20X7년 회계감리 종류별 비율은 다음과 같다.

- 표본감리 : $\frac{99}{137} \times 100 ≒ 72(\%)$
- 혐의감리 : $\frac{20}{137} \times 100 ≒ 15(\%)$
- 위탁감리 : $\frac{18}{137} \times 100 ≒ 13(\%)$

④ 20X9년 회계감리 위반 종류별 비율은 다음과 같다.

- 표본감리 : $\frac{10}{52} \times 100 ≒ 19(\%)$
- 혐의감리 : $\frac{14}{52} \times 100 ≒ 27(\%)$
- 위탁감리 : $\frac{28}{52} \times 100 ≒ 54(\%)$

11

|정답| ③

|해설| 8월의 유입인원(B)은 6,720-3,103=3,617(천 명)으로 361만 7천 명이다. 9월의 유입인원은 348만 명으로 8월에 비해 13만 7천 명이 줄어들었다.

|오답풀이|

① 1분기부터 각 분기별 수송인원은 1,767만 3천 명, 1,913만 1천 명, 1,948만 4천 명, 2,050만 2천 명으로 점차 증가한다.

② 2월의 승차인원(A)은 5,520-2,817=2,703(천 명)으로 가장 적다. 승차인원이 가장 많은 달은 7월로 316만 4천 명이다. 두 인원의 차는 46만 1천 명이다.

④ 12월의 수송인원(C)은 3,010+3,900=6,910(천 명)으로 691만 명이다. 유입인원과 수송인원이 가장 많은 달은 모두 12월이다.

12

| 정답 | ④

| 해설 | 필수시간의 합은 2008년부터 각각 544분, 564분, 573분, 613분으로 점차 증가하며, 근로시간은 206분, 187분, 183분, 180분으로 점차 감소한다.

| 오답풀이 |

① 2023년 여가활동은 2008년에 비해 $\frac{259-217}{217} \times 100$ ≒19(%) 증가하였다.

②, ③ 근로시간은 지속적으로 감소하였으나 가정관리와 학습시간은 감소하다가 증가하였다.

13

| 정답 | ③

| 해설 | 학습을 하지 않는 사람의 수가 학습을 하는 사람의 수보다 10배 이상 많으면 전체 인원은 학습을 하는 사람의 11배 이상이다. 따라서 평균은 $\frac{1}{11}$ 이하로 감소해야 하지만 자료상에서는 그렇지 않다.

14

| 정답 | ④

| 해설 | 2020년은 전년에 비해 인구수 대비 범죄 발생 건수는 늘었지만 경찰관 수는 줄었다.

| 오답풀이 |

① 남녀 모두 10대에서 30대로 갈수록 범죄 두려움의 정도를 '느낌'이나 '약간 느낌'이라고 응답한 사람의 비율이 높아진다.

② 범죄에 대한 두려움을 '느낌'이나 '약간 느낌'이라고 응답한 사람의 비율은 남성의 경우 10대에서 14.3+42.9=57.2(%), 20대에서 14.9+43.4=58.3(%), 30대에서 17.1+45.2=62.3(%), 40대에서 16.4+42.9=59.3(%), 50대 이상에서 12.7+38.1=50.8(%), 여성의 경우 10대에서 16.9+45.1=62(%), 20대에서 17.9+46.1=64(%), 30대에서 21.0+46.8=67.8(%), 40대에서 18.4+45.0=63.4(%), 50대 이상에서 14.9+36.1=51(%)로 모든 성별과 연령대에서 50%를 넘는다.

③ 연도별 경찰관 1인당 범죄 발생 건수를 구하면 다음과 같다.

- 2019년 : $\frac{2,000}{206}$ ≒9.7(건)
- 2020년 : $\frac{2,080}{205}$ ≒10.1(건)
- 2021년 : $\frac{2,110}{210}$ ≒10.0(건)
- 2022년 : $\frac{2,110}{217}$ ≒9.7(건)

따라서 경찰관 1인당 범죄 발생 건수는 10건 정도로 매해 큰 변화가 없다.

15

| 정답 | ④

| 해설 | '전입률-전출률=인구의 전년 대비 증가율'이므로 2023년과 1988년의 F 시 '전입률-전출률' 값을 비교하면 2023년의 값이 크다. 이는 산포도의 직선상에서 볼 때, 1988년은 직선(균등선)에 거의 근접해 있고 2023년은 오른쪽 하단에 멀리 떨어져 있다는 것으로 확인할 수 있다. 따라서 인구의 전년 대비 증가율은 2023년이 더 크다.

| 오답풀이 |

① 각 해의 전년도 인구 또는 그 비율에 대한 정보가 주어져 있지 않으므로 총인구가 전년보다 증가했는지의 여부는 판단할 수 없다.

② 1988년 각 시의 인구 또는 그 비율에 대한 정보가 주어져 있지 않으므로 전출률을 바탕으로 전출자 수의 대소를 판단할 수 없다.

③ 1988년, 2023년 모두 전년도의 인구 또는 그 비율에 대한 정보가 주어져 있지 않으므로 1988년과 2023년의 인구수를 비교하는 것은 불가능하다.

2회 문제해결

▶문제 176쪽

01	①	02	②	03	③	04	②	05	②
06	①	07	②	08	③	09	①	10	②
11	④	12	③	13	④	14	①	15	②

01

|정답| ①

|해설| 버튼을 누르면 도형이 회전되어 모양이 변하거나 이동하여 위치가 변하게 된다. 원래 모양에서 왼쪽으로 한 칸 이동 후 오른쪽 대각선 위로 이동하면 바뀐 모양의 위치가 된다.

이에 해당하는 버튼은 B와 C이다. 그러나 화살표의 끝이 왼쪽 대각선을 가리키다가 오른쪽 대각선으로 바뀌어 있다. 즉, 시계 방향으로 90도 회전했으므로 D 버튼을 눌렀음을 알 수 있다.

02

|정답| ②

|해설| 도형의 모양 변화 양상을 살펴보면, 시계 방향(D)으로 움직인 것으로 보이고, 위치는 오른쪽 대각선(C)으로 옮겨진 것을 알 수 있다. 그러나 문제에서 버튼을 3번 눌렀다고 했기 때문에 180도 회전(A) 후 시계 반대 방향(E)으로 90도 회전했을 것이다. 따라서 A, C, E 버튼을 눌렀다.

03

|정답| ③

|해설| 변환 조건에 따라 ①~④를 적용하여 변환시키면 다음과 같다.

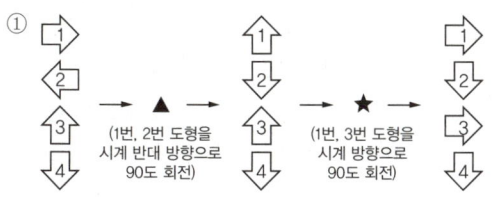

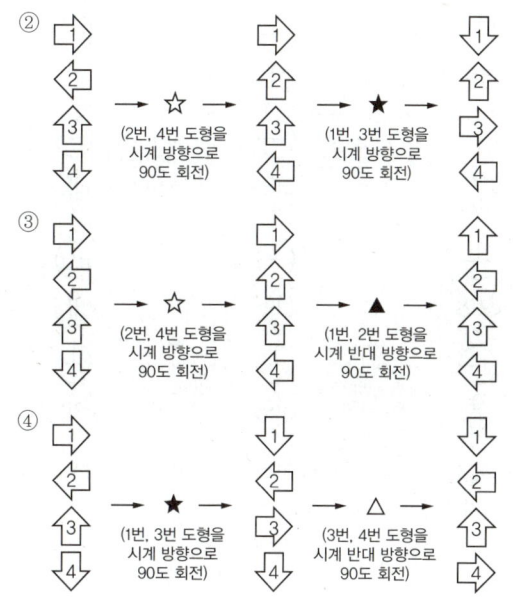

따라서 화살표 후 도형이 나오기 위해서는 ③과 같은 과정을 거쳐야 한다.

04

|정답| ②

|해설| 변환 조건에 따라 ①~④를 적용하여 변환시키면 다음과 같다.

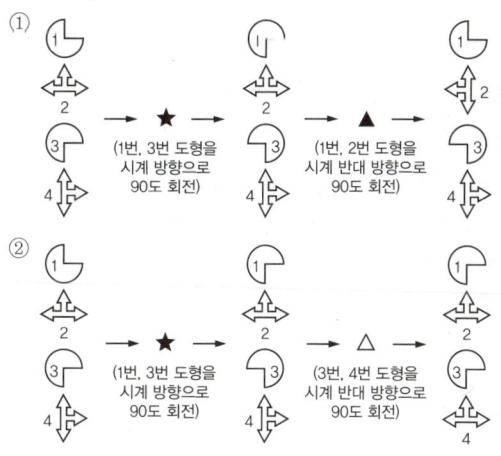

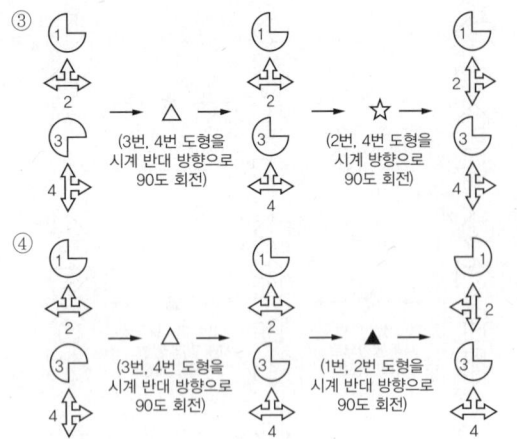

따라서 화살표 후 도형이 나오기 위해서는 ②와 같은 과정을 거쳐야 한다.

05

|정답| ②

|해설| 각 선택지별 숙소 대여비를 계산하면 다음과 같다.
① 80,000+50,000×2=180,000(원)
② 60,000×2+40,000=160,000(원)
③ 85,000×2=170,000(원)
④ 85,000+45,000×2=175,000(원)
따라서 가장 저렴한 것은 ②이다.

06

|정답| ①

|해설| 우선 숙소는 2인실 3개가 있어야 하므로 C 숙소는 제외한다. 이때 A 숙소와 B 숙소의 인테리어 점수가 같으므로 둘 중 편의시설 점수가 더 높은 A 숙소를 최종적으로 선택하게 된다.

07

|정답| ②

|해설| 주어진 조건에 따라 각 공장별 순위를 매기면 다음과 같다.

구분	1일 생산개수(개)		총생산비용(원)		운송거리(km)		소비자 만족도(10점 만점)	
	개수	순위	비용	순위	거리	순위	만족도	순위
A	300	2	360,000	2	120	2	8	2
B	250	4	225,000	1	50	1	7	3
C	310	1	403,000	4	150	3	6	4
D	280	3	392,000	3	220	4	9	1

순위 점수 환산표에 따라 점수를 계산하면 다음과 같다.
- A : 7+7+7+7=28(점)
- B : 3+10+10+5=28(점)
- C : 10+3+5+3=21(점)
- D : 5+5+3+10=23(점)

따라서 총점이 높은 A와 B 중 총생산비용이 낮은 B가 최종 선정된다.

08

|정답| ③

|해설| 각 선택지에 해당하는 수익의 합을 구하면 다음과 같다.
① (3, 4) → 3+4=7(억 원)
② (6, 4) → 6+4=10(억 원)
③ (6, 6) → 6+6=12(억 원)
④ (3, 3) → 3+3=6(억 원)

따라서 A사와 B사가 얻는 수익의 합이 가장 큰 경우는 ③이다.

09

|정답| ①

|해설|
- 박 대리 : 5월에는 A사의 홍보제품이 T 제품이므로 B사가 S 제품, H 제품, T 제품을 홍보할 경우 각각 8억 원, 6억 원, 4억 원의 수익을 얻는다. 따라서 B사는 가장 수익이 많은 S 제품을 홍보해야 한다.
- 김 사원 : 3월에는 A사의 홍보제품이 S 제품이므로 B사가 S 제품, H 제품, T 제품을 홍보할 경우 A사와 B사는

각각 (5, 3), (3, 4), (3, 3)의 수익을 얻는다. 따라서 B사가 H 제품을 홍보하는 경우를 제외하고는 B사가 A사보다 수익이 크지 않다.

- 장 팀장 : A사의 S 제품 수익 평균은 (5+3+3)÷3≒3.66, H 제품의 수익 평균은 (6+1+6)÷3≒4.33, T 제품의 수익 평균은 (-4+6+9)÷3≒3.66이므로, A사의 7~12월 홍보제품은 H 제품이다. 따라서 A사가 H 제품을 홍보할 때 B사는 H 제품을 판매함으로써 가장 큰 수익(5억 원)을 낼 수 있다.
- 최 과장 : A사가 S 제품, T 제품을 홍보하는 경우에는 B사가 손해를 보는 경우가 없다.

따라서 잘못된 진술을 하고 있는 사람은 장 팀장으로 1명이다.

10

|정답| ②

|해설| 각 선택지의 경로를 직접 계산해 보면 다음과 같다.
① A-C-E-G-J-L : 17+9+11+13+12=62
② A-B-C-E-F-I-L : 10+6+9+14+10+9=58
③ A-C-E-H-K-L : 17+9+16+12+10=64
④ A-B-E-G-J-L : 10+17+11+13+12=63
따라서 ②의 경로가 가장 적절하다.

보충 플러스+

다익스트라 알고리즘의 원리를 이용하여 다음과 같은 논리로 파악할 수 있다.
A에서 출발한 김 씨는 B, C, D 지점으로 갈 수 있으나 B, C, D에서 이동할 수 있는 다음 장소는 각각 F, E, H가 된다. B, C, D로부터 F, E, H까지 이동하는 경우의 수를 모두 따져보면, E 지점에 도착하는 것이 가장 짧은 거리임을 알 수 있으므로 E 지점으로 도착하는 최단 거리인 C 지점에서 출발을 하여야 한다. 또한 C 지점까지 오기 위한 최단 거리는 B를 거쳐 오는 것이 가장 짧은 거리이므로 A-B-C-E까지가 가장 효율적인 경로가 된다. 다시 E에서 처음과 같은 방법으로 F, G, H로 이동할 수 있으나, 남은 목적지까지의 거리가 가장 짧은 F-I-L의 경로를 선택해야 하며 E-F의 거리가 E-G보다 길지만 이후의 거리에서 보다 짧은 경로가 남아 있으므로 결국 E-F-I-L이 가장 효율적인 경로가 된다.
따라서 김 씨가 선택할 수 있는 최단 경로는 A-B-C-E-F-I-L이 된다.

11

|정답| ④

|해설| 10의 해설에 따라 최단 경로는 A-B-C-E-F-I-L이므로 이를 주어진 알파벳 표에 의해 숫자로 바꾸어 보면 1-2-3-5-6-9-12가 되며, 이것은 홀수-짝수-홀수-홀수-짝수-홀수-짝수가 된다. 따라서 C-E의 도로만 지방도이며, 나머지는 모두 비포장 도로가 된다.
- 9km : 지방도(12km/L)
- 10+6+14+10+9=49km : 비포장 도로(10km/L)

지방도 9km는 0.75L가 소요되므로 연료비는 1,125원, 비포장 도로 49km는 4.9L가 소요되므로 연료비는 7,350원이다. 편도로 이동할 경우 연료비가 총 1,125+7,350=8,475(원)이므로 왕복의 경우 총 16,950원이 소요된다.

12

|정답| ③

|해설| 〈보기〉의 예시를 통해 x좌표가 클수록, x좌표가 같다면 y좌표가 클수록 부등호가 그 큰 값을 가리킴을 알 수 있다. 따라서 x좌표가 가장 큰 ③이 제시된 명령어 중 가장 큰 값이다.

13

|정답| ④

|해설| 〈보기〉를 통해 O는 원, M은 마름모, a는 흰색, b는 빗금, c는 녹색임을 알 수 있다. 따라서 다음과 같은 부등식이 성립한다.
M(3, -1)b>O(2,1)a>M(2, -2)c>O(1,2)b
따라서 부등식이 적절하지 않은 것은 ④이다.

14

|정답| ①

|해설| 〈자료〉에서 두 명령어와 그래프를 통해 명령어에 있는 각 알파벳 및 숫자의 의미를 파악해야 한다. 이때 그래프의 특성상 명령어 안에 있는 괄호 속의 숫자가 좌표일

것으로 추측할 수 있고, 그 위치에 있는 도형을 보면 다음과 같다.

⟨왼쪽 그래프⟩

명령어	도형
R(5, 2) : A3	○
T(1, 1) : A1	△
P(3, 4) : B2	▱

⟨오른쪽 그래프⟩

명령어	도형
R(3, 1) : B2	●
T(2, 2) : B3	▲
P(5, 3) : A1	▱

이를 통해 괄호 앞에 있는 알파벳은 도형의 모양, 괄호 뒤에 있는 알파벳은 도형의 색깔, 그 뒤에 있는 숫자는 도형의 크기를 의미함을 알 수 있다. 또한, 괄호 속의 숫자가 도형의 좌표가 맞다는 사실도 알 수 있다. 따라서 R은 원, T는 삼각형, P는 사다리꼴이며, A는 흰색, B는 초록색이고, 숫자가 작을수록 큰 도형이다. 그리고 왼쪽 그래프는 가로축이 5, 세로축이 4까지 있고, 오른쪽 그래프는 가로축이 6, 세로축이 4까지 있어 W는 가로축, H는 세로축을 의미함을 알 수 있다.

이러한 규칙을 통해 제시된 그래프를 명령어로 나타내면, W5 / H4 R(3, 2) : B3 / T(4, 1) : A2 / P(1, 3) : A1이다.

15

|정답| ②

|해설| 14의 명령어 규칙을 적용한다. 명령어 W3 / H5 R(1, 1) : A1 / T(2, 4) : B1 / P(3, 5) : A2가 오류가 발생하지 않았다면 오른쪽과 같은 그래프가 나오게 된다. 따라서 원의 크기에서 오류가 발생한 것을 알 수 있으며, 그 오류 값은 R(1, 1) : A1이다.

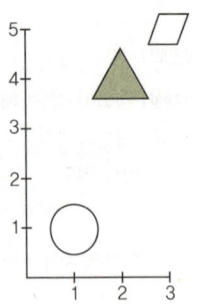

2회 추리

▶ 문제 186쪽

01	③	02	④	03	③	04	④	05	③
06	①	07	②	08	①	09	③	10	①
11	③	12	③	13	④	14	②	15	③

01

|정답| ③

|해설| 'A : 비행기 티켓을 예매한다, B : 여행가방을 경품으로 받는다, C : 태국으로 여행을 간다, D : 연예인을 만난다'라고 할 때, 주어진 명제를 기호로 나타내면, A → B, C → D가 되고 마지막 문장은 ~D → ~A가 된다. 명제의 대우도 항상 참임에 따라 A → D가 성립하므로, 주어진 명제에서 A → D라는 결론을 도출하기 위해서는 A → C나 B → C, 또는 B → D라는 명제가 필요하다.

따라서 밑줄 친 부분에 알맞은 것은 B → C의 대우인 '태국으로 여행을 가지 않는다면 여행가방을 경품으로 받지 않을 것이다'가 된다.

보충 플러스+

첫 번째 · 두 번째 문장의 대우를 활용해도 가능하다.
연예인 만남 × → 태국 여행 × → 여행가방 경품 × → 비행기 티켓 예매 ×

02

|정답| ④

|해설| 주어진 명제와 각각의 대우 명제를 정리하면 다음과 같다.

• 소설책 ○ → 국어↑	⇔	• 국어↓ → 소설책 ×
• 이과 ○ → 국어↓	⇔	• 국어↑ → 이과 ×(=문과)
• 문과 ○ → 수다 ○	⇔	• 수다 × → 문과 ×(=이과)
• 수다 × → 소설책 ×	⇔	• 소설책 ○ → 수다 ○

(가) 네 번째 명제의 대우는 '수다 떠는 것을 좋아하지 않는 학생은 문과에 가지 않는다'인데, 모든 학생들은 문과 또는 이과에 간다고 하였으므로 문과에 가지 않은

학생은 이과에 간 학생들이 된다. 따라서 수다 떠는 것을 좋아하지 않는 학생은 이과에 간다.
(나) 두 번째 명제와 세 번째 명제의 대우 '국어 시험 성적이 높으면 이과에 가지 않은 학생이다'에 의해 '소설책 읽는 것을 좋아하는 학생은 이과에 가지 않는다'가 되는데 이과에 가지 않으면 문과에 간 것이므로, '소설책 읽는 것을 좋아하는 학생은 문과에 간다'가 성립한다. 그러나 (나)는 '소설책 읽는 것을 좋아하는 학생은 문과에 간다'의 역에 해당되는 것으로 참·거짓의 여부를 알 수 없다.
(다) 세 번째 명제의 대우에 의해 국어 성적이 높은 학생은 이과에 가지 않으므로 모두 문과에 간 학생들이다. 여기에 네 번째 명제를 연결하면, 국어 시험 성적이 높은 학생은 수다 떠는 것을 좋아함을 알 수 있다.
따라서 (가), (다) 모두 항상 옳다.

03

|정답| ③

|해설| 동일이 가위를 낼 경우 보라는 보를 내게 되며, 은혁은 항상 보라에게 지므로 바위를 내게 된다.
|오답풀이|
① 동일이 주먹을 낼 경우 보라는 가위를 내게 된다. 보라와 태현은 항상 서로 다른 모양을 내므로 태현은 바위 혹은 보만을 낼 수 있다.
② 태현이 가위를 낼 경우 민정이는 바위를 내며, 은혁은 항상 민정에게 지므로 가위를 내게 된다.
④ 민정이는 바위와 보만을 내고 은혁은 항상 민정에게 지므로 은혁이 민정과의 내기에서 낼 수 있는 모양은 가위와 바위뿐이다.

04

|정답| ④

|해설| 각 조건에 기호를 붙여 정리하면 다음과 같다.
• a : 다이빙을 좋아한다.
• b : 서핑을 좋아한다.
• c : 요트를 좋아한다.
• d : 낚시를 좋아한다.
• e : 카누를 좋아한다.
기호에 따라 주어진 명제와 그 대우 명제를 정리하면 다음과 같다.
• a → b(~b → ~a)
• c → d(~d → ~c)
• ~b → ~d(d → b)
• ~e → ~b(b → e)
따라서 'a → b'와 'b → e' 두 명제의 삼단논법에 의해 'a → e'는 반드시 참이 된다. 따라서 다이빙을 좋아하는 사람은 카누도 좋아한다.
|오답풀이|
①, ③ 주어진 명제로는 알 수 없다.
② 'c → d'와 'd → b' 두 명제의 삼단논법에 의해 'c → b'는 반드시 참이 된다. 따라서 요트를 좋아하는 사람은 서핑도 좋아한다.

05

|정답| ③

|해설| 복숭아는 호흡량이 높고 키위는 에틸렌에 민감하므로, 세 번째 전제에 따라 복숭아와 키위를 함께 보관하면 키위가 쉽게 부패된다. 복숭아의 부패 여부는 알 수 없다.
|오답풀이|
① 복숭아는 호흡량이 높고, 오이는 에틸렌에 민감하다. 따라서 세 번째 전제에 따라 에틸렌에 민감한 오이는 호흡량이 높은 복숭아와 같이 보관하면 쉽게 부패된다.
② 첫 번째 전제에 따라 사과는 호흡량이 높으므로, 두 번째 전제에 따라 에틸렌 생성이 활발하다.
④ 첫 번째, 두 번째 전제에 의해 살구는 호흡량이 높고 에틸렌 생성이 활발하다.

06

|정답| ①

|해설| 첫 번째 명제의 대우는 '상상력이 풍부한 사람은 빨간색을 좋아하는 사람이다'이다. 따라서 두 번째 명제 '파란색을 좋아하는 사람은 상상력이 풍부하다'와 연결하면,

'파란색을 좋아함' → '상상력이 풍부함' → '빨간색을 좋아함'이 되어 '파란색을 좋아하는 사람은 빨간색을 좋아한다'가 참이 된다.

|오답풀이|
② 첫 번째 명제의 이로 항상 옳은 것은 아니다.
③ 참인 명제 '파란색을 좋아하는 사람은 빨간색을 좋아한다'의 역이므로 항상 옳은 것은 아니다.
④ 첫 번째 명제의 역이므로 항상 옳은 것은 아니다.

07

|정답| ②

|해설| '민형이는 시계를 차지 않았다'와 모순이 되기 위해서는 '민형이는 시계를 찼다'라는 명제가 도출되어야 한다. '민형이는 시계를 찼다'는 명제는 ㉡의 대우 '철수가 공대 출신이 아니면 민형이는 시계를 찼다'로 도출된다. 이는 '㉢ 민형이가 팔씨름을 좋아한다면 철수는 공대 출신이 아니다'와 '㉠ 민형이는 팔씨름을 좋아한다'를 필요로 한다. 따라서 필요한 전제는 ㉠, ㉡, ㉢이다.

08

|정답| ①

|해설| 주어진 숫자는 다음과 같은 규칙이 있다.

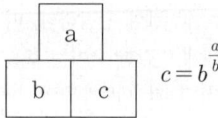

$c = b^{\frac{a}{b}}$

따라서 '?'에 들어갈 숫자는 $4^{\frac{20}{4}} = 4^5 = 1{,}024$이다.

09

|정답| ③

|해설| 주어진 숫자는 다음과 같은 규칙이 있다.
$2^0 = 1$, $2^1 = 2$, $2^2 = 4$
따라서 '?'에 들어갈 숫자는 4이다.

10

|정답| ①

|해설| 제시된 모든 숫자는 소수점과 관계없이 세 개의 숫자의 합이 15가 된다. 따라서 선택지 중 이 규칙에 맞는 숫자는 $8.34(8+3+4=15)$뿐이다.

11

|정답| ③

|해설| 각 행에서 1열에 있는 숫자는 2~4열에 있는 숫자를 더해서 구한 값이다.
$40 = 21 + 16 + (?)$, $40 = 37 + (?)$
따라서 '?'에 들어갈 숫자는 $40 - 37 = 3$이다.

12

|정답| ③

|해설| 왼쪽 두 수를 곱한 값을 두 수를 더한 값으로 나누면 오른쪽 값이 된다.

- $(10 \times 10) \div (10 + 10) = \dfrac{100}{20} = 5$
- $(3 \times 6) \div (3 + 6) = \dfrac{18}{9} = 2$
- $(6 \times 12) \div (6 + 12) = \dfrac{72}{18} = 4$

따라서 '?'에 들어갈 숫자는 $(10 \times 15) \div (10 + 15) = \dfrac{150}{25} = 6$이다.

13

|정답| ④

|해설|
$21 \xrightarrow{-2^1} 19 \xrightarrow{-2^2} 15 \xrightarrow{-2^3} 7 \xrightarrow{-2^4} (\ ?\ ) \xrightarrow{-2^5} -41 \xrightarrow{-2^6} -105$

따라서 '?'에 들어갈 숫자는 $7 - 16 = -9$이다.

14

| 정답 | ②

| 해설 |

2.2 → 4.3 → 6.6 → 9.1 → 11.8 → 14.7 → (?)
　　+2.1　+2.3　+2.5　+2.7　+2.9　+3.1

따라서 '?'에 들어갈 숫자는 14.7+3.1=17.8이다.

15

| 정답 | ③

| 해설 | 세 번째 수는 첫 번째와 두 번째 수를 곱하고 3을 더한 값이다.

- 6　4　27　→ 6×4+3=27
- 5　(?)　33　→ 5×(?)+3=33
- 5　5　28　→ 5×5+3=28

따라서 '?'에 들어갈 숫자는 (33-3)÷5=6이다.

3회 언어이해

▶ 문제 192쪽

01	02	03	04	05
②	③	④	②	④
06	07	08	09	10
③	②	④	④	④
11	12	13	14	15
②	④	③	④	④

01

| 정답 | ②

| 해설 | 제시된 글의 처음에서 '이야기를 이해하고 기억하는 데에는 글의 구조가 큰 영향을 미친다'는 주지를 제시하고, 이어 '상위 구조와 하위 구조가 있는데, 상위 구조에 속한 요소들이 더 잘 기억된다'라는 설명을 부연하고 있다. 마지막으로 심청전을 예시로 들어 상위 구조를 더 잘 기억한다는 사실을 설명하고 있다.

02

| 정답 | ③

| 해설 | 양자 역학은 예측을 '정확'하게 함으로써 현대 물리학의 근간을 이루었다고 했는데, 그 예측하는 현상들 중에는 '매우 불가사의한 것'이 있다고 하였으므로 빈칸의 전후 맥락을 살펴볼 때 역접의 접속어인 '그럼에도 불구하고'가 들어가는 것이 가장 적절하다.

03

| 정답 | ④

| 해설 | 스마트폰의 기본적이고 혁신적인 특징을 설명하는 (다)가 맨 처음에 와야 한다. 다음으로 그러한 스마트폰의 혁신에 있어 스티브 잡스가 기여한 바가 크다는 논점을 (가)에서 제시했으며 (라)를 통해 스티브 잡스가 융합을 강조했다는 점을 더욱 강조하고 있다. 마지막으로 (나)에서는 카카오톡과 카카오스토리의 예를 통해 우리 사회에 융합의 필요성을 강조하였다. 문맥의 흐름으로 볼 때 (다)-(가)-(라)-(나)로 연결되는 것이 내용상 자연스럽다.

04

| 정답 | ②

| 해설 | 제시된 글은 제3자에게 의도하지 않게 이익이나 손해를 주는 '외부성'에 대해 설명하면서 이러한 '외부성'은 사회 전체로 볼 때 이익이 극대화되지 않는 비효율성을 초래할 수 있다고 언급하고 있다. 또한 이러한 비효율성에 대한 해결책으로 보조금이나 벌금과 같은 정부의 개입이 있다고 설명하고 있다. 따라서 ②가 글의 주제로 적절하다.

| 오답풀이 |

① 외부성이 초래하는 문제를 해결하기 위해 정부의 개입이 있을 수 있다고 설명하고 있지만 글의 주제로는 적절하지 않다.

③ 비효율성을 초래할 수 있는 이유로 개별 경제 주체가 제3자의 이익이나 손해까지 고려하여 행동하지 않는 점을 들고 있지만 글의 주제로는 적절하지 않다.

④ 비효율성 해결을 위한 정부의 개입이 초래하는 해악에 관해서는 언급되지 않았다.

05

|정답| ④

|해설| 제시된 글의 논지는 기후 변화의 이유가 인간이 발생시키는 온실가스 때문이 아니라 태양의 활동 때문이라는 것이며, 온실가스 배출을 낮추기 위한 인간의 노력은 사실상 도움이 되지 않는 낭비라는 주장이다. 따라서 이러한 논지를 반박하기 위한 근거로는 대기오염을 줄이기 위한 인간의 노력이 지구 온난화를 막는 데 효과가 있었다는 내용인 ④가 가장 적절하다.

06

|정답| ③

|해설| 후지필름은 필름을 만들던 기술을 활용하여 노화방지 화장품을 만들었고, 필름 개발 과정에서 얻은 화학 합성 물질 데이터베이스와 노하우를 활용하여 '아비간'을 만들어 냈다. 또한 3M은 광산업에서 익힌 고유 역량을 활용하여 스카치테이프와 포스트잇을 개발함으로써 사업다각화를 이루었다. 따라서 제시된 두 회사는 고유역량의 잠재적 가능성을 재해석하여 사업다각화로 혁신에 성공하였음을 알 수 있다.

|오답풀이|

② 두 회사는 기존 주력 사업을 통해 얻은 기술과 경험을 활용할 수 있는 분야로 진출한 것이지, 각기 다른 분야의 기술융합을 시도한 것이 아니다.

④ 3M이 다른 회사와의 합병을 통해 위기를 극복했다는 내용은 제시되어 있지 않다.

07

|정답| ③

|해설| ⓒ 노화방지 화장품, ⓒ 아비간은 후지필름이 필름을 만들던 기술과 노하우를 활용하여 새롭게 개발한 제품을 말하는 것이며, ⓜ 포스트잇은 3M이 광산업에서 쌓은 기술을 바탕으로 스카치테이프를 만들고 그 후 접착제에 대한 연구를 바탕으로 개발한 것이다. 따라서 ⓒ, ⓒ, ⓜ은 모두 기존의 기술을 바탕으로 새롭게 개발된 제품을 나타내는 것이므로 성격이 같다고 볼 수 있다.

08

|정답| ④

|해설| 빈칸 앞의 '그러나'를 통해, 청소년들은 굶는 다이어트의 부정적 영향에 대해 거의 인지하지 못했으나 실제로는 매우 큰 부정적 영향을 미친다는 내용이 전개될 것임을 짐작할 수 있다. 또한 두 번째 문단에서 음식 섭취 행위를 유발하는 회로에 대해 설명하고 있으며 세 번째 문단에서 식욕을 극단적으로 억제하는 굶는 다이어트로 인한 이상 발생으로 과식, 폭식, 금단 증상과 같은 음식 중독 현상이 발생될 수 있음을 설명하고 있다. 따라서 빈칸에는 굶는 다이어트가 음식 중독으로 연결될 수 있다는 내용이 들어가야 한다.

09

|정답| ④

|해설| 〈보기〉의 문단에서는 마찰 항력과 압력 항력의 개념에 대해 간략하게 설명하고 있다. 두 항력에 대한 설명은 둘을 아우르는 개념인 '항력'에 대한 내용이 언급된 후 제시되고, 그 뒤에는 두 항력에 대한 구체적 설명이 나오는 것이 자연스럽다. 따라서 〈보기〉의 문단이 들어가기에 적합한 곳은 전체 항력의 개념에 대한 설명이 언급된 세 번째 문단과 마찰·압력 항력의 구체적 개념 설명이 제시된 네 번째 문단의 사이인 ⓔ이다.

10

|정답| ④

|해설| (라)는 이미 새로 집을 지을 곳이 남아 있지 않은 서울의 실정에 대해 설명하고 있다. 따라서 (라)의 중심 내용은 '공급을 억제할 수 없는 서울의 주택 상황'이 적절하다.

11

|정답| ②

|해설| 제시된 글은 재건축 소유자를 투기꾼으로 간주하지 말고 서울에 거주하고자 하는 수요의 증가에 따라 공급을 개방해야 함에 대해 주장하고 있다. ②는 현재 재건축 예정

사업들에 중첩되어 있는 규제에 대한 자료이므로 보충 자료로 적절하다.

|오답풀이|
① 건물의 높이규제 정책과 관련된 자료이므로 보충 자료로 적절하지 않다.
③, ④ 재건축과 재개발에 대한 규제를 강화해야 함을 주장하는 자료이므로 보충 자료로 적절하지 않다.

12

|정답| ④

|해설| ⑩은 '먼저'로 시작하므로 가장 첫 문장에 배치하고, ⓒ은 '마지막으로'로 시작하므로 마지막 문장으로 배치한다. ①, ⓒ, ⓒ은 다큐멘터리 등 교양 프로그램에 대한 내용을 담고 있는데, 이 중 상위 범주의 내용인 ⓒ을 먼저 배치한다. ①과 ⓒ은 둘 다 세부적인 정보를 제시하고 있으므로 '예컨대'로 시작한 다음 '또한'으로 이어지는 것이 자연스럽다. 따라서 ⑩-ⓒ-①-ⓒ-ⓒ 순이 적절하다.

13

|정답| ③

|해설| 첫 번째에서 세 번째 문단까지 온라인 쇼핑몰이 성장하면서 미국의 백화점이나 완구점, 중저가 의류업체들이 문을 닫게 되었다고 설명하고 있으며 이는 비단 미국에서뿐만 아니라 우리나라에서도 일어날 수 있음을 언급하고 있다. 또한 마지막 문단에서는 인구 구조의 변화와 지역인구 감소로 인해 일부 점포들이 문을 닫게 될 것이라 설명하고 있다. 따라서 오프라인 매장의 실패 요인으로 적절하지 않은 것은 ③이다. 이는 '바니스뉴욕'에 국한된 분석이다.

14

|정답| ④

|해설| 지역인구 감소는 해당 지역을 근거지로 하는 오프라인 매장에 타격을 주는 요인으로 언급되었으며 온라인 쇼핑몰은 지역인구 감소와 연관성이 없다.

15

|정답| ④

|해설| 출산율을 높이기 위한 지원금 액수의 많고 적음을 문제화하고 있는 글이 아니다. 지원금 액수가 증가하였음에도 불구하고 출산율이 오르지 않았다는 것을 강조하는 내용이므로, 단순한 지원금 증액보다 출산을 유도하기 위한 근본적인 대책이 필요하다는 문제제기를 엿볼 수 있는 내용이다.

3회 자료해석

▶문제 204쪽

01	②	02	③	03	②	04	②	05	④
06	①	07	③	08	②	09	③	10	④
11	③	12	①	13	④	14	③	15	②

01

|정답| ②

|해설|
• A 생산점의 배 생산량 : 1,280상자
• C 생산점의 배 생산량 : 800상자
따라서 1,280-800=480(상자) 줄어든다.

|오답풀이|
① 배를 생산하지 않을 경우 최대 2,000상자의 사과 생산이 가능하다.
③ • B 생산점의 사과 생산량 : 1,600상자
  • A 생산점의 사과 생산량 : 1,400상자
  따라서 1,600-1,400=200(상자) 줄어든다.
④ 사과와 배의 총생산량을 구하면 다음과 같다.
  • A 생산점의 합계 생산량 : 1,280+1,400=2,680(상자)
  • B 생산점의 합계 생산량 : 1,120+1,600=2,720(상자)
  • C 생산점의 합계 생산량 : 800+1,800=2,600(상자)
  따라서 B 생산점이 가장 많다.

02

|정답| ③

|해설| • A 생산점의 판매이윤 : 1,280×6,000+1,400× 10,000=21,680,000(원)
• B 생산점의 판매이윤 : 1,120×6,000+1,600×10,000 =22,720,000(원)
• C 생산점의 판매이윤 : 800×6,000+1,800×10,000= 22,800,000(원)

따라서 C 생산점의 이윤이 가장 많다.

03

|정답| ②

|해설| ⓒ 질환, 장애로 인해 자살충동을 느끼는 30대의 비율이 20대보다 낮으므로 옳지 않다.
ⓔ 교육수준별 인원수가 제시되지 않았으므로 알 수 없다.

|오답풀이|

㉠ 경제적 어려움으로 자살충동을 느끼는 비율은 남자가 40.0%, 여자가 32.4%로 남자가 여자에 비해 높다.
㉣ 조사에 응한 남자의 수가 450명, 여자의 수가 520명이라면 가정불화로 인해 자살충동을 느끼는 남자의 수는 450×0.117=52.65(명), 직장문제로 자살충동을 느끼는 여자의 수는 520×0.09=46.8(명)이다.

04

|정답| ②

|해설| 고속도로별 일일 평균 차량 통행속도는 오전, 낮, 오후 시간의 속도의 평균으로 구할 수 있다.

• 도시고속도로 : (54.9+59.2+40.2)÷3≒51.4(km/h)
• 주간선도로 : (27.9+24.5+20.8)÷3=24.4(km/h)
• 보조간선도로 : (25.2+22.4+19.6)÷3=22.4(km/h)
• 기타도로 : (23.1+20.5+18.6)÷3≒20.7(km/h)

따라서 도시고속도로-주간선도로-보조간선도로-기타도로의 순으로 평균 속도가 빠른 것을 알 수 있다.

05

|정답| ④

|해설| 표는 지수를 나타내고 있으므로 20X0년을 100으로 했을 때의 각 연도의 상대적인 크기를 나타내고 있다. 이 문제의 경우 지수를 통해 전년 대비 증가율을 도출해 낼 수 있는지를 묻고 있다. 같은 연도의 품목 간 대소 비교는 할 수 없다는 점에 주의하여 문제를 푼다.

A 제품만의 비교라면 지수는 비를 나타내므로 실수가 어떤 값을 취하고 있든 그 비율은 달라지지 않는다. 따라서 대소 비교를 할 수 있다.

A 제품의 20X0년 생산량을 100개라 하면, 20X1~20X5년의 전년 대비 생산량 감소량은 다음과 같다.

• 20X1년 : 100.0-97.0=3.0(개)
• 20X2년 : 97.0-94.4=2.6(개)
• 20X3년 : 94.4-92.5=1.9(개)
• 20X4년 : 92.5-90.1=2.4(개)
• 20X5년 : 90.1-89.0=1.1(개)

따라서 20X1~20X5년 중 A 제품 생산량의 전년 대비 감소량이 가장 큰 해는 20X1년이다.

06

|정답| ①

|해설| 월 1~3회와 월 4~6회의 그래프는 2018~2021년에 동일한 증가 추이를 보이고 있다.

07

|정답| ③

|해설| 월 1~3회, 월 7~9회, 월 10~12회의 3개 항목이 응답자 수가 증가하였다.

|오답풀이|

① 월 1~3회 1개 항목만 매년 증가하였다.
② 2020년에만 모든 항목에서 15명 이상의 응답자 수를 보였다.
④ 월 1~3회, 월 4~6회의 2개 항목이다.

08

|정답| ②

|해설| 업종별 종사자 수의 구성비는 남성의 경우 $\frac{50}{250} \times 100 = 20(\%)$로 숙박업이 가장 낮은 반면, 여성의 경우 $\frac{50}{350} \times 100 ≒ 14.3(\%)$로 건설업이 가장 낮다.

|오답풀이|
① 제조업과 도매업은 사업체당 평균 종사자 수가 각각 3,300÷900≒3.7(명)과 1,100÷300≒3.7(명)으로 가장 많다.
③ 어업, 제조업, 숙박업에서 여성의 구성비가 남성보다 높게 나타나고 있다.
④ B 지역의 사업체 1개당 평균 남자 종사자의 수는 3,285÷2,000≒1.64(명)으로 도매업종 사업체 1개당 평균 여자 종사자의 수인 450÷300=1.5(명)보다 많다.

09

|정답| ③

|해설| A, B 국의 농림·수산업 생산액이 같다고 하였으므로 A 국 총 생산액의 40%와 B 국 총 생산액의 10%는 동일하다. 따라서 B 국의 구성비에 4를 곱하면 A 국과 생산액을 비교할 수 있다.
만약 B 국의 총 생산액이 50% 감소하면 B 국의 구성비에 $4 \times \frac{1}{2} = 2$를 곱하여 A 국과의 생산액을 비교해야 한다. B 국의 건설업 생산액은 10%이므로 10×2=20, A 국의 서비스업 생산액은 약 13이므로 B 국의 건설업 생산액이 A 국의 서비스업 생산액보다 많다.

|오답풀이|
① 20X1년 상업 생산액을 비교하면 A 국은 10%이므로 10, B 국은 20%이므로 80이 된다. 따라서 B 국은 A 국의 8배이다.
② A 국의 광업·제조업은 25%로 25, B 국의 건설업은 10%로 40이 되어 $\frac{25}{40} \times 100 = 62.5(\%)$이다.
④ 건설업의 비율은 A 국이 5%이므로 전체 100의 5, B 국이 10%이므로 전체 400의 40이다. 따라서 두 국가의 총 생산액 대비 건설업의 비율은 $\frac{5+40}{100+400} \times 100 = 9(\%)$이다.

10

|정답| ④

|해설| 전년 대비 임금 상승 금액은 해가 갈수록 줄어들었다. 전년도에 비해 2020년은 3,178-3,019=159(천 원), 2021년은 3,299-3,178=121(천 원), 2022년은 3,378-3,299=79(천 원) 증가하였다.

11

|정답| ③

|해설| ⓒ 비수도권의 전기 요금 변동률이 수도권의 전기 요금 변동률보다 높은 연도는 20X2년, 20X5년으로 2개이다.
ⓒ 수도권과 비수도권의 전기 요금 변동률 차이가 가장 크게 나타나는 연도는 20X9년으로 1.2%p 차이가 난다.

|오답풀이|
㉠ 20X5년에는 전년 대비 전기 요금 변동률이 감소하였으므로 옳지 않은 설명이다.
㉣ 수도권의 경우 20X4년, 비수도권의 경우 20X9년에 전년 대비 전기 요금 변동률 차이가 가장 크다.

12

|정답| ①

|해설| 오락에 쓰인 가스의 양이 차지하는 비중은 5%p 늘어났으나 2023년의 총 가스사용량을 알 수 없으므로 특정 용도에 쓰인 가스의 양이 더 증가하거나 감소하였다고 말할 수는 없다.

|오답풀이|
② 2022년에 음식 용도로 쓴 가스의 구성비는 23%, 오락 용도로 쓴 가스의 구성비는 33%이므로, 오락 용도로 쓴 가스의 양이 더 많다.

③ 2022년과 2023년에 용도별 비중이 변하지 않은 것은 업무, 기타로 두 가지이다.
④ 2017 ~ 2022년의 평균 가스사용량은
$\frac{310+345+390+420+440+480}{6}=397.5(m^3)$이다.

13

| 정답 | ④

| 해설 | 2022년에 오락 용도로 쓴 가스의 양은 $480\times0.33=158.4(m^3)$이므로 2023년에 오락 용도로 쓴 가스의 양이 2022년 오락 용도로 쓴 가스의 양 대비 $34.40m^3$가 더 많다면 $158.4+34.40=192.8(m^3)$가 된다. 즉, 2023년 가스사용량의 38%가 $192.8m^3$라는 것이므로 총 가스 사용량은 $\frac{192.8}{0.38}≒507(m^3)$가 된다.
따라서 방범용도로 쓰인 4%의 가스 사용량은 $507\times0.04=20.28(m^3)$가 된다.

14

| 정답 | ③

| 해설 | 경상도, 경기도, 전라도, 충청도, 서울, 강원도, 제주도 순으로 전체 학교 개수와 대학교 개수가 많다.

| 오답풀이 |
① 각 지역별로 고등학교 졸업생 수가 모두 다르므로, 주어진 자료만으로는 전국 고등학교 졸업생의 대학진학률 평균을 알 수 없다.
② 대학교 개수가 가장 많은 지역은 경상도, 경기도, 전라도의 순서인데, 대학진학률이 가장 높은 지역의 순서는 해마다 다르므로 이 둘이 서로 밀접한 관련이 있다고 볼 수 없다.
④ 전라도의 20X8년 대학진학률은 86.9%, 20X7년 대학진학률은 88.1%이다. 따라서 88.1−86.9=1.2(%p) 감소했다.

15

| 정답 | ②

| 해설 | 누계 수치에서 3개 연도의 수치를 빼면 20X7년 이전의 수치를 알 수 있다. 제주공항의 경우, 3개 연도의 이용자 수가 3,609+5,732+5,713=15,054(백 명)으로 34,127백 명에서 이를 뺀 19,073백 명보다 더 적다.

| 오답풀이 |
③ 20X7년에는 인천공항, 김해공항, 김포공항, 제주공항의 순으로 합계 인원 수가 많았으나, 20X9년에는 인천공항, 김해공항, 김포공항 다음으로 대구공항이 4위가 된 것을 알 수 있다.
④ 등록자 수와 이용자 수의 합계는 인천항이 622백 명 → 757백 명 → 806백 명으로 매년 증가하였으나, 부산항은 1,466백 명 → 1,710백 명 → 1,177백 명으로 20X8년 증가 후 20X9년에 감소하였다.

3회 문제해결

▶ 문제 214쪽

01	③	02	①	03	③	04	②	05	④
06	②	07	④	08	②	09	①	10	④
11	②	12	②	13	④	14	②	15	③

01

| 정답 | ③

| 해설 |

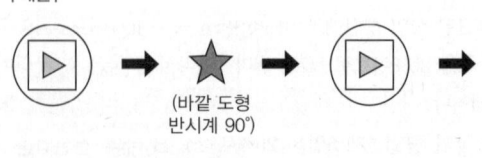

02

|정답| ①

|해설|

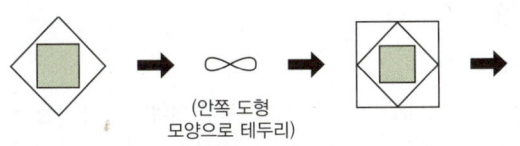

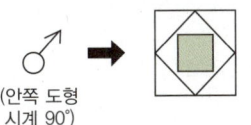

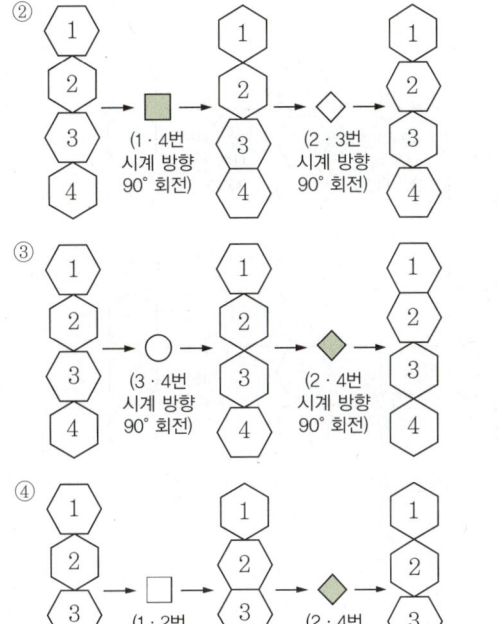

따라서 화살표 다음 도형이 나오기 위해서는 ②와 같은 과정을 거쳐야 한다.

03

|정답| ③

|해설|

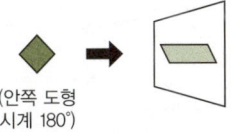

05

|정답| ④

|해설| 변환 조건에 따라 선택지 ①~④를 각각 적용하여 제시된 도형을 변환시키면 다음과 같다.

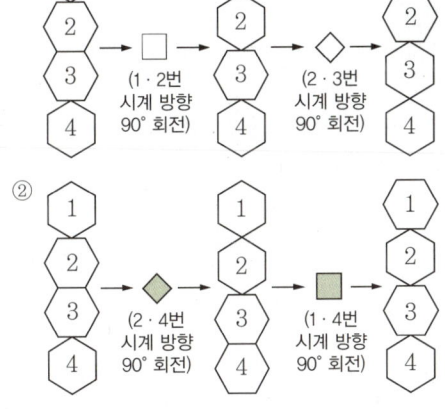

04

|정답| ②

|해설| 변환 조건에 따라 선택지 ①~④를 각각 적용하여 제시된 도형을 변환시키면 다음과 같다.

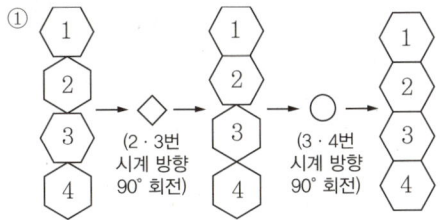

③

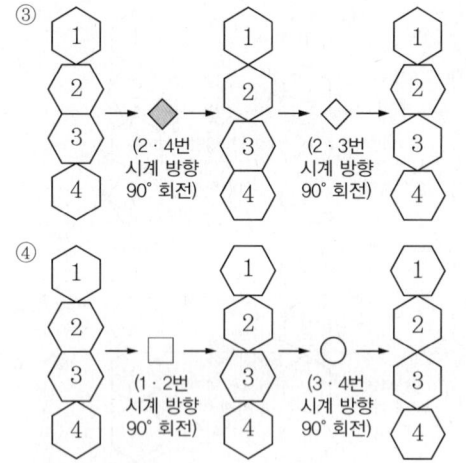

따라서 화살표 다음 도형이 나오기 위해서는 ④와 같은 과정을 거쳐야 한다.

06

| 정답 | ②

| 해설 | 에너지소비효율이 가장 높고 연간 유지비가 가장 저렴한 제품은 C 제품이므로 합리적 구매를 한 것으로 볼 수 있다.

| 오답풀이 |

① 성능 면에서 가장 뛰어난 제품은 모든 항목에서 별 3개를 받은 B 제품이다.
③ D 제품은 유지관리비용이 가장 많이 드는 제품이다.
④ 유해가스제거효율이 가장 우수한 제품은 B 제품과 D 제품이다.

07

| 정답 | ④

| 해설 | 다음 그림과 같이 A 지점에서 D 지점, E 지점을 거쳐 G 지점으로 이동하는 것이 최단경로이다.

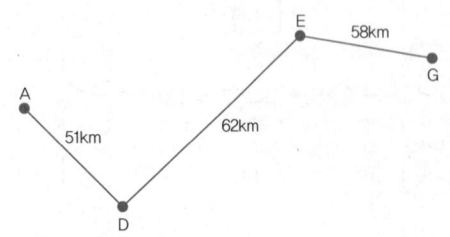

이때의 이동 거리는 총 171km이다.

08

| 정답 | ②

| 해설 | C 지점을 거쳐야 하므로 조 사원의 이동 경로를 A 지점~C 지점, C 지점~G 지점으로 나누어 표시해 보면 다음과 같다.

〈A 지점~C 지점〉

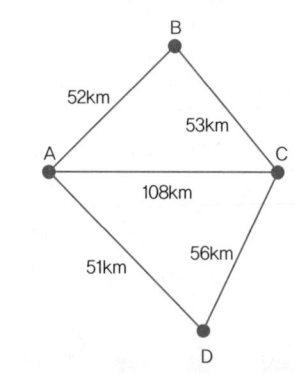

〈C 지점~G 지점〉

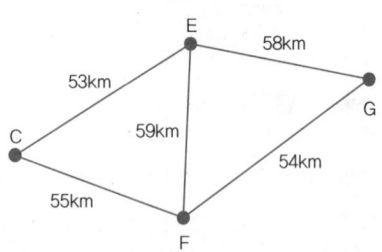

따라서 A 지점~C 지점의 이동은 A 지점에서 B 지점을 거쳐 C 지점으로 가는 방법이 최단경로가 되며, C 지점~G 지점의 이동은 C 지점에서 F 지점을 거쳐 G 지점으로 가는 방법이 최단경로가 된다. 이때의 이동 거리는 총 52+53+55+54=214(km)이다. 따라서 **07**에서 확인한 최단 거리는 171km였으므로, 추가되는 이동 거리는 214-171=43(km)이다.

09

| 정답 | ①

| 해설 | 대회의실과 20인 수용시설 2실, 숙박시설과 차량이

필요한데, C 호텔 숙박시설은 정원이 30인이기 때문에 불가능하다. 또한 D 호텔은 소회의실이 1실밖에 없으므로 워크숍 장소로 적절하지 않다. 마지막으로 남은 A 호텔과 B 호텔 중에서 같은 조건일 경우 노래방 기기가 있는 곳을 더 선호한다고 하였으므로 A 호텔이 워크숍 장소로 적절하다.

10

| 정답 | ④

| 해설 | 갑 회사와 을 회사 모두 K 제품을 홍보했을 때 수익의 합은 14+3=17이다.

| 오답풀이 |

① 갑 회사가 R 제품을 홍보하고 을 회사가 K 제품을 홍보했을 때 수익의 합은 0+10=10이다.
② 갑 회사가 J 제품을 홍보하고 을 회사가 K 제품을 홍보했을 때 수익의 합은 2+7=9이다.
③ 갑 회사가 K 제품을 홍보하고 을 회사가 J 제품을 홍보했을 때 수익의 합은 −5+4=−1이다.

11

| 정답 | ②

| 해설 | 4~6월 갑 회사가 R 제품을 홍보하고 을 회사가 J 제품을 홍보할 경우 소비자 선호도에 의하여 수익의 차이는 (5×1.5)−(−4)=11.5이다.

| 오답풀이 |

① 1~3월 갑 회사가 R 제품을 홍보하고 을 회사가 J 제품을 홍보할 경우 두 회사의 수익의 차이는 5−(−2)=7이 된다.
③ 7~9월 갑 회사가 K 제품을 홍보하고 을 회사가 J 제품을 홍보할 경우 소비자 선호도에 의하여 두 회사의 수익의 차이는 −5×0.5−4=−6.5가 된다.
④ 10~12월 갑 회사가 R 제품을 홍보하고 을 회사가 J 제품을 홍보할 경우 소비자 선호도에 의하여 수익의 차이는 5×1.5−(−4×0.5)=9.5가 된다.

12

| 정답 | ②

| 해설 | 먼저 〈보기〉에 있는 두 명령어와 그래프를 통해 명령어에 있는 각 알파벳과 숫자의 의미를 파악해야 한다. 이때 그래프의 특성상 명령어 안에 있는 괄호 속의 숫자가 좌표일 것이라고 추측할 수 있고, 그 위치에 있는 도형을 보면 다음과 같다.

위쪽 그래프	명령어	도형
	Q(1, 3) : A2	■
	P(2, 1) : B1	○
	R(3, 2) : A3	▲

아래쪽 그래프	명령어	도형
	Q(3, 1) : B3	□
	P(1, 4) : A2	●
	R(1, 2) : B1	△

이를 통해 괄호 앞에 있는 알파벳은 도형의 모양, 괄호 뒤에 있는 알파벳은 도형의 색깔, 그 뒤에 있는 숫자는 도형의 크기를 의미함을 알 수 있다. 또한, 규칙을 발견할 수 있어 괄호 속의 숫자가 좌표가 맞다는 사실도 알 수 있다.

따라서 Q는 사각형, P는 원, R은 삼각형이며 A는 검정색, B는 흰색이고 숫자가 작을수록 작은 도형이다. 그리고 위쪽 그래프는 가로축이 4, 세로축이 4까지 있고, 아래쪽 그래프는 가로축이 5, 세로축이 4까지 있어 W는 가로축, L은 세로축을 의미함을 알 수 있다.

이러한 규칙으로 제시된 그래프를 명령어로 나타내면 W5 / L4 P(3, 4) : A3 / Q(2, 1) : B2 / R(1, 4) : B2이다.

13

| 정답 | ④

| 해설 | 12에 정리한 규칙을 참고한다. 오류가 발생하지 않았다면 W6 / L4 P(4, 3) : B3, Q(1, 1) : A3, R(6, 1) : A1 명령어에 따라 아래 그림과 같은 그래프가 나오게 된다.

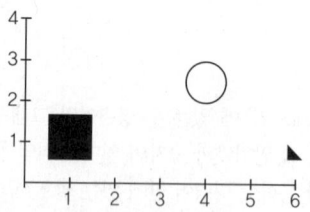

따라서 삼각형의 크기에서 오류가 발생한 것을 알 수 있으며, 그 오류 값은 R(6, 1) : A1이다.

14

| 정답 | ②

| 해설 | 먼저 〈보기〉에 있는 두 명령어와 그래프를 통해 명령어에 있는 각 알파벳과 숫자의 의미를 파악해야 한다. 이때, 그래프의 특성상 명령어 안에 있는 괄호 안의 숫자가 좌표일 것이라고 추측할 수 있고, 그 위치에 있는 도형을 보면 다음과 같다.

〈왼쪽 그래프〉

명령어	도형
S(2,2)	★
D(−2,3)	◆
P(3,1)	⬠

〈오른쪽 그래프〉

명령어	도형
S(1,3)	★
D(4,3)	◆
P(3,1)	⬠

이를 통해 괄호 안의 숫자는 도형의 좌표, 괄호 앞에 있는 알파벳은 도형의 모양을 의미함을 알 수 있다. 따라서 S는 별, D는 마름모, P는 오각형이다. 그리고 왼쪽 그래프는 세로축이 0~4, 가로축이 −3~3까지 있고, 오른쪽 그래프는 세로축이 0~5, 가로축이 1~5까지 있어 H는 세로축, W는 가로축을 의미함을 알 수 있다.

즉, A는 그래프의 가로와 세로 축을, B는 도형의 모양과 위치를 나타낸다.

위 규칙을 통해 제시된 그래프를 명령어로 나타내면 다음과 같다.

A : H(0,4) / W(0,3)
B : S(3,4) / D(1,1) / P(2,3)

15

| 정답 | ③

| 해설 | 14의 규칙을 참고하여 〈명령문〉에 따라 출력한 그래프는 다음과 같다.

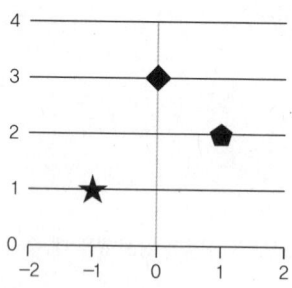

따라서 마름모의 위치인 D(0,3)이 잘못 작성되었다.

3회 추리

▶문제 226쪽

01	③	02	④	03	②	04	①	05	④
06	①	07	③	08	④	09	②	10	②
11	④	12	③	13	④	14	②	15	①

01

| 정답 | ③

| 해설 | 'B는 A가 사는 집의 바로 왼쪽에 산다'는 조건에 따라 세 집이 나란히 있는 경우는 B−A−C 또는 C−B−A 순서이다. 가장 오른쪽에 있는 집의 지붕 색깔이 노란색이고, C는 분홍색 지붕의 집에 산다고 하였으므로, 가장 오른쪽 노란색 지붕의 집에 사는 사람은 A가 되어 C−B−A의 경우만 성립한다. B는 두 번째, 연두색 지붕의 집에 사는 것이 되고, C는 가장 왼쪽에 있는 분홍색 지붕의 집에 사는 것이 된다. 이를 표로 정리하면 다음과 같다.

구분	가장 왼쪽	중간	가장 오른쪽
지붕의 색	분홍색	연두색	노란색
사는 사람	C	B	A

따라서 C가 사는 집은 가장 왼쪽에 있다.

| 오답풀이 |
① A는 노란색 지붕의 집에서 산다.
② B는 연두색 지붕의 집에서 산다.
④ 세 집의 지붕 색깔은 왼쪽에서부터 분홍색, 연두색, 노란색 순이다.

02

| 정답 | ④

| 해설 | 각 조건에 기호를 붙여 정리하면 다음과 같다.
- a : 피자를 먹었다.
- b : 샐러드를 먹었다.
- c : 리소토를 먹었다.
- d : 스파게티를 먹었다.
- e : 김밥을 먹었다

기호에 따라 주어진 명제와 그 대우 명제를 정리하면 다음과 같다.
- a → b(~b → ~a)
- c → ~d(d → ~c)
- a → ~e(e → ~a)
- c → ~a(a → ~c)

참인 명제의 대우 명제는 참이므로 '~b → ~a' 명제는 참이다. 따라서 '샐러드를 먹지 않은 사람은 피자를 먹지 않은 사람이다'는 참이다.

| 오답풀이 |
①, ②, ③ 주어진 명제로는 알 수 없다.

03

| 정답 | ②

| 해설 | 존재하는 팀은 회계팀, 경영지원팀, 개발팀, 총무팀으로 총 네 개다. 세 번째 문장을 보면 회계팀은 다른 세 팀과 다른 층을 사용한다고 했으므로 ②는 항상 참이다.

| 오답풀이 |
①, ④ 회계팀은 다른 세 팀과 다른 층을 사용한다고 했으므로 항상 거짓이다.

③ 개발팀이 경영지원팀과 같은 층을 사용하는지 아닌지에 대해서는 알 수 없다.

04

| 정답 | ①

| 해설 | 첫 번째 전제에 의해 스위스의 물가는 미국보다 싸고, 세 번째 전제에 의해 프랑스의 물가는 미국보다 비싸므로 확실히 알 수 있는 것은 스위스의 물가가 프랑스보다 싸다는 것이다.

05

| 정답 | ④

| 해설 | A가 뒤에서 두 번째 즉, 앞에서 다섯 번째에 서 있으므로 앞뒤로 서 있는 C와 D는 첫 번째와 두 번째, 두 번째와 세 번째, 세 번째와 네 번째 중에 서야 한다. 그런데 C와 D가 두 번째와 세 번째에 서게 되면 B와 E는 네 번째와 여섯 번째 자리를 차지하고 F가 맨 앞에 오게 되므로 성립할 수 없다. 또한 C와 D가 세 번째와 네 번째에 서는 경우에는 B와 E가 한 사람을 사이에 두고 설 수 없으므로 성립할 수 없다. 그러므로 C와 D가 첫 번째와 두 번째일 때 C-D-F-B-A-E, C-D-F-E-A-B, D-C-F-B-A-E, D-C-F-E-A-B의 4가지 경우의 수가 발생한다. 따라서 C가 맨 앞에 오면 맨 뒤는 B일 수도, E일 수도 있으므로 ④는 옳지 않은 진술이다.

06

| 정답 | ①

| 해설 | 두 번째 결과와 첫 번째 결과로부터, 제품 원가를 따지지 않는 사람은 평균수익에 관심이 없고, 평균수익에 관심이 없는 사람은 인지도에도 관심 없다가 성립한다.

| 오답풀이 |
②, ③, ④ 제시된 조건으로는 알 수 없다.

07

|정답| ③

|해설| 물결무늬 넥타이를 한 면접관이 맨 오른쪽에 앉아 있고, C 면접관은 물방울무늬 넥타이를 하고 있으므로 C 면접관은 맨 오른쪽에 앉지 못한다. B 면접관은 A 면접관 옆에 앉는데 좌, 우를 알 수 없으나 연이어 있다는 것을 알 수 있다. 따라서 C-B-A 또는 C-A-B 순으로 앉는다는 것을 알 수 있으므로, C 면접관이 맨 왼쪽에 앉아 있다는 것은 항상 참이다.

08

|정답| ④

|해설| 제시된 진술에 각 기호를 붙여 정리하면 다음과 같다.
- p : 기획팀 팀장님이 출장을 간다.
- q : 회계팀 팀장님이 출장을 간다.
- r : A가 업무시간에 외근을 나간다.
- s : B는 회계팀 사람들과 회의를 한다.

첫 번째 조건 : ~p → q
두 번째 조건 : ~q → r
세 번째 조건 : q → s

④는 ~p → ~r로 나타낼 수 있는데 이는 주어진 조건을 통해 알 수 없다.

|오답풀이|
① 첫 번째 조건의 대우인 ~q → p이므로 반드시 참이다.
② 두 번째 조건의 대우는 ~r → q이고 이를 세 번째 조건(q → s)에 대입하면 ~r → s가 되므로 반드시 참이다.
③ 세 번째 조건의 대우는 ~s → ~q이고 이를 두 번째 조건(~q → r)에 대입하면 ~s → r이 되므로 반드시 참이다.

09

|정답| ②

|해설| 주어진 숫자는 다음과 같은 규칙이 있다.

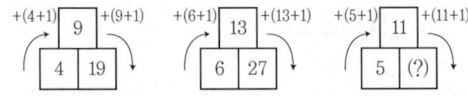

따라서 '?'에 들어갈 숫자는 7이다.

10

|정답| ②

|해설| 주어진 숫자는 다음과 같은 규칙이 있다.

따라서 '?'에 들어갈 숫자는 11+12=23이다.

11

|정답| ④

|해설| 아랫줄 오른쪽 칸 숫자에서 윗줄의 숫자를 빼고 2로 나누면 아랫줄 왼쪽 칸의 숫자가 된다.
$(36-2) \div 2 = 17$ / $(55-9) \div 2 = 23$ / $(?-13) \div 2 = 37$
따라서 '?'에 들어갈 숫자는 $37 \times 2 + 13 = 87$이다.

12

|정답| ③

|해설| 주어진 숫자는 다음과 같은 규칙이 있다.

a	b	c

$a^2 \div b = c$

- $1^2 \div 2 = \frac{1}{2}$
- $10^2 \div 5 = 20$
- $6^2 \div 18 = 2$

따라서 '?'에 들어갈 숫자는 $12^2 \div 18 = 8$이다.

13

| 정답 | ④

| 해설 |

$$7 \xrightarrow{+5} 15 \xrightarrow{-2} 12 \xrightarrow{+4} 13 \xrightarrow{-1} 16 \xrightarrow{+3} 12 \xrightarrow{0} 19 \xrightarrow{+2} 12 \to (\,?\,)$$

따라서 '?'에 들어갈 숫자는 19+2=21이다.

14

| 정답 | ②

| 해설 |

$$2.3 \xrightarrow[+1.2]{+1.6} 3.9 \xrightarrow[+1.2]{+2.8} 6.7 \xrightarrow[+1.2]{+4} 10.7 \xrightarrow[+1.2]{+5.2} 15.9 \xrightarrow{+6.4} (\,?\,)$$

따라서 '?'에 들어갈 숫자는 15.9+6.4=22.3이다.

15

| 정답 | ①

| 해설 |

$$\frac{3}{4} \xrightarrow{\times\frac{2}{3}} \frac{1}{2} \xrightarrow{\times\frac{2}{3}} \frac{1}{3} \xrightarrow{\times\frac{2}{3}} \frac{2}{9} \xrightarrow{\times\frac{2}{3}} (\,?\,)$$

따라서 '?'에 들어갈 숫자는 $\frac{2}{9} \times \frac{2}{3} = \frac{4}{27}$ 이다.

4회 언어이해

▶ 문제 232쪽

01	③	02	②	03	③	04	①	05	④
06	①	07	④	08	④	09	③	10	④
11	②	12	①	13	②	14	③	15	④

01

| 정답 | ③

| 해설 | 제시된 글은 과거에 지어진 아파트에서는 복층 구조를 보기 힘들었지만 최근 부동산 시장이 점점 침체됨에 따라 소비자의 수요를 유도할 목적으로 아파트에서도 복층 구조의 바람이 일고 있다는 내용이다. 따라서 (가)에는 부동산 침체와 불황에 점점 더 속도를 가하고 있다는 '가속화', (나)에는 현재 수직적인 구조로 변화되기 이전에는 한 층으로만 구성되어 있었다는 '수평적', (다)에는 단층 구조에서는 이용할 수 없었던 공간인 '창조적'이 들어가는 것이 가장 적절하다.

02

| 정답 | ②

| 해설 | 제시된 글은 이분법적 사고와 부분만 보고 전체를 판단하는 것이 가지는 위험성을 설명하기 위해 예시를 열거하고 있다. 특히 세 번째 문단에서는 '으스댔다', '우겼다', '푸념했다', '넋두리했다', '뇌까렸다', '잡아뗐다' 등의 서술어를 열거하며 주관적 서술로 감정적 심리 반응을 유발하는 것이 극단적인 이분법적 사고로 이어질 수 있음을 경계하고 있다.

03

| 정답 | ③

| 해설 | 첫 번째, 두 번째 문단에서는 『박씨전』과 『시장과 전장』을 예로 들며 실재했던 전쟁을 배경으로 한 소설들의

허구화에 관해 이야기하고 있다. 『박씨전』에서는 병자호란 당시의 슬픔을 위로하기 위해, 『시장과 전장』에서는 한국전쟁에 좌절하지 않기 위해 각각 허구적 인물과 이야기를 다루었다고 설명하고 있다. 세 번째, 네 번째 문단에서는 이러한 소설 작품에 나타난 전쟁을 새롭게 조명함으로써 폭력성·비극성과 같은 전쟁의 성격을 탐색하는 등 전쟁에 대한 새로운 인식을 제공한다는 내용이 제시되어 있다. 따라서 '허구화'와 '문학 속 전쟁의 의미'가 들어간 ③이 주제로 가장 적절하다.

04

| 정답 | ①

| 해설 | 12세기 이전의 독서 역시 '신앙심 고취'라는 목적을 위해 이루어졌으므로 12세기 이후에 와서 독서가 목적을 위한 도구로 전락했다고 볼 수는 없다.

05

| 정답 | ④

| 해설 | 먼저 (다)에서는 예전의 과학자들이 태양 에너지를 무엇이라 생각했는지에 대해 소개한 뒤, 시간이 흐르며 밝혀진 정설에 대해 설명한다. 그리고 (나)에서는 어떤 현상을 거치며 태양의 에너지를 생성하는지에 대해 정설대로 설명한다. 마지막으로 화두에 제시했던 태양이 공급하는 에너지가 어떻게 끊임없이 생산될 수 있는지에 대한 결론을 (가)에서 제시한다.
각각의 글이 담고 있는 내용의 맥락 외에도 각 문단의 처음과 끝을 통해 순서를 유추해 볼 수 있다. (나)의 '시간이 더 지난 후로 시작되는 문단은 시간이 더 지나기 전에 관한 내용 뒤로 이어지는 것이 자연스럽다. (가)의 '이러한 방식으로 태양은 항상 적절한 온도를 유지해 왔고, 앞으로도 오랫동안 지구에 적절한 에너지를 제공할 것이다'라는 마지막 문장은 글의 주제에 대한 답을 제시하고 있기 때문에 가장 마지막에 놓이는 것이 자연스럽다.
따라서 (다)-(나)-(가) 순이 가장 적절하다.

06

| 정답 | ①

| 해설 | (다)를 통해 방사능 물질은 핵융합이 아닌 핵분열 과정에서 생겨나는 것임을 알 수 있다. 또한 태양의 스펙트럼에서는 방사능 물질이 아닌 수소와 헬륨이 발견되었다고 하였으므로 핵융합 과정에서는 방사능 물질이 나오지 않는 것을 추론할 수 있다.

| 오답풀이 |

② (다)의 '하지만 태양의 스펙트럼을 분석해 본 결과 방사능은 태양의 에너지원이 아니라는 사실을 발견하였다'라는 문장을 통해 광선의 스펙트럼을 분석하면 광선을 발산하는 물체의 구성 성분을 어느 정도 알 수 있음을 추론할 수 있다.

③ (나)의 '즉, 원자들이 자체적으로 가지는 반발력보다 운동에너지가 더 높아져 비교적 낮은 온도일 때보다 더 가까워짐으로 인해 핵융합이 가능해진다'라는 문장을 통해 원자들이 자체적으로 반발력을 가지고는 있지만 높은 운동에너지가 반발력을 무력화시킬 수 있음을 추론할 수 있다.

④ (나)의 '이때 수소와 헬륨의 핵융합으로 줄어드는 질량은 질량에너지보존법칙에 따라 에너지로 바뀐다'라는 문장을 통해 핵융합이 일어나면서 수소와 헬륨의 질량이 줄어든다는 것을 추론할 수 있다.

07

| 정답 | ④

| 해설 | (가)는 저소득층 가정에 보급한 정보통신기기가 아이들의 성적향상에 별다른 영향을 미치지 못한다는 것을, (나)는 정보통신기기의 활용에 대한 부모들의 관리와 통제가 학업성적에 영향을 준다는 것을 설명하고 있다. 따라서 아이들의 학업성적에는 정보통신기기의 보급보다 기기 활용에 대한 관리와 통제가 더 중요하다는 결론을 도출할 수 있다.

08

| 정답 | ④

| 해설 | 제시된 글의 글쓴이는 도시의 존재를 지탱하는 기본

적인 힘은 '공동체에 대한 의향', '화폐에 대한 욕망'인데, 이 둘은 모순된다고 하고 있다. 그러나 문제는 전자에서 후자로 준거점이 이동하고 있다는 것이며, 이러한 변화는 사람들을 유한한 것으로 보는 공동체의 역학으로부터 자유롭게 함과 동시에 외부의 시선을 끊임없이 내면화하는 새로운 메커니즘을 요청한다고 주장하고 있다. 따라서 두 번째 문단의 도시에 대한 설명 부분에서 언급하고 있는 내용과 ④는 일치한다.

| 오답풀이 |
① 도시가 공동체의 역학에서 화폐의 욕망을 내포하게 되면 얼핏 속박에서 해방된 것 같이 보이지만, 세 번째 문단의 '하지만'에 이어지는 내용을 보면 '새로운 규율 훈련의 메커니즘'이 부가된다고 하였다.
② '화폐나 자본의 작용'에 의해 개인 존재의 무게가 버려지게 되고, '새로운 규율 훈련의 메커니즘'은 그것으로부터 생겨난 것이므로 여전히 개인 존재의 무게는 버려진 상태이다.
③ '화폐나 자본에 사로잡힌 개인'은 배제의 대상이 되기는 하지만, 교외로 쫓겨난다고는 하지 않았다. 또한 '기묘한 시선'이란 '외부의 시선을 끊임없이 내면화하는 것'을 말하므로 이 역시 적절하지 않다.

09

| 정답 | ③

| 해설 | ㉢ 기업가로써 → 기업가로서 : '-로써'는 수단, 방법, 도구를 나타낼 때 쓰이는 조사이며 '-로서'는 신분, 자격, 지위, 관계 따위를 나타내는 조사이다. 글에서는 기업가라는 신분을 나타내므로 '-로서'가 옳다.
㉣ 저질르거나 → 저지르거나 : '저지르다'는 '죄를 짓거나 잘못이 생겨나게 행동하다'는 의미로 '저지르거나'가 옳은 표현이다.

| 오답풀이 |
㉠ 끊임없이 : 계속하거나 이어져 있던 것이 끊이지 아니하게
㉡ 십상 : 열에 여덟이나 아홉 정도로 거의 예외가 없음을 뜻하는 말(=십상팔구(十常八九))

10

| 정답 | ④

| 해설 | 제시된 기사는 미국의 청소년 흡연율이 높은 수치를 기록하며, 높은 청소년 흡연율과 낮은 담배 구입 연령 제한이 연관이 있다는 연구 결과가 나와 미국의 여러 주가 담배 구입 연령 제한을 상향했다는 내용이다. 따라서 '미국, 심각한 청소년 흡연율에 다수의 주들 담배 구입 연령 21세로 상향 조정'이 가장 적절하다.

11

| 정답 | ②

| 해설 | 글쓴이는 복합매체의 특성과 그로 인한 부정적 측면을 제시하였다. 그리고 마지막 문단에서 복합매체를 통한 국어 활동에서 유념해야 할 원칙으로 규범성, 절제성, 주체성의 원칙을 제시하면서 이러한 규칙들을 준수하는 것의 중요성을 강조하고 있다.

12

| 정답 | ①

| 해설 | ㉠은 통합성에서 초래되는 주체 상실의 내용을 나타내야 한다. A와 B는 각각 타인의 생각에 대한 무비판적인 쏠림, 유행에 대한 판단 없는 참여에 관한 사례이다.

| 오답풀이 |
• C : 복합매체의 초월성에 따른 언어의 무책임한 사용에 해당한다.
• D : 가변성이 낳은 불안의식에 따른 문제이다.

13

| 정답 | ②

| 해설 | 네 번째 문단을 통해 글쓴이가 말하고자 하는 바가 상대가 병원에 입원했을 때 병원비를 내줄 수 있을 만큼 친근하다면 반말을 쓰고 그 정도가 아니라면 존댓말을 쓰자는 내용임을 알 수 있다. 상대에게 반말을 하면 무조건 병원비를 내줘야 한다는 것은 아니다.

14

| 정답 | ③

| 해설 | '새 시대'는 존댓말과 반말로 상대의 지위를 확인하는 한국어의 문제가 해결된 시대를 말한다. 이 언어의 문제가 해결되면 자신의 생각을 제대로 실어 나를 수 있게 되고(가), 세상을 바꿀 수도 있을 도전적인 아이디어들이 창출될 것이며(나), 상호 존중 문화를 만들 수 있게 된다(다).

15

| 정답 | ④

| 해설 | 비서술 정보는 자극의 횟수에 의해 기억 여부가 결정된다는 설명은 제시된 글을 통해 추론할 수 없다.
| 오답풀이 |
① 서술 정보는 말로 표현할 수 있는 정보를 말하며, 비서술 정보는 말로 표현할 수 없는 정보를 말한다.
② 많은 학자들은 서술 정보가 오랫동안 저장되는 곳으로 대뇌피질을 지목하고 있다.
③ 뇌가 받아들인 기억 정보는 그 유형에 따라 해마, 대뇌피질, 대뇌의 선조체나 소뇌 등 각각 다른 장소에 저장된다.

4회 자료해석

▶ 문제 245쪽

01	02	03	04	05
②	④	①	④	②
06	07	08	09	10
③	④	②	④	③
11	12	13	14	15
①	③	②	③	④

01

| 정답 | ②

| 해설 | 연구 인력과 지원 인력의 평균연령 차이를 살펴보면 20X5년 1.7세, 20X6년 2세, 20X7년 4.9세, 20X8년 4.9세, 20X9년 5.7세이므로 20X7년과 20X8년의 차이가 같아 전년 대비 계속 커진다고 볼 수 없다.
| 오답풀이 |
① 20X8년의 지원 인력 정원은 20명이고 현원은 21명이므로 충원율은 $\frac{21}{20} \times 100 = 105(\%)$로 100을 넘는다.
③ 매년 지원 인력은 늘어나지만 박사학위 소지자 수는 동일하므로 그 비율은 줄어든다.
④ 20X6년 이후 지원 인력의 평균 연봉 지급액은 20X9년까지 연구 인력의 평균 연봉 지급액보다 적었다.

02

| 정답 | ④

| 해설 | 그래프를 보면 20X3년에 그 수치가 상승한 이후 20X5년까지 완만한 상승세를 그리다 20X6년에 감소한 후 20X7년에 다시 상승하는 추세를 그리고 있다. 자료에서 이러한 추세를 나타내는 항목은 '재정운영결과'이다.
| 오답풀이 |
① 정부출연금은 20X2년부터 20X5년까지 큰 폭으로 상승한 후 20X6년과 20X7년에 하락하였다.
② 공자예수금은 20X4년부터 20X7년까지 모두 1억 원 미만을 기록하였다.
③ 공자예수원금상환은 20X2년부터 20X6년까지 일정하다가 20X7년 하락하였다.

03

| 정답 | ①

| 해설 | 공자예수원금상환이 가장 적은 해는 20X8년으로, 해당 연도의 공자예수금은 120억 원이다. 그러나 자료에서 20X4년부터 20X7년까지의 공자예수금은 각각 1억 원 미만을 기록하여 20X8년의 공자예수금보다 더 적다.
| 오답풀이 |
② 자료에서 전년 대비 정부출연금이 감소한 해는 20X6년과 20X7년으로, 해당 연도의 전년대비 정부출연금의 감소액은 각각 1,564억 원과 200억 원으로 20X6년의 감소액이 더 크다.

③ 전년 대비 정부출연금의 증가액이 가장 큰 해는 7,664－4,590＝3,074(억 원)이 증가한 20X5년으로, 해당 연도의 재정운영결과의 전년 대비 증가액은 112억 원이다. 이는 전년 대비 재정운영결과가 전년 대비 증가한 해인 20X3년, 20X5년, 20X7년, 20X8년 중 가장 낮은 수치이다.

④ ㉠에 들어갈 값은 3,100＋1,621－70－2,088＝2,563이고 ㉡은 4,590－70－2,076＝2,444이므로, ㉠이 ㉡보다 더 크다.

04

| 정답 | ④

| 해설 | 제시된 표에 의해 각 국가별 전력 수출입 현황을 정리하면 다음과 같다.

- N국 : 420＋234＋270＝924(수출), 153＋277＋105 ＝535(수입)
- K국 : 153＋552＋635＝1,340(수출), 420＋432＋215 ＝1,067(수입)
- S국 : 277＋432＋405＝1,114(수출), 234＋552＋330 ＝1,116(수입)
- E국 : 105＋215＋330＝650(수출), 270＋635＋405 ＝1,310(수입)

따라서 〈보기〉의 의견은 다음과 같음을 알 수 있다.

가. 전력의 수출량이 수입량보다 많은 국가는 2개이다.
→ N국과 K국이 해당된다.

나. 전력의 무역수지가 0에 가장 가까운 국가는 S국이다.
→ 수출량이 1,114천 kW이고 수입량이 1,116천 kW이므로 S국의 전력 무역수지는 0에 가깝다.

다. N국의 총합 전력 수입량의 2배가 넘는 전력량을 수출하는 국가는 2개이다.
→ N국의 총합 전력 수입량은 535천 kW이므로, K국과 S국이 두 배가 넘는 전력량을 수출한다.

라. N국이 모든 국가로의 수출량을 절반으로 줄이면 나머지 3개국의 수입량이 모두 1,000천 kW 이하로 줄어든다.
→ N국이 수출량을 절반으로 줄이면 각 국의 N국으로부터의 수입량이 절반이 되므로 각각 1,067－210＝

857, 1,116－117＝999, 1,310－135＝1,175가 되어 K국과 S국만 수입량이 1,000천 kW 이하로 줄어들게 된다.

05

| 정답 | ②

| 해설 | ㉢ 1인 가구와 4인 가구의 합이 50%이므로 적절한 해석이다.

| 오답풀이 |

㉠ 최소 평균가구원 수를 구하기 위해서는 그래프에 제시되지 않은 나머지 가구를 모두 2인 가구로 전제하여 계산해야 하며, 그 값은 100－26－22＝52(%)이다. 따라서 2021년 평균가구원 수는 최소 1×0.26＋4×0.22＋2×0.52＝2.18(명)이다.

㉡ 1995년에 3.42명으로 1990년에 비해 증가하였다.

㉣ 1990년의 1인 가구 비율은 9.1%로 50% 이상 증가하려면 1995년 1인 가구 비율이 9.1×1.5＝13.65(%) 이상이어야 한다.

06

| 정답 | ③

| 해설 | 〈자료 2〉의 시간별 이용률에서 청소년의 스마트폰 이용 시간은 3시간 이상대가 가장 높은 비중을 차지하고 있으며, 이는 일평균 이용 시간인 2.7시간(20X0년), 2.6시간(20X1년)보다 높다.

| 오답풀이 |

① 〈자료 1〉에서 청소년의 스마트폰 이용 현황을 보면, 문자메시지 이용률이 가장 높다.

② 〈자료 2〉에서 청소년의 스마트폰 일평균 이용 시간은 20X1년과 20X0년에 각각 2.6시간, 2.7시간으로 비슷한 수준을 보이고 있다.

④ 〈자료 1〉에서 청소년의 스마트폰 이용률은 20X0년에는 40.0%, 20X1년에는 80.7%로 40.7%p 급증하였다.

07

| 정답 | ④

| 해설 | 소득 5분위 배율이 더 크다는 것이 반드시 상위 20%의 소득이 크다는 것을 의미하는 것은 아니다. 양 극단의 계층 간 소득 차이를 의미하는 것으로 하위 20%의 소득이 더욱 낮음으로 인해 배율이 커질 수도 있다.

| 오답풀이 |

① 2인 이상 비농가와 전체 가구 모두 가처분소득 기준 2018~2021년까지의 소득 5분위 배율이 감소하였으므로 빈부격차가 감소했다고 볼 수 있다.

② 2020년, 2021년에 가처분소득의 빈부격차는 전년보다 감소했지만 시장소득의 빈부격차는 증가했다.

③ 2019년 7.6−5.72=1.88(배), 2020년 8.08−5.75=2.33(배), 2021년 8.24−5.75=2.49(배), 2022년 9.32−6.37=2.95(배)로 격차는 지속적으로 증가했다.

08

| 정답 | ②

| 해설 | 2012년 대비 2022년의 가처분소득 배율은 5.38에서 5.45로 증가하였고 동 기간 시장소득 배율은 6.65에서 9.32로 증가하였다. 따라서 가처분소득 배율의 증가율은 $\frac{5.45-5.38}{5.38} \times 100 ≒ 1.3(\%)$이며, 시장소득 배율의 증가율은 $\frac{9.32-6.65}{6.65} \times 100 ≒ 40.1(\%)$이다.

09

| 정답 | ④

| 해설 | 20X9년 11월 일본어선과 중국어선의 한국 EEZ 내 어획량 합은 2,176+9,445=11,621(톤)으로, 같은 기간 중국 EEZ와 일본 EEZ 내 한국어선 어획량 합인 64+500=564(톤)의 약 20.6배이다.

| 오답풀이 |

① 20X9년 12월 중국 EEZ 내 한국어선 조업일수는 1,122일로, 전월인 20X9년 11월 중국 EEZ 내 한국어선 조업일수인 789일에 비해 증가하였다.

② 20X9년 11월 한국어선의 일본 EEZ 입어척수는 242척이지만, 전년 동월인 20X8년 11월 한국어선의 일본 EEZ 입어척수는 자료에 없으므로 비교할 수 없다.

③ 20X9년 12월 일본 EEZ 내 한국어선의 조업일수는 3,236일이며, 같은 기간 중국 EEZ 내 한국어선의 조업일수는 1,122일로 약 2.9배이다.

10

| 정답 | ③

| 해설 | 수도권이 지방보다 더 많은 재건축 인가 호수를 보인 해는 20X5년과 20X8년이며, 수도권이 지방보다 더 많은 재건축 준공 호수를 보인 해는 20X8년뿐이다.

| 오답풀이 |

① 수도권의 5년 평균 재건축 인가 호수는 $\frac{9.7+2.0+2.9+8.7+10.9}{5}=6.84$(천 호)로, $\frac{1.1+3.4+0.7+10.2+5.9}{5}=4.26$(천 호)인 평균 준공 호수보다 많다.

② 20X9년 지방의 재건축 인가 호수가 전년 대비 가장 큰 변동 폭을 나타내고 있다.

④ 지방의 재건축 준공 호수의 증감 추이는 증가, 감소, 증가, 증가로 이와 동일한 항목은 없다.

11

| 정답 | ③

| 해설 | 2019~2022년 순이동자 수가 음수이므로 전출 인구가 전입 인구보다 더 많다.

12

| 정답 | ③

| 해설 | 2022년 주민등록 연앙인구를 x명이라고 하면 $\frac{7,378,000}{x} \times 100 = 14(\%)$이다.

따라서 $x=52,700,000$(명)이다.

13

|정답| ②

|해설| 모든 주택형태에서 도시가스 에너지가 가장 많이 소비되고 있다.

|오답풀이|
① 전체 에너지 소비량의 30%는 7,354×0.3=2,206.2(천 TOE)로 단독주택에서 소비한 전력 에너지량인 2,118천 TOE보다 많다.
③ 제시된 자료에 가구 수는 나와 있지 않으므로 가구당 에너지 소비량은 알 수 없다.
④ 모든 주택형태에서 소비되는 에너지 유형은 석유, 도시가스, 전력으로 3가지이다.

14

|정답| ③

|해설| 비율이 두 번째로 높은 지역은 남구로 7.5%이고, 비율이 가장 낮은 지역은 서구로 2.6%이다. 따라서 비율을 합한 값은 7.5+2.6=10.1(%p)이다.

15

|정답| ④

|해설| $200,000 \times \dfrac{5.8}{100} = 11,600$(명)이다.

4회 문제해결

▶ 문제 257쪽

01	②	02	①	03	②	04	③	05	①
06	②	07	②	08	①	09	④	10	④
11	③	12	④	13	②	14	②	15	②

01

|정답| ②

|해설| 변환 조건에 따라 ①~④를 적용하여 변환시키면 다음과 같다.

따라서 화살표 후의 도형이 나오기 위해서는 ②와 같은 과정을 거쳐야 한다.

02

| 정답 | ①

| 해설 | 변환 조건에 따라 ①~④를 적용하여 변환시키면 다음과 같다.

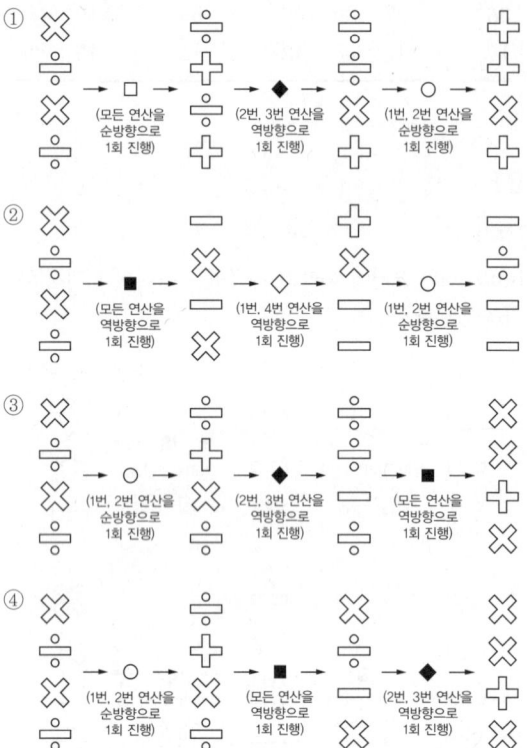

따라서 화살표 후의 도형이 나오기 위해서는 ①과 같은 과정을 거쳐야 한다.

03

| 정답 | ②

| 해설 | 오른쪽 그림으로 바꾸기 위해서는 1, 2열과 3, 4행을 바꾸어야 한다. 이를 실행하는 버튼은 B 버튼이다.

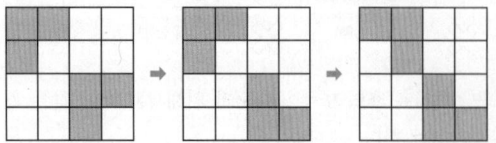

| 오답풀이 |

① A 버튼
③ C 버튼
④ D 버튼

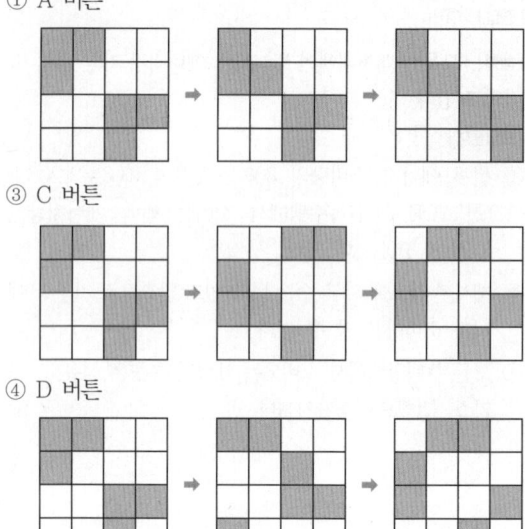

04

| 정답 | ③

| 해설 | 처음 그림이 결과 그림으로 바뀐 것을 확인하기 위해서는 선택지의 순서를 대입해 보아야 한다. 먼저 ①을 적용해보면 다음과 같다. 처음 그림에서 A 버튼을 누르면 〈그림 1〉의 결과가 나온다. 그 다음 B 버튼을 두 번 누르면 〈그림 2〉, 〈그림 3〉이 순서대로 나타나는데 최종 〈그림 3〉이 제시된 결과 그림과 다르다.

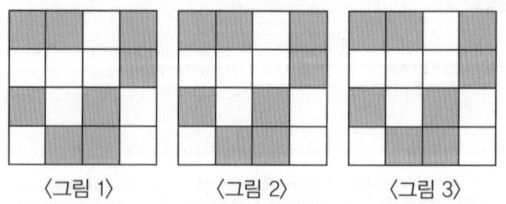

〈그림 1〉   〈그림 2〉   〈그림 3〉

①과 유사한 순서인 ③을 알아보면, 〈그림 2〉에서 D 버튼을 눌러야 한다. 그렇게 되면 〈그림 4〉의 결과가 나타난다. 주어진 결과와 같으므로 ③이 답이 된다.

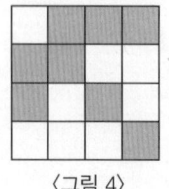

〈그림 4〉

|오답풀이|

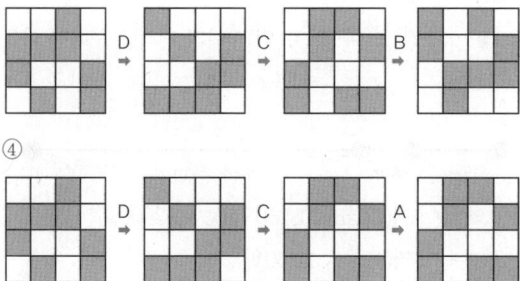

05

|정답| ①

|해설| A 역에 정차하지 않는 '라' 노선은 고려하지 않는다. 가장 빨리 도착하는 노선은 '다'로 운행 시간 1시간 30분에 역에 정차하는 10분을 합쳐 총 1시간 40분이 걸린다.
가장 늦게 도착하는 노선은 '가'로 운행 3시간에 2개의 역에 정차하는 20분을 합쳐 총 3시간 20분이 걸린다.
따라서 두 노선의 시간 차이는 1시간 40분이다.

06

|정답| ②

|해설| 부산역에서 C 역까지 가장 빠르게 배송하는 방법은 한 번에 C 역까지 가며, 평균 속력이 가장 빠른 '라'를 이용하는 것이다.
C 역에서 D 역까지 가는 방법은 '가'와 '나'를 이용할 수 있지만, 평균 속력이 30km 빠른 '나'를 이용하는 것이 가장 빠르게 가는 방법이다.

07

|정답| ②

|해설| 가격에 2배의 가중치를 두고 점수를 계산하면 다음과 같다.

- A : 인지도(2점)+가격(3×2점)+A/S 및 서비스(3점)+사용 만족도(4점)+품질 및 성능(3점)=18(점)
- B : 인지도(4점)+가격(5×2점)+A/S 및 서비스(4점)+사용 만족도(2점)+품질 및 성능(4점)=24(점)
- C : 인지도(3점)+가격(2×2점)+A/S 및 서비스(5점)+사용 만족도(5점)+품질 및 성능(2점)=19(점)
- D : 인지도(5점)+가격(4×2점)+A/S 및 서비스(2점)+사용 만족도(3점)+품질 및 성능(5점)=23(점)

따라서 환산점수가 가장 높은 B가 선정된다.

08

|정답| ①

|해설| A ~ E의 점수를 계산하면 다음과 같다.

- A : 인지도(1점)+가격(3점)+A/S 및 서비스(2점)+사용 만족도(4점)+품질 및 성능(2점)=12(점)
- B : 인지도(4점)+가격(5점)+A/S 및 서비스(4점)+사용 만족도(1점)+품질 및 성능(3점)=17(점)
- C : 인지도(3점)+가격(2점)+A/S 및 서비스(5점)+사용 만족도(5점)+품질 및 성능(1점)=16(점)
- D : 인지도(5점)+가격(4점)+A/S 및 서비스(1점)+사용 만족도(2점)+품질 및 성능(4점)=16(점)
- E : 인지도(2점)+가격(1점)+A/S 및 서비스(3점)+사용 만족도(3점)+품질 및 성능(5점)=14(점)

따라서 합산 점수가 가장 낮은 업체는 A이다.

09

|정답| ④

|해설| 올해 8월 안에 사용을 시작할 수 있는 업체는 A, D, E이다. 세 업체의 점수는 다음과 같다.

- A : 인지도(3점)+가격(4점)+A/S 및 서비스(4점)+사용 만족도(5점)+품질 및 성능(3점)=19(점)
- D : 인지도(5점)+가격(5점)+A/S 및 서비스(3점)+사용 만족도(3점)+품질 및 성능(4점)=20(점)

- E : 인지도(4점)+가격(3점)+A/S 및 서비스(5점)+사용 만족도(4점)+품질 및 성능(5점)=21(점)

따라서 환산점수가 가장 높은 E가 선정된다.

10

| 정답 | ④

| 해설 | A 업체가 M 제품을 홍보하고, B 업체가 L 제품을 홍보했을 때 수익의 합은 13-2=11(억 원)으로 가장 크다.

| 오답풀이 |

① A 업체가 L 제품을 홍보하고, B 업체가 N 제품을 홍보했을 때 수익의 합은 5+3=8(억 원)이다.

② A 업체가 M 제품을 홍보하고, B 업체가 N 제품을 홍보했을 때 수익의 합은 (-9)+16=7(억 원)이다.

③ A 업체와 B 업체 모두가 L 제품을 홍보했을 때 수익의 합은 4+3=7(억 원)이다.

11

| 정답 | ③

| 해설 | 설날의 소비자 선호를 반영한 월 수익표를 기준으로 A 업체가 M 제품을 홍보하고, B 업체가 N 제품을 홍보했을 때 수익의 합은 $(-9)+16 \times \frac{150}{100}=15$(억 원)으로 가장 크다.

| 오답풀이 |

① A 업체가 M 제품을 홍보하고, B 업체가 L 제품을 홍보했을 때 수익의 합은 $13+\left(-2 \times \frac{50}{100}\right)=12$(억 원)이다.

② A 업체와 B 업체 모두가 L 제품을 홍보했을 때 수익의 합은 $4 \times \frac{150}{100}+3 \times \frac{150}{100}=10.5$(억 원)이다.

④ A 업체가 L 제품을 홍보하고, B 업체가 N 제품을 홍보했을 때 수익의 합은 $5 \times \frac{150}{100}+3 \times \frac{150}{100}=12$(억 원)이다.

12

| 정답 | ④

| 해설 | 〈조건〉을 바탕으로 역 사이의 거리를 구하면 다음과 같다.

- A역 → B역(13km) : 1,250+100=1,350(원)
- B역 → C역(4km) : 1,250원
- C역 → D역(35km) : 1,250+500=1,750(원)

따라서 지하철 운임은 총 1,350+1,250+1,750=4,350(원)이다.

13

| 정답 | ②

| 해설 | 먼저 제시된 두 명령어와 그래프를 통해 명령어의 각 알파벳과 숫자의 의미를 파악한다.

그래프 특성상 명령어의 괄호 안의 숫자가 좌표일 것이라고 추측할 수 있으며, 그 위치에 따라 도형에 관한 정보를 정리하면 다음과 같다.

〈왼쪽 그래프〉		〈오른쪽 그래프〉	
명령어	도형	명령어	도형
E(2, 3)b	✖	E(2, 1)a	✖
C(4, 4)c	⬤	C(-2, 5)a	◎
B(2, 1)a	▢	B(1, 6)c	■
D(1, 4)a	◇	D(-1, 2)b	◆

이를 통해 괄호 안의 숫자는 도형의 좌표, 괄호 앞의 알파벳 대문자는 도형의 모양을 의미하며, 괄호 뒤의 알파벳 소문자는 도형의 색을 나타냄을 알 수 있다. 도형 모양의 경우, E는 X자, C는 도넛 모양, B는 배지 모양, D는 마름모이다. 도형의 색깔의 경우, a는 흰색, b는 초록색, c는 검은색으로 칠해진 것이다. 그리고 왼쪽 그래프는 가로축과 세로축이 모두 0~5, 오른쪽 그래프는 가로축이 -3~2, 세로축이 1~6까지 있으므로, W는 가로축, H는 세로축을 의미함을 알 수 있다.

즉, R은 그래프의 가로축과 세로축을, G는 도형의 모양과 위치, 색을 나타낸다.
위 규칙을 적용하여 〈보기〉의 그래프를 명령어로 나타내면 다음과 같다.
R : W(0, 3) / H(0, 4)
G : C(0, 3)b / D(2, 1)c / E(2, 4)c / B(3, 2)a
따라서 〈보기〉에 제시된 명령문에서 D(2, 1)a 부분이 잘못 작성되었다.

14

|정답| ②

|해설| 제시된 두 명령어와 그래프를 바탕으로 명령어를 해석해 보면 알파벳은 도형의 모양, 괄호 뒤에 있는 숫자는 색, 괄호 안의 +, −는 도형의 위치를 나타냄을 알 수 있다. 따라서 A는 사각형, B는 삼각형, C는 오각형임을 알 수 있다. 그리고 1은 색 채움, 2는 색 없음, 3은 빗금무늬인 것을 알 수 있다. (+, −)은 (x, y)이다. 이 규칙에 따르면 답은 C(+, +) 3 / B(−, +) 3 / A(−, −) 1 / B(+, −) 2가 된다.

(+, +) 위치	C(+, +) 3
(−, +) 위치	B(−, +) 3
(−, −) 위치	A(−, −) 1
(+, −) 위치	B(+, −) 2

15

|정답| ②

|해설| 14의 해설을 바탕으로 하면 C(−, +) 1 / B(−, −) 3은 왼쪽 상단에 (⬠) 있고, 왼쪽 하단에 (△)가 있어야 한다. 따라서 ②가 적절하다.

4회 추리

▶문제 270쪽

01	①	02	②	03	④	04	④	05	③
06	①	07	③	08	①	09	④	10	④
11	③	12	③	13	②	14	③	15	②

01

|정답| ①

|해설| 'K가 은행에 간다.'를 k, 'S가 은행에 간다.'를 s, 'M이 은행에 간다.'를 m, 'Y가 은행에 간다.'를 y, 'J가 은행에 간다.'를 j라고 하면, '~y→j→~k→s→m'이 성립하므로 J가 금요일에 은행에 가면 S와 M도 은행에 가는 것이 된다.

02

|정답| ②

|해설| 김 사원은 대출이 없다고 했으므로 첫 번째 조건의 대우에 의해 자동차가 없다. 따라서 오피스텔에 살면서 자동차가 없는 김 사원은 미혼이다.

|오답풀이|

①, ③ 기혼의 여부를 알 수 있는 조건은 세 번째 명제로, 이 명제에 따르면 아파트에 살면서 자동차가 있어야 기혼이다. 그러나 김 사원이 아파트에 사는지의 여부를 알 수 없고, 자동차가 없기 때문에 기혼임을 확신할 수 없다.

④ 전제 조건에 김 사원은 대출이 없다고 하였으며 첫 번째 조건의 대우 명제는 '대출이 없는 사람은 자동차가 없다'이므로 김 사원은 자동차가 없다.

03

|정답| ④

|해설| e는 세 번째 입주자이고 b가 그 바로 다음인 네 번째로 입주하며, c가 b보다 먼저 입주하므로 c는 첫 번째 또는 두 번째 입주자임을 알 수 있다. a와 d 사이에는

두 명의 입주자가 있으므로 a나 d가 두 번째 또는 다섯 번째 입주자가 되어 'a-e-b-d' 또는 'd-e-b-a' 순서로 입주하게 되는데, d와 e가 연달아 입주하지 않으므로 'c-a-e-b-d' 순서대로 입주하게 된다. 따라서 a는 두 번째 입주자이다.

04

| 정답 | ④

| 해설 | 조건에 의하면 장미의 수는 '붉은색<하늘색<하얀색<노란색' 순이며 장미는 총 12송이다.
㉠ 노란 장미가 4송이 이하면 전체 장미는 4+3+2+1=10(송이)이다. 따라서 노란 장미를 받은 사람은 5명 이상이다.
㉢ 노란 장미가 6송이면 나머지 장미들의 합은 6송이이다. 따라서 붉은 장미는 1송이, 하늘색 장미는 2송이, 하얀 장미는 3송이이다.

| 오답풀이 |
㉡ 붉은 장미가 1송이면 나머지 장미들의 합은 11송이이다. 이 경우 하늘색 장미 2송이, 하얀 장미 3송이, 노란 장미 6송이 혹은 하늘색 장미 2송이, 하얀 장미 4송이, 노란 장미 5송이로 나누어 가질 수 있다. 따라서 하얀 장미가 3송이인지, 4송이인지 알 수 없다.

05

| 정답 | ③

| 해설 | 혼합가언 삼단논법에 따라 다음과 같이 정리한다.
• 케이크가 설탕이다 : p
• 박하사탕은 소금이다 : q
제시된 명제 'p → ~q'가 참이므로 이 명제의 대우 명제인 'q → ~p' 역시 참이 된다. 즉, '박하사탕이 소금이면 케이크는 설탕이 아니다'가 성립된다.

06

| 정답 | ①

| 해설 | 총무팀 사원은 2개 이상의 동호회 활동을 할 수 없으므로, 마라톤부원과 산악회부원, 축구부원 수의 총합은 13명이다. 또한 〈정보〉에 따르면 각 동호회의 활동 인원수는 축구부>마라톤부>산악회 순으로 많으며, 활동 인원 수가 각각 모두 다름을 알 수 있다. 이 조건을 만족하는 경우의 수는 축구부, 마라톤부, 산악회 순으로 (10, 2, 1), (9, 3, 1), (8, 4, 1), (8, 3, 2), (7, 5, 1), (7, 4, 2), (6, 5, 2), (6, 4, 3)으로 총 8가지이다. 따라서 마라톤부원이 4명이라면 축구부원은 8명일 수도, 7명일 수도, 6명일 수도 있다.

07

| 정답 | ③

| 해설 | 첫 번째 명제와 세 번째 명제의 삼단논법에 따라 '진달래를 좋아하는 사람→ 감성적인 사람→ 보라색을 좋아한다'가 성립한다. 따라서 '진달래를 좋아하는 사람은 보라색을 좋아한다'가 성립한다.

08

| 정답 | ①

| 해설 | 각 조건에 기호를 붙여 정리하면 다음과 같다.
• p : 영화를 좋아한다.
• q : 감수성이 풍부하다.
• r : 편집을 잘한다.
• s : 꼼꼼한 성격이다.
기호에 따라 제시된 명제와 그 대우를 정리하면 다음과 같다.
• p → q(~q → ~p)
• s → r(~r → ~s)
• p → s(~s → ~p)
따라서 '~r → ~s'와 '~s → ~p'의 삼단논법에 의해 '~r → ~p'도 참으로 성립된다. 즉, '편집을 잘하지 못하면 영화를 좋아하지 않는다'는 참이다.

| 오답풀이 |
②, ③, ④ 제시된 명제로는 알 수 없다.

09

|정답| ④

|해설|

$2 \xrightarrow{\times 2} 4 \xrightarrow{\times 3} 12 \xrightarrow{\times 4} 48 \xrightarrow{\times 5} (\ ?\ )$

따라서 '?'에 들어갈 숫자는 $48 \times 5 = 240$이다.

10

|정답| ④

|해설| 세 칸 중 윗줄에 위치한 칸의 숫자는 아랫줄 왼쪽 칸 숫자의 지수이고 아랫줄 오른쪽 칸의 숫자는 그 값이다.
- $8^1 = 8$
- $6^2 = 36$

따라서 '?'에 들어갈 숫자는 $4^3 = 64$이다.

11

|정답| ③

|해설|
- $2^2 + 6^2 + 3^2 = 49$
- $6^2 + 3^2 + 2^2 = (\ ?\ )$
- $3^2 + 2^2 + 8^2 = 77$
- $2^2 + 8^2 + 4^2 = 84$

따라서 '?'에 들어갈 숫자는 49이다.

12

|정답| ③

|해설| 세 번째 수는 첫 번째 수에서 두 번째 수를 뺀 뒤에 3을 곱한 값이다.

8 6   6   → $(8-6) \times 3 = 6$
4 1   9   → $(4-1) \times 3 = 9$
3 2 (?) → $(3-2) \times 3 = 3$

따라서 '?'에 들어갈 숫자는 3이다.

13

|정답| ②

|해설|

1.2 2 1.5 5 2.1 11 2.4 14 (?) 20

(위: +0.3, +0.6, +0.3, +0.6 / 아래: +3, +6, +3, +6)

따라서 '?'에 들어갈 숫자는 $2.4 + 0.6 = 3$이다.

14

|정답| ③

|해설| 주어진 숫자는 다음과 같은 규칙이 있다.

−73	−66
−50	−42

각 숫자에 $\times(-2)+3$ →

149	135
103	(?)

따라서 "?"에 들어갈 숫자는 $(-42) \times (-2) + 3 = 87$이다.

15

|정답| ②

|해설| 주어진 숫자는 다음과 같은 규칙이 있다.

7	?
−11	−5

(−6 방향 규칙)

121	115
103	109

따라서 '?'에 들어갈 숫자는 1이다.

[대졸직] 인적성검사

5회 언어이해

▶ 문제 276쪽

01	③	02	①	03	③	04	④	05	③
06	②	07	③	08	②	09	②	10	④
11	①	12	①	13	②	14	④	15	④

01

| 정답 | ③

| 해설 | (마)에서 멜라민이 주로 공업용에서 쓰이는 화학물질이라는 일반적 용도를 언급하였고, (가)는 멜라민이 인체에 들어왔을 때 초래하는 악영향을 설명하였다. 이를 이어받아 (다)에서는 미국 FDA가 멜라민 제한섭취량을 권고한 것을 부연하고 있으며, (나)와 (라)는 그러한 권고에도 불구하고 기준치를 넘은 멜라민을 사용하여 인명 사고를 일으킨 중국의 사례를 소개하고 있다. 따라서 (마)-(가)-(다)-(나)-(라) 순이 적절하다.

02

| 정답 | ①

| 해설 | 원시공동체에서는 사냥감을 저장할 수 없어 탐할 수 있는 이익이 많이 없었기 때문에 탐욕을 절제하는 생활을 할 수밖에 없었다. 하지만 신석기시대에 이르러 저장 가능한 가축과 곡물의 생산이 시작되고 잉여 생산물이 생겨나면서 약탈로부터 얻는 이익이 커졌고 이에 따라 착취와 전쟁이 본격적으로 시작되었다. 즉 제시된 글은 식량의 저장과 잉여생산물의 탄생으로 인한 약탈의 본격화로 요약될 수 있다.

03

| 정답 | ③

| 해설 | 제시된 글에서는 몸과 마음을 이원론적으로 분리하여 구분하면서, 신체로부터 독립되어 존재할 수 있는 것을 '능동적 지성', '비물질적인 지성', '비물질적 영혼'과 같은 단어로 표현하고 있다. '심신의 유기체'는 몸과 마음을 분리하지 않고 하나로 보는 것을 의미한다.

04

| 정답 | ④

| 해설 | 제시된 글은 언어결정론자들이 우리의 생각과 판단이 언어에 의해 결정된다고 주장하는 반면, 인간의 사고는 언어보다 경험에 의해 영향을 받는다는 내용이다.
따라서 ④가 중심 내용으로 가장 적절하다.

05

| 정답 | ③

| 해설 | 두 번째 문단에서 이순신 장군을 표상하거나 지시한다고 해서 반드시 이순신 장군의 모습과 유사하다고 할 수는 없다고 하였다. 즉, 나타내려는 대상의 모습과 유사하지 않더라도 그 대상을 표상할 수 있다는 것인데, ③은 유사성이 없다면 표상이 될 수 없다고 하였으므로 글의 내용과 상반되어 적절하지 않은 추론이다.

06

| 정답 | ②

| 해설 | 빈칸은 문단의 처음에 위치하므로 내용 전체를 이끌 수 있는 문장이 들어가야 한다. 빈칸 뒤의 문장을 살펴보면 중세시대에는 견고한 중세 지배체제로 인해 농민들의 저항이 이루어지지 못하였고, 산업사회에서는 시민이나 노동자들이 자신들의 안락한 생활을 위협받을 때에만 저항이 나타났다고 하였다. 이를 통해 살고 있는 시대와 처해진 상황에 따라 저항이 이루어질 수도, 그렇지 못할 수도 있고, 저항의 이유 또한 달라질 수 있다는 내용이 빈칸에 올 수 있다. 따라서 ②가 가장 적절하다.

07

| 정답 | ③

| 해설 | 매슬로우의 욕구단계는 아래 단계의 기본적인 하위

욕구들이 채워져야 자아 성취와 같은 고차원적인 상위 욕구에 관심이 생긴다는 입장이다. 반면 진화 생물학적 관점은 인간의 본질적 욕구를 채우는 데 도움이 되기 때문에 자아 성취를 한다는 입장이다. 따라서 두 관점에서 인간의 본질에 대한 해석은 다르다.

08

| 정답 | ②

| 해설 | ㉠의 앞뒤 문맥을 고려할 때 쾌락을 뒷전에 두고 행복을 논하는 것은 이치에 맞지 않다는 의미가 완성되어야 한다. 따라서 '말이 조금도 사리에 맞지 아니하다'는 뜻의 '어불성설(語不成說)'이 빈칸에 들어가야 한다.

| 오답풀이 |

① 중언부언(重言復言) : 이미 한 말을 자꾸 되풀이함.
③ 교언영색(巧言令色) : '말을 교묘하게 하고 얼굴빛을 꾸민다'는 뜻으로, 아첨하는 말과 알랑거리는 태도를 이르는 말
④ 유구무언(有口無言) : '입은 있어도 말은 없다'는 뜻으로, 변명할 말이 없거나 변명을 못함을 이르는 말

09

| 정답 | ②

| 해설 | 활의 사거리와 관통력을 결정하는 것은 복원력으로, 복원력은 물리학적 에너지 전환 과정, 즉 위치 에너지가 운동 에너지로 전환되는 힘이라 볼 수 있다.

| 오답풀이 |

① 고려시대 때 한 가지 재료만으로 활을 제작했는지는 알 수 없다.
③ 활대가 많이 휘면 휠수록 복원력이 커지는 것은 맞지만 그로 인해 가격이 비싸지는 것은 제시된 글을 통해 추론할 수 없다.
④ 다양한 재료의 조합으로 만들어진 각궁이 탄력이 좋아서 시위를 풀었을 때 활이 반대 방향으로 굽는 것이 맞지만 이는 탄력이 좋아서 생긴 현상일 뿐이다.

10

| 정답 | ④

| 해설 | 구멍가게는 손님들에게 무관심한 편의점과는 달리 단순히 물건을 사고파는 장소가 아니라 주민들의 교류를 이끄는 허브 역할을 하며, 주인은 손님들을 예외 없이 맞이한다고 하였다.

| 오답풀이 |

① '편의점은 인간관계의 번거로움을 꺼려하는 도시인들에게 잘 어울리는 상업공간'이라고 하였다.
② 편의점 천장에 붙어 있는 CCTV는 도난 방지 용도만이 아니며, 고객의 연령대와 성별 등을 모니터링하려는 목적도 있다고 하였다.
③ 편의점 본사는 일부 지점에서 입력한 구매자들에 대한 정보와 CCTV로 녹화된 자료를 주기적으로 받아 이를 토대로 영업 전략을 세우는 데 활용한다고 하였다.

11

| 정답 | ①

| 해설 | ㉠ 앞 문장을 보면 구멍가게의 주인은 손님을 예외 없이 맞이하고 있다는 내용이, 뒤 문장을 보면 손님은 무엇을 살지 확실히 정하고 들어가야 한다는 내용이 나와 있다. 앞 문장이 뒤 문장의 원인이 되고 있으므로 '따라서' 또는 '그러므로'가 들어가야 한다.

㉡ 빈칸의 앞부분에서는 손님을 맞이하는 구멍가게에 대해 설명하고, 뒷부분에서는 손님에게 무관심한 편의점에 대해 설명하고 있다. 앞뒤 내용이 상반되므로 '그러나', '그런데', '하지만'이 들어가야 한다.

㉢ 앞 문장을 보면 편의점의 점원은 손님에게 '무관심'한 배려를 건넨다는 내용이, 뒤 문장을 보면 손님은 특별히 살 물건이 없어도 부담 없이 매장을 둘러볼 수 있다는 내용이 나와 있다. 앞 문장이 뒤 문장의 원인이 되고 있으므로 '그래서', 또는 '그러므로'가 들어가야 한다.

㉣ 빈칸의 앞 문단을 보면 손님에 대해 무관심한 배려를 건네는 편의점의 특징에 대해 설명하고 있고, 뒤 문단을 보면 역설적으로 고객의 정보를 상세하게 입수하고 있는 편의점에 대해 설명하고 있다. 앞뒤 내용이 상반되므로 '그런데', '하지만'이 들어가야 한다.

따라서 ㉠ ~ ㉣에 들어갈 접속어를 바르게 연결한 것은 ①이다.

12

| 정답 | ①

| 해설 | 실학은 근대를 준비하던 시기의 사상이며, 근대정신의 내재적인 태반 역할을 하였다고 글에서 밝히고 있으므로 ①의 질문은 적절하지 않다.

| 오답풀이 |
② 실학의 봉건적 가치에 대한 비판의 기조가 유교적인 중국 고대 사상에 있다고 하였으므로 이 둘의 일맥상통하는 사항에 대해 심층적인 질문을 제기할 수 있다.
③ 서양의 르네상스가 봉건적 가치를 완전히 척결하였다는 내용에 대해 구체적인 예와 근거를 물음으로써 의문을 제기할 수 있다.
④ 근대정신은 반(反)봉건의 특징을 가지므로 동양과 서양에 있어 봉건사회를 규정짓는 관점의 차이에 대한 의문을 제기할 수 있다.

13

| 정답 | ②

| 해설 | 스놉 효과는 고급스러운 제품이 시장에 처음 나왔을 때 그 제품을 신속하게 구매하는 형식으로 나타난다고 했다. 따라서 신제품이기만 하면 잘 팔리는 것이 아니라 고급스러운 신제품이어야만 잘 팔리는 것을 알 수 있다.

14

| 정답 | ④

| 해설 | 유명 연예인을 모델로 사용한다면 상품의 대중성이 올라가 다수의 새로운 고객이 유입될 가능성이 커진다. 따라서 스놉 효과를 활용한 마케팅 전략으로 적절하지 않다.

15

| 정답 | ④

| 해설 | 〈보기〉의 문장은 글쓴이가 바라는 세상의 모습을 드러내고 있다. 또한 '그리고'로 시작하고 있으므로 앞 문장 역시 글쓴이가 바라는 세상의 모습을 얘기하고 있을 것임을 유추할 수 있다. ㉣의 앞 문장에서 그러한 바람이 나타나 있으며, ㉣의 뒤 문장은 '그런 세상'으로 시작하고 있으므로 〈보기〉의 문장이 들어가기에 적절한 곳은 ㉣이다.

5회 자료해석

▶ 문제 288쪽

01	02	03	04	05
④	④	③	②	④
06	07	08	09	10
①	③	③	④	②
11	12	13	14	15
①	①	④	①	④

01

| 정답 | ④

| 해설 | E 병원의 의사 1인당 의료이익은 $\frac{399}{830} ≒ 0.48$(억 원)으로 A 병원의 의사 1인당 의료이익인 $\frac{825}{1,625} ≒ 0.51$(억 원)보다 작다.

02

| 정답 | ④

| 해설 | 2021년 봄에 발생한 학교급식 식중독 건수는 11+17+28=56(건), 가을에 발생한 건수는 38+24+17=79(건)으로 가을에 발생한 식중독 건수가 더 많다. 반면, 2022년에는 봄에 발생한 식중독 건수가 19+24+20=63(건), 가을에 발생한 건수가 18+15+21=54(건)으로 봄에 발생한 식중독 건수가 더 많다.

| 오답풀이 |
① 2021년과 2022년 각 달의 식중독 발생 건수를 더해 보면 9월이 38+18=56(건)으로 식중독이 가장 많이 발생한 달임을 알 수 있다.

② 2022년 월별 식중독 평균 발생 건수를 구하면,
$\frac{22+4+19+24+20+24+26+15+18+15+21+27}{12} ≒$
19.6(건)이다.
③ 2021년 식중독이 가장 많이 발생한 달은 9월의 38건, 가장 적게 발생한 달은 1월의 9건으로 건수 차이는 38-9=29(건)이다.

03

| 정답 | ③

| 해설 | 그래프를 살펴보면 3월까지 증가하던 감기환자 수가 4월로 넘어가면서 감소하는 것을 알 수 있다.
| 오답풀이 |
①, ④ 그래프는 외래환자 천 명당 감기환자 수를 나타내므로 월별 전체 감기환자 수는 정확히 알 수 없다.
② 2016 ~ 2020년 사이의 통계치는 평균이므로 외래환자 천 명당 15명을 초과한 때가 있었는지는 정확히 알 수 없다.

04

| 정답 | ②

| 해설 | 20X9년의 평균 시급은 20X5년의 $\frac{9,100}{6,210}$ ≒ 1.47(배)이다.
| 오답풀이 |
① 20X7년, 20X9년에는 월 평균 소득이 감소하였다.
③ 20X7년 주간 평균 근로시간은 22시간이므로 월 평균 근로시간은 22×4=88(시간) 정도이다.
④ 20X7년에서 20X8년 사이에 월 평균 소득은 증가하지만 평균 시급은 동일하다.

05

| 정답 | ④

| 해설 | 20X9년 12월의 전년 동월 대비 취업자 수의 증감을 살펴보면, 전문가 및 관련 종사자, 서비스종사자, 농림어업 숙련종사자, 기능원 및 관련 기능종사자, 장치, 기계조작 및 조립종사자, 단순노무종사자 총 6종류의 직업에서 취업자 수가 증가하였다.
| 오답풀이 |
① 20X9년 12월의 취업자 수는 단순노무종사자가 3,546천 명, 서비스종사자가 3,233천 명으로 단순노무종사자가 더 많다.
② 20X9년 12월의 사무종사자와 판매종사자의 취업자 수는 전년 동월 대비 각각 2천 명, 50천 명 감소하였다.
③ 20X9년 12월 취업자 수가 전년 동월 대비 가장 많이 증가한 직업은 238천 명 증가한 서비스종사자이다.

06

| 정답 | ①

| 해설 | A 원자력본부의 평균은 $\frac{32,413}{5}$ = 6,482.6(GWh)이다. 따라서 ⓐ에는 6,482.6이 적절하다.
| 오답풀이 |
② 이용률과 가동률 모두 최댓값이 100%, 최솟값이 0%이므로 B 원자력본부에 관한 자료임을 알 수 있다. 따라서 ⓑ에는 B가 들어가야 한다.
③ 막대그래프와 꺾은선 그래프의 높이와 제시된 수치를 통해 왼쪽부터 이용률과 가동률이 큰 순서대로 배열되었음을 알 수 있다. 따라서 B 원자력 본부에서 두 번째로 이용률이 큰 발전소 B1의 이용률 98.2가 ⓒ에 들어가야 한다.
④ B 원자력 본부에서 네 번째로 이용률이 큰 발전소 B6의 이용률 62.4가 ⓓ에 들어가야 한다.

07

| 정답 | ③

| 해설 | 연령계층별로 인원수를 알 수 없기 때문에 20 ~ 39세 전체 청년의 자가 거주 비중은 알 수 없다.
| 오답풀이 |
① 20 ~ 24세 청년 중 62.7%가 보증부월세, 15.4%가 순수월세로, 약 78.1%가 월세 형태로 거주하고 있으며 자가 비율은 5.1%이다.

② 20~24세 청년을 제외한 연령계층은 모두 무상 거주 비율이 순수월세 비율보다 높다.
④ 연령계층이 높아질수록 자가 거주 비율은 5.1 → 13.6 → 31.9 → 45.0으로 높아지고 있으나 월세 비율은 78.1 → 54.2 → 31.6 → 25.2로 낮아지고 있다.

08

| 정답 | ③

| 해설 | 그래프의 막대 길이를 살펴보면 소득격차가 가장 큰 해는 2020년임을 알 수 있다. 2020년의 농가 소득은 그 해 도시, 농촌 전체 소득의 $\frac{3,210}{4,800+3,210} \times 100 ≒ 40.1(\%)$이다.

09

| 정답 | ④

| 해설 | • 2010년 대비 2020년의 도시근로자 소득 증가분 : 4,800−2,865=1,935(만 원)
• 2010년 대비 2020년의 농가 소득 증가분 : 3,210−2,307=903(만 원)

10

| 정답 | ②

| 해설 | ㉠ 실업자 수가 480,000명이고 실업률이 10%이므로 경제활동인구=$\frac{480,000}{10} \times 100 = 4,800,000$(명)이다.
㉣ 고용률은 20X1년 3월에, 실업률은 20X1년 12월에 가장 낮으므로 옳은 설명이다.

| 오답풀이 |
㉡ 20X5년 3월 실업자 수는 480,000명, 20X4년 12월 실업자 수는 408,000명이다.

㉢ 해당 기간 동안 경제활동인구, 취업자, 실업자 모두 변동되기 때문에 제시된 자료만으로 판단할 수 없다.
㉤ 고용률은 모든 자료에서 증가 추세를 보이고 있으나, 실업률은 20X3년 3월, 20X5년 3월, 20X4년 12월에서 감소 추세를 보이고 있다.

11

| 정답 | ①

| 해설 | '실업률=$\frac{실업자}{경제활동인구} \times 100$'이므로 20X3년 12월의 J시 경제활동인구는 $\frac{430,000}{10} \times 100 = 4,300,000$(명)이다. '경제활동인구=취업자+실업자'이므로 취업자=4,300,000−430,000=3,870,000이다.

이때, 고용률은 42.1%이므로 총인구=$\frac{3,870,000}{42.1} \times 100 ≒ 9,192,399$(명)이 되어 천 단위에서 반올림하면 919만 명이다.

12

| 정답 | ④

| 해설 | ㉡ 2012년에는 에너지산업 부문에서 38.0%, 제조업·건설업 부문에서 28.9%, 수송 부문에서 17.5%, 2022년에는 에너지산업 부문에서 43.4%, 제조업·건설업 부문에서 31.4%, 수송 부문에서 15.7%로 세 개 부문에서 주로 배출됐다.
㉢ 2012년에 비해 2022년의 에너지산업 부문 배출 비중이 43.4−38.0=5.4(%p), 제조업·건설업 부문의 배출비중이 31.4−28.9=2.5(%p) 늘어났다.
㉣ 2012년에 비해 2022년의 수송 부문의 배출비중은 17.5−15.7=1.8(%p), 기타 부문(미분류 포함)의 배출비중은 14.9−8.9=6(%p) 감소했다.

| 오답풀이 |
㉠ 자료에는 에너지부문의 온실가스 배출량만 제시되어 있으므로 온실가스 전체 배출량은 알 수 없다.

13 도표분석능력 | 자료의 수치 분석하기

| 정답 | ④

| 해설 | 제시된 자료의 빈칸 ㉠, ㉡, ㉢에 들어갈 수치를 구하면 다음과 같다.

- ㉠ : 24+25+33=82
- ㉡ : 300−(29+27+17+25+19+11+9+4+16+135) =8
- ㉢ : 13+㉡+8=13+8+8=29

금메달 획득 기준 상위 10개국 중 1등인 국가는 46개의 금메달을 획득한 미국이고, 합계 메달 수 기준일 때도 그 수가 104개인 미국이 1등이다.

| 오답풀이 |

① 대한민국과 이탈리아의 합계 메달 수는 29개로 동일하지만 그 순위는 미국, 중국, 러시아, 영국, 독일, 호주, 프랑스에 이어 공동 8위이다.
② 제시된 자료는 금메달 획득수를 기준으로 순위를 나열한 것이므로 금메달 획득 기준으로 1등인 국가는 금메달이 46개인 미국이다. 그러나 합계 메달 수를 기준으로 할 때, '그 외' 국가들의 메달 합계가 424개이고 전체 참가국 수 등의 다른 정보를 알 수 없으므로 104개인 미국보다 메달 합계 수가 많은 국가가 있을 수 있다. 따라서 합계 메달 수 기준에서 미국이 1등인지는 알 수 없다.
③ 영국의 경우 금메달 획득 기준으로는 3위이지만 합계 메달 수 기준으로는 4위이므로 적절하지 않은 설명이다.

14 도표분석능력 | 자료의 수치 분석하기

| 정답 | ④

| 해설 | 13의 해설에 따라 러시아의 메달 합계(㉠)는 82개, 대한민국의 은메달 수(㉡)는 8개이다.

15

| 정답 | ④

| 해설 | ㄴ. 전체 매출 중 동민이가 차지하는 비중은 $40 \times \frac{25}{100} = 10(\%)$로 10% 이상이다.

ㄹ. 전체 매출 중 성수가 차지하는 비중은 $40 \times \frac{40}{100} = 16(\%)$로 13%인 대구보다 많다.

| 오답풀이 |

ㄱ. 전체 매출 중 광현이가 차지하는 비중은 $40 \times \frac{35}{100} = 14(\%)$로 13% 이상이다.

ㄷ. 전체 매출 중 광현이와 동민이가 차지하는 비중은 $40 \times \frac{35+25}{100} = 24(\%)$로 대구와 대전의 매출 비중 합인 13+11=24(%)와 같다.

5회 문제해결

▶ 문제 299쪽

01	③	02	③	03	①	04	④	05	②
06	④	07	②	08	③	09	②	10	④
11	③	12	②	13	①	14	①	15	④

01

| 정답 | ③

| 해설 | 먼저 더하기와 빼기의 색 반전이 있으므로 버튼 5가 사용된 것을 알 수 있다. 또한 기호의 위치가 시계 방향으로 세 칸 이동하였으므로 버튼 3도 사용되었다.

02

| 정답 | ③

| 해설 | 기호가 시계 방향으로 세 칸 이동하였으므로 버튼 3이, 더하기는 그대로지만 곱하기와 나누기의 색이 달라진 것으로 보아 버튼 4가 사용된 것을 알 수 있다.

03

|정답| ①

|해설| 변환 조건에 따라 ①~④를 적용하여 변환시키면 다음과 같다.

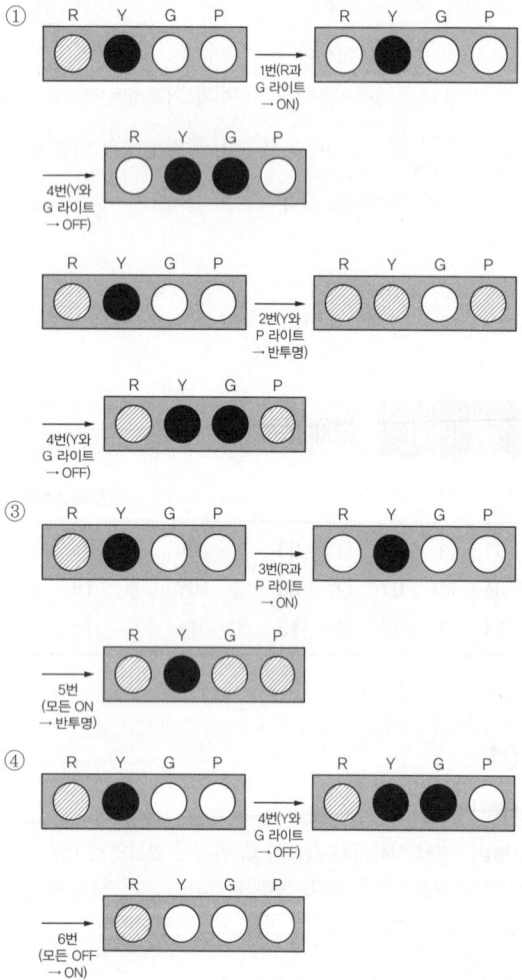

따라서 화살표 후 도형이 나오기 위해서는 ①과 같은 과정을 거쳐야 한다.

04

|정답| ④

|해설| 변환 조건에 따라 ①~④를 적용하여 변환시키면 다음과 같다.

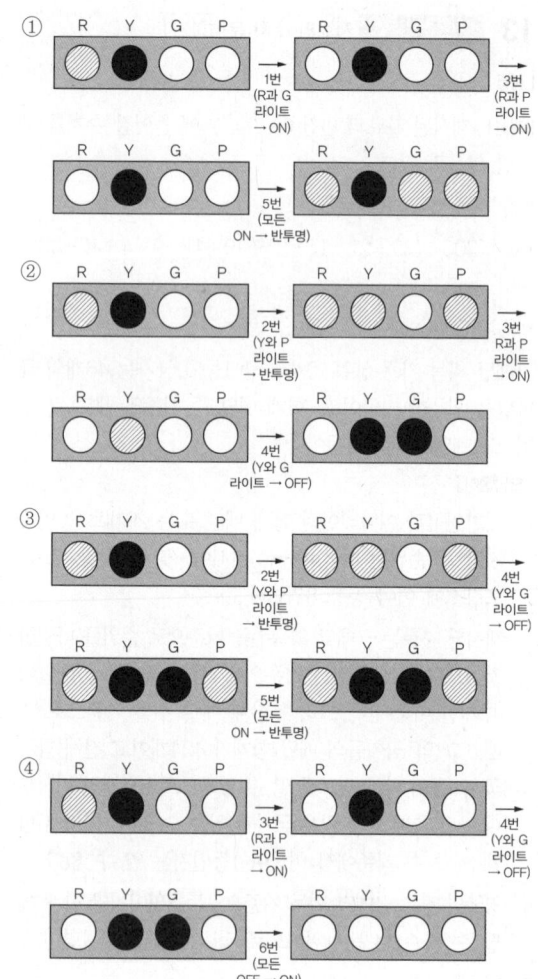

따라서 화살표 후 도형이 나오기 위해서는 ④와 같은 과정을 거쳐야 한다.

05

|정답| ②

|해설| 가장 짧은 운행 거리의 경로는 다음과 같다.

A-35km-D-15km-C-10km-E-15km-F-15km-B-30km-A : 120km

'A-B-F-E-C-D-A'의 경로도 가능하지만 위의 경로와 순서만 바뀌었으므로, 고려하지 않는다.

|오답풀이|

① A-35km-D-15km-E-10km-C-25km-B-15km-F-25km-A : 125km

③ 운행 경로가 맞지 않다.
④ A-25km-F-15km-E-15km-D-15km-C-25km-B-30km-A : 125km

06
|정답| ④

|해설| 워크숍 장소 선정에 있어서 회의공간과 편의시설 두 항목의 합계 점수가 가장 높은 A와 D 중에서 선택한다. 이때, 여러 장소의 조건이 같을 경우 이동거리가 가까운 곳을 선택한다고 나와 있으므로 이동거리 점수가 가장 높은 D를 선정한다.

07
|정답| ②

|해설| A~D로부터 회사까지의 출근 시간을 계산하여 표로 정리해 보면 다음과 같다.

(단위 : 분)

구분	버스	전철	택시	합계
A	7÷40×60 =10.5	-	3÷70×60 ≒2.6	13.1
B	2÷40×60 =3.0	10÷100×60 =6.0	-	9.0
C	-	4÷100×60 =2.4	10÷70×60 ≒8.6	11.0
D	-	-	16÷70×60 ≒13.7	13.7

따라서 출근 시간이 9.0분으로 가장 빠른 B를 선택한다.

08
|정답| ③

|해설| 대화에서 김 사원은 비전공자들에게 적합한 모델로 동시발음수와 음색수가 100 이하인 제품을 추천받았다. 또한 총 300만 원 이하, 즉 한 대에 100만 원 이하이며 블루투스 연결이 가능한 피아노를 구매하고자 한다. 따라서 SS-110이 가장 적합하다.

09
|정답| ②

|해설| B 항공사의 도시별 월간 부가수익의 예상 평균치를 계산하면 다음과 같다.

• 방콕 : $\frac{(4+5+0+1)}{4} = \frac{10}{4} = 2.5$

• 세부 : $\frac{(8+3-2+2)}{4} = \frac{11}{4} = 2.75$

• 교토 : $\frac{(-1+6-1+3)}{4} = \frac{7}{4} = 1.75$

• 삿포로 : $\frac{(2-3+7+2)}{4} = \frac{8}{4} = 2$

가장 큰 부가수익을 기대할 수 있는 신규 취항 도시는 세부이다.

10
|정답| ④

|해설| 신규 취항지별 조합에 따라 두 항공사의 기대수익 합의 차이를 정리하면 다음과 같다.

(단위 : 천만 원)

		B 항공사			
		방콕	세부	교토	삿포로
A 항공사	방콕	6	4	8	2
	세부	1	3	4	2
	교토	7	5	5	8
	삿포로	2	0	7	4

A 항공사가 방콕을 택하고 B 항공사가 교토를 택했을 때, A 항공사는 월간 부가수익을 가장 높일 수 있는 동시에 B 항공사와 기대수익 합의 차이를 8만큼 벌릴 수 있으므로 가장 유리해진다. 또한 B 항공사가 삿포로를 택하고 A 항공사가 교토를 택했을 때, B 항공사는 기대수익의 합의 차이를 8만큼 낼 수 있으므로 가장 유리해진다.

따라서 경쟁사와의 수익 격차 최대화를 기준으로 신규 취항 도시를 선택할 때 A 항공사는 방콕을, B 항공사는 삿포로를 신규 취항 도시로 정할 것이다.

11

| 정답 | ③

| 해설 | A~D의 평가점수 총점을 계산하면 다음과 같다.
- A : 84×0.3+80×0.3+92×0.4=86(점)
- B : 85×0.3+90×0.3+87×0.4=87.3(점)
- C : 93×0.3+88×0.3+85×0.4=88.3(점)
- D : 91×0.3+94×0.3+80×0.4=87.5(점)

따라서 평가점수의 총점이 가장 높은 C가 우수 인재로 선발된다.

12

| 정답 | ②

| 해설 | 11의 해설을 참고할 때, 총점이 높은 순서는 C-D-B-A이다. 먼저 C는 희망 부서인 홍보기획팀에 배치되고, D는 미래전략팀에 배치된다. 다음으로 B의 희망부서는 미래전략팀인데 미래전략팀의 정원은 1명이므로 B는 희망 부서에 배치되지 못한다.

13

| 정답 | ①

| 해설 | 〈보기〉로 A=○, B=△, C=□, D=⌂, 1=색 없음, 2=색 채움, 3=빗금무늬의 규칙을 알 수 있다. 또한, 도형의 모양을 나타내는 알파벳이 연속하여 두 번 제시된 경우 해당 좌표에 도형이 두 개 출력된다.

DD(−, +)1, A(+, −)3은 상단 왼쪽에 ⌂두 개에 색이 없고, 하단 오른쪽에 빗금무늬의 ○가 있다. 따라서 정답은 ①이다.

14

| 정답 | ①

| 해설 | 〈자료〉의 명령어와 그래프를 통해 명령어에 있는 각 알파벳 숫자의 의미를 파악해야 한다. 이때 그래프의 특성상 명령어 안에 있는 괄호 속의 숫자가 좌표일 것이라고 추측할 수 있고, 그 위치에 있는 도형을 보면 다음과 같다.

위쪽 그래프	명령어	도형
	K(1, 2) : N3	▲
	S(2, 5) : R2	⬡
	W(4, 1) : R1	o

아래쪽 그래프	명령어	도형
	K(5, 2) : N2	▲
	S(3, 3) : N3	⬢
	W(1, 2) : R2	○

이를 통해 괄호 앞에 있는 알파벳은 도형의 모양, 괄호 뒤에 있는 알파벳은 도형의 색깔, 그 뒤에 있는 숫자는 도형의 크기를 의미함을 알 수 있다. 또한, 괄호 속의 숫자가 좌표가 맞다는 사실도 알 수 있다.

따라서 K는 사다리꼴, S는 육각형, W는 타원이며 N은 검은색이고 R은 흰색이다. 그리고 숫자가 작을수록 크기가 작은 도형이다. 또한 위쪽 그래프는 가로축이 4, 세로축이 5까지 있고, 아래쪽 그래프는 가로축이 5, 세로축이 5까지 있어 H는 가로축, V는 세로축을 의미함을 알 수 있다. 이러한 규칙을 통해 제시된 그래프를 명령어로 나타내면 H4 / V5 S(1, 1) : N2 / W(2, 3) : N3 / K(4, 4) : R3이다.

15

| 정답 | ④

| 해설 | 14의 해설을 참고할 때, H5 / V5 S(1, 4) : R3 / W(2, 1) : N2 / W(3, 1) : N1 / K(5, 2) : N3이 오류가 발생하지 않았다면 아래와 같은 그래프가 나오게 된다.

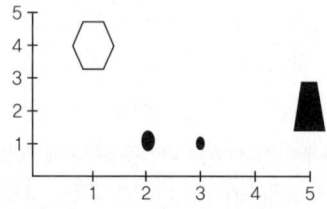

따라서 사다리꼴의 내부 채색 여부 값에 따라 오류가 발생한 것을 알 수 있으며, 그 오룻값은 K(5, 2) : N3이다.

5회 추리

▶ 문제 310쪽

01	②	02	③	03	④	04	④	05	④
06	③	07	①	08	③	09	④	10	④
11	②	12	①	13	④	14	④	15	④

01

|정답| ②

|해설| 주어진 명제만으로 추론할 수 없다.

|오답풀이|
① 첫 번째 명제의 대우에 해당하므로 참이다.
③ 두 번째 명제의 대우에 해당하므로 참이다.
④ 두 번째 명제에서 세 번째 명제로 그리고 첫 번째 명제로 이어지므로 참이다.

02

|정답| ③

|해설| 제시된 명제와 그 대우를 정리하면 다음과 같다.
• 성인병 발병 ⇒ 기대수명 낮아짐(기대수명 낮아지지 않음 ⇒ 성인병 발병×)
• 계단 이용 ⇒ 성인병 발병×(성인병 발병 → 계단 이용×)
• 각종 합병증 발병 ⇒ 기대수명 낮아짐(기대수명 낮아지지 않음 ⇒ 각종 합병증 발병×)
• 성인병 발병× ⇒ 각종 합병증 발병×(각종 합병증 발병 ⇒ 성인병 발병)

따라서 네 번째 명제의 대우와 두 번째 명제의 대우의 삼단논법에 의해 ③은 항상 참이다.

03

|정답| ④

|해설| 각 조건에 기호를 붙여 정리하면 다음과 같다.
• p : 의류를 판매한다.
• q : 핸드백을 판매한다.
• r : 구두를 판매한다.

기호에 따라 제시된 명제와 그 대우 명제를 정리하면 다음과 같다.
• ~p → q(~q → p)
• q → ~r(r → ~q)

따라서 'r → ~q', '~q → p'에 따라 'r → p'가 성립한다. 즉, '구두를 판매하면 의류를 판매한다'가 참이므로 밑줄 친 부분에는 '구두를 판매하기로 했다'가 들어가는 것이 적절하다.

04

|정답| ④

|해설| A는 금품을 받지 않았으므로 B, C, D 중에서 생각한다. C가 금품을 받았다면 B, C, D 모두 금품을 수수하였다. 만약 B가 금품을 받았다면 C 또는 D도 금품을 받는데, 만약 C가 금품을 받았다면 세 번째 조건에 따라 D 역시도 금품을 받은 것이 된다. 따라서 어떠한 경우에도 D는 금품을 받았음을 알 수 있다.

05

|정답| ④

|해설| 제시된 조건에 따르면 F가 D보다 먼저 들어오고(F-D), G가 F보다 먼저 들어왔다(G-F-D). 또한 A가 F보다 먼저 들어왔으나 1등은 아니므로 G-A-F-D 순으로 들어왔음을 알 수 있다. 따라서 첫 번째로 결승점에 들어온 직원은 G이다.

06

|정답| ③

|해설| 먼저 알 수 있는 것들을 정리하면 다음과 같다.
• G 부서의 예산은 F 부서 예산의 3배이다. → F<G

- A 부서의 예산과 C 부서의 예산은 같다. → A=C
- B 부서의 예산은 F 부서의 예산과 G 부서의 예산을 합한 것과 같다. → B=F+G, F<B, G<B
- D 부서의 예산은 A 부서의 예산과 B 부서의 예산을 합한 것과 같다. → D=A+B, A<D, B<D
- E 부서의 예산은 B 부서, C 부서, F 부서의 예산을 모두 합한 것과 같다. → E=B+C+F, B<E, C<E, F<E
- A 부서의 예산은 B 부서 예산과 G 부서 예산을 합한 것과 같다. → A=B+G, B<A, G<A

또한, A=C이므로 E=B+C+F가 E=B+A+F가 될 수 있고 이것은 다시 E=D+F가 되므로 E는 D보다 크다는 것을 알 수 있다. 따라서 최종 대소 관계는 F<G<B<A= C<D<E이다.

07

|정답| ①

|해설| (가) [정보 1]과 [정보 2]가 참일 경우 적어도 반려견 6마리가 이날 방문한 것이므로 [정보 3]도 참이 된다.
(나) [정보 2]가 참이라 하더라도 최소 2마리 이상이라고 하였기 때문에 이날 방문한 반려견의 수가 짝수인지는 확실히 알 수 없다.
(다) [정보 1]과 [정보 3]이 참일 경우 손님 3명이 각각 1마리, 1마리, 4마리 또는 1마리, 2마리, 3마리의 반려견과 함께 방문했을 수도 있으므로 [정보 2]가 반드시 참인 것은 아니다.

따라서 반드시 참인 것은 (가)뿐이다.

08

|정답| ③

|해설| $2 \times 8 - 8 = 8$
$3 \times 9 - 9 = 18$
$4 \times 10 - 10 = (?)$
따라서 '?'에 들어갈 숫자는 $4 \times 10 - 10 = 30$이다.

별해 다음과 같은 규칙으로 풀이할 수도 있다.

$(2-1) \times 8 = 8$
$(3-1) \times 9 = 18$
$(4-1) \times 10 = 30$

09

|정답| ④

|해설| 좌로부터 시계 방향으로 첫 번째 숫자와 세 번째 숫자를 곱한 것이 두 번째 숫자이며, 첫 번째 숫자와 세 번째 숫자를 더한 것이 네 번째 숫자이다.
$2 \times (?) = 6$
$2 + (?) = 5$
따라서 '?'에 들어갈 숫자는 3이다.

10

|정답| ④

|해설|

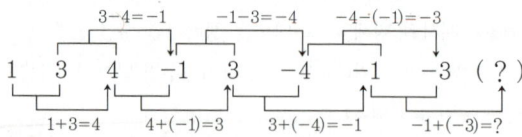

따라서 '?'에 들어갈 숫자는 $-1 + (-3) = -4$이다.

11

|정답| ②

|해설|

$2 \xrightarrow{\times \frac{1}{2}} 1 \xrightarrow{+2} 3 \xrightarrow{\times \frac{1}{2}} \frac{3}{2} \xrightarrow{+2} \frac{7}{2} \xrightarrow{\times \frac{1}{2}} \frac{7}{4} \xrightarrow{+2} \frac{15}{4} \xrightarrow{\times \frac{1}{2}} (?)$

따라서 '?'에 들어갈 숫자는 $\frac{15}{4} \times \frac{1}{2} = \frac{15}{8}$이다.

12

|정답| ①

|해설|

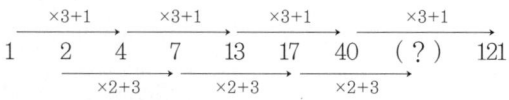

따라서 '?'에 들어갈 숫자는 17×2+3=37이다.

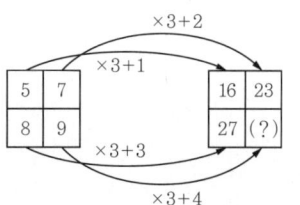

따라서 '?'에 들어갈 숫자는 9×3+4=31이다.

13

|정답| ④

|해설| 네 번째 수는 첫 번째 수와 두 번째 수의 곱에 세 번째 수를 더한 값이다.

  3 2 6 12   → (3×2)+6=12

  2 2 5 9   → (2×2)+5=9

  12 3 10 (?) → (12×3)+10=46

따라서 '?'에 들어갈 숫자는 46이다.

14

|정답| ④

|해설| 주어진 숫자는 다음과 같은 규칙이 있다.

```
    ×3              ×3
  1 | 3            2 |(?)
 ──┼──  ↓×3      ──┼──  ↓×3
 27 | 9           54 | 18
  ←──              ←──
   ×3               ×3
```

따라서 '?'에 들어갈 숫자는 2×3=6이다.

15

|정답| ④

|해설| 주어진 숫자는 다음과 같은 규칙이 있다.

Memo

미래를 창조하기에 꿈만큼 좋은 것은 없다.
오늘의 유토피아가 내일 현실이 될 수 있다.

There is nothing like dream to create the future.
Utopia today, flesh and blood tomorrow.

빅토르 위고 Victor Hugo

스마트폰에서 검색 고시넷

고시넷 금융권

베스트셀러!!

금융상식
경제상식 경영상식
은행 필기시험

110개 빈출테마 → **O/X 문제로 용어정리** → **필수이론 마스터**

IBK기업은행, KB국민은행, 신한은행, 하나은행,
NH농협은행, 수협은행, 새마을금고중앙회, 신협중앙회,
BNK부산은행, DGB대구은행, 전북은행 등 은행권
필기시험 대비

포스코
온라인 PAT
대비

2025
고시넷
대기업

新출제영역과
문제유형
완벽반영

포스코그룹
온라인 인적성검사
최신 기출유형 모의고사

www.gosinet.co.kr **gosi**net

공기업_NCS